首批国家级一流本科课程哈尔滨工程大学"军事理论"配套教材

2019 版《普通高等学校军事课教学大纲》配套教材

U0659242

# 军事理论教程

李彦涛　刁　莹　张阳红◎主编

哈尔滨工程大学出版社

Harbin Engineering University Press

## 内 容 简 介

本书以教育部、中央军委国防动员部2019年颁布的《普通高等学校军事课教学大纲》为指导思想,对上一版《军事理论教程》进行了修订。本书由黑龙江省普通高等学校军事教学指导委员会审定,是首批国家级一流本科课程哈尔滨工程大学"军事理论"的配套教材。全书共分为五章,分别为中国国防、国家安全、军事思想、现代战争和信息化装备。

本书可作为普通高等学校军事理论课的教材以及对中小学生进行国防教育的参考用书,也可作为我国全民国防教育和国防教育研究人员以及军事爱好者的读物。

**图书在版编目(CIP)数据**

军事理论教程 / 李彦涛,刁莹,张阳红主编. — 哈
尔滨 : 哈尔滨工程大学出版社,2019.3(2021.2重印)
ISBN 978-7-5661-2208-7

Ⅰ. ①军… Ⅱ. ①李… ②刁… ③张… Ⅲ. ①军事理
论-高等学校-教材 Ⅳ. ①E0

中国版本图书馆CIP数据核字(2019)第021584号

**军事理论教程**
JUNSHI LILUN JIAOCHENG

**责任编辑** 马佳佳
**封面设计** 周 磊

| | |
|---|---|
| **出版发行** | 哈尔滨工程大学出版社 |
| **社 址** | 哈尔滨市南岗区南通大街145号 |
| **邮政编码** | 150001 |
| **发行电话** | 0451-82519328 |
| **传 真** | 0451-82519699 |
| **经 销** | 新华书店 |
| **印 刷** | 哈尔滨市石桥印务有限公司 |
| **开 本** | 787 mm×1 092 mm 1/16 |
| **印 张** | 21 |
| **字 数** | 495千字 |
| **版 次** | 2019年3月第1版 |
| **印 次** | 2021年2月第3次印刷 |
| **定 价** | 35.00元 |

http://www.hrbeupress.com
E-mail:heupress@hrbeu.edu.cn

# 前　言

　　我国新时期学生军训工作从1985年试点开始，至今走过了近40年的光辉历程。实践证明，在普通高等学校开展军事训练，是适应国家人才培养战略和国防后备力量建设的需要，是大学生思想政治教育和素质教育的重要内容，是学生增强国防观念、强化爱国主义与集体主义观念的有效途径，促进了学生综合素质的全面提高，对培养中国特色社会主义事业的合格建设者和可靠接班人具有重要而深远的意义，军事理论教学是学生军事训练的重要组成部分。为了落实教育部、中央军委国防动员部2019年颁布的《普通高等学校军事课教学大纲》，进一步做好大学生军事理论教学工作，编者在认真总结多年军事理论教学经验基础上，结合近年来中国国防、国家安全、军事思想、现代战争、信息化装备等方面的革新与变化，在上一版《军事理论教程》教材的基础上编写了本书。

　　本书既注重思想性、理论性、教育性，也注重基础性、知识性和趣味性。本书编者为哈尔滨工程大学一线军事教师，教学经验丰富，在编写过程中，充分结合了哈尔滨工程大学军事理论课程教学经验及研究成果，同时也参考和借鉴了部分已经出版的军事专著及兄弟院校军事教学的精华，在此一并感谢。

　　本书由黑龙江省普通高等学校军事教学指导委员会审定，由李彦涛、刁莹、张阳红担任主编，由赵树森、于凡、李秋荣担任副主编。编写人员分工为：李彦涛编写第一章的第三节和第五节、第二章、第五章的第二节；刁莹编写第一章的第一节和第二节、第三章的第四节、第四章的第一节和第二节；张阳红编写第四章的第三节和前言；赵树森编写第三章的第一节至第三节；于凡编写第一章的第四节；第五章的第一节由李秋荣、李彦涛、于凡合编；第五章的第三节由李秋荣和赵树森合编；第五章的第四节由赵树森和于凡合编。全书由李彦涛统稿。

　　由于编者水平有限，加之时间仓促，书中的错误与不妥之处，敬请同行专家与广大读者给予批评指正。

编　者

# 目 录

第一章　中国国防 ···················································· 001

　第一节　国际概述 ················································ 003

　第二节　国防法规 ················································ 020

　第三节　国防建设 ················································ 033

　第四节　中国武装力量 ············································ 044

　第五节　国防动员 ················································ 057

第二章　国家安全 ···················································· 063

　第一节　国际战略形势 ············································ 065

　第二节　国家安全战略 ············································ 075

　第三节　中国周边安全 ············································ 083

　第四节　非传统安全威胁 ·········································· 094

　第五节　中国海洋安全 ············································ 100

第三章　军事思想 ···················································· 119

　第一节　军事思想概述 ············································ 121

　第二节　中国古代军事思想 ········································ 127

　第三节　毛泽东军事思想 ·········································· 137

　第四节　当代中国军事思想 ········································ 155

第四章　现代战争 ···················································· 205

　第一节　战争概述 ················································ 207

　第二节　新军事革命 ·············································· 220

　第三节　信息化战争 ·············································· 227

第五章　信息化装备 ···································· 241

　第一节　军事高技术 ······························· 243

　第二节　信息化装备概述 ························· 282

　第三节　信息化作战平台 ························· 289

　第四节　信息化杀伤武器 ························· 302

参考文献 ············································· 329

# 第一章·中国国防

DIYIZHANG ZHONGGUO GUOFANG

自古以来，有国即有防。作为国家的重要职能之一，国防是一个民族、一个国家生存与发展的安全保障。维护国家安全利益是现代国防的根本职能，捍卫国家主权和领土完整、防止外来侵略和颠覆是现代国防的主要任务。

## 第一节 国际概述

国防事关国家的兴衰、荣辱与存亡，国防的强弱直接关系到国家的安全、民族的尊严和社会的发展，国防的巩固与强大是一个主权国家的根本大计。我国当代的国防建设坚持以毛泽东军事思想、邓小平新时期军队建设思想、江泽民国防和军队建设思想、胡锦涛关于新形势下国防和军队建设重要论述、习近平国防和军队建设重要论述为指导，以国防政策和军事战略为依据，以现代化建设为中心，坚持同国家经济建设协调发展、全体军民共建国防的原则。强大的现代化国防力量，始终是改革开放和现代化建设的坚强后盾，是国家政权巩固、社会稳定、经济发展、人民安宁的可靠保障。因此，认识国防、了解国防、关心国防、积极投身于新时期的国防建设，是当代青年义不容辞的光荣责任。要做到知我国防、爱我国防、铸我国防、固我国防，应义无反顾地担负起保卫国家安全、振兴中华民族的历史使命，为国防现代化建设建功立业。

## 一、国防的含义和基本要素

### （一）国防的含义

国防，就是一个国家的防务，是国家有组织的防卫行为。《中华人民共和国国防法》对国防的定义是：国家为防备和抵抗侵略，制止武装颠覆，保卫国家的主权、统一、领土完整和安全所进行的军事活动，以及与军事有关的政治、经济、外交、科技、教育等方面的活动。

国防是个历史概念，它随着国家的产生而产生，是为国家利益服务的，也是由国家性质和国家政策所决定的。我国具有悠久的国防历史，早在公元前 21 世纪，就建立了奴隶制国家，开始了国防建设。"国防"一词最早见于《后汉书》："臣愚以为宜隐郊祀之事，以崇国防。"古往今来，国防虽然依照国家的性质、制度、国力及其推行的政策不同而具有不同的特征，但一切国防的实质，都是以捍卫和维护国家利益为核心来组织的。

## （二）国防的基本要素

### 1. 国防的主体要素

国防的主体是指国防活动的实行者，通常为国家。随着国家的产生，为保障国家安全、维系国家生存，就要固国强边，防备和抵御外来入侵，因而就产生了国防。因此，国防与国家紧密相连，必将随着国家的产生而产生，随着国家的发展而发展，也必将随着国家的消亡而消亡。从国家的本质看，国家作为阶级专政的工具，是统治阶级利益与意志的体现，国防必然是为这种利益与意志服务的，国防也只有依靠国家的这种权力才能得以实现，因此只有国家才能领导和组织国防事业，有国就有防，国无防不立。从国防的本义看，国防也是国家各民族的共同防务，民无防不安。

### 2. 国防的目的要素

国防的目的主要是捍卫国家主权，保卫国家统一、领土完整和维护国家安全。

（1）捍卫国家主权

国家和主权不可分割，主权是一个国家独立处理自己的内外事务、管理自己国家的最高权力，是国家存在的根本标志。如果一个国家的主权被剥夺了，其他的一切包括国家的独立、领土完整、传统的生活方式、基本的政治制度、社会准则、国家荣誉和尊严等都无从谈起。因此，捍卫国家主权，始终是国防中第一位的根本的目的和任务。

（2）保卫国家统一

国家的统一是指国家由一个中央政府对领土内一切居民和事务行使完整的管辖权，不允许另立政府或分割国家的管辖权。从国际法的角度来说，保卫国家统一、反对分裂，历来是一个国家的内部事务，决不允许外国干涉。因此，保卫国家统一历来是国防的重要任务。当外国敌对势力插手我国的民族事务、破坏我国的民族团结、危及国家的统一和完整时，国防力量必须予以坚决打击，发挥其维护国家统一和稳定的职能作用。

（3）保卫国家领土完整

领土是指位于国家主权支配下的地球表面的特定部分以及其底土和上空，它包括领陆、领水和领空。领土是国家存在和发展的自然物质前提，是构成国家的基本要素之一。领土完整的含义是：凡属本国的领土，决不能丢失，决不允许被分裂、肢解和侵占。任何集团或个人不得搞旨在分裂本国（或别国）领土完整的活动。国家的领土被侵占，主权必然要遭到侵犯。国防捍卫国家主权的独立，必然要保卫国家领土的完整。

（4）维护国家安全

国家要正常的生存和发展必须有一个安全的内外环境。维护国家安全，也是国防的主要目的之一。一旦国家遭到外来侵略和颠覆，安全受到威胁，国防就必须履行自己的职能，抵御和挫败外来的侵略和颠覆，确保国家的和平、稳定状态；当国内敌对分子勾结外国敌对势力进行武装暴乱，危及国家安全时，国防力量就要采取措施，防止和平息这种内外勾结的暴乱，维护国家安全。

**3. 国防的对象要素**

国防的对象是指国防所要防备、抵抗外敌入侵和制止武装颠覆的行为。根据《中华人民共和国国防法》的界定，国防的对象，一是外敌侵略，二是敌对势力武装颠覆。

外敌侵略包括武装侵略和各种非武装侵略，武装侵略是战争行为，非武装侵略是运用各种经济、外交手段的侵略行为。当今世界，主权国家对主权国家的非武装侵略及其反侵略均以武装力量为后盾，而且有些所谓的非武装侵略，是非国防手段不能抵御的，因此国防所要防备和抵御的是"侵略"，而不仅仅是"武装侵略"。颠覆活动包括武装颠覆和非武装颠覆，只有属于武装性质的颠覆活动才必须动用国防力量。武装颠覆是指敌对势力、分裂势力以及极端宗教势力采取武装手段（比如武装叛乱、武装暴乱等）试图颠覆政权的行为，由于此类活动具有隐蔽性、突发性、组织性，因此国防必须做好应对各种诱因引发的突发事件的准备。

**4. 国防的手段要素**

国防的手段是指为达到国防目的而采取的方法和措施。根据《中华人民共和国国防法》的规定，我国国防的手段包括军事活动，以及与军事有关的政治、经济、外交、科技、教育等方面的活动。

（1）军事手段

国防的主要手段是军事手段，现代国防的根本职能是捍卫国家利益，防备和抵御外来的各种形式和不同程度的侵犯，防备和平息内部及外部的敌对势力相互勾结所发动的武装暴乱。应对武装入侵和武装暴乱最根本的和最有效的方法莫过于采取军事手段。这是因为：第一，军事手段是最具有威慑作用的手段，它可以对可能的各种形式的外来侵犯进行有效地阻止或遏制；第二，军事手段是唯一能够有效对付武装侵略的手段，它可以用军事力量所拥有的巨大的即时打击能力给侵略者造成物质和精神的严重损害，从而迫使其终止侵略行动，以至放弃侵略企图；第三，军事手段是解决国家之间矛盾冲突的最后手段，当国家之间主权、利益的矛盾积累达到极限时，只能通过最高的斗争形式——武装冲突或战争以彻底解决。同时，军事手段还能够成为各种非军事手段的有力后盾，可以强化各种非军事手段的国防功能。

（2）政治手段

政治手段作为国防手段之一，指的是"与军事有关的"政治活动，而不是政治本身的全部含义。一方面，政治与国防关系密切。国防直接保卫的国家主权，是政治的第一需要；国防直接保卫的国家领土，是政治的物质前提；国防直接保卫的国家安全利益与发展利益，是政治的根本追求。另一方面，国家政权、政治制度也要靠国防力量来捍卫。政治对国防起着决定性的支配作用；国家的政治需要，决定国防的根本性质和基本类型；国家的政治指导思想和路线，决定国防的方向、方针和原则；国家的政治制度，决定国防的根本体制；国家的政治素质，制约国防的客观效应。

（3）经济手段

经济是国防的基础，社会经济制度决定国防活动的性质，社会经济状况决定国防建设的水平。现代条件下，无论是国防建设还是国防斗争，都要广泛采用经济手段，这些手段主要有国防经济活动、国民经济动员、经济战、经济制裁等。国防经济活动是为国防而进行的生产、分配、交换、消费及其管理的实践活动。其目的是保持一定的军事实力与潜力，从而有效地保障国家安全。国民经济动员是指国家将经济部门及其相应的体制有组织、有计划地从平时状态转入战时状态所采取的措施，目的是充分调动国家经济能力、提高生产水平、扩大军品生产、保障战争需要。同时，经济战是敌对双方为夺取战略优势和战争胜利而进行的经济斗争，其根本目的是给敌人造成经济恐慌，动摇其进行战争的物质基础，使敌方经济陷入崩溃，以便战而胜之。在国防斗争中使用经济制裁手段，可削弱被制裁国家的政治、经济、军事实力，促使其国内不满情绪的产生和增长。

（4）外交手段

国防外交活动主要是指国家与国家之间为了国防目的而开展的外交活动。由于这种外交主要涉及军事领域，因此又称军事外交。它既有通常意义上外交的一般特征，又具有区别于其他外交工作的特殊规律，是集外交与军事于一体的活动。从总体上讲，国防外交主要涉及国家与国家之间、军事集团与军事集团之间的军事政治关系、军队关系、军事战略关系、军事科技关系和军事经济关系等。国防外交具体可以划分为军事双边往来、多边军事交往、非官方军事交往、军事科技交流和军工合作、军事结盟、军事援助、军事经济合作和边防管理等。从事国防外交活动的主体也不单纯是武装力量，还包括国家机关与民间的一些部门。

除上述手段外，与军事有关的科技、教育等，也是国防的重要手段。

## 二、国防的基本类型

国防的性质是由国家的社会制度和国家政策所决定的。由于社会制度的不同，导致各国所使用的国防政策不同，所追求的国防目标也不同。因此，世界各国的国防类型也不尽相同，可以归纳为以下四种类型。

### （一）扩张型

扩张型国防是指某些国家为了维护本国在世界各地区的利益，经常以国家防卫为幌子，公然对别国进行侵略、颠覆和渗透，实现霸权主义侵略扩张的目的。其特点就是把本国的"安全"建立在别国屈服的基础上，把"国防"作为侵略他国主权和领土，以及干涉他国内政的代名词。比如美国，推行霸权主义政策，在世界各地建立了300多个军事基地，把本国的国防推进到其他国家或地区，为其实现全球战略服务，是典型的扩张型国防。

## （二）自卫型

自卫型国防是指在国防建设上依靠本国力量，广泛争取国际上的同情和支持，以达到维护本国的安全，以及周边地区和世界的和平与稳定之目的。比如中国，我国是社会主义国家，国家利益和民族利益与全世界人民的根本利益是高度统一的。我国坚定不移地奉行防御性国防政策，独立自主、自力更生地建设和巩固国防，实行积极的防御战略，坚持全民自卫原则。在对外关系上一直奉行"和平共处五项原则"，在处理国际事务中，与各国友好合作，不称霸，不依附任何大国。因此，我国的国防坚持和平自主的防卫原则，永不侵略扩张，也不允许他国侵占我国一寸土地，并公开向世界承诺：永不称霸，不做超级大国，不首先使用核武器或以核武器相威胁，不对无核国家和地区使用核武器，不侵略他国。我国的国防是为了保卫国家主权和领土完整，因而是积极防御的自卫型国防。

## （三）联盟型

联盟型国防是指采用结盟的形式，联合一部分国家来弥补自身国防力量的不足，借以加强彼此的国防力量。从联盟国之间的关系来看，联盟型国防可分为一元体系联盟和多元体系联盟。所谓一元体系联盟，就是有一个大国处于盟主地位，其他国家为从属地位，比如美日韩军事同盟等。所谓多元体系联盟，是指各国基本处于伙伴关系，共同协商防卫大计，比如北大西洋公约组织（简称北约组织或北约）。在联盟型的国防中，也可分为扩张和自卫两种情况。

## （四）中立型

中立型国防主要是指中小发达国家，为了保障本国的安全，严守和平中立的国防政策，制定总体防御战略和寓兵于民的防御体系。比如瑞士，寓兵于民，是典型的中立型国防。

## 三、国防意识

国防意识是以祖国安危为特征的理性思维。它集中体现为对战争与国家防务问题的关注，对维护国家领土完整、坚决反对外来侵略和对国防建设及各种防务政策与措施的认同，以及对国家防务的责任感和义务感。国防意识是一个国家的公民抵御外侮、捍卫祖国的独立和主权、维护国家的尊严和安全的主观认识。增强国防观念，要树立以下三种国防意识。

## （一）忧患意识

要对国家面临的外部威胁有清醒的认识，时刻保持必要的危机感、紧迫感。"生于忧患，死于安乐"这一充满辩证法的警世名言，千百年来一直为人们所铭记。从古代先哲们对忧患意识的最早论述中，我们可以获得很多宝贵的启示。早在《周易》中，就有"安而不忘危，存而不忘亡，治而不忘乱"之说。《左传》中也称："思则有备，有备无患。"

忧患意识是中华民族自古以来的精神传统之一，它代表一种高尚人格，体现的是一种社会责任感和历史使命感。忧患意识作为一种文化传统，源远流长。从一定角度来说，正是中华文明孕育和包含的忧患意识，才使中华民族历经磨难而不衰，始终屹立于世界民族之林。

### （二）尚武意识

尚武不是好勇斗狠、穷兵黩武，而是要崇尚军事职业，重视国防建设，在国家利益面临严重威胁时，敢于挺身而出，不惜做出重大牺牲，采取一切必要的手段，坚决捍卫国家的利益和安全。尚武精神不仅表现为关心国防，学习军事、掌握军事本领，尊重爱护人民军队，更是一种爱国精神和民族之魂。中华民族自古就有爱军尚武的美德。从远古时代黄帝战蚩尤始建中华，到大清皇朝一统天下；从"中华民国"创建，到中华人民共和国诞生；从"周东尚武""富国强兵""有文事者必有武备"，到"投军从戎""闻鸡起舞""枕戈待旦"；从孙中山"尚武精神""我同胞仍处于竞争剧烈之时代，不知自卫之道，则不适于生"，到毛泽东"枪杆子里面出政权""没有一个人民的军队，便没有人民的一切"；从历史上"无不箪食壶浆以遇师"，到现在的"拥军爱民"。古往今来，这些都充分说明，爱军尚武是中华民族的优良传统。历史已经证明并将继续证明，对于一个国家来说，国富不等于国强，防疏不免灭亡。一般来说，在外敌入侵的情况下，容易唤起人们抵御外患的国防意识，形成爱军尚武的风气。而在和平年代，人们最容易滋长无敌国外患的麻痹思想和忽视军队的作用。古今中外的事实教育人们：没有尚武精神的民族，是走向灭亡的民族；国防观念淡薄的国家，是走向衰落的国家；不保护人民的军队，是走向失败的军队；不爱护军队的民族，是走向溃败的民族。因此，我们要发扬爱军尚武的优良传统，时刻不忘国防，关心、爱护、支持人民军队，保证国家的长治久安和持续发展。

### （三）责任意识

"天下兴亡，匹夫有责。""责任意识"在中华民族发展的历史过程中，已经凝聚为民族精神的一个重要部分，成为中华民族爱国主义的一个富有生命力的生长点。"施惠莫记，受恩必报"是中华民族的优良传统，也是对个人的道德品质进行评价的一个重要标准。一个人在受到家庭、社会、国家的教育培养而成人后，是否把报答父母、回报社会和报效国家作为一种神圣的责任，并不断自觉地强化这种责任意识，是衡量一个人的道德和人格是否高尚的试金石。中国传统道德强调"投桃报李""感恩报德""孝顺父母""忠于国家"，也都是从这种"责任意识"出发的。广大青年对国家的"责任意识"的强弱，直接关系到国家的兴衰。如果每个人只是去关心和追求个人的利益，斤斤计较个人的得失，把社会和国家对自己的培养和教育之恩德置之脑后，甚至把个人对国家、对社会应尽的责任当作对个人发展的桎梏和约束，不思报效国家，只想个人享受，完全不顾自己对社会、对国家的责任，哪里还可能有爱国主义的精神和报效祖国的思想，这样整个国家和民族就会像"一盘散沙"，国家也就不可能发展，中华民族就不会振兴和腾飞。

## 四、国家与国防

国家是一种以阶级的传统为其实质的社会权力的组织形式，兼有对内和对外两方面的基本职能。它主要由军队、警察、法庭、监狱等组成。对我国来说，加强国防力量就是加强无产阶级的统治地位，巩固社会主义的国家专政。国家与国防密不可分，相辅相成。国家的主权、领土完整和安全，是国家的象征，靠国防维护。而国家性质和政策又决定着国防的建设和发展。由于强大的国防是国家兴盛、民族振兴、人民安康幸福的基础，因此世界各国都十分重视加强国防建设。国家与国防的关系主要表现在以下三个方面。

### （一）国防是伴随着国家的产生而产生的

国防产生于国家形成之后，是国家为抵御外来侵略与颠覆，捍卫国家主权、领土完整，维护国家安全、统一和发展，而进行的军事及与军事有关的政治、经济、科技、文化、教育、外交等方面的建设和斗争。不同历史时期、不同社会制度、奉行不同政策的国家，其国防具有不同的特性。

国家的生存与发展，历来与国防息息相关。生存与发展构成国家的两大基本利益，二者互为条件、互相依存。生存是人类繁衍延续的第一需要，是发展的前提；发展是国家繁荣富强的根本途径，是生存的条件。中外历史反复证明，国家的生存与发展，离不开国家的主权独立、领土完整、完全统一和稳定。无论是确保国家的内政不被干涉、主权不被侵犯、领土不被分割和占领，还是实现祖国统一，促进国家的长治久安和人民的安居乐业，都不能没有强大的国防。中华民族素有重视国防的传统。但是，自近代以来，主要由于清朝政府的腐败无能、国力日衰，铸成了近代百年"有国无防"的屈辱历史。从 1840 年鸦片战争到 1945 年抗日战争结束，世界上大大小小的帝国主义国家几乎都侵略过中国，迫使中国先后签订了 1 000 多个不平等条约或协议，致使中华民族国土沦丧、任人宰割，人民惨遭蹂躏、备受欺侮。国家不可一日无防，国防不可不强，这是历史发展的必然规律。

### （二）国防是为国家的利益服务的

国防为国家和民族提供安全保障，并为国家和民族的利益服务。

从客体上看，一切满足或能够满足国家生存发展等方面需要并且对国家具有好处的事物，都是国家利益；任何国家利益也都是满足或能够满足国家生存发展需要并且对国家有好处的事物。从主体来看，国家利益只能是以国家为利益主体的利益。由此可见，国家利益是国家赖以存在的基础。如果国家的利益得不到保障，那么这个国家就不会有发展，国家就会陷入战乱之中，经济就无法正常运行。而保障国家的根本利益就建立于强大的国防之上，如果没有了坚强的国防，维护国家的利益就无从谈起。举个例子来说，清王朝时期，由于政府的腐败，国防的荒废，导致西方殖民主义者将殖民主义根植在中国的土地上，进而与中国签订了一系列不平等条约，割地赔款，人民饱受折磨，苦不堪言。一个个的例子表明，国不可一日无防，没有国防的国家必定挨打。从另一方面讲，国防对国家的发展具有重要的意义。

### （三）国家的性质、制度、政策决定着国防建设

国防是为维护国家利益服务的，不同的国家有着不同的利益目标。这种不同的利益目标决定着不同的国防建设，而各种利益目标又是由国家的性质、制度和政策决定的。因此，国防建设最终是由国家的性质、制度和政策决定的。就中华人民共和国成立以来的国防建设而言，由于我国是社会主义国家，在国家关系中一直奉行和强调和平共处、平等互利，因而国防建设在积极防御的战略方针指导下，以反侵略和自卫为目的；而那些奉行霸权主义的国家，由于受所谓的全球利益的影响，其国防政策也具有扩张性和侵略性，因而国防建设也相应地具有全球性。

总的来说，国防因国家性质、制度、国力及其推行的政策不同而具有不同的特征。所有国防的着眼点都是捍卫和扩大国家利益。作为当代的大学生，我们有责任有义务从我做起，从现在做起，努力学习科学文化知识，扎实掌握专业技能，把自己努力培养成有用之人，在步入社会之后，为我国经济的发展，为我国科技的进步，为我国的社会主义现代化建设，为我国国防的强盛贡献自己的全部力量。

## 五、现代国防的基本特征

现代国防是对传统国防的继承和发展，是一种全新的国防观念和国防实践活动。现代国防又称社会国防、大国防或全民国防，其根本着眼点就是捍卫和扩大国家利益。现代国防的基本内容包括国防建设和国防斗争。国防建设是指为了满足国家安全利益需要、提高国防能力而进行的各方面的建设。现代国防建设是一个庞大的系统，包括武装力量建设、国防体制建设、国防科学技术研究、国防工业建设、国防工程建设和国防动员，以及对人民群众进行国防教育、国防法规宣传等。国防斗争是指为了维护国家的安全和经济利益，反抗外来侵略，支持正义事业而采取的以军事手段为主，包括政治、经济、外交等方面行动的总和。现代国防具有如下特征。

### （一）现代国防是国家综合国力的体现

现代国防的主体是军事力量，但不单纯指军事力量，还包括与国防相关的非军事力量，如政治、经济、外交、科技、文化等。此外，它不仅依赖于国家的现实实力，而且还依赖于国家的潜力，以及将潜力转化为现实实力的能力。诸如国土面积、地理位置、自然资源、生产能力、人口数量和质量、科技和文化水平、交通运输、通信状况、国家政策、管理能力、国际关系和国际地位等。如何充分运用本国所具有的各种条件，并在战时尽快而有效地使其转化为战争能力，是一个国家综合国力强弱的重要体现。现代国防不仅立足于实战的作用，更立足于强大的威慑作用。威慑是和平时期国防的主要功能，实战是战时国防的主要功能。和平时期要求不战而胜，遏制战争；战时要求战而胜之，赢得战争。现代国防不单是人力、物力、财力的消耗，而是既消耗又"增值"。现代国防建设对国家经济建设既依赖又促进，两者只有协调发展，才能取得最佳的安全效益、经济效益和社会效益。

### （二）现代国防强调国家利益及其安全防务的整体性

伴随着经济的发展和科技的进步，国家安全利益的内涵不断扩展，现代国防的空间也随之不断扩大，不仅要维护由领土、领海、领空以及现代空间技术发展所带来的领天所组成的地理空间的安全，而且要维护伴随着信息技术产生的"国家信息边疆"的安全。科技革命使国防的空间外延不断叠加扩展的同时，也在不断改变着国防的职能内涵。现代国防的职能正在由维护地缘明确的"硬范围"，扩展到争取有利于己的"软环境"；由保卫本土不受侵犯，扩展到在全球或地区范围争取政治、经济和安全的影响力和主导权；由打赢战争扩展到在战争和非战争状态下都能保证国家利益的实现。此外，现代国防强调，国家安全必须依靠整体性防务。一个国家只有经济不断强大，科技不断发展，国防实力不断增强，精神防线不断巩固，才能真正实现长治久安。

### （三）现代国防具有多层次的目标体系

国际政治、经济在现代国防上打下的烙印越来越深刻。由于各国的国家利益不同，特别是经济利益不同，因此所制定的战略也各有不同，再加上各国军事实力和综合国力的差异，就使现代国防呈现多层次的目标体系。

现代国防的目标体系按范围可分为自卫目标、区域目标和全球目标。

（1）自卫目标

自卫目标由本国政治制度决定，一些国家在国土之外的经济利益有限，加上自身实力不足，因此只能将国防目标定位于自卫层次上，着眼于维护国家主权和领土完整。

（2）区域目标

一些国家虽然在世界范围都有自己的经济利益，但不奉行扩张政策，或者军事实力达不到全球范围，所以将防卫目标锁定在本国及周边区域，也就是说，区域目标国防在维护本国安全利益这个层次上再提高一步，努力为本国的发展创造一个良好的周边环境，并扩大自卫的纵深和弹性。

（3）全球目标

少数实力雄厚、推行扩张政策的国家，国家利益遍及全球，出于保护本国利益、称霸世界的企图，将国防的目标对准世界，以维护世界和平、稳定和消除战争危险为旗号，进行侵略扩张，将自己的意志强加给别国。

还可从内涵上对国防的目标层次进行分类：一种是基于保证国家生存、民族独立型的国防，称之为生存目标；另一种是国家生存无忧，民族独立无虑，其目标在于争取一个适合国家发展的空间，称之为发展目标。

### （四）现代国防既是一种国家行为又是一种国际行为

一个国家想要持续发展，重要条件之一便是巩固国防。国防巩固，政府才能集中精力制定正确的政策，才能调动一切人力物力进行经济建设，人民才能安居乐业。然而，经济全球化的发展趋势，使国家的发展离不开国际环境，世界的和平与战争、经济的繁荣与衰退都是一个国家持续发展的相关因素，也涉及国防的方方面面，世界尤其是周边国家局势动荡，该国就得在国防方面给予更多的关注，如果他国以武力相加，该国就必须进行国防动员，以迎接外来挑战。可见，现代国防作为一种国家基本行为的同时，也日益成为一种国际行为。

### （五）现代国防斗争形式和手段的多样性

现代国防的斗争形式主要包括暴力对抗、威慑手段、谈判方式、运用影响手段等。在现实的国际社会中，对峙的双方不经实力较量，在短期内一般较难实现自己的企图。因此，无论是影响力、谈判还是威慑，都必须以强大的实力为后盾和基础，甚至要随时准备把实力投入战场。虽然战争手段的最高仲裁者的地位还未发生根本性的变化，但是当今世界，除了传统的军事安全威胁外，恐怖主义、种族主义、分裂主义等非传统安全威胁已成为危害国家安全的重要因素。为了应对传统领域及非传统领域多元的各种威胁和挑战，维护世界和平和人类社会的稳定发展，运用影响力、政治对话、外交谈判、经济封锁、心理施压、军备控制等非暴力手段已客观地成为解决国家争端的重要形式。现代国防也正是这种多元手段、多元斗争形式的角逐方式。

总之，现代国防是一个巨大的系统，既包含物质内容，如军队、武器装备、军工生产、军事科学技术，又包含非物质内容，如国家的政治制度、军事思想、军事法律法规、军事哲学观念等，是相当复杂的体系。它不单纯是军事领域的事，而是涉及整个社会的各个领域。从国家最高领导人到每一位公民，都与国防密切相关，从军事到政治、经济、文化、教育、科学技术等各个领域，都与国防紧密相连。

## 六、国防的地位和作用

任何一个国家，从其诞生之日起，首要的任务就是固疆强力、抵御外来侵略、巩固新生政权、保证国家的生存与发展。国防在国家的职能中，其地位和作用十分重要，它与国家利益休戚相关，关系到国家安危、荣辱和兴衰。

### （一）国防是国家安全的重要保障

为了保障国家安全，促进国家发展，各国都从本国的实际出发，努力加强国防建设，同时在国民中普遍进行有关维护国家安全的国防教育，使国民树立爱国主义和维护国家根本利益的观念，保障国家的安全，为国家的发展创造更有利的环境和条件。

### （二）国防是国家独立自主的前提

强大的国防是确保国家独立自主行使主权的前提。"民无兵不安，国无防不立。"没有强大的国防，就没有国家的主权和独立，人民的幸福和民族的振兴也就没有保障。近代中国沦为半殖民地半封建社会和中华人民共和国自立世界民族之林的历史，从正反两个方面证明：国家和民族的独立，必须有强大的国防。国家独立、民族兴旺，离不开现代化的人民军队，离不开整体民族的国防精神，离不开整个民族的尚武精神，也离不开具有强大战斗力的国防军和后备力量的建设。在新的历史条件下，强大的国防不仅是我们在异常激烈、错综复杂的国际环境中赢得战略主动权的重要条件，也是完成祖国统一大业，全面构建社会主义社会的重要保障。

### （三）国防是国家繁荣发展的重要条件

一个国家只有建设了相应的国防，国家的其他建设事业才能顺利进行。如果没有巩固的国防，这个国家的政权是无法巩固的，经济发展的目标也难以实现。因此，国家的生存、政权的巩固和经济的发展必须有一个能够捍卫国家根本利益的国防。

## 七、中国国防历史

国防作为一种历史现象，从萌芽于部落斗争，到伴随着阶级的产生、国家的形成而逐渐出现，最终也将随着国家的发展而发展。中国国防的历史源远流长。在人类社会的历史长河中，神州大地先后经历了奴隶社会、封建社会、半殖民地半封建社会和社会主义社会。与之相应，国防也经历了无数个强盛与衰落的交替，从而给我们留下了宝贵的国防遗产和深刻的历史教训。

### （一）中国古代国防

我国古代的国防是指从公元前21世纪夏王朝的建立到1840年鸦片战争（第一次鸦片战争）爆发，共经历了近四千年的漫长历史。其间，中华民族经历了无数次战争的锤炼和血与火的洗礼，形成了强大的民族凝聚力，培育出了自强不息、前仆后继、不畏强暴、卫国御敌的尚武精神，最终成为一个多民族的大疆域国家。

#### 1. 古代的国防政策和国防理论

大约公元前21世纪，中国古代社会开始由原始氏族公社制社会进入奴隶制社会，出现了国家。从此，作为抵御外来侵犯和征伐别国的武备——国防的雏形便产生了。随后的几千年征战中，为保家卫国，逐渐形成了我国古代的国防政策和国防理论。

春秋战国时期，由于各诸侯国之间连年征战，使国防观念迅速得到强化，虽然当时的诸子百家在政治和哲学主张方面各放异彩，但在国防方面却大体一致，形成了诸如"义战却不非战""非攻兼爱却不非诛""足食足兵""以正治国，以奇用兵""富国强兵""文武相济""尚战，善战，慎战""不战而屈人之兵"等思想，表明春秋战国时期对武备和国防的重视，而且国防思想已经上升到理论的高度，全面奠定古代军事思想的基础，标志着我国古代军事思想在这个时期已经基本形成。在此基础上也形成了较为完整的战争观，并提出了普遍的战争指导原则，如孙子的"知彼知己，百战不殆""示战先算""伐谋伐交，不战而胜""以智使力"等指导原则。这些指导原则概括精辟，至今仍具有极为重要的指导意义。这一时期总结出了一整套治军方法，形成了比较合理的军队编制结构；重视改善武器装备，研制出种类繁多的兵器装备；明确提出把军队的教育训练当作治军的首要任务，以此来提高军队的素质。

公元前 230 年至公元前 221 年，秦国经过 10 年的统一战争，先后兼并六国，结束了历史上的长期分裂局面，第一次建立起中央集权的封建国家，标志着中国封建社会进入一个新的历史阶段。随后的汉、唐更是中国封建社会的盛世，军事上也处于开疆拓土的鼎盛时期。至公元 10 世纪中叶的近 1 300 年间，中国古代国防政策和国防理论得到了进一步的丰富和发展，开始全面整理兵书，初步形成了较为完整的军事学术体系。另外，古代战略思想趋于成熟，战略防御思想也得到进一步完善。

宋朝至清朝前期是中国封建地主阶级没落的时期，但军事上却已进入冷、热兵器并用的时代，在国防政策和国防理论上也有相当程度的发展。武学开始被纳入国防教育体系。北宋初期重文轻武，国防衰落。后开办"武学"，设武举，为军队培养、选拔了大批军事人才，同时也繁荣了军事学术。明、清两朝将武举推向更深层次，甚至出现文人谈兵、武人弄文的局面，大量军事著作面世，军事思想研究不断发展。

从总体上来说，我国古代国防理论主要有"以民为体""居安思危"的国防指导思想，"富国强兵""寓兵于农"的国防建设思想，"爱国教战""崇尚武德"的国防教育思想，"不战而胜""安国全军"的国防斗争策略等。在这些思想和策略的指导下，华夏大地消除了无数次外敌入侵带来的战祸，为中华民族的繁衍生息和社会的发展提供了基本的生存条件，甚至使国防出现"中国既安，四夷自服"的辉煌。

### 2. 古代的兵制建设

兵制即我们常说的军事制度，也称军制，是国家或政治集团组织、管理、维持、储备和发展军事力量的制度。我国古代的兵制建设主要包括军事领导体制、武装力量体制和兵役制度等内容。

在军事领导体制上，夏、商、西周时期一般由君主亲自掌握和指挥，没有形成专门的军事领导机构。春秋末期，实现将相分权治国，以将为主组成军事指挥机构。战国时期，将军开始独立统兵作战。秦国一统天下之后，设立了专门管理军事的机构，太尉为最高的军事行政长官。隋朝设立了三省六部制，设兵部主管军事。宋朝则设置枢密院作为军事领导的最高机构，主官由文官担任；主要目的是防止"权将"拥兵自重。枢密院有权调兵却无权指挥，将军有权指挥却无权调兵，形成枢密院和将军相互牵制的局面。各朝代在军事领导体制方面的做法虽各有异，但皇权至上这一点是不变的，军队的最终调拨使用大权始终掌握在君主（或皇帝）手中。

在武装力量体制上，秦朝之前武装力量结构单一，一个国家通常只有一支国家的军队。从秦朝开始，国家的政治制度逐渐完善，生产力不断发展，因而各个朝代根据国家的状况和国防的需要以及驻防地区和担负任务的具体情况，将军队区分为中央军、地方军和边防军三种，并对军队的编制体制、屯田戍边、兵役军赋、军队调动、军需补给、驿站通道、军械制造和配发等都做了具体的规定，并以法律的形式颁布执行，如唐代的《卫禁律》《军防令》等。

在兵役制度上，随着各个历史时期的政治、经济、人口状况和军事需要而发展变化。

奴隶社会时期，生产力低下，人口稀少，战争规模小，主要实行兵民合一的民军制度。封建社会时期，民军制度逐渐演变为与当时历史条件相适应的兵役制度，如秦汉时期的征兵制、三国两晋南北朝时期的世兵制、隋唐时期的府兵制、宋朝的募兵制、明朝的卫所兵役制等。

### 3. 古代的国防工程建设

我国古代为抵御外敌的侵犯，巩固边海防，修筑了数量众多、规模庞大的国防工程，如城池、长城、京杭大运河以及海防要塞等。

我国古代国防工程建设中，城池的建设时间最早、数量最多。城池建筑最早始于商代，随后城池建设规模不断扩大，结构日益完善，一直延续到近代。因此，在我国古代战争中，城池的攻守作战成为主要的样式之一。

著名的万里长城，是中国古代构筑的以长城城墙为主体，与其他工程设施相结合的线式防御工程体系，它是城池筑城体系的发展和运用。春秋战国时期长城的建筑已经开始，秦始皇统一六国之后，为了巩固国防，防御北方匈奴的南侵，于公元前 214 年开始将秦、赵、燕三国北部的长城连为一个整体，形成西起临洮（今甘肃岷县）、北傍阴山、东至辽东的宏伟工程。后经各朝代多次修建连接，至明代形成了西起嘉峪关、东至山海关、总长约 6 300 千米的万里长城。长期据险筑墙、关堡相连、烽燧相望、敌台林立、层层布防的边防体系，曾在战国时期发挥过重要的防御作用。此外，我国少数民族在东北也修筑了称为"边堡线"的长城。

京杭大运河是我国古代兴建的伟大水利工程。隋炀帝时期，征调大量人力物力，将原有的旧河道拓宽和连贯，形成北起通州（今北京通州区）、南至杭州，全长 1 747 千米的大运河，把南北许多州县连成一线，成为军事交通和"南粮北运"的大动脉，具有重要的军事和经济作用。古代海防建设是从明朝开始的。14 世纪，倭寇频繁袭扰我国沿海地区，因此明朝在沿海重要地段陆续修建了以卫城、新城为骨干，水陆寨、营堡、墩、台、烽、燧等相结合的海防工程体系，对抗击倭寇的入侵起到了重要作用。

### 4. 古代国防的兴衰

古代国防的兴衰是与各朝代的政治、经济、军事状况密切相关的。纵观我国几千年的国防史，我们不难发现，当统治阶级处于上升时期，政治开明、经济繁荣、军事强大、民族团结、国家统一，其国防就强盛；当统治阶级走下坡路，政治腐败、经济衰落、军事孱弱、民族分裂、国内混乱，其国防就削弱甚至崩溃。

从整个历史来看，我国古代前期，即从春秋战国到秦汉、盛唐，国防不断发展，日趋强盛以至于发展到鼎盛。其后期，即从中唐到两宋、晚清，我国国防便日趋衰败，以至于一触即溃，不堪一击。其间，虽然盛唐之前有两晋的糜烂，中唐以后有明清中前期的振作，但从整体上来看，我国古代国防事业的基本趋势是由弱到强，再从强盛走向衰落。

从汉、唐、明、清等几个大的历史朝代看，国防事业也都是由兴而盛，由盛及衰。其间固然不乏极盛之前的短暂衰落，衰败之后的一时复兴，但终其一朝由盛及衰的基本趋势是没有改变的。

## （二）中国近代国防

我国近代的国防是屡弱、衰败和屈辱的。1840年，西方殖民主义者凭借船坚炮利的优势，攻破了清王朝紧锁的国门，对中华民族实行了残酷的殖民统治。

### 1. 清朝后期的国防

1644年，清军大举入关，问鼎中原，最终建立清王朝。从顺治开始，经康熙、雍正、乾隆和嘉庆五代，先后177年，是清朝的兴盛时期。但是经过"康乾盛世"之后，政治日趋腐败，国防日益疲弱。1840年鸦片战争爆发，西方殖民主义者大举入侵，从此清王朝一蹶不振，江河日下，有国无防，内乱丛生，外患不息，中国逐步沦为半殖民地半封建社会。

（1）清朝的武备

清朝的武备包括军事领导体制、武装力量体制和兵役制度等方面。

在军事领导体制方面，1840年以前，大清王朝先后设立了议政王大臣会议、兵部和军机处，作为高层军事决策和领率机构。鸦片战争后，开始实施"洋务新政"，成立了总理衙门。八国联军入侵中国后，清朝统治者深感军备落后，企图通过改革军制来强军安国，遂改总理衙门为外务部，撤销原有的兵部，成立陆军部。

在武装力量体制方面，清军入关之前，军队是八旗兵；入关后为弥补兵力的不足，将投降的明军和新招募的汉人单独编组，成立了绿营；1851年以后，为镇压太平天国运动，咸丰帝号召各地乡绅编练乡勇，湘军和淮军逐渐成为清军的主力；中日甲午战争之后，开始编练新军。

在兵役制度方面，八旗兵实行的是兵民合一的民军制。清朝规定：所有十六岁以上的满族男子都是兵丁，不满十六岁的则编为养育兵，作为后备兵源。绿营兵虽是招募而来，但入伍后即编入兵籍，其家属随营居住，实际上绿营兵是职业兵，直到年满五十岁才解除兵籍。湘军和淮军是由地方乡勇逐渐发展起来的部队。太平天国运动被镇压后，湘、淮军取代八旗兵和绿营兵，成为清军的主力。甲午战争中，湘、淮军大部分溃散，清朝开始"仿用西法，编练新兵"。新军采用招募制，在入伍的年龄、体质及识字程度方面均有比较严格的要求。

（2）清朝的疆域和边海防建设

由于清朝初期重视边海防建设，因此在同国内割据势力的斗争中，制止了分裂，促进了国内各民族的团结，维护了国家的统一；在与外部侵略势力的斗争中，捍卫了国家的领土主权。这一时期疆域西到今巴尔喀什湖、楚河、塔拉斯河流域、帕米尔高原；北到戈尔诺阿尔泰、萨彦岭；东北到外兴安岭、鄂霍次克海；东南到东海海域，包括台湾及其附属岛屿；南到南海诸岛；西南到广西、云南、西藏，包括拉达克，建立了一个空前统一、疆域辽阔的多民族的封建专制国家。从道光年间开始，政治日益腐败，边海防逐渐废弛，西方殖民主义者乘虚而入，以坚船利炮打开了中国封闭的国门。19世纪中叶以后，香港、澳门、台湾岛和澎湖列岛分别被英、葡、日占领，东北乌苏里江以东、黑龙江以北及西北邻国界以外的广大地域被沙俄侵占，帕米尔地区被俄、英瓜分，拉达克则被英属克什米尔所吞并。

（3）"五次"对外战争

1840年，英帝国主义以清政府禁烟为由，对中国发动了战争，史称鸦片战争（第一次鸦片战争）。1842年，战败的清政府被迫在英国的军舰上签订了我国历史上第一个丧权辱国的不平等条约——中英《南京条约》。中国的领土和主权遭到破坏，开始沦为半殖民地半封建社会。

1856—1860年，英国不满足已获得的利益，联合法国，分别以"亚罗艇事件"和"马神甫事件"为借口，对中国发动了第二次鸦片战争。战败的清政府被迫与英国签订了中英《天津条约》，与法国签订了中法《北京条约》，此时的沙俄趁火打劫，强迫清政府签订了《瑷珲条约》。1884—1885年中法交战。爱国将领冯子材率领的清军奋勇杀敌，在刘永福黑旗军的配合下痛击法军，取得了镇南关大捷，由此导致法国茹费里内阁的倒台。但是腐败的清政府却一味苟且偷安，李鸿章认为法国船坚炮利、强大无敌，中国即便一时而胜，难保终久不败，不如趁胜而和。因此，清政府和法国签订了《中法新约》，将广西和云南两省的部分权益出卖给了法国，使中国不败而败，法国不胜而胜。清政府的腐败无能暴露无遗。1895年日本以清朝出兵朝鲜为由发动了甲午战争。北洋水师全军覆没，清政府被迫与日本签订了《马关条约》。1900年，英、美、德、法、俄、日、意、奥八国，以保护在华侨民"利益"为借口，组成联军，发动侵华战争。战败的清政府被迫与八国签订了《辛丑条约》。

从1840年鸦片战争到1911年辛亥革命这70多年间，清政府与列强签订了大大小小数百个不平等条约，割让领土近160万平方公里，共赔款2 700万元，白银7亿多两（不含利息）。当时，在1.8万多公里的海岸线上，大清帝国竟找不到自己享有主权的港口。国家有海无防，有边不固，绝大部分中国领土成了帝国主义的势力范围，中华民族美丽富饶的国土被践踏得支离破碎。

2. 民国时期的国防

1911年爆发的辛亥革命，虽然推翻了清朝的统治，彻底废除了封建专制制度，建立了"中华民国"，但并没有改变中国任人宰割的历史。帝国主义通过扶植各派军阀作为自己的代理人，加紧对中国的控制掠夺；各派军阀争权夺利，混战不已，中国依然是有边不固，有海无防，人民有家难安。

（1）军阀混战与中华民族的觉醒

1911年的辛亥革命，终于推翻了几千年的封建统治，但由于革命的不彻底，仍没有使中国摆脱半殖民地半封建社会的状况，帝国主义依然在华夏大地上横行无忌，他们为维护其在华利益，纷纷扶植自己的代理人：先有袁世凯称帝，后是张勋复辟，各派军阀以帝国主义为靠山，割据称雄，混战不休。直、皖、奉三大派系军阀先后窃取中央政权，贿选国会议员和总统，出卖国家和民族利益。"二十一条"的签订和"巴黎和会"中国外交的失败，充分暴露出北洋政府的腐败无能，使中国面临被帝国主义进一步瓜分的命运，激起了中华民族同仇敌忾、共御外侮的决心和勇气。以五四运动为标志，中国反帝反封建的资产阶级民主革命发展到新阶段。1921年7月，中国共产党的成立，把中国人民的救亡图存斗争推向新的阶段，中国工人阶级开始以自觉的姿态登上了历史舞台。

（2）日本的入侵及中国人民的抗战

1931年9月18日，日本发动了"九一八"事变。面对日本帝国主义的野蛮侵略，蒋介石却奉行"攘外必先安内"的方针，一味奉行不抵抗政策，出卖民族利益，使东北大片国土迅速沦陷。1937年7月7日，日本发动"卢沟桥事变"，进一步扩大了对中国的侵略，中华民族到了生死存亡的紧要关头。中国共产党高举团结抗日的旗帜，肩负起救民族于危难的神圣使命，领导全国各族人民进行了艰苦卓绝的十四年抗战，终于取得了我国近代历史上第一次抗击外敌侵略的完全胜利。

（3）解放战争及中华人民共和国成立

抗日战争胜利后，中国人民迫切需要一个和平安全的休养生息的环境，中国共产党顺民心、从民愿，不计前嫌，准备与国民党第三次携手，合作建国。但蒋介石背信弃义，妄图消灭中国共产党及其领导的军队。在中国共产党的领导下，经过四年的解放战争，中国人民终于推翻了蒋家王朝，建立了中华人民共和国。

### （三）中国国防历史的启示

中国数千年的国防历史告诉我们：

#### 1. 经济发展是国防强大的基础

经济是国防的物质基础，国防的强大有赖于经济的发展。早在春秋时期齐国的政治家管仲就提出"富国强兵"的思想，孙子更直接地提出"兵不强则不可以摧敌，国不富不可以养兵"的观念，说明富国是强兵之本、强兵之急。这一观点抓住了国防强大的根本所在。我国古代凡是有作为的政治家、军事家，无不强调富国强兵。秦以后的汉、唐、明、清各代前期国防的强盛，都是与民休养生息、发展经济的结果；与此相反，以上各朝代的衰败，也都由于经济的衰落导致国防的孱弱。无数史实证明，经济发展是国防强大的基础。

#### 2. 政治开明是国防巩固的根本

政治与国防紧密相关，国家的政治是否开明、制度是否进步，直接关系到国防能否巩固，只有良好的政治才是固国强兵的根本。

纵观我国数千年的国防历史，我们不难发现，凡是兴盛的时期和朝代，都十分注意修明政治，实行较为开明的治国之策。原本西陲小国的秦国，从商鞅变法开始，修政治、明法度、发展生产、繁荣经济，国防日渐强大，为并吞六国奠定了坚实的基础；大唐初建之时，满目疮痍，百废待兴，正是由于制定并实施了一系列开明的政治制度，使国家很快从隋末的战争废墟中恢复过来，很快成为国力昌盛、空前统一的大唐帝国。凡是衰落的时期和朝代，无不因为政治腐败导致国防虚弱。唐朝中期以后，两宋乃至晚清都是如此。

### 3.国家的统一和民族的团结是国防强大的关键

翻开几千年的国防史，人们会发现这样一个规律：凡是国家统一、民族团结的时期，国防就巩固、强大；凡是国家分裂、民族矛盾尖锐的时期，国防就虚弱、颓败。

晚清时期，清政府在西方列强的入侵面前，不仅不敢发动反侵略战争，不依靠、不支持人民群众进行战争，反而认为"患不在外而在内""防民甚于防火"。对人民群众自发组织的反侵略斗争实行残酷的镇压，最终造成在对外作战中屡战屡败，割地赔款，逐步沦为半殖民地半封建社会。历史的教训最为深刻，经验弥足珍贵，值得我们永远记取。

【思考与练习】

1. 国防的基本要素有哪些？
2. 国防的基本类型有哪些？
3. 现代国防的基本特征是什么？
4. 国防历史的启示有哪些？

### 知识窗

国家——从抽象的角度，国家是一定范围内的人群所形成的共同体形式。国家政权是国家的具体化身，也是通常意义上对国家的理解。它是一种拥有治理一个社会的权力的机构，在一定的领土内拥有外部和内部的主权。国家既是一个地缘概念，又是一个政治概念。国家作为一个政治概念，除沿袭地缘概念的内涵之外，又有了新的发展。国家包括四个基本要素，即领土、人民、政府和主权。

## 第二节 国 防 法 规

国防法规是指国防法律规范以及制定、修改、废止和实施国防法律规范的活动的总和，是国家法制的重要组成部分，也是国防和军队建设的重要内容。国防法规一般包括国防立法、国防法律制度、国防法律的实施等主要问题。

## 一、国防法规概述

### （一）我国的国防法规的体系

国防法规的体系是指由不同层次、不同门类的国防法律规范构成的相互联系、相互制约、和谐一致的有机整体。

我国的国防法规按立法权限区分为四个层次：第一个层次是法律，关于国防和武装力量建设的法律由全国人民代表大会及其常务委员会制定；第二个层次是法规，由中央军委制定的为军事法规，由国务院制定或国务院与中央军委联合制定的为军事行政法规；第三个层次是规章，由军委各总部、各军兵种、各军区制定的为军事规章，由国务院有关部委与军委有关总部联合制定的为军事行政规章；第四个层次是地方性法规，主要是指由省、自治区、直辖市人民代表大会及其常务委员会制定的贯彻执行国家国防法规的实施办法、实施细则、补充规定等。

我国的国防法规按调整领域划分为十六个门类：一是国防基本法类；二是国防组织法类；三是兵役法类；四是军事管理法类；五是军事刑法类；六是军事诉讼法类；七是国防经济法类；八是国防科技工业法类；九是国防动员法类；十是国防教育法类；十一是军人权益保护法类；十二是军事设施保护法类；十三是特别行政区驻军法类；十四是紧急状态法类；十五是战争法类；十六是对外军事关系法类。

### （二）国防法规的特性

国防法规是国家法律的组成部分，是由国家制定或认可的、并由国家强制力保证其实施的行为规范，具有法律的一般特性，即鲜明的阶级性、高度的权威性、严格的强制性、普遍的适用性、相对的稳定性。同时，国防法规还具有区别于其他法规的特殊性质，主要表现在以下四个方面。

### 1. 调整对象的军事性

法律是调整社会关系的行为规范，不同的法律规范用来调整不同领域的社会关系，国防法规所调整的是国防和武装力量领域的各种社会关系，包括军队内部的社会关系、武装力量内部的社会关系、武装力量与外部的社会关系。这些带有军事性的社会关系是国防法规特有的调整对象，是其他任何法律规范所不能代替的，这是国防法规特性的一个基本表现。

调整对象的军事性并不意味着国防法规只管军队，不管地方。国防是国家行为。国防和武装力量建设及斗争领域的社会关系是军事性的，但这些社会关系所涉及的行为主体并不都是军队和军人，政治、经济、外交、科技、教育等各个部门和社会各阶层人士都与国防有关。因此，一切社会团体和个人都必须按照国防法规的要求，履行自己的国防义务。

### 2. 公开程度的有限性

一般的法律都是公开的，以使全体公民熟悉和遵守。从整体上看，国防法规也有公开性，但与其他法律相比，国防法规的公开程度比较低。一些涉及军事机密的国防法规只限定有关人员知晓，如关于作战、训练、军队编制和国防科研等方面的法规都具有保密性。为加强国防法制建设，对于能够公开的国防法规应积极宣传，力求人人皆知；对于不能公开的国防法规应严格保密，以维护国家的安全利益。

### 3. 司法适用的优先性

国防法规优先适用，是指在解决与国防利益、军事利益有关的法律问题时，如果国防法规和普通法规都有相关的规定，要以国防法规的规定作为评判是非的标准和采取行动的准则。优先适用不是指先后顺序，而是一种排他性的单项选择。在涉及国防利益、军事利益的案件中，只适用国防法规，不适用普通法。"特别法优先于普通法"是国际公认的法律适用原则。国防法规属于特别法，因而在司法程序上实行"军法优先"。

### 4. 处罚措施的严厉性

国防法规所保护的国防利益，是关系国家兴衰存亡的、最根本的国家利益，因而对危害国防利益的犯罪行为实行比较严厉的处罚。如《中华人民共和国刑法》规定，抢劫罪通常处3年以上10年以下有期徒刑；而冒充军警人员抢劫的或抢劫军用物资的，处10年以上有期徒刑、无期徒刑或者死刑。同一类型的犯罪，战时的处罚要更严厉一些。《中华人民共和国刑法》《中华人民共和国兵役法》都有战时从重处罚的规定。如平时应征公民拒绝、逃避征集的，在2年内不得被录取为国家公务员、国有企业职工，不得出国或者升学，还可处以罚款，而战时要依法追究刑事责任。

## 二、《中华人民共和国国防法》

《中华人民共和国国防法》是根据宪法制定并于 1997 年通过的一部综合性的调整和规范国防与武装力量建设的基本法律，是用来调整和指导国防领域中各种社会关系的基本法律规范，它在国防法规体系中占有统率地位并起着核心作用，是其他军事立法的基本法律依据。

### （一）国防活动的基本原则

国防活动的基本原则包括：坚持独立自主、自力更生地建设和巩固国防的原则；坚持全民自卫的原则；坚持国防建设与经济建设协调发展的原则；坚持国家对国防活动实行统一领导的原则；坚持义务和权利相一致的原则；坚持平等交往的原则。

### （二）国防的基本制度

国防的基本制度包括：（1）国防领导制度：体制和职权；（2）武装力量体制：组成、兵役和军衔；（3）边防、海防、空防制度：领导和管理；（4）国防科研生产和军事订货制度：军品生产；（5）国防经费和资产：管理制度；（6）国防教育制度：运行机制。

## 三、《中华人民共和国兵役法》

《中华人民共和国兵役法》（以下简称《兵役法》）经 1984 年 5 月 31 日第六届全国人民代表大会第二次会议通过，1984 年 5 月 31 日中华人民共和国主席令第 14 号公布；根据 2011 年 10 月 29 日第十一届全国人大常委会第二十三次会议《关于修改〈中华人民共和国兵役法〉的决定》第 3 次修正。《兵役法》分总则、平时征集、士兵的现役和预备役、军官的现役和预备役、军队院校从青年学生中招收的学员、民兵、预备役人员的军事训练、普通高等学校和普通高中学生的军事训练、战时兵员动员、现役军人的待遇和退出现役的安置、法律责任、附则 12 章 74 条，自 1984 年 10 月 1 日起施行。

《兵役法》是规定国家公民参加军队和其他武装组织或在军队外接受军事训练的法律。其核心是确定国家兵役制度和服兵役的形式。

### （一）现行《兵役法》的主要内容

《兵役法》的主要内容包括：把兵役制改为义务兵与志愿兵相结合、民兵与预备役相结合的兵役制度；将中华人民共和国武装力量确定为由中国人民解放军、中国人民武装警察部队、民兵三者组成；规定了民兵的性质、任务、编组原则以及预备役人员、高级中学、大专院校学生实施军事训练的办法；对士兵、军官服现役制度做了重要补充；确定了战时实施动员的原则和要求；明确省军区、地市军分区、各县市人民武装部为各级政府的兵役机关；对现役军人的优待和退出现役的安置做了一些原则性的规定；对违反《兵役法》的行为规定了处罚办法。

## （二）兵役原则

### 1. 普遍平等

《兵役法》第三条规定："中华人民共和国公民，不分民族、种族、职业、家庭出身、宗教信仰和教育程度，都有义务依照本法的规定服兵役。"这表明，我国公民在服兵役方面普遍负有平等的义务，也普遍享有平等的权利，充分体现了"中华人民共和国公民在法律面前一律平等""各民族一律平等"的宪法原则。

### 2. 男女有别

男女公民都有服兵役的义务，但考虑到女性公民的生理特点和军队建设的实际需要，《兵役法》对男女公民服兵役提出了不同的要求：在兵役登记方面，年满18周岁的男性公民都必须按规定进行兵役登记，女性公民不进行兵役登记。在服现役方面，适龄男性公民符合服现役条件的都有应征服现役的义务，女性公民只根据军队的需要应征服现役。在服预备役方面，年满18周岁至35周岁的男性公民，凡符合服预备役条件的，除了应征服现役的以外，都应按规定进行服预备役登记，分别服第一类预备役和第二类预备役；女性公民只根据需要服第一类预备役，不服第二类预备役。在参加民兵组织方面，在建有民兵组织的单位，适龄男性公民都应分别编入基干民兵或普通民兵；女性公民只根据需要编入基干民兵，不编入普通民兵。

### 3. 合理照顾

《兵役法》规定："有严重生理缺陷或者严重残疾不适合服兵役的人，免服兵役。"免服兵役，是指公民因身体条件不适合服兵役，国家免除他们服现役和服预备役的法律义务，体现了国家对他们的照顾。

### 4. 严格限制

《兵役法》规定："依照法律被剥夺政治权利的人，不得服兵役。""应征公民被羁押正在受侦查、起诉、审判或者被判处徒刑、拘役、管制正在服刑的，不征集。"不得服兵役，是指依照法律被剥夺政治权利的人没有服兵役的资格，既不得被征集服现役，也不得编入民兵组织或登记服预备役。

## （三）平时征集

兵员的平时征集，是指依照法律规定和通过一定的工作程序，将符合条件的公民征集到人民解放军和武装警察部队服现役。全国每年征集服现役的人数、要求和时间，由国务院和中央军事委员会的征兵命令规定。

### 1. 征集年龄

每年12月31日以前年满18周岁的男性公民，应当被征集服现役。当年未被征集的，在22周岁以前，仍可以被征集服现役。普通高等学校毕业生的征集年龄可以放宽至24周岁。根据军队需要，可以按照前款规定征集女性公民服现役。为了满足军队某些技术、文体单位的特殊需要，根据军队需要和本人自愿，可以征集当年 12 月 31 日以前年满 17 周岁未满 18 周岁的男女公民服现役。

### 2. 征集程序

每年 12 月 31 日以前年满 18 周岁的男性公民，都应当在当年 6 月 30 日以前，按照县、市、区的兵役机关的安排，进行兵役登记。经兵役登记和初步审查合格的，称应征公民。在征集期间，应征公民应当按照县、市、区兵役机关的通知，按时到指定的体格检查站进行体格检查。公安机关和基层单位对应征公民进行政治审查。应征公民体检、政审合格，经县、市、区的兵役机关批准，被征集服现役。

### 3. 缓征

《兵役法》第十六条规定："应征公民是维持家庭生活唯一劳动力的，可以缓征。"根据这一规定，缓征对象是维持家庭生活的唯一劳动力。独生子女不一定是维持家庭生活的唯一劳动力，如果其父母仍有劳动能力，就不属于缓征对象。

2001 年 9 月修订颁布的《征兵工作条例》规定："依法可以缓征的正在全日制高等学校就学的学生，本人自愿应征并且符合条件的，可以批准服现役，原就读学校应当按照有关规定保留其学籍，退伍后准其复学。"这一规定，没有改变《兵役法》关于缓征的基本原则，正在全日制高等学校就学的学生，仍属于缓征对象。所以，《征兵工作条例》强调，对这部分青年的征集必须是本人自愿，而且原就读学校应保留其学籍，退伍后准其复学。这样既可以满足一部分在校大学生携笔从戎、保卫祖国的夙愿，又充分照顾到了他们的切身利益。从高等学校在校生中征集兵员，有利于改善兵员的整体素质，有利于军队的现代化建设。国家鼓励在校大学生应征入伍。

## （四）《兵役法》的主要制度

### 1. 现役制度

现役士兵包括义务兵役制士兵和志愿兵役制士兵，义务兵役制士兵称义务兵，志愿兵役制士兵称士官。义务兵服现役的期限为两年。义务兵服现役期满，根据军队需要和本人自愿，经团级以上单位批准，可以改为士官。根据军队需要，可以直接从非军事部门具有专业技能的公民中招收士官。士官实行分级服现役制度。士官服现役的期限一般不超过 30 年，年龄不超过 55 周岁。

现役军官由下列人员补充：选拔优秀士兵和普通高中毕业生入军队院校学习毕业的学员；选拔普通高等学校毕业的国防生和其他应届优秀毕业生；直接提升具有普通高等学校本科以上学历表现优秀的士兵；改任现役军官的文职干部；招收军队以外的专业技术人员和其他人员。战时根据需要，可以从士兵、征召的预备役军官和非军事部门的人员中直接任命军官。

### 2. 预备役制度

经过兵役登记的应征公民，未被征集服现役的，办理士兵预备役登记。士兵退出现役时，符合预备役条件的，由部队确定服士兵预备役；经过考核，适合担任军官职务的，服军官预备役。士兵预备役的年龄为 18 ~ 35 周岁，根据需要可以适当延长。

预备役军官包括下列人员：退出现役转入预备役的军官；确定服军官预备役的退出现役的士兵；确定服军官预备役的普通高等学校毕业学生；确定服军官预备役的专职人民武装干部和民兵干部；确定服军官预备役的非军事部门的干部和专业技术人员。

### 3. 学生军事训练（军训）制度

学生军事训练，是指高等院校、高级中学和相当于高级中学的学校组织在校学生进行的军事理论教育和军事技能训练。1955 年《兵役法》颁布后，学生军事训练就成为国家的一项军事制度。1984 年重新颁布的《兵役法》设专章对学生军事训练做出了规定。从 1985 年开始，学生军事训练工作按照《兵役法》的规定在全国部分高校和高级中学开展军训试点。

## （五）大学生征兵入伍的政策

普通高等学校的学生在就学期间，必须接受基本军事训练。普通高等学校设军事训练机构，配备军事教员，组织实施学生的军事训练。普通高等学校和普通高中学生的军事训练，由教育部、国防部负责。教育部门和军事部门设学生军事训练的工作机构或者配备专人，承办学生军事训练工作。

大学生征兵入伍的具体政策如下。

### 1. 入伍前的"优先征集"政策

征兵时，各级兵役机关将为各级各类高校征集对象提供"绿色通道"：实行优先报名应征、优先体检政审、优先审批定兵，简化办事程序。报名由县级兵役机关直接办理。征兵体检前 5 天，县级兵役机关要逐一通知预征对象体检时间、地点、注意事项等；优先批准体检政审合格的应届毕业生入伍。

### 2. 服役期间的有关就学政策

妥善安排学业：在校大学生入伍前，学校应安排他们参加所学课程的考试，也可以根据平时的学习情况，对所学课程免试，直接确定成绩和学分，并保留学籍至退役后一年内。对已经修完规定课程或已修满规定学分，符合毕业条件的，学校可准予毕业，发给其毕业证书。

在校大学生入伍后，有条件的可以参加原学校组织的函授或自学专业课程，经部队团级单位批准可以参加学校组织的考试。适当减免学费：在校大学生被批准入伍后，已交学杂费的剩余部分，根据本人自愿，由学校退还本人，或由学校负责管理。退出现役后复学，其家庭经济困难的，由学校酌情减免学费；入伍前享受优秀学生奖学金的，复学后提高一个奖学金等级（不含一等奖学金）；对荣立一次三等功奖励的，复学后按不低于 50% 的标准减免学费；荣立两次三等功或荣立二等功、被授予荣誉称号的，复学后免交全部学费。

退役后的复学：对原就读学校撤销的，由省（自治区、直辖市）教育行政部门安排转入同等学力相关专业高等学校复学；对原所学专业撤销的，由学校安排转入其他专业复学；个别学习有困难的，可以申请延长学习时间；对专科升本科、本科报考研究生的，在同等条件下应优先录取。在部队荣立三等功以上奖励的，原是本科生的可申请转到本校其他专业学习，原是专科生的可以免试进入本校同专业或相近专业的本科学习，属独立设置的专科学校的专科生，由学校报所在省教育行政部门负责安排；荣立二等功以上奖励的，所学本科专业毕业后，可免试保送所学专业研究生。

### 3. 入伍后培养使用问题

兵役机关在确定在校大学生入伍的去向时，要尽可能将他们安排到要求文化程度高、专业复杂、技术性强的部队服役，发挥他们的优势和专长，满足部队建设需要。对表现优秀的大学生士兵，在学技术、选取士官、报考军校、直接提升军官等方面优先安排。对退伍后复学的大学生，如本人自愿，且符合相关条件，在校学习期间应优先选拔为国防生或毕业后直接接收补充军队干部队伍。取得全日制高校本科学历和学士学位的大学生入伍，当兵两年后经考核可直接提干成为军官。

### 4. 服役期间优抚安置和有关工资补助问题

对批准入伍的在校大学生，服役期间，部队每月发给 600 元以上的义务津贴费，伙食费每月 540 元以上。义务兵服役满两年后，如果部队需要和本人自愿，可由义务兵转为士官。士官实行的是工资制，一级士官每月发给 3 190 元以上的工资，二级士官每月发给 4 150 元以上的工资，三级士官每月发给 4 960 元以上的工资。其家属享受军属待遇，并由其入学前户口所在地人民政府按照本省（自治区、直辖市）有关义务兵家属优待的规定给予优待。退出现役后，国家实行以扶持就业为主，自主就业、安排工作、退休、供养等多种方式相结合的安置制度。不愿复学的大学生，由入学前户口所在地的退伍军人安置机构负责接收，并按照有关政策规定，做好安置工作。

### 5. 奖惩规定

省征兵领导小组会议研究决定：为鼓励高等院校应届毕业生应征入伍，从 2008 年开始征集入伍的具有大专以上学历的义务兵退役后，报考公务员时，其两年服役期作为基层工作经历。同时，为维护兵役法规的严肃性，在对违反兵役法规的行为严格按照《兵役法》和《征兵工作条例》进行处理的基础上，对应征公民到部队因拒服兵役导致退兵的，应征公民在接受经济处罚的同时，不得录用为国家公务员，是预备党员的取消预备党员资格，是党员的开除党籍；两年内不得录用为国有企事业单位职工，不得办理工商营业执照，不得出国、出境或者升学。

## （六）战时动员制度

在国家发布动员令以后，各级人民政府、各级军事机关，必须迅速实施动员：现役军人停止退出现役，休假、探亲的军人必须立即归队；预备役人员、国防生随时准备应召服现役，在接到通知后，必须准时到指定的地点报到；机关、团体、企事业单位和乡、民族乡、镇的人民政府负责人，必须组织本单位被征召的预备役人员，按照规定的时间、地点报到；交通运输部门应当优先运送应召的预备役人员、国防生和返回部队的现役军人。

战时根据需要，国务院和中央军事委员会可以决定征召 36 ~ 45 周岁的男性公民服现役，可以决定延长公民服现役的期限。

## 四、《中华人民共和国国防教育法》

国防教育是国防建设的重要组成部分，是提高国家、民族和每一个公民的国防观念、奠定全民国防意识的社会系统工程。

我国教育法明确规定国家在受教育者中进行国防教育。《中华人民共和国国防教育法》（以下简称《国防教育法》）已于 2001 年 4 月 28 日通过施行。该法适应我国的国情和我国所面临的国际安全形势。它以毛泽东、邓小平、江泽民同志关于加强国防教育的重要论述为指导，以国防法和教育法为依据，科学总结了我国国防教育的理论成果和实践经验，并采取一系列有效的措施，加强新形势下的全民国防教育。根据立法的指导思想，《国防教育法》明确了"国防教育是巩固和建设国防的基础，是增强民族凝聚力、提高全民素质的重要途径"；明确了"国防教育贯彻全民参与、长期坚持、讲求实效的方针，实行经常教育与集中教育相结合、普及教育与重点教育相结合、理论教育与行为教育相结合的原则"；要求"针对不同对象确定相应的教育内容分类组织实施"；明确了国防教育的领导体制和各级国防教育工作机构的职责；并确定国家设立全民国防教育日。同时，国防教育法还对学校国防教育、社会国防教育、国防教育的保障以及法律责任都做了明确规定。这部法律的制定，集中反映了各方面的意见和建议，充分体现了广大人民群众的意愿，为全民国防教育健康、持久、深入地开展下去，提供了可靠的法律保障。2001 年 8 月 31 日由第九届全国人民代表大会常务委员会第二十三次会议通过，确定每年 9 月第 3 个星期六为全民国防教育日。

## （一）国防教育的地位和目的

### 1. 国防教育的地位

《国防教育法》第二条规定："国防教育是建设和巩固国防的基础，是增强民族凝聚力、提高全民素质的重要途径。"这一规定，明确了国防教育的重要地位。

（1）国防教育是建设和巩固国防的基础

只有搞好国防教育，才能使全体公民明确国防的目的、任务，自觉地为国防建设贡献力量；只有搞好国防教育，才能造成爱军尚武的风气，为国防建设创造良好的社会氛围；

只有搞好国防教育，才能激发公民的爱国奉献精神，为国家利益舍生忘死。以爱国主义精神为支柱的国防力量是不可战胜的，而国防教育的主要作用正是激发公民的爱国热忱，为国防建设奠定坚实的思想基础。

（2）国防教育是增强民族凝聚力的重要途径

在长期的和平环境中，人们容易思想麻痹，精神涣散。特别是在改革开放的新形势下，人们的经济意识有所增强，奉献意识有所削弱；自主意识有所增强，集体意识有所削弱。加强新形势下的国防教育，对于振奋民族精神、增强民族凝聚力，具有特殊的现实意义。

（3）国防教育是提高全民素质的重要途径

进行国防教育，既可以提高公民的政治觉悟、增强法纪观念、提高思想道德水平，又可以扩大知识面、改善知识结构、提高科学文化水平，从而全面提高公民的素质。因此，应把国防教育作为加强国防建设的战略性措施，纳入社会主义精神文明建设总体规划，纳入国民教育体系，常抓不懈，筑起中华民族坚不可摧的精神长城。

### 2. 国防教育的目的

《国防教育法》第三条规定："国家通过开展国防教育，使公民增强国防观念，掌握基本的国防知识，学习必要的军事技能，激发爱国热情，自觉履行国防义务。"这一规定，明确了国防教育的目的。

（1）增强国防观念

国防观念是国民从事国防活动的思想基础。在强敌压境、战火纷飞的年代，国防观念容易形成。但是在和平时期，在国家集中力量进行经济建设的条件下，国防观念的形成和保持并非易事。长期的和平环境淡化着人们的国防观念，经济意识、致富欲望冲击着人们的国防观念，安逸舒适的生活消磨着人们的国防观念。在这种情况下，国防教育必须把增进国民的国防观念作为首要任务。因为国民只有在具备了一定的国防观念之后，才可能积极掌握国防知识，主动履行国防义务。增强国防观念，主要是使广大国民培养三种意识：一是"忧患兴邦"的意识。古人云："生于忧患，死于安乐。"一个国家，只有保持必要的忧患意识，看到世界上存在着各种威胁，才可能励精图治、奋发向上。二是"爱军尚武"的意识。要使人们特别是青少年了解人民军队的历史作用和优良传统，懂得"没有一个人民的军队，便没有人民的一切"的深刻道理，形成拥军、爱军、优属的社会风气。三是"全民皆兵"的意识。要使人们不断深化对现代条件下人民战争的理解，激起关注国家兴衰和安危的责任感，使"万众"凝聚为"一心"，努力进行国防建设；一旦战争爆发，全民团结一致，用人民战争保卫社会主义祖国。

（2）掌握基本的国防知识和技能

国防知识是指公民应当了解和掌握的有关国防的基本常识和基本理论。公民要担负起保卫祖国的神圣职责，不仅要有强烈的国防观念，而且要了解有关的国防知识。只有具备了一定的国防知识之后，才能知道自己在国防活动中应当做什么以及怎样做。从总体上看，国防知识可分为国防基础理论、军事知识、国防历史、国防形势、国防法制等内容。其中，国防基础理论是国防知识的基本内容，军事知识是国防教育的主要内容。除此之外在国防教育中，还应积极通过国防体育、军事训练、战备演习等方式，使公民掌握必要的军事技能，并在这些实践性的教育环节中进一步巩固习得的国防知识。学习军事技能的过程可以使公民进一步加深对国防知识的理解、掌握、提高在战争中保卫国家和进行自卫的技术、能力。

（3）激发爱国热情

爱国热情是千百年来固定下来的对自己祖国的一种最深厚的感情，是国家安全最深厚的根基。要通过教育激发公民对祖国辽阔土地、壮丽山河的无限热爱，对祖国灿烂文化、悠久历史的无限热爱，对人民的无限忠诚和对国家命运的深切关心，增强维护国家安全的责任感。爱国主义教育是国防教育的核心内容。发扬爱国主义精神，必须进行爱国主义教育。这种教育应着重从以下几个方面培养公民的爱国主义精神：一是激发起公民对祖国壮丽山川的热爱；二是激发起公民对祖国悠久历史的热爱；三是激发起公民对党和社会主义的热爱；四是激发起公民的无产阶级国际主义精神。

（4）自觉履行国防义务

从根本上说，国防教育的作用落实到人们的行为上，就是要使广大公民和各种社会组织自觉地履行国防义务，正确地行使国防权利。国防教育更深层次的目的，就是要使每一个人、每一种组织都清楚应当承担哪些国防义务，享有哪些国防权利；这种义务和权利具有什么样的性质；正确地履行义务和行使权利对于国防事业具有什么样的意义，从而更好地在国家的领导下实施国防行为。

## （二）国防教育的方针和原则

《国防教育法》第四条规定："国防教育贯彻全民参与、长期坚持、讲求实效的方针，实行经常教育与集中教育相结合、普及教育与重点教育相结合、理论教育与行为教育相结合的原则，针对不同对象确定相应的教育内容分类组织实施。"这一规定，明确了国防教育的方针和原则。

### 1.国防教育的方针

（1）全民参与

全民参与国防教育有两方面的含义：一方面，全体公民都是国防教育的对象，都有接受国防教育的权利和义务；另一方面，全体公民都是国防教育的主体，普及和加强国防教育是全社会的共同责任，国家支持、鼓励社会组织和个人开展有益于国防教育的活动。

（2）长期坚持

国防观念的形成，是日积月累的历史积淀，绝非一朝一夕之功；国防观念的保持，是反复教育、不断强化的结果，不可能一劳永逸；国防观念的承续，需要一代又一代地口授身传，不能止息。因此，国防教育必须长期坚持，代代相传，以便使国防意识成为民族的心理定式，对公民的行为产生习惯性影响。

（3）讲求实效

国防教育应注重实际效果，不能片面追求形式，制造表面效应。要保证国防教育收到实效，必须加强教育的针对性，根据不同人员、不同时期的思想反映，采取不同的方法，提出不同的要求，突出不同的内容，使国防教育切合实际、深入人心。

### 2. 国防教育的原则

（1）经常教育与集中教育相结合

经常教育是在日常工作和生活中随机进行的非专门教育。其形式灵活多样、不拘一格，其作用是耳濡目染、潜移默化，集中教育是利用一定的时间、在一定的场所对有关人员进行的专门教育，主要形式是授课和专题参观活动。经常教育的特点是广泛性、群众性，集中教育的特点是系统性、组织性，两者在增强公民国防观念方面有不同的功效，其作用不可互相替代。要把这两种教育形式有机地结合起来，使其相辅相成。

（2）普及教育与重点教育相结合

普及教育是对全体公民的一般教育，重点教育是对部分公民的加强教育。重点教育的对象是：各级领导干部，现役军人，民兵，预备役人员，高等院校和高级中学的学生。重点教育要着重抓，普及教育要普遍抓。普及教育是重点教育的基础，只有搞好普及教育，重点教育才能取得更显著的成效。

（3）理论教育与行为教育相结合

理论教育，是以课堂讲授、阅读书籍等形式进行的，以传播国防思想、国防历史、国防法规等方面的知识为目的的教育活动。行为教育，是结合军事训练、执行任务等进行的，以传授技能、锻炼体格、陶冶情操为目的的教育活动。理论教育和行为教育是密不可分的两个方面，应在重视理论教育的同时，加强行为教育，促进国防知识向国防行为的转化，提高公民的国防行为能力。

## （三）国防教育的组织和保障

《国防教育法》第六条规定："国务院领导全国的国防教育工作。中央军事委员会协同国务院开展全民国防教育。地方各级人民政府领导本行政区域内的国防教育工作。驻地军事机关协助和支持地方人民政府开展国防教育。"根据这一规定，国务院和地方各级人民政府是领导国防教育工作的主体，在组织实施国防教育中发挥主导作用。军事机关担负着直接领导国防活动的重任，协助和支持人民政府搞好国防教育是义不容辞的责任。

### 1. 国防教育的组织

（1）学校国防教育

《国防教育法》第十三条规定："学校的国防教育是全民国防教育的基础，是实施素质教育的重要内容。"搞好学校的国防教育，不仅可以提高青少年学生的综合素质，而且可以有力地推动全社会的国防教育。学校应当将国防教育列入学校的工作和教学计划，采取有效措施，保证国防教育的质量和效果。小学和初级中学应当将课堂教学与课外活动相结合，对学生进行生动活泼的国防教育。高等学校、高级中学和相当于高级中学的学校应当将课堂教学与军事训练相结合，对学生进行系统的国防教育。负责培训国家工作人员的各类教育机构，如党校、行政学院等，应当将国防教育纳入培训计划，设置适当的国防教育课程。

（2）社会国防教育

《国防教育法》第五条规定："一切国家机关和武装力量、各政党和各社会团体、各企业事业组织以及基层群众性自治组织，都应当根据各自的实际情况组织本地区、本部门、本单位开展国防教育。"根据这一规定，国家机关应当根据各自的工作性质和特点，采取多种形式对工作人员进行国防教育。全军部队应带头搞好国防教育，激发官兵的爱国之心、报国之志，保证打得赢、不变质。军区、省军区（卫戍区、警备区）、军分区和县（市、区）人民武装部应结合军事训练、征兵工作以及重大节日、纪念日活动，对民兵、预备役人员进行国防教育。企业事业单位应当将国防教育列入职工教育计划，结合政治教育、业务培训、文化体育等活动，对职工进行国防教育。城市居民委员会、农村村民委员会应当将国防教育纳入社区、农村社会主义精神文明建设的内容，对居民、村民进行国防教育。文化、新闻、出版、广播、电影、电视等部门和单位应当根据形势和任务的要求，采取多种形式开展国防教育。

### 2.国防教育的保障

（1）师资保障

国防教育教员应从热爱国防教育事业、具有较高文化素养和军事素养的人员选拔。人民解放军和武装警察部队应当根据需要和可能，为驻地有组织的国防教育活动选派军事教员。对国防教育教员，应根据其担负的任务，采取适当方式进行培训，不断提高他们的理论水平和教学能力。

（2）经费保障

国防教育经费主要来源于国家财政，同时应广开渠道，多方筹集国防教育经费。国家鼓励社会组织和个人捐赠财产，资助国防教育的开展。国防教育经费应本着节俭的原则，合理使用，杜绝浪费，提高使用效率。

（3）教材保障

全民国防教育使用统一的国防教育大纲。国防教育大纲由国家国防教育工作机构组织制定。各地和有关部门应依据国家的国防教育大纲编写本地区、本部门的国防教育教材。

（4）设施保障

人民解放军和武警部队应当根据需要和可能，为驻地有组织的国防教育活动提供必要的军事训练场地、设施以及其他便利条件。被命名为国防教育基地的烈士陵园、革命遗址和其他具有国防教育功能的博物馆、纪念馆、科技馆、文化馆、青少年宫等场所，应当对有组织的中小学生免费开放，在全民国防教育日向社会免费开放。有条件的地方可创办少年军校、国防教育园或国防教育中心。各种国防教育设施应随着当地经济的发展，不断改善条件，充分发挥其在传播国防知识、培植国防观念、提高公民素质方面的作用。

【思考与练习】

1. 什么是国防法规，国防法规的主要特性是什么？

2. 我国实行什么样的兵役制度？

3.《兵役法》的主要制度有哪些？

4. 国防教育的目的是什么？

知识窗

军衔——区别军人等级的标志和称号，是国家给予军人的荣誉。中华人民共和国成立后，为加强军队的正规化、现代化建设，从1955年开始，中国人民解放军正式实行军衔制度。1994年5月12日，新修订的《中国人民解放军军官军衔条例》将军官军衔设为3等10级，即（1）将官：上将、中将、少将；（2）校官：大校、上校、中校、少校；（3）尉官：上尉、中尉、少尉。1995年颁布实施的《中华人民共和国预备役军官法》，将预备役军官军衔设为3等8级，即（1）预备役少将；（2）预备役大校、上校、中校、少校；（3）预备役上尉、中尉、少尉。2010年7月新修订的《中国人民解放军现役士兵服役条例》将士兵军衔设为4等9级，即（1）高级士官：一级军士长、二级军士长、三级军士长；（2）中级士官：四级军士长、上士；（3）初级士官：中士、下士；（4）兵：上等兵、列兵。实行军衔制度，有利于提高军人的责任心和荣誉感，加强军队的组织纪律性，方便军队的指挥和管理，促进军队正规化建设，同时，对国际联盟作战和军队交往也具有重要意义。

## 第三节 国防建设

### 一、国防建设的基本内涵

国防建设是指为国家安全利益需要，提高国防能力而进行的各个方面的建设。它是国家建设的重要组成部分，包括精神建设和物质建设两方面。

国防建设的内容主要有：武装力量建设；战场建设；国防科学技术和武器装备的发展；人力物力、的多种动员准备；边防、海防、空防和人防建设；战略物资的储备，国防工业建设和国防科学技术研究；对学生和人民群众进行国防教育和军事训练，发展国防教育事业；建立健全国防法规体系；进行军事理论研究，发展军事科学，制定并完善符合实际的战略战术原则；后备力量建设以及与国防相关的铁路、公路、水运、民航、邮电、能源、水利、造林、卫生、航天等方面的建设。其中最为重要的、最为核心的是武装力量建设。

此外，国防建设还受国家政治制度、国防政策、国防战略、经济实力等的影响和制约。中华人民共和国成立后，国家就把国防建设作为国家建设的重要内容，致力于建设现代化国防，经过几十年的建设，取得了举世瞩目的成就，赢得了国际社会的普遍尊重。

### 二、国防体制

国防体制是指国家为组织和实施国防活动而建立的组织体系及相应制度。主要包括国防领导体制、武装力量体制、国防动员体制、国防经济体制、国防科技与武器装备管理体制、兵役制度、动员制度、国防教育制度以及国防法制等。它与国家的政治、经济、文化教育等体制既相互联系又相互对立，是国家体制的重要组成部分，是国家安全的组织保证。

国防体制的组成，通常由国家最高领导机构决定。世界各国的国防体制虽然没有统一的模式，但存在着普遍性规律。一般都要求以宪法、法律、政策有关规定为依据，保证中央和上级的统一领导。在和平时期，国防体制要适应国防建设的客观需要。在战争情况下，国防体制着眼于快速有效地实施战争决策和指挥，协调各个领域和各条战线，充分发挥国防体制的能力，确保战争的胜利。

《中华人民共和国宪法》规定了中国共产党在国家生活包括国防事务中的领导地位和作用。《中华人民共和国国防法》规定:"中华人民共和国的武装力量受中国共产党领导。"《中华人民共和国宪法》和《中华人民共和国国防法》还分别规定了全国人民代表大会及其常务委员会、中华人民共和国主席、中华人民共和国国务院、中华人民共和国中央军事委员会在国防方面的职权。

### (一)中共中央的国防领导职权

中国共产党作为执政党,是领导包括国防事务在内的中国特色社会主义事业的核心力量。中国共产党主要是通过对整个国防进行政治原则、政治方向、重大决策的政治领导来实现对国防事务的领导。其中,集中统一国防领导权、制定国防建设和国防斗争的大政方针、行使对武装力量的最高领导权和最高指挥权等,是中共中央行使国防领导权的重要内容。《中国人民解放军政治工作条例》规定:"中国人民解放军必须置于中国共产党的军队领导之下,其最高领导权和指挥权属于中国共产党中央委员会和中央军事委员会。"

### (二)全国人民代表大会及其常务委员会的国防职权

中华人民共和国全国人民代表大会是最高国家权力机关,它在国防方面的职权主要有:决定战争与和平的问题;制定有关国防方面的基本法律;选举中央军事委员会主席,根据中央军事委员会的提名,决定中央军事委员其他组成成员,并有权罢免以上人员;审查和批准包括国防建设计划在内的国民经济、社会发展计划和计划执行情况的报告;审查和批准包括国防经费预算在内的国家预算和预算执行情况的报告;改变或者撤销全国人民代表大会常务委员会在国防方面的不适当的决定;其他应当由全国人民代表大会行使的国防方面的职权。

全国人民代表大会常务委员会在国防方面的职权有:在全国人民代表大会闭会期间,如果遇到国家遭受武装侵犯或者必须履行国际间共同防止侵略条约的情况,决定战争状态的宣布;决定全国总动员或者局部动员;制定有关国防方面的法律;在全国人民代表大会闭会期间,审查和批准包括国防建设计划在内的国民经济和社会发展计划,审查和批准包括国防经费预算在内的国家预算在执行过程中必须做的部分调整方案;监督中央军事委员会的工作;在全国人民代表大会闭会期间,根据中央军事委员会的提名,决定中央军事委员会其他组成成员的人选;根据最高人民法院院长和最高人民检察院检察长的提请,任免军事法院院长和军事检察院检察长;决定同外国缔结的有关国防方面的条约和重要协定的批准的废除;规定军人的衔级制度;规定和决定授予在国防方面国家的勋章和荣誉称号;其他全国人民代表大会授予的国防方面的职权。

### (三)国家主席在国防方面的国家职权

中华人民共和国主席在国防方面的职权主要有:根据全国人民代表大会及其常务委员会的决定,宣布战争状态;根据全国人民代表大会及其常务委员会的决定,发布动员令;公布全国人民代表大会及其常务委员会制定的有关国防方面的法律;根据全国人民代表大会的常务委员会的决定，授予在国防方面的勋章和国家称号；根据全国人民代表大会常务委员会的决定，批准和废除同外国缔结的有关国防方面的条约和重要协定；行使宪法规定的其他国防方面的职权。

### （四）国务院在国防方面的国家职权

中华人民共和国国务院是最高国家权力执行机关，是最高国家行政机关，领导和管理国防建设事业，其行使的职权包括：编制国防建设发展规划和计划；制定国防建设方面的方针、政策和行政法规；领导和管理国防科研生产；管理国防经费和国防资产；领导和管理国民经济动员工作和人民武装动员、人民防空、国防交通等方面的有关工作；领导和管理拥军优属工作和退出现役的军人的安置工作；领导国防教育工作；与中央军事委员会共同领导中国人民武装警察部队、民兵的建设和征兵、预备役工作以及边防、海防、空防的管理工作；法律规定的与国防建设事业有关的其他职权。

### （五）中央军事委员会在国防方面的国家职权

中华人民共和国中央军事委员会是最高国家军事机关，负责领导全国武装力量。其职权主要包括：统一指挥全国武装力量；决定军事战略和武装力量的作战方针；领导和管理中国人民解放军的建设，制定规划、计划并组织实施；向全国人民代表大会或者全国人民代表大会常务委员会提出议案；根据宪法和法律，制定军事法规，发布决定和命令；决定中国人民解放军的体制和编制，规定总部以及军区、军兵种和其他军区级单位的任务和职责；依照法律、军事法规的规定，任免、培训、考核和奖惩武装力量成员；批准武装力量的武器装备体制和武器装备发展规划、计划，协同国务院领导和管理国防科研生产；会同国务院管理国防经费和国防资产；法律规定的其他职权。

### （六）国家安全委员会在国防方面的职能

2013 年 11 月 12 日，中国共产党十八届三中全会公报提出将"设立国家安全委员会，完善国家安全体制和国家安全战略，确保国家安全"。2014 年 1 月 24 日，中共中央政治局会议决定，中央国家安全委员会由习近平任主席。国家安全委员会的设立有利于提高国家在面临各种安全危机和挑战时的应变能力，也代表着我国在捍卫国家安全和国家利益方面的决心与意志。设立国家安全委员会是维护外部安全的重要内容。国家安全委员会既有对内职能，也有对外职能，与国家安全休戚相关，统筹国内国际两个大局、整合对内对外事务，具有内外兼顾的特点。2018 年 4 月 17 日，中共中央国家安全委员会主席习近平主持召开十九届中央国家安全委员会第一次会议并发表重要讲话。习近平指出，要加强党对国家安全工作的集中统一领导，正确把握当前国家安全形势，全面贯彻总体国家安全观，努力开创新时代国家安全工作新局面，为实现"两个一百年"奋斗目标、实现中华民族伟大复兴的中国梦提供牢固的安全保障。

## 三、国防战略

国防战略是由国家统治集团依据国际形势和国内条件，为实现国家安全目标而制定的方略。国防战略的制定与实施是否正确，直接关系到国家的发展，乃至战争的胜负、国家的兴衰、民族的存亡。

### （一）国防战略的内涵

国防战略是国家综合运用政治、经济、军事、文化、外交等各种力量，提高国家防御能力，保障国家安全和利益的艺术与科学。它是一个国家在一定时期内指导国防行为、维护国家安全和利益的总纲领、总方略，是国防建设、军队建设的总揽和龙头。国防战略的确立和实施，不仅涉及军事战略和国家其他战略，而且涉及战争观等基本问题；不仅涉及战略指导，而且涉及国防力量建设和战争准备。

国防战略是国家战略的重要组成部分，受国家战略的指导和制约。从国家领导层的角度看，国家利益是构成正确国防战略的基础。国家利益，是对国家在国际社会中的领土安全、主权独立、发展环境的高度概括，集中反映了国家的基本需求。国家战略指导形成的国防战略，不但是实施国防建设、国防斗争和制定军事战略的重要保证，更是整个国家发展的重要组成部分。国家和军队建设离不开强大的物质技术基础的支撑。这个物质技术基础归根结底来源于国家的整个国民经济，国民经济的发展又在一定程度上受物质技术基础的影响和制约。

国防战略对国防发展战略和协调军事力量与政治、经济、外交、科技等领域力量的运用具有指导意义。随着社会的进步，现代科学技术已成为推动人类战略思维发展的最大动力。而新技术、新装备的不断涌现，又使得现代战争的时间高度浓缩，空间急剧膨胀，使得现代战争又出现了许多新特点。所有这些，使得国防战略对国防建设的影响和作用越来越大，国防建设对国家建设的发展方向、发展规模、发展水平起着决定性作用。因此，一个国家要搞好国防建设，就一定要制定科学合理的国防战略。

### （二）实行积极防御的军事战略

军事战略是党和国家的路线、方针、政策在军事领域的集中体现，是国家战略的重要组成部分，服从服务于国家战略需求，为国家安全和发展提供强有力的战略保障。贯彻落实新时代军事战略方针，这是新时代中国国防的战略指导。

积极防御战略思想是中国共产党军事战略思想的基本点。在长期革命战争实践中，人民军队形成了一整套积极防御战略思想，坚持战略上防御和战役战斗上进攻的统一，坚持防御、自卫、后发制人，坚持"人不犯我，我不犯人；人若犯我，我必犯人"的原则。

中华人民共和国成立后，中央军委确立积极防御军事战略方针，并根据国家安全形势发展变化对积极防御军事战略方针的内容进行了多次调整。1993年，制定新时期军事战略思想方针，以打赢现代技术特别是高技术条件下局部战争为军事斗争准备基点。2004年，充实完善新时期军事战略方针，把军事斗争准备基点进一步调整为打赢信息化条件下的局部战争。2014 年，制定新形势下军事战略方针，将军事斗争准备基点放到打赢信息化局部战争上，战略重心是海上方向的军事斗争。2019 年，强调全军要深入贯彻习近平强军思想，深入贯彻新时代军事战略方针，在新的起点上做好军事斗争准备。

中国社会主义性质和国家根本利益，走和平发展道路的客观要求，决定中国必须毫不动摇坚持积极防御战略思想，同时不断发展和丰富这一思想的内涵。根据国家安全和发展战略，适应新的历史时期形势任务要求，坚持实行积极防御的军事战略方针，与时俱进加强军事战略指导，进一步拓宽战略视野、前移指导重心，整体运筹备战与止战、维权与维稳、威慑与实战、战争行动与和平时期军事力量运用，注重深远经略，塑造有利态势，综合管控危机，坚决遏制和打赢战争。

站在新的历史起点上，实行积极防御军事战略，必须适应国家安全环境新变化，紧紧围绕实现中国共产党在新时代的强军目标，全面贯彻新时代军事战略方针，加快推进国防和军队现代化，坚决维护国家主权、安全、发展利益，为实现"两个一百年"奋斗目标和中华民族伟大复兴的中国梦提供坚强保障。实行积极防御军事战略，主要把握以下四点：立足打赢信息化战争、创新基本作战思想、优化军事战略布局、坚持我军战略指导原则。

## 四、国防政策

国防政策是指国家制定的一定时期内指导国防活动的基本行动准则，是国家内外政策在国防安全领域的集中体现。中国的社会主义国家性质，走和平发展道路的战略抉择，独立自主的和平外交政策，"和为贵"的中华文化传统，决定了中国始终不渝奉行防御性国防政策。根据国务院新闻办公室 2019 年 7 月 24 日发表的《新时代的中国国防》白皮书，新时代中国防御性国防政策如下。

### （一）坚决捍卫国家主权、安全、发展利益

这是新时代中国国防的根本目标。

慑止和抵抗侵略，保卫国家政治安全、人民安全和社会稳定，反对和遏制"台独"，打击"藏独""东突"等分裂势力，保卫国家主权、统一、领土完整和安全。维护国家海洋权益，维护国家在太空、电磁、网络空间等安全利益，维护国家海外利益，促进国家可持续发展。

中国坚定维护国家主权和领土完整。南海诸岛、钓鱼岛及其附属岛屿是中国固有领土。中国在南海岛礁进行基础设施建设，部署必要的防御性力量，在东海钓鱼岛海域进行巡航，是依法行使国家主权。中国致力于同直接有关的当事国在尊重历史事实和国际法的基础上，通过谈判协商解决有关争议。中国坚持同地区国家一道维护和平稳定，坚定维护各国依据国际法所享有的航行和飞越自由，维护海上通道安全。

解决台湾问题，实现国家完全统一，是中华民族的根本利益，是实现中华民族伟大复兴的必然要求。中国坚持"和平统一、一国两制"方针，推动两岸关系和平发展，推进中国和平统一进程，坚决反对一切分裂中国的图谋和行径，坚决反对任何外国势力干涉。中

国必须统一，也必然统一。中国有坚定决心和强大能力维护国家主权和领土完整，决不允许任何人、任何组织、任何政党，在任何时候、以任何形式、把任何一块中国领土从中国分裂出去。我们不承诺放弃使用武力，保留采取一切必要措施的选项，针对的是外部势力干涉和极少数"台独"分裂分子及其分裂活动，绝非针对台湾同胞。如果有人要把台湾从中国分裂出去，中国军队将不惜一切代价，坚决予以挫败，捍卫国家统一。

### （二）坚持永不称霸、永不扩张、永不谋求势力范围

这是新时代中国国防的鲜明特征。

国虽大，好战必亡。中华民族历来爱好和平。近代以来，中国人民饱受侵略和战乱之苦，深感和平之珍贵、发展之迫切，决不会把自己经受过的悲惨遭遇强加于人。中华人民共和国成立70余年来，中国没有主动挑起过任何一场战争和冲突。改革开放以来，中国致力于促进世界和平，主动裁减军队员额400余万。中国由积贫积弱发展成为世界第二大经济体，靠的不是别人的施舍，更不是军事扩张和殖民掠夺，而是人民勤劳、维护和平。中国既通过维护世界和平为自身发展创造有利条件，又通过自身发展促进世界和平，真诚希望所有国家都选择和平发展道路，共同防范冲突和战争。

中国坚持在和平共处五项原则基础上发展同各国的友好合作，尊重各国人民自主选择发展道路的权利，主张通过平等对话和谈判协商解决国际争端，反对干涉别国内政，反对恃强凌弱，反对把自己的意志强加于人。中国坚持结伴不结盟，不参加任何军事集团，反对侵略扩张，反对动辄使用武力或以武力相威胁。中国的国防建设和发展，始终着眼于满足自身安全的正当需要，始终是世界和平力量的增长。历史已经并将继续证明，中国决不走追逐霸权、"国强必霸"的老路。无论将来发展到哪一步，中国都不会威胁谁，都不会谋求建立势力范围。

### （三）贯彻落实新时代军事战略方针

这是新时代中国国防的战略指导。

新时代军事战略方针，坚持防御、自卫、后发制人原则，实行积极防御，坚持"人不犯我，我不犯人；人若犯我，我必犯人"的原则，强调遏制战争与打赢战争相统一，强调战略上防御与战役战斗上进攻相统一。

贯彻落实新时代军事战略方针，服从服务党和国家战略全局，落实总体国家安全观，强化忧患意识、危机意识、打仗意识，积极适应战略竞争新格局、国家安全新需求、现代战争新形态，有效履行新时代军队使命任务。根据国家面临的安全威胁，扎实做好军事斗争准备，全面提高新时代备战打仗能力，构建立足防御、多域统筹、均衡稳定的新时代军事战略布局。坚持全民国防，创新人民战争的战略战术和内容方法，充分发挥人民战争整体威力。

中国始终奉行在任何时候和任何情况下都不首先使用核武器、无条件不对无核武器国家和无核武器区使用或威胁使用核武器的核政策，主张最终全面禁止和彻底销毁核武

器，不会与任何国家进行核军备竞赛，始终把自身核力量维持在国家安全需要的最低水平。中国坚持自卫防御核战略，目的是遏制他国对中国使用或威胁使用核武器，确保国家战略安全。

### （四）坚持走中国特色强军之路

这是新时代中国国防的发展路径。

建设同国际地位相称、同国家安全和发展利益相适应的巩固国防和强大军队，是中国社会主义现代化建设的战略任务，是坚持走和平发展道路的安全保障，是总结历史经验的必然选择。

新时代中国国防和军队建设，深入贯彻习近平强军思想，深入贯彻习近平军事战略思想，坚持政治建军、改革强军、科技兴军、依法治军，聚焦能打仗、打胜仗，推动机械化、信息化融合发展，加快军事智能化发展，构建中国特色现代军事力量体系，完善和发展中国特色社会主义军事制度，不断提高履行新时代使命任务的能力。

新时代中国国防和军队建设的战略目标是，到 2020 年基本实现机械化，信息化建设取得重大进展，战略能力有大的提升。同国家现代化进程相一致，全面推进军事理论现代化、军队组织形态现代化、军事人员现代化、武器装备现代化，力争到 2035 年基本实现国防和军队现代化，到 21 世纪中叶把人民军队全面建成世界一流军队。

### （五）服务构建人类命运共同体

这是新时代中国国防的世界意义。

中国人民的梦想与世界人民的梦想息息相通。一个和平稳定繁荣的中国，是世界的机遇和福祉。一支强大的中国军队，是维护世界和平稳定、服务构建人类命运共同体的坚定力量。

中国军队坚持共同、综合、合作、可持续的安全观，秉持正确义利观，积极参与全球安全治理体系改革，深化双边和多边安全合作，促进不同安全机制间协调包容、互补合作，营造平等互信、公平正义、共建共享的安全格局。

中国军队坚持履行国际责任和义务，始终高举合作共赢的旗帜，在力所能及的范围内向国际社会提供更多公共安全产品，积极参加国际维和、海上护航、人道主义救援等行动，加强国际军控和防扩散合作，建设性参与热点问题的政治解决，共同维护国际通道安全，合力应对恐怖主义、网络安全、重大自然灾害等全球性挑战，积极为构建人类命运共同体贡献力量。

### 五、国防成就

伴随着中华人民共和国发展壮大的脚步，中国国防建设取得了举世瞩目的巨大成就，逐步建立起了有中国特色的现代化国防体系。

### （一）铸造了一支强大的现代化合成军队

中华人民共和国成立以来，人民军队在毛泽东军事思想、邓小平新时期军队建设思想、江泽民国防和军队建设思想、胡锦涛国防和军队建设思想、习近平强军思想的指引下，不断向现代化、正规化和革命化迈进。特别是改革开放以来，中国国防实力得到进一步加强，国防现代化建设，尤其是军队的建设，有了突破性进展，取得了一系列重大成就。

1949年10月1日，当毛泽东主席在天安门上向全世界庄严宣告中华人民共和国成立时，经过长期考验的人民军队也迈开了建设诸军兵种合成军队的坚实步伐。当时的人民军队基本上是一支单一的以普通步兵为主的陆军，而陆军中的炮兵、装甲兵等技术兵种所占比例非常小，且海军、空军仅具雏形。经过几十年的艰苦努力，人民军队已经由过去单一军种的军队发展成为诸军兵种联合，实现机械化、加快迈向信息化的强大军队。陆军在步兵的基础上，相继建立了装甲兵、炮兵、防空兵、航空兵、工程兵、通信兵、防化兵、电子对抗兵等兵种及各种专业勤务部队，发展成为诸兵种合成的现代陆军，成为既能独立遂行作战任务，又能与海军、空军、火箭军、战略支援部队实施联合作战的强大军种；海军由潜艇部队、水面舰艇部队、航空兵、陆战队、岸防兵等兵种组成，成为一支多兵种合成、具有核常双重作战手段的现代海上作战力量；空军由航空兵、地面防空兵、雷达兵、空降兵、电子对抗兵等兵种组成，成为一支多兵种组成的战略性军种，具备了较强的防空和空中进攻作战的能力、一定的远程精确打击能力和战略投送能力；火箭军由核导弹部队、常规导弹部队、作战保障部队等组成，成为一支精干有效、核常兼备的战略力量，具备陆基战略核反击能力和常规导弹精确打击能力，可随时按党中央和中央军委的命令给敌方以摧毁性的打击；战略支援部队主要是将战略性、基础性、支撑性都很强的各类保障力量进行功能整合后组建的，是维护国家安全的新型作战力量，是我军新质作战能力的重要增长点。联勤保障部队是实施联勤保障和战略战役保障的主体力量，是中央军委直属部队，主要包括武汉联勤保障基地和无锡、桂林、西宁、沈阳、郑州5个联勤保障中心，标志着具有我军特色的现代联勤保障体制的正式建立。武装警察部队主要承担执勤、处突、反恐怖、抢险救援、防卫作战等任务，在维护国家安全和社会稳定、保障人民美好生活中具有重要作用。目前，人民军队建设正站在新的历史起点上。面对国家安全环境的深刻变化，面对强国强军的时代要求，紧紧围绕党在新时代的强军目标、把人民军队建设成世界一流军队，全面贯彻习近平强军思想，贯彻新时代军事战略方针，以只争朝夕的精神全面推进国防和军队现代化，坚决有效维护国家主权、安全、发展利益，为实现"两个一百年"奋斗目标和中华民族伟大复兴的中国梦提供安全保证，担当起党和人民赋予的新时代使命任务。

### （二）创建了门类齐全、综合配套的国防科技工业体系

国防科技是衡量一个国家综合国力的重要标志之一，也是国防现代化建设的一个重要方面。经过几十年的建设和发展，中国的国防科技工业经历了从无到有、从小到大、从落后到先进的过程，建立起电子、船舶、兵器、航空、航天和核能等门类齐全、综合配套的科研实验生产体系，取得了巨大成就。

军事电子科技已成为具有相当规模、门类齐全的新兴工业部门，特别是在指挥自动化、情报侦察、预警探测、电子对抗和通信等方面，为人民军队提供了各种新式装备和产品，进一步增强了部队侦察、通信、指挥和作战能力。在船舶工业方面，先后自行研制建造了核动力潜艇、常规潜艇、导弹驱逐舰、导弹护卫舰、导弹快艇、航空母舰等作战舰艇，以及各种辅助船舶和新型鱼雷、水雷、反水雷等新装备。在兵器工业方面，研制生产了一大批具有先进性能的坦克、装甲车辆、火炮、弹药、轻武器、军用光电器材和综合火控、指挥系统等新型武器装备。在航空工业方面，已能够生产歼击机、轰炸机、直升机、运输机、教练机等，基本满足了海陆空军作战和飞行训练的需要。2016 年 11 月 1 日，中国新一代隐身战斗机歼 -20 双机编队在第 11 届中国国际航空航天博览会开幕仪式上首次公开露面。从歼 -20 横空出世，到运 -20 载荷起飞，中国航空武器装备取得了跨越式发展。在航天科技工业方面，已拥有地地、地空、海空和空空导弹武器系统，运载火箭、各种应用卫星的研制和实验能力以及各种应用卫星的发射能力，打造了以神舟飞船、嫦娥月球探测器、北斗导航卫星、东方红通信卫星等为代表的大国重器，在航天回收技术、通信卫星技术、导航卫星技术、载人航天技术、深空探测技术等多个领域跨入世界先进行列，在载人航天、北斗导航、空间科学与技术试验领域，单机产品国产化率已达到 100%，实现了核心在手、自主可控，使中国稳步迈入世界航天大国行列。

### （三）国防后备力量建设取得了长足的发展

我们党和国家历来十分重视国防后备力量建设。我国国防后备力量建设，经过几代人的努力，形成了一整套制度，锤炼了优良作风，打下了坚实的基础。党的十一届三中全会以来，尤其是从 1985 年，党中央、国务院、中央军委明确提出"精干的常备军和强大的后备力量相结合，是建设现代化国防的必由之路"这一基本指导方针之后，作为一支伟大战略力量的我国国防后备力量，越来越受到党和国家的高度重视，并在全国范围内形成了一个各级地方党政领导关心后备力量建设，各级军事机关狠抓后备力量建设，社会各界和广大群众积极支持后备力量建设的可喜局面。我国国防后备力量建设，经过一系列的调整改革，各项工作均取得了明显成绩。具体表现在以下几个方面：

（1）实现了指导思想的战略性转变，走上了和平时期稳步发展的轨道。

（2）确立并实行了民兵与预备役相结合的制度，初步形成了具有中国特色的国防后备力量体系。

（3）注重宏观指导，合理布局，边海防、大中城市和重点地区的民兵工作得到加强。

（4）民兵、预备役部队在参展支前、保卫边疆、发展生产、扶贫帮困、抢险救灾、维护社会治安等方面发挥了重要作用，为国家的改革、发展和稳定做出了重大贡献。

（5）建立健全了国防动员机构，为了保证国家在一旦发生战争的情况下，能很快由平时状态转入战时状态，调动足够的人力、财力、物力应付战争的需要。我国于 1995 年成立了战争动员委员会，下设兵员动员、经济动员等四个办公室，负责指导、协调全国的后备力量建设和动员工作。

（6）加强了国防教育，恢复并加强了对大学、高中（含相当于高中）在校学生的军训工作，使国防教育正逐步纳入整个国民教育体系之中，走上了法制化、规范化的轨道。

### （四）维护了国家统一和安全

中华人民共和国成立以来，人民军队为保卫和平、反对侵略，捍卫国家领土、主权的完整和统一，取得了多次边境自卫反击战的胜利，维护了国家统一和安全。中华人民共和国成立之初，以美国为首的帝国主义国家企图把新生的共和国扼杀在摇篮之中。1950年，美国进一步扩大朝鲜战争，中国人民志愿军于1950年10月出兵朝鲜，取得了抗美援朝的伟大胜利。20世纪60年代初，中国坚决顶住了美帝国主义和苏联霸权主义的巨大压力，并且在1962年取得了中印边界自卫反击作战的胜利，进一步稳定了中国安全环境。20世纪70年代以后，随着中美关系的改善，中国东南沿海地区的安全环境得到改善，与此同时，苏联在中国北方的陈兵百万，对中国国家安全构成了严重威胁，中国坚决顶住了苏联霸权主义的压力，并且在1979年取得了中越边境自卫反击作战的胜利。1997年7月1日香港回归以及1999年12月20日澳门回归以后，人民军队又组建了驻港部队和驻澳部队，展示了中国军队威武之师、文明之师的形象。2008年12月26日，根据联合国安理会有关决议，中国海军舰艇编队赴亚丁湾、索马里海域执行护航任务。这是中国海军首次组织海上作战力量赴海外履行国际人道主义义务、首次在远海保护重要运输线安全。2020年7月17日3时，随着俄罗斯籍商船"拉达"号安全抵达亚丁湾西部解护点，海军第35批护航编队顺利完成第1 319批船舶护航任务。2011年2月22日至3月5日，因利比亚国内形势发生重大变化，中国政府分批组织中国在利比亚人员（包括港澳台同胞）35 860人安全有序撤离。这是中华人民共和国成立以来最大规模的有组织撤离海外公民行动。2015年3月29日至4月7日，因也门紧张局势持续升级，在也门的中国公民面临重大安全威胁。中国海军舰艇编队赴也门执行撤离中国公民任务，共从也门撤出中国公民613人，并协助来自15个国家的279名外国公民安全撤离。人民军队在反对和遏制"台独"分裂势力，打击"东突"为代表的恐怖主义、分裂主义、极端主义"三股势力"，维护国家主权和领土完整，维护社会政治稳定和民族宗教团结等方面做出了十分突出的贡献。与此同时，人民军队积极参加社会主义建设，并在抗洪抢险、抗震救灾、抗雪救灾以及应对重大突发性事件等方面发挥了重要作用。

### （五）为维护世界和平做出了重要贡献

中国作为一个负责任大国，人民军队作为大国军队，支持并积极参加联合国维和行动，为维护世界和平做出了积极贡献。自1990年4月参加联合国维和行动以来，中国军队积极践行《联合国宪章》精神、宗旨和原则，在国际维和、国际救援、海外撤侨、远洋护航等行动中，发挥的作用越来越重要，已成为维护世界和平的一支重要力量。几十年来，中国军队实现了派遣维和人员从无到有，兵力规模从小到大，部队类型从单一到多样的历史性跨越。截至2019年5月，中国累计向苏丹、黎巴嫩、柬埔寨、利比里亚等国家和地区派出维和军事人员 3.9 万余人次，参加了约 30 项联合国维和行动，是联合国安理会常任理事国中派遣维和人员最多的国家，被国家社会誉为"维和行动的关键因素和关键力量""联合国维和的支柱""促进世界和平与发展不可或缺、值得信赖的重要力量"，也被许多地区人民称为"最可爱的东方朋友"。

【思考题】

1. 国防建设的主要内容有什么？

2. 中华人民共和国成立后，国家的国防成就主要有哪些？

3. 简述中国当今的国防政策。

## 知识窗

### 《新时代的中国国防》白皮书

当今世界，人类日益成为利益交融、安危与共的命运共同体。当今中国，正处于全面建成小康社会、开启全面建设社会主义现代化国家新征程的关键阶段，中国特色社会主义进入了新时代。

为宣示新时代中国防御性国防政策，介绍中国建设巩固国防和强大军队的实践、目的、意义，增进国际社会对中国国防的理解，中国政府于 2019 年 7 月 24 日发表《新时代的中国国防》白皮书。白皮书全文约 2.7 万字，正文部分包括国际安全形势、新时代中国防御性国防政策、履行新时代军队使命任务、改革中的中国国防和军队、合理适度的国防开支、积极服务构建人类命运共同体 6 个章节。

## 第四节 中国武装力量

武装力量是国家或政治集团所拥有的各种武装组织的总称。一般以军队为主体，由军队和其他正规与非正规的武装组织构成，是国防力量的主体，通常由国家或政治集团的最高领导人统率。武装力量的组织与构成，通常受国家政治制度、经济实力、军事战略、地理环境、人口及历史传统等多种因素的制约。一般均采取以军队为主体的多种类型构成。

### 一、武装力量的构成

《中华人民共和国国防法》规定："中华人民共和国的武装力量，由中国人民解放军现役部队和预备役部队、中国人民武装警察部队、民兵组成。"中国武装力量属于人民，中央军事委员会领导全国武装力量。它的任务是巩固国防，抵抗侵略，保卫祖国，保卫人民的和平劳动，参加国家建设事业，全心全意为人民服务。中国武装力量，是以全国人民为基础，在中国共产党领导下，经过长期的战争和社会建设实践，逐步形成并发展起来的。中华人民共和国成立后，随着大规模武装斗争的停止，国家进入了和平建设的新时期。为了适应新的时代环境，根据国际国内形势的发展变化，我国在继承和发扬革命战争传统的基础上，经历了几十年的实践和探索，逐步形成由中国人民解放军、中国人民武装警察部队和民兵构成的三结合武装力量体制。

### （一）中国人民解放军

中国人民解放军是中国武装力量的主体力量。它的前身是 1927 年 8 月 1 日的南昌起义后留存的中国工农革命军部队，历经了红军、八路军和新四军、人民解放军等发展阶段。它从小到大、由弱到强，在解放中国人民的长期武装斗争中，先后打败了国内外一切反动军队、反动势力和日本侵略者。为中华人民共和国的诞生立下了不朽功勋。中华人民共和国成立后，又在抗美援朝和历次边境反击战争中捍卫了国家主权和尊严，成为保卫祖国和社会主义建设事业的坚强柱石。中国人民解放军由现役部队和预备役部队组成。

现役部队是国家的常备军，由陆军、海军、空军、火箭军、战略支援部队和联勤保障部队组织而成，分为东部、南部、西部、北部、中部五个战区。

预备役部队是以现役军人为骨干，以预备役军官、士兵为基础，按统一编制编成，能在战时迅速转为现役的部队。它是中国人民解放军的重要组成部分，是具有一定战斗力的准正规部队，是战时首批动员的后备力量。

中国最早于1955年开始建立预备役部队，1958年3月取消。现代预备役部队组建于1983年，分为陆军、海军、空军和兵种预备役部队。其已列入解放军建制序列，实行统一编制，授有番号、军旗，执行人民解放军的条令、条例。自2020年7月1日起，预备役部队全面纳入军队领导指挥体系，由现行军地双重领导调整为党中央、中央军委集中统一领导。

按照1995年5月10日八届全国人民代表大会常务委员会通过的《中华人民共和国预备役军官法》规定，预备役军官军衔设3等8级：少将；大校、上校、中校、少校；上尉、中尉、少尉。最高军衔为少将。海军、空军在军衔前分别冠以"海军""空军"。

中国人民解放军的性质：中国共产党缔造和领导的人民军队，是中华人民共和国的武装力量，人民民主专政的坚强柱石。概括起来就是"党的军队，人民的军队，社会主义国家的军队"。

中国人民解放军的宗旨：紧紧地和人民站在一起，全心全意为人民服务。

中国人民解放军的使命：巩固国防，抵抗侵略，保卫祖国，保卫人民的和平劳动，参加国家建设。

## （二）中国人民武装警察部队

中国人民武装警察部队是中华人民共和国武装力量的重要组成部分，是保卫社会主义现代化建设的重要力量。中国人民武装警察部队成立于1982年6月（前身是中国人民公安中央纵队，建于1949年8月）。

《中华人民共和国国防法》规定，人民武装警察部队担负国家赋予的安全保卫任务，维护社会秩序。它是人民民主专政的重要工具之一。中国人民武装警察部队根据中国人民解放军的建军思想、宗旨、原则，按照中国人民解放军的条令、条例和有关规章制度，结合武警部队特点进行建设。

自2018年1月1日0时起，中国人民武装警察部队由党中央、中央军委集中统一领导，实行中央军委—武警部队—部队领导指挥体制，不再列国务院序列。武警部队职能属性不变，不列入解放军序列。武警部队设武警总部（正大军区级）、指挥部（正军级）、总队（正军级、副军级）、支队（旅、团）四级领导机关。

中国人民武装警察部队由内卫部队、机动部队、海警部队和院校、研究机构等组成，担负执勤、处置突发社会安全事件、防范和处置恐怖活动、海上维权执法、抢险救援和防卫作战以及中央军事委员会赋予的其他任务，其武装警察部队的武器装备轻便、精良，以步兵轻武器为主，兼有少量重型武器和特种武器。

### 1.内卫部队

内卫部队主要受武警总部的直接领导管理。其主要任务：一是承担固定目标执勤和城市武装巡逻任务，保障国家重要目标的安全；二是处置各种突发事件，打击恐怖主义，维护国家安全与社会稳定；三是支援国家经济建设和执行抢险救灾任务；四是战时参与后方防卫作战。

### 2. 机动部队

机动部队主要负责处置大规模突发事件，如暴乱、骚乱、武装暴动、大规模械斗事件等，战时协助解放军进行防卫作战。

### 3. 海警部队

海警队伍整体划归中国人民武装警察部队领导指挥，调整组建中国人民武装警察部队海警总队，称为中国海警局，中国海警局统一履行海上维权执法职责。相关职权：

（1）中国海警局履行海上维权执法职责，包括执行打击海上违法犯罪活动、维护海上治安和安全保卫、海洋资源开发利用、海洋生态环境保护、海洋渔业管理、海上缉私等方面的执法任务，以及协调指导地方海上执法工作。

（2）中国海警局执行打击海上违法犯罪活动、维护海上治安和安全保卫等任务，行使法律规定的公安机关相应执法职权；执行海洋资源开发利用、海洋生态环境保护、海洋渔业管理、海上缉私等方面的执法任务，行使法律规定的有关行政机关相应执法职权。中国海警局与公安机关、有关行政机关建立执法协作机制。

### 4. 特殊队伍

武警部队还有一小部分特殊队伍，如国宾护卫队、武警仪仗队、警乐团、文工团、歌舞团等。

## （三）中国民兵

中国民兵是中国共产党领导下的不脱离生产的群众武装，是中华人民共和国武装力量的组成部分，是中国人民解放军的助手和后备力量。民兵初建于第一次国内革命战争时期，从某种意义上讲，中国人民的革命是从民兵起家的。革命战争年代，民兵为民族的解放、打败日本侵略者和中华人民共和国的建立做出了巨大的贡献。正如毛泽东所说："兵民是胜利之本。"中华人民共和国成立后，民兵成为国家武装力量的组成部分，在建设祖国、保卫祖国中发挥了重大作用。

### 1. 民兵的任务

积极参加社会主义现代化建设，带头完成生产任务；担负战备勤务，保卫边疆，维护社会治安；随时准备参军作战，抵抗侵略，保卫祖国。

### 2. 民兵制度

《中华人民共和国兵役法》规定，乡、民族乡、镇和企业事业单位建立民兵组织，凡18～35周岁符合服兵役条件的男性公民，除应征服现役以外，均应编入民兵组织服预备役。民兵分为基干民兵和普通民兵。25周岁以下退出现役的士兵和经过军事训练的人员，以及选定参加军事训练的人员编入基干民兵组织。其余18～35周岁任命服兵役条件的男性公民，编入普通民兵组织。女民兵只编基干民兵，人数控制在适当的比例内。陆海边疆、少数民族地区和城市有特殊情况的单位，基干民兵的年龄可适当放宽。民兵必须是身体素质良好，政治可靠的人员。兵役法规定，实行民兵与预备役相结合的制度。一是规定基干民兵为第一类预备役，普通民兵为第二类预备役；二是把参加民兵组织和服预备役年龄、政治、身体条件一致起来；三是在有民兵组织的地方，在基层工作上把两者结合起来，使基层民兵组织成为预备役的基本组织形式。对于未编入民兵组织，但符合民兵条件的，进行预备役登记。

3.民兵的编组。

一般以乡（镇）、行政村和厂矿企业为单位，分别编为班、排、连、营、团。随着国防现代化建设的发展，民兵组织已由单一的步兵发展成为包括高炮、地炮、通信、工兵、防化、侦察以及海军、空军等专业技术分队在内的民兵队伍，能随时遂行作战任务。

## 二、中国人民解放军现役部队的编成、任务和装备

中国人民解放军现役部队由陆军、海军、空军、火箭军、战略支援部队和联勤保障部队组织而成。

### （一）陆军

陆军，是以步兵、装甲兵、炮兵为主体，主要在陆地上遂行作战任务的军种。陆军是陆战场上决定胜负的主要力量。它具有强大的火力、突击力和快速的机动能力，既能独立作战，又能与海军、空军协同作战。

陆军是中国人民解放军的主要军种，是陆地作战的主力，中国人民解放军诞生于1927年8月1日，建立之初仅由陆军组成。在近一个世纪的发展进程中，由最初的单一步兵，发展成为由多兵种合成的军种。陆军在中国革命相当长的时期内一直是武装力量的主体，为中华人民共和国的成立立下了汗马功劳。中华人民共和国成立后，陆军继续在保卫祖国、维护社会安定与稳定、维护世界和平以及社会主义现代化建设和各种抢险救灾等方面再立新功。

中国人民解放军陆军由步兵、装甲兵、炮兵、防空兵、陆军航空兵、工程兵、通信兵、防化兵等兵种以及电子对抗兵、气象兵、测绘兵等专业部队组成。

### 1.步兵

步兵是徒步作战，或搭乘汽车、装甲输送车、步兵战车实施机动和作战的兵种。前者称为徒步步兵，后者称为摩托化步兵或机械化步兵、装甲步兵。主要装备有步枪、机枪、火箭筒、轻型火炮、反坦克导弹、迫击炮、防空火器、汽车、装甲输送车和步兵战车。徒步步兵，顾名思义，是用两条腿走路的兵，爬山、涉水皆可，行动受地形、气象影响小，便于机动。摩托化步兵，以建制内的轮胎车辆为主实施机动，以徒步作战为主，行动迅速，火力较强。机械化步兵，以建制内装甲车辆实施机动，以乘车作战为主，行动快、突击力和防护力强，但乘车时目标大，受一定地形和气象条件的限制，且需可靠的技术保障。步

兵是陆军中人数最多的兵种，在地面作战中具有重要作用。

20世纪80年代以后，许多国家增加机械化步兵的数量，建立山地、轻装、重装、特种作战等多种类型的步兵部队，增编隶属步兵的武装直升机和运输直升机，装备射程远、精度高、射速快、体积小、全天候的步兵武器，改进指挥、控制、通信、情报系统和作战保障系统，加强各种条件下的战备训练，力求从多方面加速步兵建设，以适应现代战争的需要。

### 2. 装甲兵

装甲兵是以坦克为基本装备，配属其他装甲车辆，主要遂行地面突击任务的兵种，又称坦克兵。它具有较强的火力、快速机动能力和较好的装甲防护能力，是陆军的重要突击力量，可单独或协同其他军兵种作战。

装甲兵主要装备为具有装甲防护能力的车辆。装甲兵按用途，分为装甲战斗车辆和装甲保障车辆；按行动装置结构，分为履带式装甲车辆和轮式装甲车辆。具体有各型坦克、装甲车辆以及各种战斗配套和勤务保障车辆。坦克按任务分主战坦克和特种坦克。主战坦克按战斗全重分为重型（40吨以上）、中型（20～40吨）和轻型（20吨以下）；特种坦克分为水陆坦克、扫雷坦克、侦察坦克等；其他战斗与勤务保障车辆分为步兵战车、自行火炮、装甲输送车、装甲侦察与指挥车等。

### 3. 炮兵

炮兵又称地面炮兵、野战炮兵，是以火炮、火箭炮、反坦克导弹和战役战术导弹为基本装备，遂行地面火力突击任务的兵种。它是陆军的重要组成部分和主要火力突击力量。炮兵具有强大的火力和较高的机动能力，能对地面、水面目标实施集中、突然、连续的火力突击，主要用于支持步兵、坦克兵的战斗行动，并协同其他兵种、军种作战，也可独立进行火力战斗。

炮兵基本任务是摧毁敌方炮兵和指挥机构；击毁敌坦克、舰艇和其他装甲目标；歼灭敌方有生力量；封锁敌方交通枢纽；破坏敌方工程设施等。炮兵主要装备有各种型号、口径与用途的压制火炮和战役战术导弹，主要有加农炮、榴弹炮、加农榴弹炮、火箭炮、迫击炮、反坦克导弹等。

### 4. 陆军防空兵

陆军防空兵是以高射炮和防空导弹为基本装备的战斗兵种。中国人民解放军1987年8月颁发的《合成军队战斗概则》，首次将高射炮兵和地空导弹部队合称为陆军防空兵，是合成军队的重要组成部分。陆军防空兵是遂行野战防空任务的基本力量。它具有较强的火力、较远的射程、良好的射击精度、较高的机动能力和较快的反应能力，能在复杂的气象条件下，单独或协同其他防空兵力完成陆军各种行动中的防空作战任务。

陆军防空兵的主要任务是实施对空侦查、警戒和空情报知；制止敌人空中侦察；拦截和歼灭敌方的飞机、巡航导弹等各种空袭兵器，掩护军队的部署、行动以及军事设施、交通运输线等，保障军队的主要集团和重要后方目标免受或者少受空中敌人的袭击；歼灭敌方正在飞行、伞降或机降的空降兵，必要时，歼灭敌方地面或水面目标。

### 5. 陆军航空兵

陆军航空兵是以直升机、无人机为主要装备的陆军前沿性主战兵种。它具有强大火力、超越突击能力以及精确打击能力，是陆军实施非线式、非接触、全纵深机动作战的骨干力量。现代陆军航空兵的主要武器装备是直升机、无人机，根据直升机的性能特点，通常分为攻击直升机、运输直升机和各种类型的勤务直升机等。

陆军航空兵可为地面部队提供直接空中火力支援，毁伤敌前沿和战术纵深内的重要目标，攻击敌方直升机和坦克装甲车辆，实施机降战斗，保障地面部队空中机动，并可遂行空中侦察、警戒、巡逻、电子对抗、空中布雷、扫雷、战场补给、救援救护、通信和为炮兵校正射击，以及对敌核武器、化学武器和生物武器实施监测等任务。

### 6. 工程兵

工程兵是担负军事工程保障任务的专业兵种。工程兵是军队实施工程保障的技术骨干力量，中国工程兵由工兵（道路、桥梁、筑城、地雷爆破等）、舟桥、建筑、工程维护、伪装、给水工程等多种专业部队、分队组成。工程兵按隶属关系分为独立工程兵和队属工程兵。直属军区以上的工程兵为独立工程兵，通常集中使用，遂行战略战役工程保障任务。合成军队集团军、师、旅、团建制内的工程兵为队属工程兵，通常用于保障本部队的战役战斗行动。

工程兵的主要任务是实施工程侦察，构筑重要工事，构筑、设置和排除障碍物，实施破坏作业，对重要目标实施伪装，修筑道路，架设桥梁，开设渡场，构筑给水站等。在合同作战中，负责保障己方军队的隐蔽安全、指挥稳定和快速机动，阻滞敌机动，并可直接歼敌有生力量。保障作战部队提高战场生存能力；保障作战部队提高战场机动能力；保障作战部队提高战场反机动能力；承担工程侦察和对其他军、兵种及人民群众实施的工程作业进行技术指导。

工程兵的主要装备有工程机械、渡河桥梁器材、伪装器材、工程侦察器材、地雷爆破器材和工具器材等。

### 7. 通信兵

通信兵是军队中担负军事通信任务的专业兵种。通信兵一般由通信、通信工程、通信技术保障、指挥自动化、无线电通信对抗、航空兵导航、军邮等专业部队、分队组成。其主要任务是组织运用各种通信手段，保障军队畅通的通信联络；进行无线电通信干扰和反干扰；组织实施海区观通、航空兵导航勤务和野战军邮勤务。通信兵在现代化战争中对保障军队指挥和完成各项任务具有重大作用。通信兵装备分为固定通信装备器材、野战通信装备器材和其他装备器材等。

### 8. 防化兵

防化兵又称防化学兵，担负防化保障任务的专业兵种。防化兵由防化、喷火、发烟部队、分队组成。其主要任务是：指导部队对核武器、化学武器和生物武器的群众性防护，实施核观测、化学观察和化学、辐射侦察，实施剂量、沾染检查，实施消毒和消除沾染，组织实施烟幕保障，并以喷火分队直接配合步兵战斗。在其他一些国家称为化学兵，还担负使用化学武器的任务。

中国人民解放军防化兵由观测分队、侦察分队、洗消分队、喷火分队组成。主要装备核爆炸观测、核辐射侦察、化学侦察、洗消车辆和喷火、发烟器材等设备。

## （二）海军

海军是以舰艇部队为主体，主要在海洋遂行作战任务的军种。它具有在水面、水下和空中作战的能力，既能单独在海上作战，又能协同其他军兵种作战。中国人民解放军海军是中华人民共和国的海上武装力量，中国人民解放军的海上分支。其主要任务是独立或协同陆军、空军防御敌人从海上的入侵，保卫领海主权，维护海洋权益。其作战部队除了海军总部直辖外，分布于北海、东海、南海三支舰队中。

中国人民解放军海军自 1949 年 4 月 23 日成立后，便担负起了保卫我国海防的繁重任务。先后与敌人作战 1 200 余次；击沉、击伤和缴获敌舰船 400 余艘；击落、击伤敌机 200 余架；击毙、俘虏敌人 7 000 余人。有效地维护了祖国领海主权和海洋权益，为保卫祖国万里海疆做出了重大贡献。近年来，中国人民解放军海军以新型航空母舰、新型驱逐舰、新型潜艇、新型战斗机为代表的新一代主战装备，以及与其相配套的新型导弹、鱼雷、舰炮，电子战装备等武器系统陆续交付使用。现在，人民海军已经拥有航空母舰、核动力潜艇等世界先进武器装备，中国人民解放军海军航空兵现已装备了轰炸机、巡逻机、电子干扰机、水上飞机、运输机等勤务飞机。海防导弹形成系列，不仅有岸对舰导弹、舰对舰导弹，还有舰对空导弹、空对舰导弹、空对空导弹等。中国人民解放军海军现有舰船 300 余艘，飞机 600 余架，现役舰艇总吨位仅次于美国，是西太平洋地区最大规模的海上武装力量。

海军由水面舰艇部队、潜艇部队、海军航空兵、海军岸防兵、海军陆战队等兵种和各种专业勤务部队组成。

### 1. 水面舰艇部队

水面舰艇部队是以水面舰艇为基本装备，在水面遂行作战任务的兵种。水面舰艇部队是海军兵力中类型最多、能遂行多种任务的基本兵种，具有在广阔海域进行反舰、反潜、防空、水雷战和对岸攻击等作战能力。可攻击海上、沿岸和一定纵深内的目标，参加夺取制海权、登陆反登陆、封锁反封锁和保护或破坏海上交通线作战等。

水面舰艇部队装备主要分为战斗舰艇和辅助舰船两大类。战斗舰艇部队，按舰种区分为航空母舰、战列舰、巡洋舰、驱逐舰、护卫舰艇、布雷舰艇、扫雷舰艇、登陆舰艇、猎潜舰艇、导弹艇、鱼雷艇等部队，主要遂行海上作战任务。勤务舰船部队，包括侦察船、通信船、海道测量船、海洋调查船、拖船、工程船、防险救生船、破冰船、医院船、训练舰船、修理舰船、补给舰船、运输舰船及其他专用舰船等部队、分队，负责海上战斗保障、技术保障和后勤保障等勤务。舰载武器有各型舰舰导弹、舰空导弹、各种口径的舰炮、反潜武器（深水炸弹、鱼雷）及舰载飞机。

### 2. 潜艇部队

潜艇部队是以潜艇为基本装备，主要在水下遂行作战任务的兵种。潜艇部队是海军兵力中主要进行水下战斗活动的主要兵种之一，是海战场的重要突击力量。携带战略导弹的核潜艇是国家战略核反击力量的重要组成部分。作为海军中在水下遂行作战任务的兵种，一般以若干艘装备性能相同的潜艇编成支队、中队或分舰队。其主要任务是消灭敌方大、中型运输舰船和战斗舰艇，破坏、摧毁敌方基地、港口及其他陆上重要目标，进行侦察、布雷、反潜、巡逻和运送人员物资等任务。

潜艇部队所装备的潜艇，按潜艇动力，分为常规动力潜艇部队、核动力潜艇部队；按武器装备，分为鱼雷潜艇部队、导弹潜艇部队和战略导弹潜艇部队。潜艇具有隐蔽性好、突击力强和续航力、自给力大等特点。潜艇部队主要在水下使用鱼雷、水雷、导弹武器对敌方实施突击，既能独立作战，也可与海军航空兵或水面舰艇部队协同作战。

中国海军潜艇部队现装备有国产的多种型号的常规动力、核动力的鱼雷潜艇和导弹潜艇，以及引进的部分常规动力潜艇。艇上装备的武器装备有鱼雷、水雷、飞航式导弹、弹道导弹等多种武器。

### 3. 海军航空兵

海军航空兵是以飞机为基本装备，主要在海洋和濒海上空遂行作战任务的海军兵种。海军航空兵是海军的主要作战力量。它是夺取海战区制空权的主要兵力，是海战场的重要突击力量和重要保障力量。海军航空兵可以单独地或协同海军其他兵种及其他军兵种完成多种海上作战任务。

海军航空兵是在海洋上空执行作战任务的海军兵种，按照起降基地不同，分为岸基航空兵和舰载航空兵。岸基航空兵以陆上机场和水上机场为基地，通常配备有航程远、续航时间长的轰炸机、侦察机和反潜巡逻机。舰载航空兵以航空母舰和其他舰船为载体，通常配备有歼击机、攻击机、预警机和直升机等。舰载航空兵具有远在母舰火炮和战术导弹射程以外作战的能力，亦能借助母舰的续航力，进入各海洋战区活动。其主要任务是歼灭敌方海上力量，掩护和支援己方舰艇的作战行动；保护己方海上交通线，破坏敌方海上交通线；摧毁敌方沿海机场、基地、港口等重要军事目标，保护己方海军基地、港口的安全；进行海上侦察、巡逻、反潜、预警、布雷、扫雷、通信、引导、救护和运输等。

### 4. 海军岸防兵

海军岸防兵是部署在沿海重要地段，以火力参加对海防御作战的海军兵种。它是海岸防御的火力骨干，部署在沿海要地、重要地段、要塞和岛屿。海军岸防兵能充分利用岛、岸的有利条件，预先构筑多种阵地，储备大量作战物资，进行持久作战，是近岸坚守防御战中的主要兵力之一。

海军岸防兵由海岸炮兵部队和海岸导弹部队组成，装备大、中口径的海岸炮和不同射程的岸舰导弹武器系统。其主要任务是保卫基地、港口和沿海重要地段，消灭敌方舰船，封锁海峡、航道，掩护近岸海区的交通线和舰船，支援海岸、岛屿守备部队作战。

### 5. 海军陆战队

海军陆战队是以两栖作战武器为基本装备，主要遂行渡海登陆作战和其他特定两栖作战任务的兵种。它是海军对岸作战的一支重要力量，是国家海上威力的组成部分，是实现国家海洋战略的重要兵力。海军陆战队是特别训练用来执行两栖突击作战的步兵。他们能从海上的运输船来登陆岸边的陆地，包括敌人的城市或是敌人所占据的地方。海军陆战队在兵种中是一个特别的分支，他们所受的训练就是要让他们准备好来适应各种陆海空三军联合作战方式。

中国海军陆战队是集合侦察、登陆、空降和突袭等特殊任务的作战力量，是中国诸军兵种中单兵实力的佼佼者。海军陆战队的编成，通常由陆战步兵、炮兵、装甲兵、工程兵、侦察兵和通信兵等部队、分队组成，有的还编制有航空兵。海军陆战队的主要装备，有步兵自动武器、轻便自行火炮、地空导弹、水陆坦克、两栖装甲车、气垫船、固定翼飞机和直升机等。

## （三）空军

空军是以航空兵为主体，主要遂行空中作战任务的军种。空军具有高速机动、远程作战和猛烈突击的能力。它既能单独作战，也能协同陆军、海军等其他军兵种作战。我国空军成立于1949年11月11日。它在国土防空、抗美援朝、援越抗美等作战中，取得了击落击伤敌机3 700余架的辉煌战绩，为保卫祖国和社会主义建设做出了重大贡献。

空军主要任务是组织国土防空，夺取制空权，协同陆、海军和第二炮兵作战，保卫祖国领土、领空、领海主权和国家利益，维护国家统一和安全，保障我国改革开放和经济建设的顺利进行。

空军由航空兵、地空导弹兵、高射炮兵、空降兵、雷达兵以及其他专业勤务部队组成。

### 1. 航空兵

航空兵是装备各种军用飞机，在空中执行作战任务的兵种。它是空军的主要作战力量。按担负任务的性质和装备飞机的不同，其通常包括歼击航空兵、强击航空兵、轰炸航空兵、侦察航空兵、运输航空兵和其他专业航空兵等。

歼击航空兵，是以歼击机为基本装备，主要遂行空战任务的航空兵。其通常用以反敌航空侦察、抗敌空袭、争夺制空权、实施空中掩护等，必要时也可用以突击地面、水上目标。歼击航空兵装备有国产的多种型号歼击机和引进的第三代战斗机。机载武器除航炮外，还可携载航空火箭弹、航空炸弹和中、近距空空导弹，可用以在中距拦射和近距格斗中歼敌航空器。

强击航空兵，是以强击机为基本装备，主要遂行低空、超低空攻击地面、水上目标任务的航空兵。其通常用以攻击敌战术纵深和浅近战役纵深内的小型活动目标，以航空火力支援地面、海上作战。强击航空兵装备有强击机。机载武器有航炮、航空火箭弹、航空炸弹等。

轰炸航空兵，是以轰炸机为基本装备，主要遂行轰炸地面或水面、水下目标任务的航空兵。通常用以摧毁与破坏敌战略和战役纵深目标，参加争夺制空权斗争等。轰炸航空兵装备有轰炸机，它作战半径较大，载弹量多，可携载各类常规炸弹（航爆弹、航杀弹、航杀爆弹、航穿弹、航燃弹、航子母弹、航坦弹等）、制导炸弹，也可携载核弹，还可携载照明弹、烟幕弹、照相弹等辅助炸弹。

侦察航空兵，是以侦察机为基本装备，遂行空中侦察任务的航空兵。主要用以查明敌方的目标和电磁信息，以及敌区的地形、天气等情况，为己方各军兵种部队的作战行动提供航空侦察情报资料。侦察航空兵装备有多种型号的侦察机。机载设备有航空照相机、侧视雷达、电视和红外侦察设备等。

运输航空兵，是以运输机为基本装备，遂行空中运输任务的航空兵。用于保障空中机动、空降作战和航空兵机动，并可担负空中补给、空中救援、空中通信等任务，一般装备大型运输机，另有一定数量的运输直升机。

其他专业航空兵部队，是以专业飞机与设备为基本装备，遂行专业任务的航空兵部队。如电子干扰机部队、空中加油机部队、空中预警机部队等。

### 2. 地空导弹兵

地空导弹兵是以地空导弹武器系统为基本装备，遂行地面防空作战任务的兵种。地空导弹兵一般由火力分队、指挥分队、技术保障分队和其他勤务分队编成。其能在昼、夜间和复杂气象条件下，抗击从低空到高空、从低速到高速飞行的飞机和机型空地导弹。在世界范围内，中国是装备地空导弹武器系统最早的国家之一，也是使用地空导弹武器系统于实战取得战果最早最多的国家之一。

地空导弹兵主要任务是保卫国家政治经济中心、军事要地、交通枢纽、军队集团以及其他重要目标，参加争夺制空权的斗争，必要时还可用于摧毁敌方地面、水面目标。地空导弹兵担负着国家要地防空、军队集团防空和参加夺取制空权斗争的任务。地空导弹兵通常同歼击航空兵、高射炮兵共同遂行防空作战任务，也可单独作战，是国土防空和野战防空的重要力量。

### 3. 高射炮兵

高射炮兵是以高射炮武器系统为基本装备，主要遂行地面防空作战任务的兵种。它具有密集、猛烈的火力和较高的机动能力，能在昼、夜间和复杂气象条件下持续地抗击高、中、低空目标，抗击中、低空目标时更能发挥其威力。其主要任务是保卫国家政治经济中心、军事要地、交通枢纽、军队集团以及其他重要目标，参加争夺制空权的斗争。高射炮兵通常与地空导弹兵共同遂行作战任务，也可单独进行防空作战。

20 世纪 60 年代初，由于喷气式飞机的飞行高度、速度和机动性已有提高，有些国家认为高射炮的射击效果将下降，准备用地空导弹部队取代高射炮兵部队。但在越南抗美战争、中东战争中使用中、小口径高射炮大量击落飞机，1999 年南联盟战争，南联盟军队用高射炮频频击落美军巡航导弹的事实证明，在现代防空作战中，高射炮仍然有用，尤其是与地空导弹结合使用能获得更好的效果。因此，许多国家在发展地空导弹的同时，继续在高射炮兵中发展多管速射、自动化程度较高的小口径高射炮，并逐步减少大、中口径高射炮。

### 4. 空降兵

空降兵是以降落伞和陆战武器为基本装备，以航空器为运输工具，主要遂行伞降和机降作战任务的兵种。空降兵又称伞兵，主要是以空降到战场为作战方式，其特点是装备轻型化、高度机动化、兵员精锐化。通常用以空降到重要目标或地域，突击敌部队、指挥机构、重要军事设施和后方供应系统，以及支援在敌后作战的部队行动等。中华人民共和国于 1950 年 9 月成立中国人民解放军的第一支伞兵部队——空军陆战第 1 旅。如今，人民解放军空降兵已逐步发展成为由引导、技侦、步兵、通信兵、工兵、防化兵等兵种，几十个专业密切协同的现代化兵种部队。

### 5. 雷达兵

雷达兵以对空情报雷达为基本装备，主要遂行对空中目标探测和报知空中情报任务的兵种。雷达兵是国家防空体系和空军指挥系统的重要组成部分，也是军队作战指挥和武器控制的重要保障力量，主要担负对空中、海上、地面目标的警戒侦察、目标引导、武器控制等任务。雷达兵通常用以对空警戒侦察，保障有关机构对航空器飞行的指挥引导和实施航空管制等。雷达兵装备有各种型号的地面警戒雷达、引导雷达等。

## （四）火箭军

中国人民解放军火箭军是中国人民解放军新的军种，由第二炮兵更名而来，于 2015 年 12 月 31 日正式成立，是中国大国地位的战略支撑，是维护国家安全的重要基石，是中国实施战略威慑的核心力量。

### 1. 火箭军的编成

火箭军前身是中国人民解放军第二炮兵，即中国人民解放军战略导弹部队，简称第二炮兵，是中央军委直属特殊兵种（正大军区级），组建于 1966 年 7 月 1 日，由地地战略导弹部队、常规战役战术导弹部队和相应保障部（分）队组成。

地地战略导弹部队是一支具有一定规模和实战能力的主要核威慑和战略核反击力量。它由近程、中程、远程和洲际导弹部队，工程部队，作战保障、装备技术保障和后勤保障部队组成。其可单独作战，或与其他军种协同作战，是一支具有一定规模和实战能力的主要核威慑和战略核反击力量，与海军潜地战略导弹部队和空军战略轰炸机部队构成我国三位一体的战略核力量。

常规战役战术导弹部队是装备常规战役战术导弹武器系统，遂行常规导弹突击任务的部队。它由近程、中近程常规导弹部队，工程部队，作战保障、装备技术保障和后勤保障部队组成，有多种型号的地地战略导弹和战役战术常规导弹。

### 2. 火箭军的任务和原则

火箭军的主要任务是遏制敌人对中国使用核武器，在敌人对中国发动核袭击时，遵照统帅部的命令，独立地或联合其他军种的战略核部队对敌人实施有限而有效的自卫反击，打击敌人的重要战略目标，被称为共和国的"和平利剑"。

中国发展核武器，组建战略核部队，是为了防御，是为了打破核垄断，反对核讹诈，遏制核战争。核反击是被迫的，最终目的是消灭核武器和核战争，维护中国的独立和安全。

中国政府一再郑重声明，中国在任何时候、任何情况下，都不会首先使用核武器，不对无核武器国家和无核武器地区使用核武器。但是，如果遭到核袭击，将毫不犹豫地实施核反击，进行有限而有效的核报复。

### 3. 火箭军的装备

火箭军的装备武器主要为地地战略导弹和地地常规导弹。其从射程上可分为近程导弹（射程在 1 000 千米以内）、中程导弹（射程在 1 000 ~ 3 000 千米）、远程导弹（射程在 3 000 ~ 8 000 千米）、洲际导弹（射程在 8 000 千米以上）。

地地战略导弹，是从陆地发射，主要打击陆地战略目标，射程在 1 000 千米以上的导弹。地地战略导弹按飞行轨迹，分为地地弹道战略导弹和地地巡航战略导弹；按战斗部装药，分为地地核战略导弹和地地常规战略导弹；按射程，分为地地洲际战略导弹、地地远程战略导弹和地地中程战略导弹。

地地常规导弹，是从陆地发射，战斗部装药为常规炸药，主要打击陆地目标，必要时也可打击水上目标；通常以中、近程打击为主，必要时也可打击远程或洲际目标。

这些导弹的特点是：射程远，杀伤破坏威力大，命中精度较高，突防能力和生存能力强；建有与之配套的作战指挥、防护工程和其他各种设施；可以固定发射，也可以机动发射，具有较强的生存能力。

## （五）战略支援部队

中国人民解放军战略支援部队成立于 2015 年 12 月 31 日。中国人民解放军战略支援部队是维护国家安全的新型作战力量，是我军新质作战能力的重要增长点，主要是将战略性、基础性、支撑性都很强的各类保障力量进行功能整合后组建而成的。成立战略支援部队，有利于优化军事力量结构、提高综合保障能力。战略支援部队包括战场环境保障、信息通信保障、信息安全防护、新技术试验等保障力量。

战略支援部队的特点：第一，不直接参战，而是为作战部队提供信息支持和保障；第二，它是一个独立的军种，但又无法与其他各军种完全脱离关系，在电子侦察、心理战等方面表现得尤其明显；第三，行动具有战略意义，可以对国家博弈、战争进程等产生重大影响。

## （六）联勤保障部队

中国人民解放军联勤保障部队成立于2016年9月13日，由中央军事委员会直属，总部机关位于武汉，以武汉联勤保障基地为建制领导，下属无锡、桂林、西宁、沈阳、郑州5个联勤保障中心。联勤保障部队是实施联勤保障和战略战役支援保障的主体力量，是中国特色现代军事力量体系的重要组成部分。组建中央军委联勤保障部队，标志着具有中国人民解放军特色的现代联勤保障体制的正式建立。

组建联勤保障基地和联勤保障中心，是党中央和中央军委着眼于全面深化国防和军队改革做出的重大决策，是深化军队领导指挥体制改革、构建具有中国军队特色的现代联勤保障体制的战略举措，对把中国军队建设成为世界一流军队、打赢现代化局部战争具有重大而深远的意义。

【思考题】

1. 中国武装力量由哪几部分组成？

2. 中国人民武装警察部队由哪些警种部队组成？

3. 解放军由哪些军种组成？它们诞生于何时？

4. 解放军陆军分别由哪些主要兵种组成？

5. 解放军海军水面舰艇部队的主要武器装备有哪些？

## ◀◀◀ 知识窗 ▶▶▶

中国地空导弹首开击落敌机记录

第二次世界大战末期，随着高空高速轰炸机、侦察机等先进航空武器应运而生，歼击机和高炮已难以胜任防空作战，于是，更新型的防空武器——地空导弹开始孕育。地空导弹是指从地面发射攻击空中目标的导弹，又称防空导弹。1956年3月，中国组建地空导弹部队。新组建的这支部队在当时并未向外界公布，1959年10月7日，当一架台湾空军RB-57D型高空侦察机飞入中国大陆被击落后，世界为之震惊。这成为世界上第一个用地空导弹击落飞机的战例。当时我军所使用的是"萨姆-2"地空导弹。"萨姆-2"（SA-2）导弹是苏联研制的第一代地空导弹，1959年刚刚服役，其射程54公里，射高34公里，在当时是打击中高空飞机最理想的武器。但当时无人知道创造这个奇迹的是一支什么样的部队，只知道它有一个神秘的代号"543"。

# 第五节 国防动员

国防动员是国防活动的重要组成部分。国防动员对于正确处理国家安全与发展的关系，增强国家应对战争状态或紧急状态的能力，维护国家安全，具有重要意义。

## 一、国防动员的内涵

国防动员是指国家为应对战争或其他安全威胁，使社会诸领域的全部或部分由平时状态转入战时状态或紧急状态的活动。适用情况包括国家领土主权、领土完整、统一和安全，遭到战争或其他军事威胁，以及需要采取国防动员手段应付的其他安全威胁时。国防动员工作全过程包括动员的准备、实施和复原。《中华人民共和国国防动员法》已由中华人民共和国第十一届全国人民代表大会常务委员会第十三次会议于2010年2月26日通过，自2010年7月1日起施行。这部法律的出台，对依法加强中国国防动员建设，增强国防潜力，进而维护国家安全和发展具有重要意义。国防动员这一概念，具有以下四层含义。

### （一）国防动员的主体

国防动员的主体通常是国家（或政治集团）。国防动员是一种具有高度体现国家意志，维护国家利益，在国家的授权下以国家的名义实施的行为，是国家履行职能的特殊表现。无论实行何种社会制度的国家，所进行的战争动员活动都反映着国家统治阶级的政治目的。国防动员是国家行为，履行国家职能的各级政府是国防动员活动的行为主体。

### （二）国防动员的对象

国防动员的对象是一切能够为战争服务的"人力、物力、财力"。国防动员涉及与战争相关的所有因素。首先，国防动员的主要对象是人。人是进行战争的主体，人的素质、条件、状态直接影响到国防动员的质量。在人的动员中，武装力量的动员又是核心，并且是全部战争动员活动的重点。动员的初始含义，原本是使军队由平时状态转为战时状态，使后备役人员转为现役，后来随着"动员"含义的拓展，不再仅仅局限于武装力量，但兵员动员仍然是整个动员的核心。因为武装力量是战争的直接参加者。其次，是物力的动员。武器、装备和物资的生产、储备、筹措，早已成为战争动员的重要内容。现代战争特别是信息化战争，对物力的依赖更强，对物力的要求越来越高。再次，是财力的动员。战争是经济实力的竞争，要靠强大的财力支撑，财力是战争赖以进行的重要物质基础。一个国家财力的强弱，对于国民经济动员能力的高低及其动员程度消长，对于能否坚持战争，夺取战争的胜利有重大影响。

### （三）国防动员的目的

国防动员的目的在于适应战争的需要，为战争服务。在国防动员之前，国家在政治、经济、文化、外交等各个方面的力量，虽然具有影响战争的能力，但这种能力毕竟是潜在的、不现实的。经过转化才可对战争发挥作用的国防潜力，相对于非常时期，平时通常是"静态"和"散在"的，存在于社会各个领域或各行各业之中。动员就是把这些"静态"和"散在"的力量有效地组织起来，变成服务于战争或应付其他危机的动态和集中的力量。这种力量的形成，不是简单的组合，也不是一次性活动，而是一个不断调控的动态过程。只有通过动员的调控功能，才能使各种潜力资源改变存在结构，由"潜力"形态转化为"实力"形态，并与战争或应付其他危机活动融为有机整体。

### （四）国防动员的手段

国防动员的手段是国家（或政治集团）"采取紧急措施"，通过转变体制而形成的动员机制。由于战争具有突然性、紧迫性、危急性等特征，因而国防动员必须采取紧急、特殊、非常的手段。由于战争与和平是两个不同状态下的特定状态，为适应战争要求，国防动员必须将平时体制转变为战时体制，以保障战争机器的运转。具体而言，就是将法制措施、行政命令、政治发动、教育宣传等各种手段有机地结合起来，实施高度集中的领导与指挥、周密而严格地计划和部署。统一掌握、调动全国的人力、物力和财力，充分发挥其效能。国防动员的手段中，既有发动、调动、调整、发掘的一面，又有统制、管制、限制的一面，前者为主，后者为辅，二者相辅相成。

## 二、国防动员的主要内容

国防动员具有很强的现实针对性，满足战争和应对各种危机的需求以确保国家安全是国防动员内容的核心和基本出发点。根据动员领域的不同，国防动员的内容可以区分为武装力量动员、国民经济动员、国防交通动员、人民防空动员、信息动员、政治动员等。

### （一）武装力量动员

武装力量动员是指国家为应对战争或其他安全威胁，将武装力量由平时状态转入战时状态所进行的活动。武装力量动员通常包括现役部队动员、预备役部队动员、武装警察部队动员、民兵动员，涉及人员的收拢、征集、训练和补充，以及武器装备和其他军用物资的生产、征用和调配。武装力量动员对于迅速获取、增强和保持武装力量，改变军事力量对比，夺取和保持战略和战役主动权，影响战争进程和结局，具有重要意义。

## （二）国民经济动员

国民经济动员是指国家根据国防需要，将有关经济部门、经济活动及其经济关系由平时状态转入战时状态或紧急状态的活动。国民经济动员通常包括工业、农业、财政金融、信息通信、交通运输、医疗卫生等方面的动员。有效的国民经济动员，可以提高国民经济支持和保障战争的能力，维持战时经济秩序。

## （三）国防交通动员

国防交通动员是指在全国或部分地区调集交通力量，全力保障战争需要的紧急行动，包括铁路运输动员、公路运输动员、水路运输动员、航空运输以及管道运输动员等，确保军队机动，兵员和武器装备的补充，军工生产，军品供应，居民疏散，工厂搬迁，以及其他人员、物资的前送后运。国防交通动员的主要任务是：根据战争的规模和作战需要，将政府交通运输部门转入战时体制，将平时国防交通领导机构调整扩编为战时交通运输指挥机构；根据作战保障需要，动员、征用社会运力，视情况全部或局部实行军事化管理；动员、组织交通保障队伍和保障物资器材，遂行运输、抢修、防护任务；根据上级命令、指示，对有关地区的交通实施遮断等任务。要突出重要交通干线、重点进出口道路和机场附属军事设施建设，确保战役军团能够顺利机动、集结和展开，切实解决好"行得通"的问题。

## （四）人民防空动员

人民防空动员亦称群众性防卫动员（或民防动员），是指国家为保障人民生命财产安全而发动和组织人民群众防备敌人空袭、消除空袭后所进行的活动。人民防空动员的内容一般包括群众防护动员、人防专业动员、人防工程技术保障动员和人防预警保障动员。人民防空动员的主要任务是：依据国家有关法律法令，将人民防空系统从平时转入战时，动员社会力量，调配和检修防空设施，组建和扩建人民防空专业队伍，普及和加强人民防空知识教育，组织人民防空隐蔽疏散，配合防空作战,消除空袭后果。人民防空动员的目的是：保护居民、经济设施及其他重要目标安全，减少国家及人民群众生命财产的损失，保存战争潜力。战时人民防空动员，根据国家发布的动员令，在统一部署、统一指挥下组织实施。

## （五）信息动员

信息动员是指为维护国家安全和适应未来战争需要，平时依托国家信息产业，在地方信息资源、信息技术开发、信息技术人才培养和信息基础设施建设上落实军事需求，以提高信息领域平战转换和信息攻防作战能力所进行的一系列的动员活动。信息战已经上升为一种主要作战样式，以指挥、控制、通信、轻薄、计算机为主的信息系统是现代化作战指挥系统的神经中枢。必须扩大信息产品生产能力，满足军队需要；组织信息技术人员、设备支援前线；调整通信网络，组织通信防卫，抢修抢建通信线路和设施，确保通信联络安全、稳定、畅通等。

## （六）政治动员

政治动员是指国家或政治集团为实施战争或其他军事危机，在政治和思想方面进行的活动。政治动员主要包括：对政治体制进行必要的调整、整合内部和外部的政治力量、战时宣传教育和面向社会的思想发动。有效的政治动员，对于迅速实现政治体制的平战转换，形成多种政治力量共同对敌的局面，占据有利的舆论阵地，充分调动社会各界参加和支持战争的积极性，具有重要意义。

## 三、国防动员的意义

国防动员是国防活动的重要内容之一，是准备和实施战争的重要措施，直接关系到国家安危、民族存亡和战争进程与结局。无论是古代战争还是现代战争，全面战争还是局部战争，常规战争还是非常规战争，都离不开国防动员。因此，国防动员在保障赢得战争胜利，应对重大突发事件等方面，都具有十分重要的意义。

### （一）国防动员是遏制战争、打赢战争的基础环节

国防动员为遏制战争爆发并夺取战争的胜利积聚强大的战争力量，是国防动员的基本功能与任务。战争动员不仅通过平时的准备，为战争实施积聚强大的战争潜力，而且通过建立一套平战转换机制，使其在战争爆发后迅速转化为实力，为保障战争的胜利奠定必要而坚实的物质基础。现代战争的巨大破坏性，使人们不得不重视制止战争的爆发。实践中，有许多国家通过战争动员积聚了巨大能量，有效地制止了战争的爆发。

### （二）国防动员是应对紧急突发事件的有效措施

国防动员的最初功能是用来应对战争的。随着各种灾难事故和突发事件的频繁发生，人们将国防动员的功能予以拓展。当国家或地区遇到各类突发事件时，国防动员可以凭借自身特有的机制，使国家或地区进入应急状态，动员国家、军队和社会的多方力量，抗御自然灾害、处置各种自然和人为的事故与灾难，使国家和社会处于正常运转状态，维护人民群众的生命财产安全。

### （三）国防动员是实现军民融合发展的重要途径

一个国家的安全需要建立和保持足以应对各种威胁的常备国防力量，而一个国家的发展又不允许将过多的国家资源用于常备国防力量建设，为解决安全与发展的矛盾，各国普遍的做法是实行寓军于民模式，将国家安全需要的大部分国防力量，以国防潜力的形式寓于经济、社会和民众之中，走军民融合式的国防建设之路。国防动员建设的主要任务是使国防潜力得到有效开发和积蓄，并为国防潜力转化为国防实力做好各项准备，既确保安全又不耽误发展，有效解决安全与发展这一矛盾。但凡实行寓军于民的国家，无不视国防动员为国家安全支柱，并大力加强国防动员建设。

【思考题】

1. 简述国防动员的内涵。

2. 国防动员的主要内容包括哪些?

3. 简述国防动员的意义。

## 知识窗

　　《中华人民共和国国防动员法》(简称《国防动员法》)是为了加强国防建设,完善国防动员制度,保障国防动员工作的顺利进行,维护国家的主权、统一、领土完整和安全,根据《中华人民共和国宪法》制定的法律。2010年2月26日,第十一届全国人民代表大会常务委员会第十三次会议通过,自2010年7月1日起施行。

　　《国防动员法》共包括十四章,分别为:第一章总则;第二章组织领导机构及其职权;第三章国防动员计划、实施预案与潜力统计调查;第四章与国防密切相关的建设项目和重要产品;第五章预备役人员的储备与征召;第六章战略物资储备与调用;第七章军品科研、生产与维修保障;第八章战争灾害的预防与救助;第九章国防勤务;第十章民用资源征用与补偿;第十一章宣传教育;第十二章特别措施;第十三章法律责任;第十四章附则。

# 第二章·国家安全

DIERZHANG GUOJIA ANQUAN

　　国家安全是指国家政权、主权、统一和领土完整、人民福祉、经济社会可持续发展和国家其他重大利益相对处于没有危险和不受内外威胁的状态，以及保障持续安全状态的能力。国家安全是安邦定国的重要基石，重视国家安全、建设国家安全与维护国家安全具有重大的作用与意义。

第一节　国际战略形势

当今世界正经历百年未有之大变局，世界多极化、经济全球化、社会信息化、文化多样化深入发展，和平、发展、合作、共赢的时代潮流不可逆转，但国际安全面临的不稳定性、不确定性更加突出，世界并不太平，霸权主义和强权政治仍然存在，传统安全问题与非传统安全问题相互交织，国际战略形势仍面临诸多挑战。

## 一、国际战略格局

### （一）国际战略格局的内涵

国际战略格局是指世界各主要国家或地区在一定时期内相互联系、相互作用，在一定时期内所形成的对国际战略全局具有重大影响而又相对稳定的一种结构和态势。国际战略格局的本质是一种国际战略力量的对比关系。其基本特征是：国际战略格局与时代的发展密切相关；国际战略格局同世界经济格局相适应；国际战略格局同国际秩序相互作用；国际战略格局各层次相互独立、相互影响。

国际战略格局是国际战略环境的总体框架，表现了世界力量的分布、组合和对比。在国际战略格局中，拥有强大军事实力和政治影响力的国家和地区，在国际事务中扮演着主要角色、起着主导作用，通常被称为"极"或"力量中心"，根据其数量多少把国际战略格局划分为单极、两极和多极三种基本形态。单极格局中，国际体系内只有一个超级大国，其实力超群、具有全球影响，其他国家无法对其行动形成实质约束。在两极格局中，国际体系内有两个超级大国，其实力旗鼓相当且远超过其他国家。在多极格局中，国际体系内有三个及以上数量的大国，而且彼此之间实力差距不大。受大国之间战略关系的影响，国际战略格局的三种基本形态具有许多变种，最具代表性的是"一超多强"格局。

### （二）国际战略格局的历史演变

国际战略格局并非古已有之，它的形成需要一定的条件。只是到了15世纪以后，随着哥伦布、麦哲伦等人的地理大发现，世界才从分散走向整体，人类才逐渐开始有了世界意识。同时，划时代的资产阶级工业革命，极大地解放了生产力，为资产阶级强国在世界上的扩张奠定了丰厚的物质基础。随着世界贸易的迅速发展，资本主义的世界市场也日趋成熟，国际分工日益明确，国际政治开始形成。伴随着几个欧洲强国在世界范围内的殖民扩张，欧洲由此演变成了国际战略格局变化的中心地带。由于各国实力发展不平衡，国际战略格局处于变动之中。自 1618—1648 年欧洲"三十年战争"催生出近代主权国家体系之后，国际社会先后出现"威斯特伐利亚体系""维也纳体系""凡尔赛－华盛顿体系""雅尔塔体系"，前三者为多极格局，后者为两极格局。

### 1. 威斯特伐利亚体系下的多极格局

主要大国悉数直接或间接卷入其中。欧洲混战持续三十年，直到 1648 年《威斯特伐利亚和约》的签订。《威斯特伐利亚和约》打破了中世纪以来的罗马教皇神权统治，确定了国家主权原则，在国际法和国际关系历史上具有重大意义。1618 年德意志"新教同盟"和"天主教同盟"的内战引发欧洲混战，正因如此，三十年战争之后的欧洲国际体系又被称为威斯特伐利亚体系。该体系是一个多极格局，荷兰、英国、法国、俄国、奥地利、普鲁士等国群雄并立，纵横捭阖，在较长时间内避免了类似于三十年战争那样的大规模冲突。

### 2. 维也纳体系下的多极格局

以拿破仑战争的失败、维也纳会议召开为标志的自由资本主义阶段。这一时期，世界上的重要战略力量是俄国、英国、普鲁士、奥地利和法国。拿破仑的失败导致欧洲列强重新建立政治军事的均势格局，俄国、英国、奥地利成为当时国际政治中的主导力量。各列强都企图利用维也纳会议来达成自己的战略目标。最后，形成了维也纳体系。其主要内容就是要防止法国的重新崛起，维持欧洲大陆的均势，避免发生新的战争。同时，消除 18 世纪法国大革命的一切后果，并在欧洲大陆上恢复封建专制制度，对欧洲版图进行了重新分割。维也纳会议形成的均势格局在较长时期内确保了欧洲列强之间没有爆发新的战争。但是，由于维也纳会议没有解决列强之间的内在矛盾，因此，到了 19 世纪 50 年代，这个均势格局便开始走向崩溃。

### 3. 凡尔赛－华盛顿体系下的多极格局

自 19 世纪 60 年代开始，普鲁士经过 3 次王朝战争，最终于 1871 年完成了德意志的民族统一成为德意志帝国。德国的崛起打破了已有均势，不仅彻底改变了欧洲格局，也使世界战略格局发生了变化，引起帝国主义列强重新划分势力范围。新兴强国德国开始挑战老牌强国英、法等国。在 19 世纪后 30 年瓜分世界的狂潮中，欧洲列强的矛盾日趋加剧，帝国主义集团终于形成以英、法、俄为一方的协约国集团和以德、奥、意为另一方的同盟国集团相互抗争的格局，并最终引爆了第一次世界大战。第一次世界大战结束后，为了瓜分战败的德国、奥匈帝国和土耳其帝国的遗产，帝国主义列强召开了巴黎和会及华盛顿会议，形成了"凡尔赛－华盛顿体系"，成立了以战胜国主导的国际联盟，形成了多极格局。第一次世界大战导致了第一个社会主义国家苏联的诞生，并成为世界战略格局中的一支重要力量，从而打破了帝国主义国家一统天下的局面。世界大战使英国和法国逐渐开始衰落，德国暂时削弱，美国开始崛起，加入了争夺世界的行列。由于对"凡尔赛－华盛顿体系"

的不满，以及世界经济危机的爆发，促进了法西斯政治思想势力在欧洲的兴起和发展。1922年，意大利法西斯夺取了政权；1933年，希特勒掌握了德国的政权，成立了第三帝国；日本法西斯军国主义也十分猖獗。德、日、意三国形成了轴心国同盟，决心称霸世界。1939年，第二次世界大战爆发，世界开始分为两个战争集团。一个是以德国、日本、意大利为主的法西斯同盟，一个是以苏联、美国、英国为主的反法西斯同盟。双方进行了长时间的激烈战争。

### 4. 雅尔塔体系下的两极格局

该体系因英国、美国、苏联三国在第二次世界大战末期召开的雅尔塔会议而得名。雅尔塔会议讨论了德国处置、对日作战、筹建联合国等一系列问题，其中最关键的是涉及和划分了第二次世界大战后世界秩序。随着第二次世界大战结束、冷战开启，雅尔塔体系正式形成。雅尔塔体系是一个两极格局，其特征是美苏实力超群，彼此对抗，世界被划分为以美国为核心的资本主义阵营和以苏联为核心的社会主义阵营，双方在全球范围内展开激烈的军事、政治和意识形态竞争。两极格局是以美苏为中心，在欧洲形成北约与华约两大军事集团对立，在全球形成资本主义阵营和社会主义阵营全面对抗的格局，存在于20世纪50年代初期至90年代初期，以1991年苏联解体宣告结束。

## （三）冷战之后的国际格局现状

冷战的结束并没有停止使在冷战过程中已经出现的世界多极化的发展趋势。美国作为世界上唯一的超级大国，认为由美国领导的国际关系体系的"单极阶段"终于到来了，于是依靠美国的权势和价值观来建立"世界新秩序"。但是，俄罗斯仍然是唯一拥有能够与美国相抗衡的核武器大国，作为联合国的常任理事国，俄罗斯在世界事务中的作用仍然不可低估。与此同时，欧共体向欧盟的成功发展有力地表明了欧盟是国际政治中的一极重要力量。以中国、韩国和东盟成员国为代表的亚洲的崛起，同样显示出该地区除了日本以外的其他国家正在确立和发挥它们在世界事务中的重要作用。占有联合国多数席位的第三世界国家作为一个整体对国际事务的影响也不容忽视。因此，自20世纪60年代末就初露端倪的世界多极化发展趋势，便更加清晰地显现出来。同时，一个以全球化为基础的"无国界经济"正在世界范围内形成，出现了经济全球化浪潮。由此，自第二次世界大战结束以来人类社会就向往的世界和平与社会发展，在冷战结束之后，终于更加突出地成为时代的主题和世界人民共同追求的目标。

不过，国际战略环境总体和平稳定并非意味着没有局部战争、冲突、对抗或危机。大国之间彼此无战争，但部分大国仍然或者直接卷入地区冲突，或者出资金、武器、情报，或者提供军事培训打代理人战争，2011年西方国家出兵叙利亚、2015年美俄角力叙利亚即是鲜明例证。大国之间没有全面对抗，但部分大国在特定区域、地区、时间存在尖锐矛盾，中美围绕"萨德"入韩、南海、贸易纠纷等问题曾经或者仍然存在激烈博弈，美俄则自2014年以来因乌克兰冲突、网络攻击、美国大选等问题矛盾不断升级。国际军控与裁军体制虽仍在有效运转，但因美国退出《中导条约》、在韩国部署"萨德"系统等受到损害。经济全球化虽为大势所趋，却也因英国"脱欧"、美国贸易保护主义抬头而近期受挫。

## 二、国际战略形势特点及趋势

国际战略形势是国家安全和发展的国际条件，对实现国家的战略目标和战略利益有重大的影响，并决定或制约着一个国家政治、军事、经济斗争的对象和敌友关系以及方针、政策和策略。只有站在时代的高度，从各主要国家或统治集团的战略利益关系入手，系统地考察一个时期内国际战略格局和国际战略形势的发展趋势，综合分析影响国家安全与发展的各种国际化条件，判明本国遭受威慑的可能、方向、性质和程度，才能提出正确的战略决策。

### （一）国际战略形势的主要特点

#### 1.局部战争成为主要战争形态

冷战结束后，世界政治军事形势发生了很大变化，整体上处于相对和平与稳定的时期，爆发世界大战的可能性趋小。但世界仍处于总体稳定而局部动荡的形势中，局部战争和武装冲突时有发生，但是和平与发展的时代主题并没有发生根本性的改变。

#### 2.霸权主义和强权政治呈现新的表现形式

美国的霸权主义和强权政治对国际战略形势产生了重要影响。冷战结束后，美国等西方国家依仗其经济、科技和军事上的优势地位，在处理国际事务中威胁使用武力和直接进行军事干预的倾向明显加强，对国际安全形势发展产生了极大的消极影响。以美国为首的某些西方国家依仗其实力优势地位，干涉别国内政，打着"民主""自由"的旗号，到处推行西方的政治模式与价值观，竭力在政治上控制发展中国家，致使许多发展中国家政局不稳、社会动荡、战乱不休。今后 10 ~ 20 年，国际战略格局特别是国际力量对比难以发生根本性的改变，美国也不会放弃其谋求"单极世界"的战略企图。因此，国际安全形势仍将十分严峻，军事安全因素仍是各国关注的重点。

#### 3.世界新军事变革快速发展

所谓新军事变革，其实质是工业时代以来建立起来的现行的机械化军事体系向未来信息化军事体系的整体转型，即机械化基础上的信息化。变革的基本内容可以概括为四个"革新"和一个"转变"。四个"革新"就是：革新体制编制，重新编组军队的结构；革新军事技术，推进武器装备的信息化；革新军事思想，以新的理念谋划作战与军队建设；革新作战方法，以发挥信息化装备的优势。一个"转变"就是：通过上述四个方面的革新，推动战争形态从机械化战争向信息化战争的方向演变。新军事变革给国际军事形势带来了广泛深刻的影响：为了争夺 21 世纪军事领域的制高点，各大国展开了新一轮军备竞赛；新军事变革使战争形态进一步向信息化战争发展演变。

#### 4.非传统安全威胁日益突出

近年来，随着民族、宗教矛盾的不断激化和恐怖主义的抬头，恐怖袭击事件日益增多，对世界的安全威胁越来越大。国际恐怖势力活动出现一些新的变化：组织结构垂直统一向分散网络化转变；活动地域由欧美国家向发展中国家乃至全球蔓延；袭击对象转向防范薄弱、人员密集的民用软目标。与此同时，美国一味奉行霸权主义政策，在反恐斗争中采取双重标准，一些国家和地区的民族、宗教、政治等方面矛盾激化，以及发展中国家反恐能力不足等，也间接促使国际恐怖主义的高发。虽然2011年基地组织遭受重创，首脑本·拉登毙命，但基地组织的影响仍呈扩大之势，世界反恐斗争难度越来越大，任重道远。针对日趋猖獗的国际恐怖主义，国际社会加强了反恐合作。

## （二）国际战略形势发展趋势

当今世界正经历百年未有之大变局，世界多极化、经济全球化、社会信息化、文化多样化深入发展，和平、发展、合作、共赢的时代潮流不可逆转，但国际安全面临的不稳定性、不确定性更加突出，世界并不太平。

### 1.和平与发展在前进中面临挑战

当前，和平与发展是世界人民共同追求的目标和不可逆转的世界潮流。广大发展中国家希望在一个相对和平稳定的环境中尽快发展本国的经济，主张对话、避免对抗。因此，总的看来，国际形势继续趋向缓和，维护和平与稳定的力量继续增长，和平与发展已成为世界人民的共同要求和不可阻挡的历史潮流。但是，和平与发展两大主题却仍面临重大挑战。霸权主义和强权政治依然存在，领土、民族、宗教、资源等引发的武装冲突和局部战争连绵不断。不公正、不合理的国际政治经济秩序没有得到根本改变，发展中国家仍有亿万人民处于贫困状态。某些局部地区固有的民族矛盾、宗教对立、领土争端、资源纠纷等依然存在，有些矛盾甚至有激化的趋势。另外，因贫富差距拉大引起的社会动乱，以及恐怖活动、毒品走私等，均成为当今世界不稳定的重要因素。

### 2.国际战略格局深刻演变

国际力量加快分化组合，新兴市场国家和发展中国家力量持续上升，战略力量对比此消彼长、更趋均衡，促和平、求稳定、谋发展已成为国际社会的普遍诉求，和平力量的上升远远超过战争因素的增长。但是，霸权主义、强权政治、单边主义时有抬头，地区冲突和局部战争持续不断，国际安全体系和秩序受到冲击。

国际战略竞争呈上升之势。美国调整国家安全战略和国防战略，奉行单边主义政策，挑起和加剧大国竞争，大幅增加军费投入，加快提升核、太空、网络、导弹防御等领域能力，损害全球战略稳定。北约持续扩员，加强在中东欧地区军事部署，频繁举行军事演习。俄罗斯强化核、非核战略遏制能力，努力维护战略安全空间和自身利益。欧盟独立维护自身安全的倾向增强，加快推进安全和防务一体化建设。

全球和地区性安全问题持续增多。国际军控和裁军遭遇挫折，军备竞赛趋势显现。防止大规模杀伤性武器扩散形势错综复杂，国际防扩散机制受到实用主义和双重标准危害，面临新的挑战。极端主义、恐怖主义不断蔓延，网络安全、生物安全、海盗活动等非传统安全威胁日益凸显。伊朗核问题解决出现波折，叙利亚问题政治解决仍面临困难。各国安全的交融性、关联性、互动性不断增强，没有哪一个国家能够独立应对或独善其身。

### 3.国际军事竞争日趋激烈

世界各主要国家纷纷调整安全战略、军事战略，调整军队组织形态，发展新型作战力量，抢占军事竞争战略制高点。美国进行军事技术和体制创新，谋求绝对军事优势。俄罗斯深入推进"新面貌"军事改革，英国、法国、德国、日本、印度等国都在调整优化军事力量体系。

在新一轮科技革命和产业变革推动下，人工智能、量子信息、大数据、云计算、物联网等前沿科技加速应用于军事领域，国际军事竞争格局正在发生历史性变化。以信息技术为核心的军事高新技术日新月异，武器装备远程精确化、智能化、隐身化、无人化趋势更加明显，战争形态加速向信息化战争演变，智能化战争初现端倪。

中国特色军事变革取得重大进展，但机械化建设任务尚未完成，信息化水平亟待提高，军事安全面临技术突袭和技术代差被拉大的风险，军队现代化水平与国家安全需求及世界先进军事水平相比差距还很大。

## 三、世界主要国家军事力量及战略形势

冷战之后，美国与俄罗斯一直是世界前两大军事强国，一举一动都对我国及全球产生重大影响。此外，周边大国日本、印度的军事发展和走向同样影响我国战略安全。

### （一）美国军事力量及战略形势

#### 1. 军事力量

美国是当今首屈一指的超级军事强国，也是唯一具有全球军事行动能力的国家。美国武装力量由现役部队、文职人员和预备役人员组成。现役部队总兵力约为 135 万人，其中陆军约 48 万人，海军约 33 万人，空军约 32 万人，海军陆战队约 18 万人。文职人员约 1.5 万人，预备役人员约 86 万人。这些兵力划归 10 个联合作战司令部指挥，包括 6 个按照地理位置划分的作战司令部——北方司令部、南方司令部、中央司令部、印太司令部、欧洲司令部、非洲司令部，以及 4 个按照功能划分的司令部——网络司令部、特战司令部、战略司令部、运输司令部。

作为全球唯一超级大国，美国在本土之外还部署有大量兵力。截至 2017 年 1 月，美国海外驻军超过 21 万人。其中，欧洲、东亚和中东是美国海外驻军重点区域，分别驻扎 7.9 万人、7.4 万人（仅包括日本和韩国）和 3.6 万人。从国别来看，德国、日本和韩国拥有美国驻军最多，分别为 4.7 万人、4.5 万人、2.9 万人。美国军费数量长期位居世界首位，一国占全球军费总量的三分之一以上，遥遥领先于其他大国。以 2017 年为例，美国军费为 6 100 亿美元，占其国内生产总值的 3.1%。随着新国家安全战略的出台，美国军费不断增加，2018 年达到创纪录的 7 160 亿美元，2019 年国会批准 7 163 亿美元在武器装备方面。美国是世界军事技术研发和创新的中心、世界最大的武器制造国和武器出口国。美国在洲际导弹发射器、战略轰炸机、弹道导弹核潜艇、航空母舰及其他主要军舰、战斗机等广泛领域具有技术和数量双重优势。2017 年美国武器出口总额达 124 亿美元，占世界武器出口总额三分之一以上。此外，美国是最早制造出和唯一使用过核武器的国家，是当今两

大核超级大国之一。截至 2018 年 1 月，美国共有 6 450 枚核武器，其中 3 830 枚处于部署或备用状态，2 620 枚处于退役并等待拆除状态。

### 2. 战略形势

美国的战略政策主要分为四个层次：国家安全战略、国防战略、国家军事战略和战区战略。

第一层次是国家安全战略，它是由美国总统签署的国家最高级别的战略，涉及对美国面临威胁的判断、确保国家安全的措施等。美国国防部 2002 年版《军事与相关术语词典》将国家安全战略定义为：平时和战时为达到国家目标而发展和使用国家的外交、经济、信息以及武装力量的艺术和科学。

第二层次是国防战略，它由国防部长发表，该战略提及面临的威胁，但更多的是就美国的国防力量建设提出具体要求，主要体现《国防战略报告》《四年防务评估报告》《美国国防战略报告》等。美国国防部 2005 年发表的《国防战略报告》将国防战略定义为：概述保卫国家和国家利益的多层主动防御方法，努力营造有利于尊重国家主权的条件和有利于自由、民主和经济机会的国际安全秩序。

第三层次是国家军事战略，它由参谋长联席会议签署，主要涉及美军建设和战备情况。美国战略问题专家小阿瑟·莱克在其《制定军事战略的方法》一文中指出，军事战略 = 军事目标 + 军事战略方针 + 军事实力。

第四层次是战区战略，它是由美军各大战区司令部制定的，主要涉及美军在各战区的建设和运用情况。战区战略是"通过某一战区使用武力、威胁使用武力或不使用武力的行动来制定整体战略概念和行动方案的艺术和科学，旨在实现国家和盟国或临时联合体的安全政策和战略目标"。

## （二）俄罗斯军事力量及战略形势

### 1. 军事力量

目前俄罗斯军队现役编制员额约为 100 万人，除了传统的军种陆军、海军之外，它在 2015 年建立空天军——空军和空天防御兵合成的新军种。另外它还有两个独立兵种：战略火箭兵和空降兵。陆军约 27 万人，空军 15 万人，海军 12 万人，战略火箭兵 7.5 万人，空天防御兵 7 万人，空降兵 4 万人。

俄罗斯全军编为 5 个联合战略司令部：西部战区位于中欧和北欧一线，也叫西部联合司令部，主要防御对象是北约；南部战区在北高加索方向；中部战区是俄战略预备队，位于广袤的中央地带；东部战区主要在亚洲地区特别是东亚方向；北极战略司令部，以之前的北方舰队为主，加入了一部分陆军、空军。

### 2. 战略形势

俄罗斯现阶段提出"现实遏制下的灵活反应"的军事战略，在威胁判断上，认为外部威胁大于内部威胁。外部威胁主要表现在：一是北约谋求全球性职能、不断东扩并将军事机器推近俄边界；二是美国加紧建立和部署战略导弹防御系统和精确制导武器系统，加快了太空军事化的步伐；三是在俄毗邻地区，恐怖主义、极端主义和分裂主义势力蔓延，国际安全形势恶化，有些国家企图干扰和破坏俄罗斯的国家和军事指挥系统，在境外组织和训练针对俄的非法武装等。

在兵力部署上，以西部、南部、东部为主要战略方向。在西部方向，由于美国与北约空天袭击能力和反导能力增强，俄面临遭受海空封镇和空天一体战略袭击的威胁，重点部署了空天防御力量和战略进攻力量；在南部方向，因存在再次爆发中低强度武装冲突的危险和实施反恐或维和行动的需要，重点部署了机动灵活的山地部队和空降部队；在东部方向，由于美国"重返亚太地区"，以及俄与日本的南千岛群岛领土之争再度升温，部署了强大的海上和陆上作战力量；在中部方向，成立了战略预备队，随时准备支持其他军区，并兼顾中亚方向。

俄核力量的部署继续保持"西重东轻"的传统态势，其中，作为俄战略进攻力量的战略导弹兵和远程航空兵，由于打击距离基本不受限制，因而采取了分散配置、全境部署，但重心在西部。在战略遏制上，核遏制与非核遏制并举。由于认识到核武器所具有的不可替代的战略遏制作用，新军事战略进一步降低了核武器的使用门槛，明确提出"不仅可在核战争和大规模常规战争中使用核武器，而且可在受到任何形式的常规武器侵略使国家生存受到威胁时使用""核武器不仅用于保障国家安全，而且也可在盟国生存受到威胁时使用"。与此同时，俄还放弃了以有核与无核来区分打击对象的原则，转而以军事冲突的性质来衡量是否使用核武器，从而使核武器的威慑效能达到了最大化。

除核武器外，空天防御力量被视为保障国家安全的另一个有效战略遏制手段。为此，俄将分散在各部门和各军兵种的侦察和预警力量、防空力量、反导力量和太空防御力量及各种资源整合起来，建立了统一的国家空天防御系统。

在力量建设上，军队由大战动员型转向常备机动型。俄联邦新的军事战略要求"军队的结构、编成和数量既要与当前和未来的任务相一致，又要符合国家的经济实力"。俄认为，俄军当前的主要任务不是应付大战，而是应付中小规模、中低强度的局部战争或武装冲突。由于这类军事冲突具有速战速决、毁伤目标程度高、兵力和火力机动快等特点，俄当局要求军队彻底摒弃第二次世界大战以来形成的、为应对大规模战争而组建的重型军队，从而实现由大战动员型军队向常备机动型军队的转型。

## （三）日本军事力量及战略形势

### 1. 军事力量

日本自卫队总兵力约 24.6 万人，素质较高，装备精良。其中陆上自卫队约 15.1 万人，海上自卫队约 4.5 万人，航空自卫队约 4.7 万人。海上自卫队主要包括联合舰队和 5 个地方舰队，共装备各型作战舰艇 144 艘，装备各型飞机 292 架。航空自卫队主要包括航空总队和航空支援集团，航空总队是它的作战部队，航空支援集团是它的运输部队。日本自卫队武器装备的总体水平在东亚是比较靠前的，尤其是它的海上自卫队，无论是舰艇的总吨位、单舰的平均吨位还是作战能力都比较靠前，尤其是它的反潜能力比较强。

### 2. 战略形势

2013 年 12 月，日本通过了《国家安全保障战略》（NSS）、《2014 年度以后的防卫计划大纲》和《2014—2018 年度中期防卫力量发展计划》。其中，《国家安全保障战略》是日本战后出台的第一份关于国家安全战略的官方文件，明确提出"积极和平主义"理念下的自主安全。"积极和平主义"与以往日本强调奉行的"和平主义"路线的一个显著不同点是日本更加积极、主动地在国际安全领域发挥主要作用。

2018 年 8 月，日本政府批准 2018 年版《防卫白皮书》，继续渲染日本周边安保环境日趋严峻，借海洋问题渲染所谓的"中国威胁"。2018 年 12 月 18 日，日本内阁会议审议通过了《2019 年度以后的防卫计划大纲》和《2019—2023 年度中期防卫力量发展计划》。日本将继续增加国防开支，未来五年的防卫预算总额约为 27.47 万亿日元，比上一期五年计划增加 11.3%。日本将进军太空、网络、电磁等新领域，发展网络和电子攻击能力，并将发展轻型航母。

## （四）印度军事力量及战略形势

### 1. 军事力量

印度目前总的兵力约为 127 万人，其中陆军 110 万人、空军 11.7 万人、海军 5.3 万人，部队规模不算小，但是因为兵力和军种配置不太合理，总体上还是一支陆战型部队。

目前，陆军战略核打击力量基本形成。印度成功试射了射程为 4 000 千米的"烈火 -4"型弹道导弹，以及射程 5 000 ~ 8 000 千米的"烈火 -5"型中远程导弹，成为继中、美、俄、法之后第五个拥有洲际弹道导弹的国家。一旦"烈火 -4"型导弹和射程更远的"烈火 -5"型导弹进行实战部署，印陆军将具有真正有效的战略核威慑能力。2014 年，印度成功试射国产可载核弹头的远程巡航导弹，其射程达 1 000 千米。2015 年 2 月，印度试射射程 350 千米的"大地 -2"短程导弹。近年来印度海基核打击力量建设取得重大发展，印度空基核力量也在明显改善中。

与此同时，印度积极研制反导系统和发展导弹突防能力，确保其战略核威慑的可靠性。2004 年开始"大地防空导弹系统"和"先进防空导弹系统"组成的多层弹道导弹拦截系统的研发。2014 年 4 月，印度使用"大地"系列超音速反弹道导弹，成功进行远程导弹拦截试验，旨在从大气层拦截或摧毁来袭导弹。印度还将投资 180 亿卢比发展空中早期预警系统。2015 年，印度反导系统导弹发射失败，未来将会继续研发和试验。早在 2010 年，印度就进行了旨在实验多弹头分导技术的"一箭五星"发射试验。目前，印度"一箭多星"的分导技术臻于成熟。

### 2. 战略形势

印度近年来确立了以有限、可靠的核威慑为后盾，以强大常规军事力量为手段，以先发制人、主动进攻的"两线作战"为指导思想，以巴基斯坦和中国为主要作战对象并以威慑为核心的军事战略。其主要内容如下：

（1）战略目标

利用自身在南亚地区的重要地缘战略地位，在称霸南亚的同时，威慑巴基斯坦，遏阻中国，控制周边小国，控制印度洋。加强核力量建设和军队现代化建设，维护国内稳定。积极发展与美、俄、日、东盟等国家和地区的战略伙伴关系，加快争当军事强国和世界"一流"大国的步伐。

（2）战略方针

在战争威胁判断上，突出核威慑条件下的高技术局部战争（低强度战争）的威胁，战争准备从打一场全面战争转向打多场核条件下的局部战争。

在作战指导思想上，力求先发制人，主动进攻，达到威慑的目的。以使用常规力量的"有限战争"作为主要作战手段，即通过给对手以必要的惩罚，达到相对有限的战争目的。

提出对巴、对华实行"两线作战"，即对巴拥有进行一场全面战争的能力，迫使其撤出所占领土；对中国不放弃"既得利益"，扩大印中边境军事优势，伺机进行新的扩张和蚕食。

【思考题】

1. 国际战略格局的内涵是什么？

2. 简述国际战略环境的历史演变过程。

3. 国际战略形势的发展趋势是什么？

4. 简述美国的军事力量及战略形势。

## ◀◀◀ 知识窗 ▶▶▶

上海合作组织（简称"上合组织"）是由哈萨克斯坦共和国、中华人民共和国、吉尔吉斯共和国、俄罗斯联邦、塔吉克斯坦共和国、乌兹别克斯坦共和国于2001年6月15日在中国上海宣布成立的永久性政府间国际组织。它的前身是"上海五国"机制。

上合组织有两个常设机构，分别是设在北京的上合组织秘书处和设在塔什干的上合组织地区反恐怖机构执行委员会。上合组织秘书长和地区反恐怖机构执行主任由国家元首理事会任命，任期三年。2019年1月1日起，上述职位分别由诺罗夫（乌兹别克斯坦籍）和吉约索夫（塔吉克斯坦籍）担任。

目前上合组织国家包括：（1）八个成员国：印度共和国、哈萨克斯坦共和国、中华人民共和国、吉尔吉斯共和国、巴基斯坦伊斯兰共和国、俄罗斯联邦、塔吉克斯坦共和国、乌兹别克斯坦共和国；（2）四个观察员国：阿富汗伊斯兰共和国、白俄罗斯共和国、伊朗伊斯兰共和国、蒙古国；（3）六个对话伙伴：阿塞拜疆共和国、亚美尼亚共和国、柬埔寨王国、尼泊尔联邦民主共和国、土耳其共和国和斯里兰卡民主社会主义共和国。

## 第二节　国家安全战略

　　当今世界正经历百年未有之大变局，世界多极化、经济全球化、社会信息化、文化多样化深入发展，和平、发展、合作、共赢的时代潮流不可逆转，但国际安全面临的不稳定性不确定性更加突出，我们发展面临着机遇和挑战。国际力量加快分化组合，新兴市场国家和发展中国家力量持续上升，战略力量对比此消彼长、更趋均衡，促和平、求稳定、谋发展已成为国际社会的普遍诉求，和平力量的上升远远超过战争因素的增长。但是，霸权主义、强权政治、单边主义时有抬头，地区冲突和局部战争持续不断，国际安全体系和秩序受到冲击。

### 一、国家安全概述

#### （一）国家安全的内涵

　　国家安全是指国家政权、主权、统一和领土完整、人民福祉、经济社会可持续发展和国家其他重大利益相对处于没有危险和不受内外威胁的状态，以及保障持续安全状态的能力。

　　为了更加深刻地理解国家安全的内涵，可以从维护国家安全的任务、职责，以及国家安全制度的具体内容开始。国家安全工作应当坚持总体国家安全观，以人民安全为宗旨，以政治安全为根本，以经济安全为基础，以军事、文化、社会安全为保障，以促进国际安全为依托，维护各领域国家安全，构建国家安全体系，走中国特色国家安全道路。国务院根据宪法和法律，制定涉及国家安全的行政法规，规定有关行政措施，发布有关决定和命令；实施国家安全法律法规和政策；依照法律规定决定省、自治区、直辖市的范围内部分地区进入紧急状态；行使宪法法律规定的和全国人民代表大会及其常务委员会授予的涉及国家安全的其他职权。中央国家安全领导机构实行统分结合、协调高效的国家安全制度与工作机制。

　　公民和组织应当履行下列维护国家安全的义务：

　　（1）遵守宪法、法律法规关于国家安全的有关规定；

（2）及时报告危害国家安全活动的线索；

（3）如实提供所知悉的涉及危害国家安全活动的证据；

（4）为国家安全工作提供便利条件或者其他协助；

（5）向国家安全机关、公安机关和有关军事机关提供必要的支持和协助；

（6）保守所知悉的国家秘密；

（7）法律、行政法规规定的其他义务。

任何个人和组织不得有危害国家安全的行为，不得向危害国家安全的个人或者组织提供任何资助或者协助。

## （二）国家安全的原则

习近平明确指出，坚持党对国家安全工作的领导，是做好国家安全工作的根本原则。认清国家安全形势，维护国家安全，要立足国际秩序大变局来把握规律，立足防范风险的大前提来统筹，立足我国发展重要战略机遇期大背景来谋划。世界多极化、经济全球化、国际关系民主化的大方向没有改变，要引导国际社会共同塑造更加公正合理的国际新秩序。要切实加强国家安全工作，为维护重要战略机遇期提供保障。不论国际形势如何变幻，我们要保持战略定力、战略自信、战略耐心，坚持以全球思维谋篇布局，坚持统筹发展和安全，坚持底线思维，坚持原则性和策略性相统一，把维护国家安全的战略主动权牢牢掌握在自己手中。

国家安全工作应当坚持总体国家安全观，以人民安全为宗旨，以政治安全为根本，以经济安全为基础，以军事、文化、社会安全为保障，以促进国际安全为依托，维护各领域国家安全，构建国家安全体系，走中国特色国家安全道路。坚持中国共产党对国家安全工作的领导，建立集中统一、高效权威的国家安全领导体制。

坚持统筹发展和安全两件大事，发展是安全的基础，建立在发展基础上的安全才更可靠、更可持续。安全是发展的保障，一个国家选择什么样的国家安全战略，决定了这个国家生存、发展与兴盛之路。坚持人民安全、政治安全、国家利益至上的有机统一，坚持总体国家安全观，必须坚持国家利益至上，以人民安全为宗旨，以政治安全为根本，统筹外部安全和内部安全、国土安全和国民安全、传统安全和非传统安全、自身安全和共同安全，完善国家安全制度体系，加强国家安全能力建设，坚决维护国家主权、安全、发展利益。坚持总体国家安全观，要求始终把国家安全置于中国特色社会主义发展事业的全局发展中来掌握，要调动各方面的积极性，将国家安全放在首位。要统筹外部安全和内部安全，对内要求发展、变革和稳定，对外要求和平、合作和共赢，在建设平安中国的同时维护世界和平与发展。

## 二、总体国家安全观

总体国家安全观阐述了维护国家安全的整体布局，实现了对传统国家安全理念的重大突破，深化和拓展了我们党关于国家安全问题的理论视野和实践领域，标志着我们党对国家安全问题的认识达到了新的高度。在实现中华民族伟大复兴的新征程上，我们要始终坚持总体国家安全观，坚持走中国特色国家安全道路，把维护国家安全的战略主动权牢牢掌握在自己手中。

## （一）总体国家安全观的提出

2013 年 11 月 12 日，中国共产党十八届三中全会公报指出将设立国家安全委员会，全称为"中国共产党中央国家安全委员会"。2014 年 4 月习近平在国家安全委员会上首次提出"总体国家安全观"11 种国家安全体系。2017 年 10 月 18 日在中国共产党第十九次全国代表大会召开以后，总体国家安全体系增加了海外利益安全，形成了 12 种国家安全体系。2020 年新冠肺炎疫情防控期间将生物安全纳入国家安全体系，构建成了 13 种核心安全的国家安全体系。

总体国家安全观的提出具有重大战略意义，不断完善国家安全战略体系，构建国家安全体系框架，建立国家安全工作协调机制，全面加强国家安全工作，要深刻理解和准确把握总体国家安全观的丰富内涵，努力提高防范抵御国家安全风险能力，建设更高水平的平安中国。当今社会，国内外的局势正在发生着深刻变化，新冠肺炎疫情的突发，局部冲突和动荡频繁，全球经济发展表现出明显的动力不足，各种传统安全和非传统安全不断给我们的社会带来新的考验，全球性挑战日益增多，国际形势具有很大的不稳定性和不确定性。国内局势相对比较稳定，但是随着改革进入深水区，各种可预见和难以预见因素明显增多，我们党面临着长期执政考验、改革开放考验、市场经济考验和外部环境考验等。

## （二）总体国家安全观的内容

总体国家安全观是一个富有中国特色的安全概念。根据总体国家安全观，国家安全体系涉及政治、国土、军事、经济、文化、社会、科技、网络、生态、资源、核、海外利益和生物等多个领域安全，它们是我们把握机遇、应对挑战的主要方面。首次提出的国家安全观主要有政治安全、国土安全、军事安全、经济安全、文化安全、社会安全、科技安全、信息安全、生态安全、资源安全、核安全，在之后又增加了海外利益安全、生物安全，同时最新国家安全的基本内容也包括太空安全、极地安全和深海安全。

### 1. 政治安全

政治安全是指在一定的环境和条件下，国家主权、领土疆界、民族尊严、意识形态、价值文化、国家制度和权力体制等方面的国家利益和国家安全的自主和免受各种干扰、侵袭、威胁和危害的能力和状态，是国家安全的核心内容。政治安全的核心是党的领导的有效性（权威性）和执政地位的稳定。坚持中国共产党领导，坚持社会主义制度，确保党执政安全，是维护政治安全的根本任务。

维护国家政治安全，需要我们树立适应全球化时代的政治安全观，确立新的边疆和领土观念，提高综合国力，加强多边外交，积极应对国际政治格局的转型，居安思危，以创新的精神保持和巩固一个和谐、平衡的社会政治局面。政治制度是国家权力的性质、组织、分配、运作等方面的规范法度。中国共产党在中华人民共和国的领导地位和社会主义政治制度的确立是中国社会发展的历史选择和人民的选择，中国的历史发展和现实国情决定了必须坚持中国共产党的领导，坚持社会主义制度，这是维护国家政治安全的核心。

### 2. 国土安全

国土安全是指国家的领土、领海和领空安全，不受外来军事威胁或侵犯。随着科学技术的发展以及经济技术开展和经济发展需要，国家生存空间领域也在不断拓展，网域、天域和经济海域等空间的安全也需要引起我们的重视。

自从中华人民共和国成立以来，我国面临着国土安全的各种问题。随着我国的国际地位不断提高，国家安全环境在总体上有着明显改善，在新的局势面前又展现出许多新的问题。台湾、香港问题都属于中国内政，不容他国染指插手，但是目前暴露出的很多问题表明我们必须拿出相应对策才能有效遏制国内外分裂势力的活动。我们坚持维护国家主权和领土的完整，决不容忍国家分裂的历史悲剧再一次出现。为了提高维护国土安全的能力，需要我们提升维护国土安全的能力，加强边防、海防、空防的建设，周密组织边境管控和海上维权行动，坚决捍卫领土主权和海洋权益，有效遏制侵害我国国土安全的各种图谋和行为，坚决反对一切分裂祖国的活动。

### 3. 军事安全

军事安全是指主权国家为了保卫国家主权和领土完整，有效遏制、抵御外来武装力量的侵略和颠覆所进行的必要的军事防御准备。国家的主权和领土的完整是国家最高利益中最根本的安全利益，军事安全作为国家综合安全的一个重要组成部分，是保障国家经济安全、社会安全等其他安全利益和目标的重要手段。国防和军队建设是国家安全的坚强后盾，没有坚固的国防和强大的军队作为支撑，和平发展也就没有保障，其他领域的安全也就失去了基础与前提。

随着国家实力的提高，我国的军事力量也得到了迅速发展。国家需要进一步加强武装力量革命化、现代化、正规化建设，建设与保卫国家安全和发展利益需要相适应的武装力量。实施积极防御军事战略方针，防备和抵御侵略，制止武装颠覆和分裂。开展国际军事安全合作，实施联合国维和、国际救援、海上护航和维护国家海外利益的军事行动，维护国家主权、安全、领土完整、发展利益和世界和平。

### 4. 经济安全

经济安全是国家安全的基础，它是指国民经济能够抗御国内外各种经济风险而保持平稳有序运行的态势，包括金融安全、能源安全、贸易安全、粮食安全等。维护国家安全，从根本上是为了发展经济，更好地满足人民对美好生活的需要。

保证经济安全需要维护国家基本经济制度和社会主义市场经济秩序，健全预防和化解经济安全风险的制度机制，保障关系国民经济命脉的重要行业和关键领域、重点产业、重大基础设施和重大建设项目以及其他重大经济利益安全。更需要我们坚持中国特色社会主义基本经济制度不动摇、建设现代化经济体系、打好防范化解金融风险这场攻坚战、把发展实体经济作为重中之重。

### 5.文化安全

文化安全是指一国人民能够独立自主地选择自己的价值观念、文化制度，独立自主地控制和利用自己的文化资源。文化安全根源于不同国家之间的文化差异，是随着不同国家之间的文化冲突而出现的，不同国家之间的文化差异与冲突是国家文化安全形成的前提条件。

由于科技发展和经济全球化，网络及信息安全问题变得愈加突出，各种文化之间相互渗透，为了保证国家的文化不受外来糟粕文化的影响，必须非常注意文化安全。国家文化特质的保持是国家文化安全基本的内在前提和构成要素，国家文化特质的延续是国家文化安全的长久保障，保持与延续的统一才能构成国家文化安全在时间跨度上的全面要求。国家文化安全包括了多方面的内容，其中主要有语言文字的安全、风俗习惯的安全、价值观念的安全和生活方式的安全等。维护我国的文化安全，需要从教育方面入手。教育教学中需要弘扬中国优秀的民族文化，引导学生正视中国的传统文化、热爱传统文化，培养学生对本土文化的认同感和对多元文化"和而不同"的态度，要努力提高学生保护文化的意识及能力。

### 6.社会安全

社会安全是指国家预防、控制、处理各种违法犯罪活动和突发灾害事故，用以维护社会治安，保障社会正常生活秩序，保护国家和人民的生命财产不受侵犯。随着社会的发展，社会安全不仅仅包括传统意义上的维护社会治安，也包括我们的生产安全、公共卫生安全和食品药品安全等。

社会安全可以通过四个方面的综合性指数来进行衡量，包括社会治安、交通安全、生活安全和生产安全。社会安全直接影响我们的生活，是国家安全的重要保障，维护社会安全要始终以人民群众安全需求为导向，全面推进平安中国建设，积极构建坚实可靠的社会安全体系。维护社会安全需要大力推进平安中国建设、完善立体化社会治安防控体系、坚决打击恐怖主义和加强公共安全工作等。

### 7.科技安全

科技安全是指国家的科学技术能够有效应对内外部的威胁，维护国家主权不受侵犯。在新一轮科技革命和产业变革推动下，人工智能、量子信息、大数据、云计算、物联网等前沿科技加速应用于军事领域，国际军事竞争格局正在发生历史性变化。

国家加强自主创新能力建设，加快发展自主可控的战略高新技术和重要领域核心关键技术，加强知识产权的运用、保护和科技保密能力建设，保障重大技术和工程的安全。增强科技安全能够保护国家利益免受国外科技优势威胁和敌对势力通过技术手段实现威胁，减少受自身科技发展带来的负面影响，通过科技手段来维护国家安全，提升我国在国际大环境中的发展以及综合国力。

### 8. 信息安全

信息安全通常指计算机网络的安全，实际上也可以指计算机通信网络的安全，可以理解为网络系统的硬件、软件及其系统中的数据受到保护，不因偶然的或者恶意的原因而遭受到破坏、更改、泄露，系统连续可靠正常地运行，网络服务不中断。

为了维护信息安全，我们应创新研究和开发应用，实现网络和信息核心技术、关键基础设施和重要领域信息系统及数据的安全可控；加强网络管理，防范、制止和依法惩治网络攻击、网络入侵、网络窃密、散布违法有害信息等网络违法犯罪行为，维护国家网络空间主权、安全和发展利益。网络空间是国家安全和经济社会发展的关键领域。网络安全是全球性挑战，也是中国面临的严峻安全威胁。中国军队加快网络空间力量建设，大力发展网络安全防御手段，建设与中国国际地位相称、与网络强国相适应的网络空间防护力量，筑牢国家网络边防，及时发现和抵御网络入侵，保障信息网络安全，坚决捍卫国家网络主权、信息安全和社会稳定。

### 9. 生态安全

生态安全是指一个国家具有支撑国家生存较为完整、不受威胁的生态系统，以及应对内外重大生态问题的能力。生态安全是人类生存环境或人类生态条件的一种状态，生态安全是人与环境关系过程中，生态系统满足人类生存与发展的必备条件。生态安全的威胁往往来自人类的活动，人类活动引起对自身环境的破坏，导致自己生态系统对自身的威胁，解除这种威胁，人类需要付出代价、需要投入。

我国的生态形势十分严重，在长时间的发展中，面临着土地退化、生态失调、植被破坏、生态多样性急剧减少并呈现出加剧的趋势，生态安全已经向我们敲起了警钟。国家在生态安全方面也做了很多相应的工作，完善生态环境保护制度体系，加大生态建设和环境保护力度，划定生态保护红线，强化生态风险的预警和防控，妥善处置突发环境事件，保障人民赖以生存发展的大气、水、土壤等自然环境和条件不受威胁和破坏，促进人与自然和谐发展。

### 10. 资源安全

资源安全作为战略保障，是维护国家政治、军事安全的基础，是经济社会平稳可持续发展必不可少的要素。从国家安全的角度看，资源的构成包括水资源、能源资源、土地资源、矿产资源等多个方面。

在资源安全问题上，国家合理利用和保护资源能源，有效管控战略资源能源的开发，加强战略资源能源储备，完善资源能源运输战略通道建设和安全保护措施，加强国际资源能源合作，全面提升应急保障能力，保障经济社会发展所需的资源能源持续、可靠和有效供给。

### 11. 核安全

广义的核安全是指对核设施、核活动、核材料和放射性物质采取必要和充分的监控、保护、预防和缓解等安全措施，防止由于任何技术原因、人为原因或自然灾害造成事故发生，并最大限度减少事故情况下的放射性后果，从而保护工作人员、公众和环境免受不当辐射危害。狭义的核安全是指在核设施的设计、建造、运行和退役期间，为保护人员、社会和环境免受可能的放射性危害所采取的技术和组织上的措施的综合。该措施包括：确保核设施的正常运行，预防事故的发生，限制可能的事故后果。

针对核安全这个非常重要的社会议题，我们需要深刻认识到发生核泄漏会造成不可逆的伤害，我们应明确核安全基本原则，从国家层面出发做好安全监管工作，防止核安全事故的发生。坚持和平利用核能和核技术，加强国际合作，防止核扩散，完善防扩散机制，加强对核设施、核材料、核活动和核废料处置的安全管理、监管和保护，加强核事故应急体系和应急能力建设，防止、控制和消除核事故对公民生命健康和生态环境的危害，不断增强有效应对和防范核威胁、核攻击的能力。

## 12. 海外利益安全

海外利益安全主要包括海外能源资源安全，海上战略通道以及海外公民法人的安全，其维护方式多种多样，如开展海上护航、撤离海外公民、应急救援等。随着新一轮对外开放全面推进，"一带一路"建设加快实施，海外利益安全日益关乎我国整体发展利益和国家安全。

维护海外利益安全需要国家加强武装力量革命化、现代化、正规化建设，建设与保卫国家安全和发展利益需要相适应的武装力量；实施积极防御军事战略方针，防备和抵御侵略，制止武装颠覆和分裂；开展国际军事安全合作，实施联合国维和、国际救援、海上护航和维护国家海外利益的军事行动，维护国家主权、安全、领土完整、发展利益和世界和平。

## 13. 生物安全

生物安全一般是指国家有效应对生物因子及相关风险因素影响、威胁和危害，维护和保障国家社会、经济、公共健康与生态环境等安全与利益的状态和能力。《中华人民共和国生物安全法》由 2020 年 10 月 17 日第十三届全国人民代表大会常务委员会第二十二次会议通过，自 2021 年 4 月 15 日起施行。

《中华人民共和国生物安全法》完善了生物安全风险防控基本制度，规定建立生物安全风险监测预警制度、风险调查评估制度、信息共享制度、信息发布制度、名录和清单制度、标准制度、生物安全审查制度、应急制度、调查溯源制度、国家准入制度和境外重大生物安全事件应对制度 11 项基本制度，全链条构建生物安全风险防控的"四梁八柱"。同时，该法律健全了各类具体风险防范和应对制度。针对重大新发突发传染病，动植物疫情，生物技术研究、开发与应用，病原微生物实验室生物安全，人类遗传资源和生物资源安全，生物恐怖袭击和生物武器威胁等生物安全风险，分设专章做出针对性规定。此外，还加强生物安全能力建设，从严设定法律责任。

### 14. 其他新兴领域安全

除了以上提到的 13 个国家安全体系的核心要素，我们也应该重视在新时代出现的太空安全、极地安全和深海安全等新兴领域的国家安全。这三种安全是指国家坚持和平探索和利用外层空间、国际海底区域和极地，增强安全进出、科学考察、开发利用的能力，加强国际合作，维护我国在外层空间、国际海底区域和极地的活动、资产和其他利益的安全。

【思考题】

1. 公民和组织应当履行维护国家安全的义务有哪些？
2. 总体国家安全观包括哪些方面？
3. 简述维护文化安全的重要性。
4. 简述维护军事安全的重要性。

## 知识窗

《中华人民共和国生物安全法》是为维护国家安全，防范和应对生物安全风险，保障人民生命健康，保护生物资源和生态环境，促进生物技术健康发展，推动构建人类命运共同体，实现人与自然和谐共生而制定的法律。

《中华人民共和国生物安全法》由中华人民共和国第十三届全国人民代表大会常务委员会第二十二次会议于 2020 年 10 月 17 日通过，自 2021 年 4 月 15 日起施行。其共包括十章，分别为：第一章总则；第二章生物安全风险防控体制；第三章防控重大新发突发传染病、动植物疫情；第四章生物技术研究、开发与应用安全；第五章病原微生物实验室生物安全；第六章人类遗传资源与生物资源安全；第七章防范生物恐怖与生物武器威胁；第八章生物安全能力建设；第九章法律责任；第十章附则。

第三节　中国周边安全

国家周边安全环境，指在一定时期内周边地区对国家安全产生影响的客观条件和因素的总和。它是各种多变的动态因素长期作用的产物，是制定国防战略的依据，对国防建设具有直接的影响。

### 一、我国地缘环境概况

国家地缘环境包含影响国家的地理位置和特征，与地理密切相关的国家关系等因素，是持久影响国家安全的基本因素之一。因此，只有从研究地缘环境入手，充分了解其对周边安全环境的影响，才能对国家周边安全状况做出客观判定。

#### （一）我国是陆海大国，邻国众多，边界线漫长

我国位处欧亚大陆东南部、亚洲东部、太平洋西岸，陆地面积约为 960 万平方千米，有约 2.2 万千米的陆地边界线，与 14 个国家有共同陆上边界，这些国家与中国的陆地边界的情况是：与蒙古国的共同边界线约 4 670 千米；俄罗斯约 4 300 千米；越南约 2 000 千米；缅甸约 2 000 千米；印度约 2 000 千米（未划定）；哈萨克斯坦约 1 700 千米；尼泊尔约 1 400 千米；朝鲜约 1 334 千米；吉尔吉斯斯坦约 1 100 千米；老挝约 710 千米；巴基斯坦约 600 千米；不丹约 550 千米；塔吉克斯坦约 400 千米；阿富汗约 92 千米。我国还拥有约 300 万平方千米的管辖海域，其中领海面积约为 38 万平方千米，拥有面积在 500 平方米以上的海岛约 6 500 个，大陆海岸线长约 18 000 千米，与朝鲜、韩国、日本、越南、菲律宾、印度尼西亚、马来西亚、文莱隔海相望。此外也有一些国家如柬埔寨、孟加拉国、泰国等，和中国虽无共同边界或海疆，但由于一些历史等方面的因素，与中国的关系也十分密切。

我国是世界上毗邻国家最多的国家之一，众多邻国对我国安全造成了复杂的影响，这些国家中有的过去曾对中国发动过侵略战争，并且现在仍是经济大国或军事强国，有对中国安全造成威胁的隐患；一些邻国之间积怨很深，甚至对立，他们之间一旦爆发战争或武装冲突，必将影响我国的边境安全；有的国家内部不稳定因素很多，若国家发生内乱，将对我国边境安全造成很大压力；还有些国家的居民与我国边境居民为同一民族，这一方面有利于与邻国开展友好往来，但如果这些国家的狭隘民族主义泛起，则可能引起我国国内

的民族纠纷；有些国家的居民与中国某些地区居民信奉相同的宗教，如果这些国家的宗教派别斗争加剧或一些极端教派掌权，则会增加我国相关地区的不稳定因素；还有一些国家与中国存在历史遗留的边界领土争端和海洋划界的争议，存在引发边界问题或武装冲突的隐患。这些复杂的因素对我国安全环境产生不同的影响。

### （二）我国安全环境复杂，战略地位重要

中国的周边地区政治制度差别很大，既有资本主义国家，也有社会主义国家；既有强国，也有弱国；既有老牌经济强国，也有崛起的新兴国家；既有发达国家，也有发展中国家。我国位处亚太中心，所以亚太地区与中国安全环境最为密切，尤其是周边国家的形势，与我国安全息息相关。周边国家和地区在历史背景、国力强弱、奉行的内外政策等方面有较大差异，同时也有许多共同利益，这种复杂的周边环境一定程度上对我国的安全状况形成一些不利的因素。

当今世界可分为海洋地缘战略区和欧亚大陆地缘战略区，如美国属于海洋地缘战略区，而且是具有全球性影响的超级海洋强国，世界上其他强国则大多分布于欧亚大陆地缘战略区，如俄罗斯位处该地缘战略区心脏地带。中国属于欧亚大陆地缘战略区，位于两大战略区的交界处，背靠欧亚大陆，面向广阔的太平洋，是连接东北亚、东南亚、南亚和中亚的枢纽，这使得中国的战略地位十分重要。无论是美国、俄罗斯、日本还是东盟、印度和中亚等若干国家和地区，都只处于亚太的某一方位，其影响力局限于与之相邻的地区，而中国居于亚太"四战之地"的战略要冲上，由此西方学者将中国列为世界重要战略地区，如"心脏地区说""内外环区说""生存空间说"等。在冷战时期，美国企图控制欧亚大陆边缘地带，从而对苏联进行遏制包围，将其困死在欧亚大陆中心，而苏联也企图控制欧亚大陆边缘地带，然后千方百计向海洋地缘战略区扩展势力。这使得包括中国在内的，所有处在边缘区的国家都不能摆脱美苏争霸所带来的影响。如何处理与这两个超级大国的关系则是当时中国国家安全政策的中心问题。中国根据自身安全需求与形势变化多次调整安全政策，而中国的政策反过来也在影响着美苏的战略态势，这种情况形成了著名的"大三角关系"。冷战后，美国成为世界唯一的超级大国，俄罗斯也仍是世界第二的军事大国。与中国同样位于欧亚大陆东部边缘的日本，经济实力排世界第三位，军费开支排亚洲第三位、世界第八位（斯德哥尔摩国际和平研究所2016年4月公布的数据）。中国位处与这些大国的交界处，如何处理与其的关系，不仅关乎中国自身安全，而且涉及亚太地区乃至整个世界的和平稳定。

## 二、中国周边安全环境现状

### （一）和平合作是我国周边安全环境主流

#### 1. 世界大国与我国建立了合作伙伴关系
中美关系是当今世界大国关系中最为重要的关系之一，也经历了跌宕起伏的坎坷历程。

两国曾是共同抗日的盟友，从中华人民共和国诞生到中美建交前，两国从长期对峙逐渐走向缓和。中美建交以后，两国关系出现了历史性的改善。中美两国领导人的互相访问把两国关系带入了新阶段。《中美联合声明》中指出：中美双方将"共同致力于建立中美建设性合作伙伴关系"，将"在中美三个联合公告的原则基础上处理两国关系"。中美关系曾因布什政府对台问题的态度出现波折，但共同利益特别是双方的经济合作，使两国关系又走上了正轨。

中美军事关系发展受到诸多因素的影响。"9·11"事件之后，美国认识到，在反恐、核不扩散等问题上都离不开与中国的合作，尤其是在维护朝鲜半岛和平稳定、防止大规模杀伤性武器扩散、打击跨国犯罪、维护世界局势和平稳定等方面双方有着重大的共同利益和巨大的合作潜力。另外，美国国内也有很多因素，如决策国内的总统、国会和军方，决策国外的利益集团、新闻媒介、公共舆论等。

中日关系是今天国际关系中又一大重要组成部分。中国政府一贯奉行"与邻为善，以邻为伴"的周边外交方针，主张"睦邻，富邻，安邻"，谋求建立和发展国家与国家之间的良好关系，创造和平安全的周边环境，促进国家经济和社会发展。中日建交后，两国关系发展基本平稳，双方都把发展长期稳定的友好关系作为各国的基本国策。1998年11月，双方曾在我国领导人访日的联合宣言中明确："建立致力于和平与发展的友好合作伙伴关系。"中日两国的根本利益，决定中日关系克服一切困难向前发展。2008年5月，胡锦涛访问日本，双方共同提出了构建"战略互惠关系"蓝图。"战略互惠关系"是中日建交以来提出的第三个定位，也是21世纪两国关系的新框架。

中俄关系对中国安全的影响深远，"冷战"结束以后，中俄关系发展顺利。两国保持着良好的国家关系，两国领导人保持互访，发表了一系列联合声明。1996年双方建立了"平等信任，面向21世纪的战略伙伴关系"，由原来"建设性伙伴关系"上升到"战略合作伙伴关系"。中俄已经建立不对抗，不结盟，以"和平共处五项原则"为基础的友好和互利合作关系。目前，中俄4 300千米的漫长边界已经划定，贸易关系不断加强，能源合作正在推进。两国在维护全球战略平衡和稳定、推动世界多极化发展、建立更加公正合理的国际政治经济新秩序、解决地区热点问题等领域有着广泛共识。两国安全合作不断扩大、深入，军事技术合作卓有成效。

中国与欧盟各国保持着良好的关系。中国与欧盟领导人就建立中欧长期稳定的建设性伙伴关系达成共识。欧盟为中国加入世界贸易组织（WTO）提供支持和援助，在反偷渡和非法移民、电信、能源、社会保险改革、环境以及人力资源开发等方面展开合作。这些合作项目的开发促进了中国相关领域的发展，亦提高了"欧盟在中国的知名度"。据统计，2001—2005年的合作预算约2.5亿欧元。2010年，中国继续保持欧洲第一大进口来源国和第二大出口市场的地位。欧盟对华合作项目集中于支持中国人力资源开发，向与中国经济和社会改革关系密切的部门提供培训和技术援助；环保合作加强及中欧商业对话和产业的合作；通过鼓励地方经济发展，帮助解决农村及城市贫困问题。

### 2. 我国与邻国关系发展顺利

我国在坚持"和平共处五项原则"的基础上与一切其他国家发展友好关系，特别注重发展与邻国的睦邻友好关系。1991 年与苏联签署《中苏国界东段协定》；1994 年与俄罗斯签署《中俄国界西段协定》；2004 年 10 月与俄罗斯签署《中俄国界东段补充协定》，从而标志中俄之间长达 4 300 千米边界线的走向全部确定；2008 年 7 月 21 日，中俄外交部部长共同签署两国政府关于中俄国界线东段的补充协定书及其附图，这标志着中俄4 300 千米的边界全线勘定。截至 2004 年底，中国已与 12 个邻国签订边界条约或协定，划定的边界约占中国陆地边界线总长度的 90%，为我国边境的稳定和边境问题的解决创造了一个良好的环境。在上海合作组织框架内，与中亚地区各国之间的政治、经济、文化、军事等方面的交流日益频繁，对区域内"三股势力"的联合打击取得了良好效果。

我国同越南、印度的关系也得到发展，全面加强政治、经济、文化交往，国家领导人正常互访，中越陆地边界的问题得到了较好解决。中越陆地边界线长 1 347 千米，边界谈判是从 20 世纪 70 年代开始的，双方签署了关于边界领土的基本原则协议，1999 年签署了《中越边境条约》。作为世界上两个人口大国，中国和印度都被国际社会认为具有在新世纪发展成为世界大国的潜力。中印有着 2 000 多年的友好历史，目前长期困扰中印关系的主要有两大问题：一是边界问题，二是西藏问题。自 1988 年以来，在双方的共同努力下，中印边界问题联合工作小组一直定期举行会谈并取得一定进展，双方曾签署《关于中印边境实际控制线地区军事领域建立信任措施的协定》。2003 年 6 月印度总理瓦杰帕伊访华时，承认西藏是中华人民共和国领土的一部分。2005 年 4 月，国务院总理温家宝访问印度，与印度总理辛格签署了两国联合声明，宣布中印建立面向和平与繁荣的战略合作伙伴关系，同时宣布了中印《全面经贸合作五年规划》，双方还达成解决中印边界问题的政治指导原则，这将为解决中印长期遗留的边境问题奠定基础。

经济方面，我国参与和建立合作组织，增进了与周边国家的友好往来。亚太经济合作组织在推动区域的贸易投资自由化和便利化，开展经济技术合作方面不断取得发展，为加强区域经济合作、促进亚太地区经济发展和共同繁荣做出了突出贡献。上海合作组织成员国签署长期睦邻友好合作条约，使安全、经济等领域的务实合作取得进展。东盟签署《东盟宪章》，使一体化进程迈出新步伐。2010 年 1 月 1 日，中国东盟自由贸易区正式启动。我国与周边国家和地区的贸易额始终占外贸总额的 60% 以上，从周边国家和地区获得的投资多年来占吸引外资总额的 70% 以上。2015 年 12 月 15 日，中国倡导筹建的亚洲基础设施建设投资银行（简称"亚投行"）正式成立。亚投行的建立，获得国际社会特别是发展中国家的广泛支持，使亚洲国家可以通过海航的融资和贷款直接解决本国实体经济中的需要，从而推动该地区金融合作向纵深发展。2015 年中国全面推进"一带一路"对外开放倡议，截至 2017 年初中国推动一批重大"一带一路"合作标志性工程相继落地。亚的斯亚贝巴 – 吉布提铁路正式通车，从投融资、技术标准到运营管理维护，全部采用中国标准。印尼雅万高铁、中老铁路、中泰铁路、马来西亚南部铁路、匈塞铁路、瓜达尔港等重大项目有序推进。已取得双赢效果的国家给出了积极评价，预计将在不远的未来会有更多成功案例。"一带一路"对外开放倡议，进一步加强了与周边国家的政策沟通，扩大了彼此利益的契合点，扩宽了互利合作的有效途径。

## （二）相对稳定的安全因素中存在着不安全因素

我国的安全环境存在着两重性。一是总体上相对和平稳定的安全环境不断得到巩固和发展；二是我国仍然面临着一些不安全因素和潜在的威胁。虽然经济高速增长，但中国周边安全环境并没有同步改善。面对中国的崛起，某些大国作为国际秩序的既得利益者，失衡心态加剧，对中国的防范意识加强。区域外的某些大国插手中国周边事务，也进一步加剧了本已存在的周边安全风险。周边部分小国对中国崛起的误解，强化了他们的忧患意识。这些复杂的安全隐患使得中国的周边安全环境日趋复杂，同时，也决定了中国不可能采用单一对策来化解不同类型的安全隐患。

### 1. 美国等西方军事强国对我国安全环境影响深远

在各大国与我国关系向前发展的同时，在以美国为首的西方世界仍然有一股企图遏制中国的逆流，不愿正视我国的政治、经济发展，以及我国在国际社会中的积极作用。

随着中国综合国力的持续提升和国际影响力的不断扩大，美国直言不讳地把中国视为潜在的威胁和巨大的挑战。虽然美国与我国不接壤，但从其战略目标、政策走向来看，其实质都是企图延缓中国上升为世界强国地位的速度，对我国政治、军事、经济等方面处处制造事端。政治上，加紧实施"西化""分化"，企图将我国纳入美主导的世界经济体系。前任美国总统奥巴马在上任后不久，就提出了美国重返亚太的战略构想，简称"重返亚太"，又称"亚太战略再平衡"。随即，美国围绕这一战略构想，美国暗中默许或让其盟友，如日本、越南、菲律宾等与中国有领土或历史遗留问题的国家，制造事端，阻碍中国和平崛起。在台湾问题上，美国的历届总统上台后，无一不利用对台湾军售问题，干涉中国内政，阻挠中国发展，促使台湾问题国际化，使台海局势更加错综复杂。在军事方面也调整了亚太安全战略，加强其在亚太地区的军事存在，以朝核问题为借口在韩部署末段高空区域防御系统（简称"萨德"）使中国战略战术导弹面临"威力贬值"的风险；提升关岛美军的军备水平和战略威慑能力，形成日本和关岛两大地区兵力投送中心；增强其在东亚、东南亚、中亚、南亚地区的军事存在，特别是实现了在中亚的军事存在。

### 2. 中日之间存在一系列矛盾和斗争

长期以来，中日之间在历史问题、东海领土主权归属以及台湾问题上存在一系列的矛盾和争端。

一是日本当局扭曲历史，美化侵略战争，拒绝承担战争责任。在对待侵华历史、参拜靖国神社等问题上，日本当局不顾中国政府和人民的反对，多次做出伤害中国人民感情的事情，致使中日关系严重紧张。冷战结束以来一再发生的历史教科书问题的实质，就在于日本不能正确认识和对待日本军国主义的侵略历史，不能以正确的历史观教育年轻一代；

日本领导人参拜靖国神社，是企图挑战第二次世界大战后东京国际法庭审判的正当性，破坏了中日建交的政治基础。

二是东海大陆架与钓鱼岛问题。东海大陆架位于中、日、韩三国之间，是中国大陆领土的自然延伸。东海大陆架蕴藏着非常丰富的水产、石油、天然气以及稀有的矿产资源。而这些海洋权益一旦丧失，将危害中国国土安全。近来，中日之间围绕钓鱼岛争端以及海上划界问题产生了严重纷争。

三是日本在台湾问题上挑战中国的国家核心利益。1894—1895年，中国在中日甲午战争中惨败，被迫签订了丧权辱国的《马关条约》，将宝岛台湾割让给日本。从此台湾被日本进行了长达50年的殖民统治，直到1945年第二次世界大战日本签订投降书，台湾才回到祖国的怀抱，但也因此留下了严重的后遗症。一方面，岛中的"台独"分裂势力具有浓厚的亲日情结，甚至公然要求日本承担更多"维护台湾地区安全稳定责任"；另一方面，日本国内的右翼势力总想着重温昔日殖民台湾的旧梦，甚至想借台湾问题阻挠中国的崛起。

四是日本积极追随美国对我国实施遏制战略。第二次世界大战后美国和日本结成军事同盟，20世纪90年代中后期，日美安全同盟实现了冷战后的重新定义。其适用范围由日本本土周围数海里扩大到整个亚太地区，合作内容由"日本受到武力攻击"扩展到"日本周边地区发生事态时"，主要防范对象由苏联转变为朝鲜和中国。2010年12月7日，日本政府召开内阁会议，确定了主导日本未来十年国防政策的新版《防卫计划大纲》。新大纲指出，冷战后远东俄罗斯的军事威胁幅度减小，日本的安全环境面临大规模杀伤性武器和弹道导弹扩散及国际恐怖组织活动等新型威胁。其中除了提到朝鲜的大规模杀伤性武器和弹道导弹等威胁外，还特别指出应"关注"中国的核武器、导弹、海空现代化建设和海洋活动的扩大等动向，声称日本将把防卫重点由冷战时期的最大威胁苏联转移到对日本南方岛屿构成威胁的中国。

### 3. 外国势力插手台湾问题影响我国统一大业

在对中国周边安全问题构成影响的诸多因素中，台湾问题无疑是主要因素之一。海峡两岸之间的关系总的发展由对抗走向对话，由紧张走向缓和，由隔绝走向交往，但在统一问题上举步维艰。台湾问题事关祖国完全统一，事关国家核心利益。自20世纪80年代以来，两岸经贸关系发展迅速，相互成为主要贸易伙伴。截至1997年底，经香港的两岸间接贸易额累计超过1 000亿美元，2008年以来，随着"3·22"岛内选举国民党胜选和"5·20"马英九上台执政，在中国政府制定并实施新形势下推动两岸关系和平发展的方针政策推动下，两岸关系取得重大积极进展。2011年一年大陆与台湾的贸易额就达到1 600.3亿美元，同1997年相比上升10.1%。近年来中国大陆和台湾地区官方多次会晤，2015年11月7日，海峡两岸领导人习近平、马英九在新加坡会晤，这是1949年以来两岸领导人首次会晤。实践证明，海峡两岸中国人有能力、有智慧把两岸关系的前途掌握在自己的手中。但是，在实现祖国统一问题上进展不大，主要原因是台湾当局在一些西方大国的怂恿和支持下左顾右盼。主张"台独"的政党已在台湾"立法院"占有相当多的席位，并在台湾地区 21 个县市政权中掌握了半数以上的政权。而且美国对台售武从未停止，且愈演愈烈，"台独"势力仍然是中国安全的最大隐患。

解决台湾问题，实现中国完全统一，是中华民族的根本利益。中国政府解决台湾问题的基本方针是"和平统一，一国两制"，并贯彻发展两岸关系、推进祖国和平统一进程的八项主张。中国政府始终如一地坚持一个中国原则，在关系到主权和领土完整的根本问题上，决不会让步和妥协。

### 4. 中印关系虽有改善，但同时存在不和谐之举

近年来，中印两国高层领导人互访有所增多，双方签署了《关于在中印边境实际控制线地区保持和平与安宁的协定》《关于在中印边境实际控制线地区军事领域建立信任措施的协定》《解决中印边界问题政治指导原则的协定》等重大协议。两国、两军关系逐步改善，边境局势大为缓和。但中印双方在一些大的指导原则的具体内涵上分歧依然严重，而且随着我国综合国力的提升，国防力量的日益增强，和西方大国"大国威胁论"的鼓吹，印度国内相当多的政府官员、将领、学者视我国为印度的"潜在威胁"。为此，印度政府和军方也相应地调整了其对华政策，一方面继续加强与我国对话，同意设立特别代表会晤机制，确立解决边界问题三步走战略，努力改善两国关系；另一方面积极采取各种措施，增强同中国对抗的实力，不断加强边境地区战场建设，把边境地区建成攻防兼备的战场体系。一方面承诺共同维护未定边界地区的和平与安宁，承认西藏是中国领土不可分割的一部分；另一方面继续在领土和西藏问题上做文章，在陆地边界争议中，我国与印度之间陆地边界的争议领土约为 12.55 万平方千米，至今没有得到实质性解决。

### 5. 朝核危机给我国安全环境带来隐患

朝核问题始于 20 世纪 90 年代初。当时，美国以其卫星照片为依据，怀疑朝鲜有研制核武器的设施，并扬言要对这些设施实行检查。朝鲜方面则反复声明没有制造核武器的打算和能力，同时指责美国在韩国部署核武器威胁朝鲜的安全。但是自 2003 年 1 月 10 日，朝鲜宣布退出《不扩散核武器条约》以来，朝鲜不顾国际社会的反对，先后于 2006 年、2009 年进行了四次核试验，并发射"光明星三号"卫星，多次试射多种型号的导弹，致力于发展战略性进攻武器，成为拥核国家。这期间为了朝核问题的和平解决，中国政府曾多方进行斡旋，最终促成朝鲜、美国、中国、韩国、俄罗斯、日本六国同意就政治解决朝核问题举行会谈，由于种种原因，一直没有取得实质性进展。朝鲜于 2009 年 4 月退出六方会谈，致使朝鲜继续沿着"成为拥有核国家"的目标前行。之后，美国与韩国频繁进行联合军演，向朝鲜施压。在朝鲜进行第四次核试验后，2016 年 3 月 2 日，联合国安理会一致通过决议，决定实施一系列制裁措施抑制朝鲜的核、导开发计划并呼吁恢复六方会谈。"城门失火，殃及池鱼"，2016 年 7 月美国以朝核问题为借口在韩部署末段高空区域防御系统（简称"萨德"）使中国战略战术导弹面临"威力贬值"的风险。中国作为朝鲜的近邻，这种险恶的形式给我们边境安全带来的问题，不可忽视。

### 6. 恐怖主义和民族分裂活动对我国安全环境带来威胁

我国是一个多民族国家，国家统一、民族团结、社会稳定始终是国家安全发展的重要前提。但恐怖主义和民族分裂势力对我国安全统一的危害不容低估。中国毗邻恐怖主义的"重灾区"，与恐怖事件频发、恐怖势力集中的阿富汗、印度、巴基斯坦、泰国等为邻，处于国际恐怖势力猖獗的高危弧形地带。国际恐怖势力在中国周边的频繁滋事，恶化了中国周边安全环境，直接危害着中国国家安全。中国是一个多民族国家，由于历史和现实原因，在一定程度上也存在着不稳定的因素。西藏和新疆地区的一些民族分裂势力、恐怖主义和宗教极端势力的三股恶势力内外勾结、相互借重，对世界和平发展构成了更加严重的威胁。他们打着所谓的"民族自决"和"宗教自由"的招牌，频繁活动，严重威胁着我国的国家安全和地区稳定。尤其值得我们关注的是我国境内的民族分裂活动国际化。一方面，我国周边国家的民族分裂主义、国际恐怖主义和宗教极端主义活动猖獗，对我国边境相关地区的稳定和民族团结构成威胁；另一方面，我国境内的民族分裂活动有着深远的国际背景。一些西方国家在我国打击新疆的恐怖主义的问题上不仅采取双重标准，甚至纵容、唆使乃至暗中支持他们在我国境内继续搞恐怖活动，这给我们的反恐斗争带来了更大的难度。

## 三、构建周边安全机制，营造睦邻友好环境

### （一）树立科学的国家安全观

国家安全观往往体现国家大战略的总体思想，它是一个国家或者国际社会形成的关于国家安全、国际安全的理性认识，是维护国家和国际安全的指导理论。正确良好的安全观的树立，是维护国家安全的重要前提。

习近平总书记于 2014 年 4 月 15 日主持召开中共中央国家安全委员会首次会议，此次会议上首次提出了"总体国家安全观"的概念。习近平总书记指出，当前我国国家安全内涵和外延比历史上任何时候都要丰富，时空领域比历史上任何时候都要宽广，内外因素比历史上任何时候都要复杂，所以必须坚持总体国家安全观，以人民安全为宗旨，以政治安全为根本，以经济安全为基础，以军事、文化和社会安全为保障，以促进国家安全为依托，走出一条中国特色国家安全道路。习近平总书记将"总体国家安全观"总结为"坚持十个重视"："既重视外部安全，又重视内部安全；既重视国土安全，又重视国民安全；既重视传统安全，又重视非传统安全；既重视发展问题，又重视安全问题；既重视自身安全，又重视共同安全。"习近平总书记同时指出：中央国家安全委员会要遵循集中统一、科学谋划、统分结合、协调行动、精干高效的"五项原则"，构建集政治安全、国土安全、军事安全、经济安全、文化安全、社会安全、科技安全、信息安全、生态安全、资源安全、核安全等于一体的国家安全体系。总体国家安全观是结合当前国内外安全形势的总体特点，创造性地提出的富有中国特色的国家安全价值观念。我们应努力贯彻落实这一观念，切实维护国家安全和社会安定，为实现中华民族伟大复兴的中国梦和"两个一百年"提供坚强保障，为实现国家的长治久安和民族的兴旺繁盛营造良好的国家安全环境。

2015 年 7 月 1 日，十二届人大常委会第十五次会议表决通过了新的国家安全法，习近平总书记签署第二十九号主席令予以公布。该安全法明确了政治安全、国土安全、军事安全、文化安全等十一个方面的国家安全职责。同时为适应国家安全面临的新形势新任务，我国以法律的形式确定总体国家安全观的指导地位和国家安全的领导体制，明确维护国家安全的各项任务，建立维护国家安全的各项制度。这部统领国家安全各领域工作的综合性法律，有利于我国的特色国家安全法律制度体系的建立，为维护我国国家安全提供了坚实的法律制度保障。

正确科学的国家安全观，是制定与实施国家安全战略的理论指南。与时俱进的科学的国家安全观，是制定我国国家安全政策、维护国家安全的根本指导思想。

## （二）实行睦邻友好政策，构建周边安全机制

我国在坚持"和平共处五项原则"的基础上与所有国家积极发展友好关系，尤其注重发展与邻国的睦邻友好关系。着眼于维护国家的主权、统一与领土完整，同时积极促进亚洲经济振兴与和平的发展，尽力营造安全稳定的亚太环境。努力创造一个良好发展的整体格局，是我国的既定方针。

中国要坚持"与邻为善""以邻为伴"的政策，体现亲、诚、慧、容的理念，积极稳妥地处理与周边国家的关系，同时"睦邻、安邻、富邻"也是我国实现自身发展战略的重要组成部分。

"睦邻"是指继承并发扬中华民族亲仁善邻、以和为贵的哲学思想，在与周边国家和睦相处的原则下，同周边国家一起构筑友好和谐的周边环境，即政治上互谅互信、和睦共处。目前，我国与周边国家的相互理解与信任不断增强，已同周边各国全面建交，并同绝大多数邻国确立了各种形式的伙伴关系。"安邻"就是同周边国家共同营造和平稳定的周边环境，即安全上互商互让、谋求和平。一是安全合作，共同维护和平与稳定；二是求同存异，妥善处理分歧和争端。"富邻"是加强与周边国家的互利合作，深化区域合作，经济上互利互惠、共同发展，同周边国家扩大贸易往来，实现共同繁荣。令周边国家得益于我国发展，使我国也从周边国家共同发展中获得裨益和助力。要倡导包容的思想，以更加开放的胸襟和更加积极的态度促进地区合作。睦邻友好政策的实施，对我国发展战略的实现、构建周边安全机制、维护周边地区和平与稳定、促进世界的繁荣与发展具有十分重要的意义。

## （三）独立自主、和平推进多极格局

中国将坚定不移地沿着和平发展的道路走下去，独立自主、和平外交是我国外交的首要方针，也是我国对外开放的重要保证。我国在国际战略平衡中强调多种文化的共融，加强多边协商和合作机制，主张通过谈判和协商而非诉诸武力解决国际争端等。

多极化格局中存在多个独立的权力中心，其中没有强大到可以统治别的国家的权力中心，这个格局可能会相对稳定，维持同样的互动模式，战争发生的概率小，从而限制了一些大国的一意孤行，给一些小国在某些情况下发挥作用提供了条件。由此，推动多极制衡

战略有利于我国开拓外交活动空间，有利于合纵连横，制止国家霸权，维护地区和世界的和平。

在新的历史时期，中国坚持独立自主、和平外交和不结盟政策，同时尊重别国的独立自主、民族利益和民族尊严。和平与发展已成为当今世界主题，我国要抓住有利机遇，发展经济，增强综合国力，加强国防现代化建设。同时中国将始终高举和平、发展、合作旗帜，恪守维护世界和平、促进共同发展的外交政策宗旨，奉行独立自主的和平外交政策。坚定维护国家主权、安全和发展利益，坚持在和"平共处五项原则"的基础上同所有国家发展友好合作，推动建设持久和平、共同繁荣的和谐世界。

### （四）准确把握大国利益边界，发展新型大国关系

构建以合作共赢为核心的新型国际关系，是国家主席习近平总揽世界大势提出的重要外交理念之一。而在新型国际关系中，主要大国之间的新型关系又是最关键的，在中国外交中占据优先重要地位。大国之间的关系对国家的安全意义重大，其在新的历史时期呈现许多新的特点：合作与竞争同时存在双边关系中；大国关系中"敌""友"界限模糊；国家利益成为形成和解决国家间矛盾的主要因素；世界格局均衡化成为大国关系演变的大趋势。而中国作为世界上最大的发展中国家，必须针对大国关系呈现的新态势，发展新型的大国关系，大力推动国家安全环境稳定良好发展。

当今世界的各种力量仍在进行分化组合，发展仍很不平衡，"一超多强"的局面基本形成，在这种格局下，维护中美关系的稳定是把握大国关系的首要任务。一要从长远角度和战略高度看待和处理中美关系，坚持从两国人民和世界人民的根本利益出发，以建设性和前瞻性的眼光，努力维护两国合作发展的大局。二是积极推进各领域对话与合作，扩大利益交汇点。中美要增强两国互信，通过经常性沟通，积累战略互信，以协商、合作的精神处理两国关系中的问题，秉持共赢理念，积极拓展两国互利合作。三要妥善处理台湾问题，维护两国关系的政治基础。台湾问题一直是中美关系发展中的关键因素，中美在维护台海和平稳定方面存在共同的战略利益。我们要确保美国履行一个中国政策、遵守中美联合公告和反对"台独"的承诺，维护两国关系大局。四是扩大两国人民友好往来，为两国关系持续发展注入活力。两国关系的发展离不开两国人民的支持，双方要为两国各界交往搭建更多平台、提供更多便利，增进两国人民友谊。此外，还要妥善处理与周边其他力量如俄罗斯、日本、印度及东盟等之间的关系。现在世界多极化、经济全球化、社会信息化深入推进，各国利益紧密相连，零和博弈、冲突对抗早已不合时宜，同舟共济、合作共赢成为时代要求。在大国关系中，中国需要的是合作安全与共同安全。通过推行多极化战略和建立战略合作伙伴关系、建立并维护均衡大国关系，化解其他国家对中国快速发展的恐惧感和不安全感。构建平等互信、包容互鉴、合作共赢的新型大国关系，对于推动建设持久和平、共同繁荣的和谐世界具有重要意义。

【思考题】

1. 为什么说和平合作是我国周边安全环境的主流？
2. 我国周边安全环境有哪些不稳定因素？
3. 简述我国安全环境中与日本存在矛盾和斗争。
4. 简述如何构建周边安全机制，营造睦邻友好环境。

#### 知识窗

末段高空区域防御系统（英语：Terminal High Altitude Area Defense，缩写：THAAD，萨德）是美国导弹防御局和美国陆军隶下的陆基战区反导系统，一般简称为萨德反导系统。

末段高空区域防御系统的前身是历经多次失败而告终的战区高空区域防御系统，美国陆军于 2004 年对该系统进行重新设计，并重新命名为现名，类似于海军的宙斯盾作战系统，由指管通情指挥系统、拦截系统、发射系统和雷达及其支援设备组成。2007 年 10 月，末段高空区域防御系统在美国太平洋导弹靶场成功完成大气层外的拦截试验。

末段高空区域防御系统作为专门用于对付大规模弹道导弹袭击的防御系统，其独特优势是在防御大规模导弹威胁的同时，为作战部队提供更加灵活的使用选择。其目的不是取代而是补充 MIM-104 防空导弹以及海军宙斯盾弹道导弹防御系统、陆基中段防御系统和美国在世界各地部署的预警雷达与传感器，从而使美军具备多层弹道导弹防御能力。2016 年 7 月 8 日美国和韩国正式宣布将在韩国部署萨德反导系统，引发韩国国内巨大争议以及本地区国家强烈不满。

## 第四节　非传统安全威胁

当今世界各国所面临的各种安全威胁，概括起来主要是两大类：一类是传统安全威胁，即国家面临的军事威胁及威胁国际安全的军事因素；另一类是非传统军事威胁，非传统安全威胁对世界和平与稳定的危害不可低估，必须引起高度重视。

### 一、非传统安全威胁概念

非传统安全威胁主要指人类社会过去没有遇见或者很少见到的，这些年逐渐凸显出来的，发生在战场之外的，与其他一个或者多个国家相互作用，并对本国和别国乃至地区与全球的生存与发展、国家安全与社会稳定能够构成重大威胁的，非军事和政治冲突所引起的其他领域的安全问题。非传统安全威胁主要包括金融安全、生态环境安全、资源安全、信息安全、恐怖主义、武器扩散、疾病蔓延、跨国犯罪、走私贩毒、非法移民、海盗、洗钱等。其中最突出的非传统安全威胁是各种恐怖主义事件，严重威胁全人类的安全，已成为一大国际公害。

### 二、非传统安全威胁特点

#### （一）多元性

它包括安全领域的多元性、安全主体的多元性和治理手段的多元性。非传统安全威胁远远超出了军事领域的范畴。首先，大部分非传统安全威胁属于非军事领域，如有组织犯罪、贩运毒品、传染性疾病等主要与公共安全领域相关，金融危机、能源危机、资源短缺、非法洗钱等主要与经济领域相关，环境污染、自然灾害等主要与自然领域相关。其次，非传统安全威胁不一定来自某个主权国家，往往由非国家行为体如个人、组织或集团等所为。而且虽然某些非传统安全威胁具有暴力特征，但也不属于单纯的军事问题，如恐怖主义、海盗活动、武装走私等虽然也属于暴力行为，并且可能需要采取一定的军事手段应对，但与传统安全意义上的战争、武装冲突仍有很大不同，而且单凭军事手段也不能从根本上解决问题。这种多元性特点决定了非传统安全问题的综合性和关联性。

## （二）非对称性

非传统安全威胁的主体和来源一般处于隐蔽的、未知的状态，许多非传统安全威胁经常会以突如其来的形式迅速爆发出来。首先，很多非传统安全威胁缺少明显的征兆，当人们意识到其严重性时，已经造成很大危害。其次，人类对某些问题的认知还有局限，如海啸、地震、飓风等自然灾害，其发生前并非全无征兆，但由于人类在探索自然方面还有很多未解之谜，而且许多发展中国家由于全球经济、科技发展的不平衡缺乏对灾害的早期预警能力。此外，传染性疾病、金融危机等非传统安全威胁并非源于某个确定的行为主体，其威胁的形成过程也带有很大的随机性。这种非对称性对传统安全产生严峻挑战。

## （三）社会性

非传统安全问题大多数产生于某些国家内部的社会结构性根源，具有很强的社会破坏性。它们首先威胁到的不是主权国家的外部安全，而是国家内部的公民个体以及社会群体的生存和安全。当非传统安全威胁溢出国界时，直接的受害者是外国的公民个体和社会群体，同时也会间接威胁到相关国家的安全。因此，非传统安全直接反映国际政治中的社会安全问题，间接反映或影响国家之间的安全关系。

## （四）跨国性

非传统安全威胁的来源和影响都是跨国界的，一般涉及多个国家的政治、经济、社会生活方式乃至自然环境。非传统安全问题从产生到解决都具有明显的跨国性特征，不仅是某个国家存在的个别问题，而且关系到其他国家乃至整个人类利益的问题；不仅是对某个国家构成安全威胁，而且可能对别国的国家安全造成不同程度的危害，使得国内安全、国际安全和全球安全的界限出现交叉和模糊的趋势，所以对非传统安全威胁的预警和防范、应对及遏制也只能是多国的。

## （五）动态性

非传统安全因素是不断变化的，例如，随着恐怖主义的不断升级，反恐成为维护国家安全的重要组成部分之一；而随着医疗技术的发展，某些流行性疾病可能不再被视为国家发展的威胁。而且非传统安全与传统安全之间相互交织、相互影响，如果非传统安全问题矛盾激化，有可能转化为依靠传统安全的军事手段来解决，甚至会演化为武装冲突或局部战争。

## （六）主权性

国家是非传统安全的主体，主权国家在解决非传统安全问题上拥有自主决定权，国家应对非传统安全不同的策略会导致不同的结果，国家主权独立和领土完整是非传统安全的第一要素。

### （七）协作性

应对非传统安全问题加强国际合作，旨在将威胁减少到最小限度，淡化排他性的安全性合作，强化共同安全，通过加强国家间的对话与协作，树立以互信、互利、平等、协作为核心的观念，建立防范和解决传统与非传统安全威胁的国际安全新体系。

## 三、典型的非传统安全威胁

非传统安全主要是相对于国家传统安全而言的。尽管许多非传统安全威胁看上去不像世界大战那样硝烟弥漫，但其危害程度有时并不亚于一场战争，已经构成对世界发展和人类生存的严重威胁。非传统安全威胁主要有以下几个方面。

### （一）恐怖活动

冷战结束后，国际恐怖主义活动时而收敛、时而活跃。一些极端恐怖组织或恐怖分子多次制造暗杀、爆炸和绑架人质等恐怖事件，增加了国际社会的紧张与恐慌。尽管世界各国加大反恐斗争力度，抓获或击毙了一批恐怖组织骨干，但全球恐怖袭击事件数量仍居高不下，深层根源远未消除。仅 2016 年就发生了数十起恐怖袭击：2016 年 1 月 7 日，一名袭击者驾驶一辆油罐车闯入利比亚西部城市兹利坦海岸警卫队一处训练营地并引爆炸弹，导致至少 70 人死亡、100 多人受伤；2016 年 1 月 15 日，一伙武装人员袭击布基纳法索首都瓦加杜古辉煌酒店，将酒店内人员劫为人质，并与布基纳法索安全部队交火，袭击造成 23 人遇难；2016 年 2 月 9 日，两名女性自杀式袭击者潜入距博尔诺州首府迈杜古里约 90 公里的迪夸镇的一处难民营，引爆了随身携带的爆炸装置……危险仍在蔓延，和平仍需努力。

### （二）经济安全

经济安全主要指的是一个国家的经济发展能在国际体系中保持优化状态，即经济政治和经济增长的可持续性、金融规则和机构的稳定性、收入分配的公正性等内容。2008 年这次席卷全球的金融海啸是美国发行信誉不高的次级房地产贷款引发的，许多国家陷入美国抵押危机的漩涡，发达国家全面步入衰退。据日本证券公司的统计，全球金融资产缩水 27 万亿美元，相当于美国两年所创造的全部财富。继美国金融危机之后，欧债危机持续发展，欧元大幅下跌，加上欧洲股市暴挫，整个欧元区面对着成立 11 年以来最严峻的考验，全球金融安全风险十分突出。随着我国金融市场开放度不断加大，国际金融危机、债务危机极易影响到我国，金融系统成为国家安全中最敏感的领域之一。

### （三）信息安全

信息安全是信息风险防范与信息危害的消除，或者说是信息系统的完好运行及其相应构件（硬件、软件和数据资源）的良好保护。和平时期，利用网络搜集情报、搞破坏已经非常便利，在出现危机时，网络效应会成倍放大。过去，霸权国家颠覆他国政权主要靠战争武装干涉和花钱扶植傀儡。现在则可以不费一枪一弹，利用网络进行意识形态的渗透和舆情操控来实现目的，还可以把国家行为隐藏到个人、团体、企业背后，可谓经济成本小、政治代价低。它是霸权主义在网络空间的延续，是"和平演变"手段的新变种，是信息时代的"兵临城下"：虽然悄无声息，却攸关生死存亡；虽无战火硝烟，却呈现"文明的血腥"，具有和传统战争同样的残酷本质。正如美国著名的未来学家托夫勒说："谁掌握了信息，控制了网络，谁将拥有整个世界。"

### （四）国际公共安全

世界各国近年来都面临着非传统公共安全问题的共同威胁，所谓国际公共安全，是指国际层面的"社会安全"和"公众安全"。国际社会的公共安全主要包括：有效防止威胁各国人民生命健康和公私财产损失的生态环境恶化、有严重危害性的传染病、粮食短缺、食品安全、生态安全、跨国毒品走私、非法移民、武器扩散、海盗等问题，以及对各种类似核反应堆泄漏等突发事件所做出的应对措施等。国际安全是一个视野广阔的安全领域，强调许多影响人类的跨国性"非传统安全"问题，很难依靠单个国家得以解决，必须依赖整个国际社会的共同努力。各国政府间、各国组织间和各国公民个体间，可以通过各种区域和全球平台上的合作，共同致力于国际社会安全的保护。

### （五）文化安全

社会文化的安全与传统安全很不一样，从本质上来说，文化安全就是文化主权的安全，是在不断发展变化的条件下，保持传统语言、文化、宗教、社会团体、民族认同和习俗的能力。具体来说就是一个国家对外来文化的渗透、入侵的控制能力，通过反渗透、反入侵的反控制来保护本国本民族的文化建设和发展，使本国本民族文化的性质得以保持，功能得以发挥，文化利益不受威胁和侵犯的能力和状态。要用动态、战略的眼光看待国家文化安全，既要立足于当前危险，维护文化的生存安全；又要着眼于威胁文化健康发展的隐性因素，确保文化的长治久安。

## 四、如何应对非传统安全威胁

非传统安全威胁日益凸显，并与传统安全威胁相互交织，这是当前国际安全领域的突出特点之一，面对 21 世纪新的安全形势和非传统安全问题的凸显，我国政府要充分意识到非传统安全问题的解决仅仅依靠传统的手段和思维理念是远远不够的。因此，非传统安全问题的解决需要我们更新安全观念，完善应对安全问题的应对机制。

### （一）强化地区和国际合作机制，合力应对共同的非传统安全威胁

面对各种非传统安全威胁，单个国家的行动往往难以奏效，国际合作才是必要和有效的手段。国际社会应加强不同领域、不同层级的多边对话与合作，并进一步加强在金融风险防范、防灾减灾卫生防疫等方面的机制建设，建立起更为完善的早期预警机制和危机管理机制，最大限度地减少各类灾难所造成的危害和损失，保护国家和人民的安全。中国是

当今世界拥有最多邻国的国家，与中国边界接壤的国家有 15 个，此外还有十多个非接壤邻国。中国与周边国家近些年面临的共同的非传统安全威胁不断增多，包括艾滋病、禽流感、SARS 等严重的流行性传染病和走私、贩毒、海盗等跨国犯罪，此外还有与世界各国共同面临的恐怖主义问题等，这些都促使中国要强化地区和国际合作机制建设。

### （二）树立新的安全观念，妥善应对非传统安全威胁

应对非传统安全威胁是一个系统工程，单凭武力无法从根本上解决问题。中国倡导的以"互信、互利、平等、协作"为核心的新安全观，不仅适用于应对传统安全威胁，也同样适用于非传统安全威胁。"新安全观"超越了单方面安全范畴，突破了狭义的国家安全观，强调了综合安全。主张相互尊重对方的安全利益，在实现自身安全利益的同时，为对方安全创造条件，实现共同安全，追求"双赢"和"多赢"。主张树立和落实科学发展观，实现全面、协调、可持续发展，以科学发展求安全。

### （三）加强信息领域的政策法规、技术手段建设，在发展中解决

"虚拟社会"带来的新情况新问题中，信息安全是一个高于技术保护和一般社会管理层面的问题，是全社会的综合集成体系，因此必须综合运用法规、技术、管理等手段加以应对。必须做到：一是积极抢占网络宣传制高点，掌握网上信息传播和意识形态斗争的主动权；二是加快网络技术开发，确保制网权；三是建立完善的信息立法机制；四是加强互联网监督管理。

### （四）增强综合国力是应对一切非传统安全威胁的基础条件

21 世纪的竞争是综合国力的竞争，我们要维护国家的主权和安全，有效抵御外来的一切威胁，就必须以强大的经济实力为后盾，全面增强政治、经济、军事、教育、文化、人才、科技等方面的综合实力。准确把握国家安全环境，确立与时俱进的安全观念，采取理智、成熟、稳定和富有远见的安全对策，有效应对各种非传统安全威胁，更好地在复杂多变的国际形势下维护和巩固国家安全，并为世界和平与稳定做出应有的贡献，这对中国和世界各国来说都是一个重大课题。

我们不能因为强调非传统安全威胁而忽视传统安全威胁。对许多国家而言，尽管非传统安全威胁日益严重，但传统安全威胁仍是当前所面临的主要威胁。而且非传统安全威胁与传统安全威胁没有绝对的界限，在一定条件下可能会相互转化。首先，许多非传统安全问题是传统安全问题直接引发的后果；其次，一些传统安全问题可能演变为非传统安全问题；再次，一些非传统安全问题也可能诱发传统安全领域的矛盾冲突。非传统安全威胁继续上升，并与传统安全威胁相互交织，这是当前国际安全领域的突出特点之一，非传统安全威胁与传统安全威胁的互动性，使看似相对孤立的事物，却常表现出"牵一发而动全身"的效应，不能简单地对待和处理，应从实际出发，正确认识和把握传统安全威胁与非传统安全威胁相互交织的关系，兼顾应对两种威胁。

【思考题】

1. 什么是非传统安全威胁?

2. 简述非传统安全威胁的特点。

3. 列举典型的非传统安全威胁。

4. 简述如何应对非传统安全威胁。

### 知识窗

"9·11事件"(又称"9·11""9·11恐怖袭击事件"),是2001年9月11日发生在美国本土的一起系列恐怖袭击事件。2001年9月11日上午,两架被恐怖分子劫持的民航客机分别撞向美国纽约世界贸易中心一号楼和世界贸易中心二号楼,两座建筑在遭到攻击后相继倒塌,世界贸易中心其余5座建筑物也受震而坍塌损毁。9时许,另一架被劫持的客机撞向位于美国华盛顿的美国国防部五角大楼,五角大楼局部结构损坏并坍塌。事件发生后,全美各地的军队均进入最高戒备状态。虽然塔利班发表声明称恐怖事件与本·拉登无关,但美国政府仍然认定本·拉登是恐怖袭击事件头号嫌犯。作为对这次袭击的回应,美国发动了"反恐战争",入侵阿富汗以消灭藏匿基地组织恐怖分子的塔利班,并通过了美国爱国者法案。2001年10月7日美国总统乔治·沃克·布什宣布开始对阿富汗发动军事进攻。"9·11"事件是发生在美国本土的最为严重的恐怖攻击行动,遇难者总数高达2 996人。对于此次事件的财产损失各方统计不一,联合国发表报告称此次恐怖袭击对美经济损失达2 000亿美元,相当于当年生产总值的2%。此次事件对全球经济所造成的损害甚至达到1万亿美元左右。此次事件对美国民众造成的心理影响极为深远,美国民众对经济及政治上的安全感均被严重削弱。

# 第五节　中国海洋安全

　　海洋是广阔的、开放的、相对独立的战略空间。由于经济全球化的大趋势，以及我国改革开放、和平发展的总体要求，海洋的地位和作用日益提高，海洋方向的安全问题越来越直接关系到国家的生存与发展。当前，我国正处在战略机遇期，但海上安全形势不容乐观。从一定意义上说，能否驾驭海上安全形势，是我国能否顺利实现全面小康社会，实现中华民族伟大复兴的关键。

## 一、国际海洋划分

　　1982年《联合国海洋法公约》颁布，《联合国海洋法公约》所建立的海洋法律制度，首次对国家海洋权益进行了系统、全面和明确的规定，为沿海国开发利用海洋、有效管理海洋提供了机遇。同时，由于国际海洋资源的重新分配和海洋权益的划分而引发的国际海洋战争也越来越突出。《联合国海洋法公约》把海洋划分为如下区域：内水、领海、毗连区、专属经济区、公海、大陆架、群岛区域、用于国际航行海峡和国际海底区域。

　　人们首先确定了一条叫作领海基线的陆地和海洋的人为分界线，这条线向陆地一侧的水域被人们称为内水，这条线向海洋一侧的一定范围的水域被人们称为领海，在陆地领土向海洋延伸的部分中，领海底土以外的部分称为大陆架。内水、领海和大陆架均为相对应的沿海国家所拥有。从领海基线量起不超过12海里范围的海域称为邻海，沿海国在领海和内水均享有完全主权；领域线以外12海里范围的海域称为毗连区，沿海国享有有限管制权；从领海基线量起200海里范围内领海以外的海域成为专属经济区。沿海国可在毗连区和专属经济区内行使海关、检疫等一定范围的权力，但毗连区和专属经济区并非沿海国所专有和独有。由所处的地理位置所决定，沿海国对于海洋及其资源的占有有着得天独厚的条件，而内陆国也并非只能望尘莫及、望洋兴叹。因为有一片为所有国家共同拥有和使用的广阔区域，即公海。它包括除了沿海国内水、领海、毗连区、专属经济区和群岛国的群岛水域以外的全部水域。

　　国家管辖范围以外的海床及其底土称为国际海底区域。公海及国际海底区域不属于任何一个国家，而为包括内陆国在内的全人类所共有。

## （一）内水

内水又叫领水，它包括内陆水和内海水。也就是说，内陆水只是内水的一部分，而内海水也是构成内水的重要部分。

内陆水指一国所辖陆地以内的一切水域，包括河流、湖泊、运河等。内海水简称内海，它是沿海国领海基线向陆一面的水域，包括港口、内海湾、内海峡等，沿海国对其拥有完全的排他的主权。

## （二）领海

领海是"国家主权扩展于其陆地领土及其内水以外邻接其海岸的一带海域"，这是1958年的《领海与毗连区公约》的规定，1982年的《联合国海洋法公约》保留了这项规定，同时增加了对于特殊情况的考虑，即有关群岛国的领海范围的问题。

依据《联合国海洋法公约》，领海是与海岸及内海水相邻接的一带区域，群岛国的领海是群岛水域以外邻接的一带水域。沿海国可在符合公约规定的前提下自行确定本国领海的宽度，比如我国确定为12海里。领海主权的范围包括领海的上空、海床和底土，略有不同的是沿海国对领海行使主权时还应遵守国际法中有关外国商船在领海内享有无害通过权的规定。因此可以说，领海是沿海国陆地主权在海洋的延伸，对群岛国来说，领海是该群岛国对岛屿的主权在海洋的延伸。

## （三）毗连区

沿海国在领海以外的一定范围的水域也可以有一定的管理权。对于这样的区域，我们称为毗连区。毗连区就是毗连领海的一定宽度的海域，沿海国在这个区域内有一定的管制权力，用来防止在其领土或领海内违反海关、财政、移民或卫生法律规章等事项的发生，并对违反这些法律和规章的行为进行惩治。

毗连区和领海不同，它不属于沿海国的主权范围，沿海国只能进行一些有限的、必要的管制。从范围上说，毗连区是在领海以外的毗连领海的区域，它的外部界线从领海基线量起不超过24海里，毗连区的宽度实际上就是24海里减去领海宽度。

## （四）专属经济区

专属经济区是领海以外并邻接领海的一个区域，它的宽度从测算领海宽度的基线量起，不超过200海里。在专属经济区内，沿海国享有对这一区域的自然资源的专属权利和管辖权，其他国家则享有航行权、飞越权以及铺设海底电缆和管道的权利。

在1972年的非洲国家海洋法会议上，非洲国家主张有权在领海以外设立一个经济区。肯尼亚在同一年还向联合国提交了一份《关于专属经济区概念的草案》。专属经济区概念的提出反映了广大发展中国家希望扩大对沿海自然资源权利的要求，因此受到了发展中国家的支持。美国等海洋大国起初坚决反对200海里经济区的主张，但专属经济区制度最终还是在《联合国海洋法公约》中建立起来了。

## （五）大陆架

大陆架是近海的海底区域。这一海底区域蕴藏着丰富的资源，而且它上面的水域属于浅海地区，相对于深海区域更容易开发，大陆架还是石油和天然气的重要储藏地。

大陆架是沿海国陆地的延伸，大陆架上的资源当然要归沿海国所有。从地理地质的角度而言，由于地理状况的不同，不同海域的大陆架的范围也会不同，这取决于大陆向海洋自然延伸的长度，所以，陆地向海洋自然延伸的程度比较小的国家的大陆架面积就会很小。于是在讨论确定大陆架的范围的时候，这些国家就希望考虑到他们的利益，扩大大陆架的范围。

经过协商，《联合国海洋法公约》给大陆架确定了一个法律上的观念：沿海国的大陆架包括领海以外陆地领土的全部自然延伸，一直扩展到大陆边缘外的海床和底土。但是，如果是从测算领海宽度的基线量起到大陆边缘距离不到 200 海里的，则可以扩展到 200 海里的距离，超过 350 海里的，截止到 350 海里。

## （六）公海

公海是指除各国内水、领海、群岛水域和专属经济区外，不受任何国家主权管辖和支配的海洋的所有部分。同其他海域相比，由于公海面积巨大，它实际上是海洋的主要部分。

公海，从字面上看是公共的海。公海不属于任何国家管辖和支配，在其他水域内，沿海国要么有完全排他的主权，要么也会有经济方面的部分权利。而公海则是任何国家都不能独占的，所有国家在公海上都有一定的权利和自由。公海是全人类的共同财富，属于全世界人民所有。

## （七）国际海底区域

国际海底区域是指国家管辖范围以外的海床、洋底及其底土，也就是各国领海、专属经济区和大陆架以外的深海洋底及其底土，面积约 2.517 亿平方千米，占地球表面积的49%。国际海底区域有丰富的矿产资源，世界上大多数国家都很关心国际海底区域的开发。为此，1970 年 12 月 17 日第二十五届联合国大会通过的《关于各国管辖范围以外的海床洋底及其底土的原则宣言》和 1982 年联合国海洋法会议通过的《联合国海洋法公约》，对国际海底及其资源的法律地位做出了规定，即规定其为人类的共同继承财产。

## 二、中国海洋争端

### （一）黄海争端

长期以来，由于黄海海洋划界争端的相对缓和性，东海和南海一直是我国关注的重点。但是，近年来中韩黄海划界纷争逐渐显现出来，不得不引起我们的重视。中韩在黄海海域的划界争端主要包括专属经济区和大陆架划界争端，两国在划界原则上持有不同的观点，这就使得中韩双方需要通过协议达成一致来和平解决划界争端。

### 1. 黄海争端的缘起

长期以来由于东海划界争端和南海问题，中韩黄海划界问题一直呈现隐性状态，但是近年来随着海洋技术的发展以及海洋战略地位的提高，中韩黄海问题逐渐显现出来，并呈现加剧之势。与东海南海相比，黄海的争议相对比较缓和，但也出现了一些影响国际关系的事件，如韩国在我国专属经济区单方面扣留我国渔民等，解决中韩黄海划界问题的需要已经变得越来越迫切。在当前的国际形势下，解决我国海洋争端已刻不容缓，黄海划界顺利解决不仅可以维护中韩两国的友好关系，缓和日益紧张的东北亚局势，同时可以维护我国的海洋权益，保护我国渔民的合法权益，向海上邻国显示我国坚定的海上立场和维护中国海洋权益的决心。以下将从经济、黄海的地理位置以及历史原因三方面来阐述中韩黄海海域划界争端的形成原因。

从经济层面看，纵观全球经济，亚太的发展越来越受到世界的关注，而东亚地区的经济又在整个亚太经济中占据了举足轻重的地位，除去日本作为传统的经济强国之外，中国在改革开放之后，经历了经济发展的蜜月期，经济实力不断增强，而韩国作为亚洲"四小龙"之一，国民经济实力稳居世界前七，也正在发展为世界经济中不可小觑的一股力量。在东亚经济可快速发展的同时，对资源的需求也在不断地扩大，东亚地区的主要国家日渐成为世界上主要的能源进口国。在资源日趋紧张的大背景下，东亚沿海国家开始不断地探索和开发能源，于是各国逐渐将目光从大陆转移到了广阔的海洋上来。具体到中韩两国，那就是黄海和东海广阔区域。黄海海域基本上全部属浅海大陆架，渔业和石油资源丰富。在此背景下，黄海就成了中韩之间的必争之地。

从黄海的地理位置看，黄海是位于中国和朝鲜半岛之间的水域，从黄海的最北端到最南端，黄海和东海的分界线长度大约达到了470海里，黄海东西之间的宽度为不足400海里，总面积约38平方公里。平均水深较浅，只有44米。基本上全部属于浅海的大陆架。我国山东半岛东端的成山头到朝鲜半岛长山串之间距离约为104海里，此处为海峡最窄处。中韩两国在黄海南部海域相向，根据《海洋法公约》中的划界规定，黄海的实际宽度一定程度上决定了中韩两国需要进行黄海海洋划界。因此，黄海的实际宽度使得中韩两国不能够按照《海洋法公约》的相关规定区划分各自的专属经济区和大陆架，而没有了统一的划界标准，就必然会在黄海海域产生部分的海洋利益重叠区，也必然会在划界问题上产生分歧。

在历史上，东亚主要的陆地国家对陆地疆域的重视程度远远超过了海洋，海洋被视为未知区域，人们对海洋充满了敬畏。但是近现代以来，中国和朝鲜半岛都纷纷遭受到了海上列强的凌辱，国家被迫签订不平等条约，接受各种不平等的约定，使国家主权和民族感情受到了严重的伤害。这种国家和民族的创伤迫使中韩两国将更多的目标投向了海洋。同时为了摆脱近现代积贫积弱的状态，紧跟世界的发展潮流，中韩两国开始积极地走向海洋，开发海洋，打造海上强国。由此，海洋权益就成了中韩两国共同关注的问题，而黄海位于中韩两国之间，也就必然成了中韩两国的必争区域。

### 2. 中韩黄海划界争端的区域

黄海海底基本上全部位于浅海大陆架上，而黄海的平均宽度又不足400海里，因而按照《海洋法公约》规定的划界原则划分黄海水域，必定会使得中韩之间将产生大量的海洋利益重叠区，这些利益重叠区既包括专属经济区也包括大陆架。因此，中韩黄海划界争端主要表现在两个方面，第一方面是大陆架的划界，第二方面是专属经济区的划界，而两个问题又密切相关。首先在大陆架划界问题上，国际上通用的划界规则体现在《海洋法公约》中，公约规定：沿海国的大陆架包括陆地领土的全部自然延伸，其范围扩展到大陆边缘的海底区域，如果从测算领海宽度的基线起，到大陆边缘外界不到200海里，陆架宽度可扩展到200海里；如果到大陆边缘超过200海里，则最多可扩展到350海里，实际上就是大陆架的划界原则。而黄海的平均宽度不足400海里，且水深较浅，基本全部处于浅海大陆架上，这就使得两国必然会在黄海大陆架上产生大部分的利益重叠区，大陆架划界就不可避免地成为中韩两国争议的内容。《海洋法公约》中关于专属经济区的规定与大陆架的规定相似，沿海国可主张200海里的专属经济区。而黄海的实际宽度也使得两国不能按照公约的规定区划分各自的专属经济区，因而专属经济区划界也自然成了中韩黄海划界争端的另一个内容。

中韩两国为了保护各自大陆架和专属经济区内的权益，不断地设立和完善国内法。使各自的维权活动有其国内法的依据。而这些行为又使得两国在专属经济区和大陆架内的争端变得更为激烈。

### 3. 中韩关于黄海专属经济区划界的原则及其依据

国际法上的专属经济区从测算领海宽度的基线起，不应超过200海里。海岸相向或相邻国家间的专属经济区重叠时应当在公平原则的基础上参照一切有关情况，考虑到所涉利益分别对于有关各方和整个国际社会的重要性加以解决。在黄海专属经济区的划界问题上，我国的主张是公平原则，此原则是当前国际社会划分专属经济区的习惯国际法原则，我们认为专属经济区的海洋划界问题是一个极为复杂的，它涉及的是各方面的问题，相邻海域的划界问题需要考量的公平因素太多，不应当按照等距离中间线的方式。这些需要考量的因素主要有：

（1）海岸比例

成比例是海洋划界的一个重要标准，在1969年的北海大陆架案中，"成比例"的海洋法概念第一次出现。而在1984年的美加缅因湾海洋边界划界案中，同样使用了成比例概念。在海岸比例方面，我国向黄海突出的山东半岛有着相对比较曲折的海岸线。相比于韩国，显然中国的海岸线要长得多。

（2）历史性利益

在历史上，我国相对于韩国有更多的权力和利益，在世界海洋地图上，大多数海域也多由中国命名。

（3）社会经济因素

我国黄海沿岸人口相对于韩国要多很多，对于黄海经济依存和利益需求较大。除了以上的因素之外，在中韩黄海专属经济区划界问题上我们要考虑的因素还有很多，例如领海基线问题，环境资源保护问题，国家利益问题（中韩黄海专属经济区的划界会波及朝鲜），等等。因此，黄海专属经济区的划界绝不能简单用等距离中间线原则来解决，我们需要站在公平的立场上，综合考虑各方面的因素来科学划分黄海利益重叠区。在黄海问题上，韩国一直主张采用中间线原则来划分黄海专属经济区，并质疑中国领海基点的合法性。韩国在 1996 年 8 月 1 日颁布实施《领海及毗连区法》，该法第四条明确规定：韩国与相向或相邻国家的领海边界实行等距离中间线的划界原则，除非两国之间有特殊约定。而韩国在同年颁布的《排他的经济水域法》中也明确规定：韩国与相向或相邻国家的海洋利益重叠区的划界，如无特殊约定，实行等距离中间线原则。

基于以上的原因，韩国在与我国进行专属经济区划界谈判时，坚持主张适用等距离中间线原则。同时韩国认为，我国在解决北部湾问题时，同越南使用了等距离中间线原则，因此等距离中间线原则也同样适用于中韩黄海划界。

### 4. 中韩在黄海问题上已经取得的成就和解决黄海问题可选择的现实途径

为了解决黄海争端，中韩两国进行了不懈的努力。到 2014 年为止两国已经举行了 14 次有关海洋划界的会谈。而新的一轮海洋划界谈判的预备会议也已经在 2015 年 1 月 29 日召开。到目前为止，我国与韩国签订的有关黄海的条约主要有两个：首先是中韩两国都签署了《海洋法公约》，这是两国解决黄海海洋问题的基础条约；其次是 2001 年生效的《中韩渔业协定》，这是有利于两国人民福祉的临时性安排。《中韩渔业协定》为中韩两国在黄海争议区的渔业管理提供了一定的规章依据，使得正常的渔业秩序得到了维持，在一定程度上维护了两国渔民的权益，缓和了两国的关系，为黄海问题的进一步解决提供了有利的条件。中韩黄海争议区的共同开发在东海和南海的划界问题上，我国现阶段的一项政策就是"搁置争议，共同开发"。

共同开发是解决沿海国家海洋利益重叠区划界争端，缓和沿海国家之间关系的一项有效的措施。目前，包括中国在内的 420 多个海洋相向或相邻国家存在着海洋权利主张重叠区，而其中已经缔结划界协定解决划界争端的有 130 多个，这意味着，世界上绝大多数的海洋利益重叠区没有得到很好地解决，而利益重叠区的资源也在国与国之间的划界扯皮之中没有得到很好地开发。德国的国际法教授 Lagoni 认为，划界争议国家之间达成的协议是共同开发的基础。共同开发是争议国家间经济合作并开发相关海域的非生物资源的一种方式。根据 Lagoni 教授的理解，共同开发可作为一种临时措施，实行于相关国家达成协议之前，也可以直接作为一项措施规定于协议之中。他认为共同开发措施的应用也比较灵活，争议相关国家共同开发的区域可是达成协议之前双方存在争议的区域，也可是相关方划界协议达成后又新发现的区域。日本学者 Miyoshi 强调，共同开发是海洋利益重叠区的相关国家以功利为目的，共同开发争议区域资源的一种措施，是争议方之间的一项临时性的安排。我国的学者高之国认为，共同开发是海洋利益重叠区的相关国家在达成划界协议之前，为了缓和矛盾、和平开发争议区的自然资源而达成一项政府间协议，以该协议为基础，相关国家共同开发争议区域的海洋资源，在争议区共同行使主权权利和管辖。学者蔡鹏鸿也认为共同开发是一种国家间的经济合作方式，它建立在相关争议国家相关协定的基础之上，以开发争议区域的海洋资源为目的。

### 5.黄海共同开发的必要性和可行性

我国黄海有着丰富的油气资源，成为韩国觊觎已久的目标。由于中韩黄海之间的宽度不足 400 海里，中韩之间存在着黄海大陆架和专属经济区的划界争议。两国从 1996 年开始几乎每年举行划界谈判，截至 2016 年共举行 16 轮会谈，但是仍然没有达成一致的协议。而目前，中韩双方搁置争议，共同开发的愿望是一致的。尽管《海洋法公约》中第 83 条第 3 款中并没有明确地指出共同开发原则是临时安排的内容之一，但是共同开发能够作为临时安排的重要形式这是不言而喻的，况且共同开发已经在国际海洋实践中得到了非常广泛地应用和发展。而除了以上的两点原因之外，还可从以下三点来分析。首先，和平与发展依然是当今社会的主题，和平解决海洋划界争端也成为海洋相对或相向国家间必然的选择。当前，世界经济形势总体较为低迷，中韩两国都面临着发展经济、提高本国综合实力等一系列的发展问题，而和平的周边环境是解决上述问题的基础。同时，中韩两国隔黄海相望，自古以来交流频繁，在文化上有着很大的相似性，在经济上有着很大的互补性，而这种文化上的相似性和经济上的互补性为两国在黄海上的合作提供了可能。

## （二）钓鱼岛及东海问题

中日两国是一衣带水的邻邦，两国长期保持着良好的邦交关系。中日关系是中国最重要的对外关系之一，在我国的对外关系中占有十分重要的地位。在经济环境不断变化发展的今天，中日分别作为亚洲最大的发展中国家和发达国家，双边互补性不言而喻。东海问题作为影响中日关系健康稳定发展的重要因素，不仅事关中日两国战略合作伙伴关系的延续，也事关整个亚洲地区的和平稳定。

东海问题，实际上是中日两国对于东海海域及所属岛屿的主权归属问题所产生的争议。进入 21 世纪以来，随着世界政治经济格局的发展变化，地区合作主义的兴起以及东亚地缘环境的变化，中日两国在东海地区的利益之争，实际上也反映出世界政治经济格局演变情况。中日东海争端最为关键的问题是东海地区的主权归属问题，这既关系到中日两国的领土主权和尊严，又影响着中日两国与相关国家之间正常交往与发展，甚至会影响到整个亚洲地区的和平与稳定。此外，东海地区丰富的油气资源对于两国经济的可持续发展有着重要的战略意义，东海大陆架的划分和钓鱼岛的归属，也决定着东海地区丰富的油气资源的归属，这直接关系着中日两国的国家利益。随着中日两国在东海地区的矛盾不断加大，东海问题已经成为中日关系不佳的症结所在，尤其是 2012 年日本"购岛"事件对中日关系造成了严重的负面影响。虽然两国就东海争端进行了多次协商和谈判，但实际上并未取得实质性的进展。

### 1. 中日东海问题的由来

东海位于中国与太平洋之间，北临朝鲜半岛南端，南至中国的台湾岛，由中、日、韩三国领土环绕，是一个半封闭的海域。东海面积较为开阔，约为 77 万平方千米，平均深度 349 米，最大深度 2 717 米。东海大陆架特别宽阔，最大宽度达 640 千米，是世界上最宽的大陆架之一，大陆架面积约占整个海区的 66%。东海海底大部分属于大陆架浅海，平均水深 70 米，地势由西北向东南倾斜，直至冲绳海槽。冲绳海槽南北长 1 100 千米，面积约 10 万平方千米，北浅南深，最大水深位达 2 719 米，其中深度超过 1 000 米的地方占总面积的一半，深度超过 2 000 米的地方占总面积的五分之一。冲绳海槽在地理上把东海大陆架与琉球群岛分开，形成一道天然的分界线。

发育于东海大陆架之上的东海陆架盆地是一个复合型沉积盆地，其地质结构在横向上表现为东西分带、南北分块地质结构特征，中日钓鱼岛争端与东海大陆架划界纵向上则主要为多层结构。东海大陆架真正引起各国关注的原因是东海大陆架潜在的巨大石油储藏。早在 1961 年美国伍兹霍尔海洋研究所海洋地质教授埃默里就同日本东海大学地质教授新野弘合作，在研究有关资料后暗示东海海域海床可能蕴藏石油。1967 年，他们根据中国东海大陆架周围陆地上的地质构造，首次明确提出"中国东海是世界上石油远景最好而未经勘探的近海地区之一"。对于这一海域的石油储藏量，美国地质学家梅耶荷夫教授与韦伦士博士估算钓鱼岛群岛海域约为一亿桶。巨大的潜在石油储藏在一夜之间引起人们对这一海域的关注，为了最大限度地与中国分享东海大陆架丰富的油气资源，钓鱼岛群岛这几个在地图上微不可见、一向无人问津的小岛顿时成为日本极力予以争取和控制的重要领土，当然也由此引发了中日之间长达几十年的领土纠纷。

### 2. 中日围绕东海权益的主要分歧

关于划分原则：

（1）中国坚持自然延伸原则

中国对大陆架制度的立法理论是源自 1958 年的《大陆架公约》、1982 年的《联合国海洋法公约》及 1969 年国际法院关于北海大陆架的判决。根据东海的特殊地质结构，承认国际法上对大陆架外界的普遍认识，我国采用了大陆架制度的自然延伸原则，使对大陆架权利的主张上获得了相应的理论依据，对从中国东海沿岸起算到冲绳海槽为止，占整个东海海域约三分之二的东海海底区域享有主权。1996 年 5 月 15 日第八届中国全国人大常委会第 19 次会议通过的《关于批准联合国海洋法公约的决定》第二条规定："中华人民共和国将与海岸相向或相邻的国家，通过协商，在国际法基础上，按照公平原则划定各自海洋管辖权的界限。"1998 年 6 月，《中华人民共和国专属经济区和大陆架法》正式颁布。该部法律第一条就明确指出制定该法的目的是为了保障中国对专属经济区及大陆架行使主权。第二条规定：中华人民共和国的专属经济区，为中华人民共和国领海以外并邻接领海的区域，从测算领海宽度的基线量起延至 200 海里。

（2）日本坚持中间线原则

日本政府在东海海域划界问题上一贯主张中间线原则，在第三次联合国海洋法会议上日本就曾提议200海里专属经济区制度应取代大陆架制度，相应的海域划界只需用等距离就可以解决了。日本认为，由于两国间相向海域不足400海里，根据《联合国海洋法公约》第76条关于大陆架等距离标准的规定，两国均可主张海底大陆架完全与专属经济区相重叠，海底地形不再起任何作用。即使考虑东海海底地形，中日两国共处欧亚大陆板块，属同一个大陆架，冲绳海槽充其量只能是共架中的一个褶皱而不应看成两国大陆架的分界。日本所提倡的"中间线"主张是在1965年《大陆架公约》中提出的，据目前可统计到的数据显示，全世界迄今大概有167起划界协定案例，其中大概有126起协定全部或部分适用了等距离中间线原则，其中比例高达67%。这为日本主张"中间线"方法提供了一定的司法实践的依据。

日本坚持中间线原则的主张，其目的是有利于日本在东海海域进行划界，以保证本国的利益，从而获取更多的东海海洋资源。日本主张与海岸相向国家之间的大陆架和专属经济区划界采用"中间线"原则。若按日本主张等距离中间线划界，中日东海大陆架的界限将在从中国东海岸向东约180余海里。如果日本支持或采用"自然延伸"的划界理论，这必然会使日本丧失大范围的海洋管辖权。因此，日本坚持自然延伸仅仅是一种划界方法而不是划界的原则。

### 3. 关于钓鱼岛问题

钓鱼岛主权属于中国，不具划界效力。钓鱼岛位于中国大陆和台湾的东中国海大陆架的边缘，南接2000多米深的冲绳海槽，是"大陆型"岛屿，附属于中国台湾，无论从地理、历史角度来看，还是从国际法角度来看，钓鱼岛主权属于中国都是无可置疑的。

（1）早在15世纪初，中国就发现了当时不在任何国家管辖下的钓鱼岛，并纳入中国版图。1562年明朝浙江提督胡宗宪在《筹海图编》中，已将钓鱼岛列入中国海防区域内。此后历代东行者都把赤尾屿与古米山（即琉球久米岛）之间称为"中外之界"，1893年慈禧还颁诏将钓鱼岛赐予盛宣怀。显然，钓鱼岛是中国的固有领土。

（2）从地理上看，钓鱼岛群岛具有明显的大陆架特征，是中国大陆架的自然延伸。钓鱼岛群岛的基层地形特点与中国大陆相同，据地质学家调查，钓鱼岛群岛作为东海大陆架的一部分曾出露成陆地，与我国大陆连成一片，是祖国大陆的一部分，后来由于地壳运动，才逐渐与大陆分离。钓鱼岛群岛周边的海域朝着中国大陆或台湾方向的水深约为130米，离中国大陆越近越浅，从中国大陆、台湾方面来看，200海里的等深线从台湾基隆海边小岛通过钓鱼岛、南小岛、赤尾屿向东北延伸，形成了发端于中国大陆的大陆架，钓鱼岛群岛恰好坐落在这一大陆架的边缘，形成大陆架的自然延伸。

从地质上看，钓鱼岛群岛与日本相隔冲绳海槽，构成中日大陆架的自然分界。冲绳海槽南北走向，分别构成中国东海大陆架与日本琉球岛架两个陆坡。中国东海大陆架地壳为稳定的大型沉降盆地，而日本琉球岛架地壳运动活跃，构造盆地形成时间较新，发育时间短，不稳定。冲绳海槽两侧的地质构造性质截然不同，决定了冲绳海槽成为中国大陆架与日本大陆架之间的自然分界线，这在地理上说明了钓鱼岛群岛绝不可能是日本大陆架的自然延伸。

（3）中日甲午战争后，日本通过武力强迫中国签订《马关条约》，中国被迫将台湾、澎湖列岛和辽东半岛割让给日本，"连接台湾与琉球之间的中国领土钓鱼岛、黄尾屿、赤尾屿等也当成了日本的领土"。根据《维也纳条约法公约》第51条和52条规定：一国同意承受条约拘束之表示系他国以行为或威胁强迫其代表而取得者无法律效果，条约系违反联合国所含国际法原则以威胁或使用武力而获缔结者无效。

1945年8月，日本接受《波茨坦公告》宣布无条件投降，这意味着日本必须将台湾、包括其附属的钓鱼诸岛归还中国。但日本未按《开罗宣言》规定归还其所窃取的包括东北、台湾、澎湖列岛等领土同时一并归还钓鱼岛，反而在1951年9月8日，同美国签订了片面的《旧金山和约》，将钓鱼诸岛连同日本琉球岛交由美国托管。《旧金山和约》是没有中华人民共和国参加的对日单独和约，不仅不全面，而且不是真正的和约，对中国而言不具效力。

1971年6月17日，日美签订"归还冲绳协定"时，钓鱼岛屿也被划入"归还区域"，交给日本。对此，中国外交部于1971年12月30日发表"关于钓鱼岛所有权问题中华人民共和国外交部声明"，强烈谴责美日两国政府公然把我钓鱼诸岛划入"归还领域"，严正指出"钓鱼岛、黄尾屿、赤尾屿、南小岛、北小岛等岛屿是台湾的附属岛屿。它们和台湾一样，自古以来就是中国领土不可分割的一部分。美、日两国政府在'归还'冲绳协定中，把我国钓鱼岛等岛屿列入'归还区域'，完全是非法的，这丝毫不能改变中华人民共和国对钓鱼岛等岛屿的领土主权"，并在有关场合多次声明，钓鱼岛等岛屿是台湾岛的附属岛屿，中国拥有完全的主权。

1992年2月，第七届全国人民代表大会通过了《中华人民共和国领海及毗连区法》，首次将钓鱼岛及其附属岛屿主权纳入该法律条文。

（4）钓鱼岛在东海大陆架划界中的影响上认为钓鱼岛作为一组不能维持人类居住或本身的经济生活的岩礁，不能被视为《联合国海洋法公约》所指定的岛屿，可以享有领海和毗连区，但不能享有专属经济区和大陆架。

## （三）台海问题

台湾自古以来就是中国领土不可分割的一部分。由于国内局势不稳和国际势力干预，台湾与祖国大陆长期政治分离的事实一直存在。台海问题是祖国统一大业的最大障碍，实现海峡两岸的和平统一是中华民族几代人的夙愿。中华人民共和国成立至今已有七十余年的历史，而中国内战遗留的台海问题迟迟得不到解决，既与中国大陆缺乏足够实现统一大业的政治资源有关，也与历史上有利于两岸统一的固有政治资源的流失密不可分。朝鲜战争和"十年文革"造成海峡两岸的政治资源结构发生显著变化，是使台湾离心倾向增强、台海问题解决难度加大的主要原因。反思历史，恰当处理两岸关系，把握有利时机，全面开发和整合国内外各种政治资源，是解决台海问题的必由之路。

### 1. 台海问题概况

第二次国共两党的内战以中国共产党领导的全国各族人民的胜利而告终，国民党集团败退台湾，负隅顽抗。中华人民共和国成立之初，中共中央制定了"武力解放台湾"的方针，积极着手对台作战的规划和部署。蒋介石集团痛思失败教训，在党政军诸方面进行了全面整顿，在台湾建立了"党国一体"的威权政治体制，并制定了"确保台湾""反攻大陆""反共复国"的方针政策。海峡两岸硝烟不断，历经 1955 年第一次台海危机和 1958 年第二次台海危机之后，双方均认识到在短时间内消灭对方是不现实的。在国际形势渐趋缓和的情况下，中国共产党调整了"武力解放台湾"的方针，提出了"和平解放"的对台政策。与此同时，蒋介石集团也修改了其武力"反攻大陆"的方针，提出"七分政治，三分军事"的口号，转向"政治攻势、军事守势"的大陆政策。受境内外形势的影响，台海问题未能取得明显进展，国共两党进入长达二十年的"隔海对峙"时期。20 世纪 70 年代中后期，海峡两岸领导人先后出现更替，两岸政策因此也有所变动。1979 年 1 月，全国人大常委会发表《告台湾同胞书》，提出结束两岸军事对峙状态、实现"两岸三通"、扩大两岸交流的建议，同时国防部长徐向前宣布停止对大小金门等岛屿的炮击。

此后三十年，中共中央先后提出"叶九点""邓六点""江八点""胡四点"等主张和意见，构成了以"和平统一，一国两制"为核心的大陆对台政策体系，并得到长期贯彻和执行。而在台湾地区，蒋经国上台后，在继承其父"反共复国"遗志的基础上，也对大陆方面的政策进行了调整，提出了"三民主义统一中国"的政策。在台湾民众要求"两岸三通"的压力下，1987 年国民党当局宣布解除台湾地区长达 38 年的戒严令，允许台湾民众赴大陆探亲，两岸民间交流迅速发展。1988 年蒋经国逝世，台湾本土籍领导人李登辉上台。在李登辉任期之初，海峡两岸在经济、文化等各领域的交流均有所突破和发展。然而，随着政治地位的稳固，李登辉一方面积极着手改造国民党，推动国民党的"本土化"，纵容岛内"台独"势力的活动；另一方面逐渐改变原先"坚持一个中国原则"的立场，转向"一国两府论"和"两国论"的追求，李登辉的"台独"面目暴露于世，两岸关系急转直下。2000 年 5 月，陈水扁当选台湾"总统"，台湾地区第一次实现"政党轮替"，民进党取得执政地位。在任期内，陈水扁背弃"四不一没有"的承诺，公然抛出"一边一国论"，倡导"台湾正名运动"，加速台湾"去中国化"进程，宣扬"自决、公投"，积极推动台湾"法理台独"和"文化台独"，煽动"大陆威胁论"，妄图"以武拒统、以武谋独"。陈水扁等人不顾两岸人民的民族感情，违背广大台湾同胞的意愿，执意将台湾推向"台独"的不归路，造成两岸关系的紧张，严重阻碍了两岸关系的发展，遭到包括台湾同胞在内的海内外所有中国人和国际社会的强烈谴责和严厉声讨。

2008 年 5 月，马英九当选为台湾地区领导人，打出反对"台独"的立场，停止了民进党的"去中国化"行径，将两岸关系定位为"非国与国的特殊关系"，重申坚持"九二共识"，承认"一个中国原则"，积极推动两岸经济文化的往来，两岸关系止跌回暖。

2008 年 6 月，海峡两岸关系协会与海峡交流基金会恢复了中断近十年的制度化协商，"陈江会谈"已经进行了五次，先后签署了十四项协议，内容涉及两岸包机、大陆民众来台观光、两岸直航、全面通邮、食品安全、打击犯罪、金融合作、租税问题、标准检验与认证合作、农产品检疫检验、渔业劳务合作、知识产权保护等一系列议题，海峡两岸包机直航、定期航班、直接"三通"的愿望得以实现，两岸经贸关系由单向交流走向双向互动。当然，两岸关系同样也存在一些不尽如人意之处，马英九当局虽重申坚持"九二共识"，但同时又强调"一中各表"，并以"中华民国""中华文化"等论调淡化"一个中国"的概念；虽反对"台独"，但却又致力于"不统、不独、不武"的维持现状政策；虽积极推动两岸经贸往来，但又采取"政经分裂"的政策，有意回避两岸政治协商；在处理对外关系上，强调"以台湾为主，对人民有利"的原则，依循"尊严、自主、务实、灵活"的理念，积极扩大国际多边参与，寻找台湾的国际空间。就目前来看，虽然海峡两岸经济交流日益提升，但政治协商与和平统一问题在短时间内仍难以取得重大突破，台海问题的解决仍任重而道远。

### 2. 政治资源与台海问题的关系

实现祖国统一是中华民族走向全面复兴的重要里程碑。在解决台海问题的进程中，政治资源又是不可或缺的因素。首先，政治资源是解决台海问题的基础性要素。台海问题的解决是一个区域内各种政治力量相互博弈的过程，政治博弈就需要以一定的物质性或非物质性政治资源为后盾，没有一定的政治资源在政治博弈的过程中必然处于不利地位。国家统一是涉及经济、社会、文化等各领域的政治整合过程。解决台湾问题，实现祖国统一，必然要以拥有优势的经济和军事实力、强大的民意支持、制度和体制的融通、有利的国内外环境为基础，否则国家统一就无从谈起；相反，如果台湾当局获取了足够对抗大陆的政治资源，也就拥有了"分裂祖国"的资本。因此，台海问题的未来前景主要取决于海峡两岸各自拥有的政治资源总量的对决。其次，政治资源不足是台海问题得不到解决的原因所在。"十年文革"期间，台湾在第三次科技革命的推动下，走上了经济发展的快车道，实现了岛内经济"质的飞跃"，而中国大陆不仅错失了发展良机，反而出现经济和社会的严重倒退。

改革开放至今，中国与发达国家的经济差距逐渐缩小，军事实力得到显著提高，甚至拥有了武力解决台海问题的能力，但这并不意味着中国拥有了足够解决台海问题的国内政治资源，大陆现有的经济实力是承受不起高消耗的现代化战争的。因此，抓住 21 世纪头二十年的重要战略机遇期，加快发展、避免战端是应对台海问题的关键之举。整合与维护现有的政治资源，防范政治资源的无形流失，是解决台海问题的必经之路。政治资源的流动性和可塑性决定了台海问题的前景依然扑朔迷离。在大陆地区保持快速发展、台湾经济低迷不振的情况下，海峡两岸的经济差距逐渐缩小，台湾对大陆的经济依赖不断增强，经济一体化奠定了两岸统一的物质基础。"大三通"的实现有利于两岸民众的相互了解和认同观念的培育，大陆拥有的国内政治资源不断增加，在良性的外部环境得以维持的情况下，只要恰当地整合与利用这些国内外政治资源，实现国家统一的目标不会太远。

### 3. 对祖国发展的重大影响

台海问题作为国内不同政治党派之间的政治斗争，实际造成一种严重的"内耗"。首先，就大陆与台湾之间近年来"以武促统、以武阻独"与"以武促独、以武阻统"的军备竞赛就是一笔巨大的浪费。根据台军方的计划，从 2001 年到 2010 年的 10 年中，台湾以 4 万亿新台币用于军事开支，约合 1 166 亿美元，平均每年达 110 多亿美元，其中有相当大一部分将用于购买美国军火。第二，台湾为拓展其所谓的国际生存空间，大搞其"金钱外交"，每年都要花费纳税人大量的金钱。第三，台海两岸分裂分治的事实会长期成为美国用于遏制大陆的一个有效手段，使大陆外交常陷于被动，对祖国的发展不利。第四，如果台海问题不能用和平手段解决，武力解决台海问题的台海战争一旦爆发，即使没有外国势力介入，大陆的现代化建设成果肯定也会遭到极大的破坏。

### 4. 大陆对台方针政策的战略选择

（1）争取和平谈判实现祖国统一，但不承诺放弃武力

众所周知，大陆解决台海问题的基本方针是"和平统一，一国两制"，其基本含义是：以实现统一为最终目标，以追求和平统一为手段，以互不吃掉对方为统一模式。通过和平谈判实现祖国统一，是我们党多年来的一贯主张。大陆以最大的诚意，尽最大的努力争取以和平的方式实现祖国的统一大业，但决不承诺放弃武力。无论是邓小平指出的"我们坚持谋求用和平的方式解决台湾问题，但是始终没有放弃非和平方式的可能性"、江泽民提出的"八项主张"、还是胡锦涛提出的"四点意见"，到习近平在中国共产党第十九次全国代表会报告中指出的"坚持'一国两制'，推进祖国统一"，都主张和平统一，但不承诺放弃使用武力。

（2）先发展后统一，以发展促进统一

无论是从当今的国际背景，还是国内因素分析，在两岸关系中，统一的可能性大于分离的可能性，只是统一的方式和时间问题。但最关键的问题和前提是取决于大陆发展的前景：只要大陆保持较好的政治经济稳定和发展的局面，台湾就不可能"独立"，统一的力量就会增长。而大陆经济政治发展出现问题，或者在经济政治发展较顺利的情况下出现重大的战略决策失误，就可能使得台湾铤而走险。因此，大陆应当在解决台海问题取决于大陆自身发展这样认识的基础上建立起自己长期的统一战略——先发展后统一，以发展促进统一。

（3）争取台湾民意的支持

两岸人民同属于一个国家，一个民族，一条血脉，一种命运。广大台胞具有光荣的爱国主义传统，是推动台湾历史发展的主人，是实现祖国和平统一的基本依靠力量。我们寄希望于台湾当局，更寄希望于台湾人民。在岛内主张和平统一的人越多，"台独"阴谋就越难得逞。我们应在继续对"台独"势力保持强大压力的同时，把工作重点放在做好台湾民众的转化上来。只有台湾多数人认同和平统一，和平统一才是可能的。因此，

争取台湾多数民意的支持是最关键的。如果多数台湾民众认同一个中国原则，那么和平统一就有了保证。

### （四）南海问题

#### 1.南海问题的由来

从历史上看，中国在公元前 2 世纪，即汉武帝时代，就发现了南沙，从宋朝起，就已宣布对其行使管辖权。直到 20 世纪中叶，没有任何国家对中国拥有南沙主权提出任何质疑。而 70 年代后，因近海油气资源的发现，一时间南海风云骤起，而 1982 年联合国第三次海洋法会议上获得通过的《联合国海洋法公约》更加刺激了这些国家对南海诸岛的分割占领。这些国家利用《海洋法公约》中的某些对其有利的条款，在南海领土主权问题上与中国公然抗争，大大提高了南海问题解决的难度，从而逐渐造成了今日南海的局势。

中国是历史上最早发现、最早命名、最早管辖南沙群岛的国家，也是南海的绝对主权国。对此国际社会也长期予以承认。但是，因为地理和利益原因，南海争端一直存在。越南、菲律宾、马来西亚等周边国家纷纷向联合国大陆架界限委员提交南海划界方案，同时将军购重点瞄向高性能常规潜艇、远程战斗机、先进水面舰艇等重型装备，不断提升南海军力部署，力求其在抢占中国南海岛礁和油气资源上显得"底气更足"，至此才真正把南海问题摆到了必须解决的地步。

据《马尼拉公报》2012 年 5 月 3 日报道，菲律宾总统发言人埃德温－拉谢尔称，菲律宾正式将黄岩岛称为"帕纳塔格礁"。此前菲政府曾用过另外两种称呼：斯卡伯勒礁和巴约的马辛洛克。黄岩岛是中国南海中沙群岛中唯一露出水面的岛屿。岛四周为环形礁盘，其内部形成一个面积为 130 平方千米的潟湖。湖东南端有一个宽 400 米的通道与外海相连，中型渔船和小型舰艇可由此进入，从事渔业活动或者避风。黄岩岛对峙事件的由来是 2012 年 4 月 10 日菲律宾海军的巡逻机在黄岩岛附近发现 12 艘中国渔船，菲海军出动军舰"德尔皮拉尔"号，将中国渔船非法堵在潟湖内。后菲海军登上中国渔船检查，声称查获了"非法"捕捞的水产品。当菲方企图将船上的中国渔民带走时，中国海监 75 号和 84 号赶到，对中方渔船和渔民实施现场保护。中国外交部已经就黄岩岛事件多次阐明立场，该事件是菲方侵犯中国主权、袭扰中国渔船渔民所引起的。中方希望菲方与中方双方共同努力，通过外交手段来解决目前局势，而不是不断发表言论或者采取小动作使事态扩大化、复杂化、国际化。在南海问题上，中方致力于同有关当事国通过直接谈判和友好协商解决有关争议。

#### 2.南海地区资源及地理位置优势

南海位于祖国大陆南部，南沙群岛是其四大群岛之一，也是面积最广、位置最南、最具争议的群岛，地处太平洋到印度洋的航道要冲，是进出印度洋，连接非洲、欧洲的交通要道。从国际形势上看，南海是日本的海上生命线，是进出口的主要航道；美国更是需要通过控制南海和台湾南侧巴士海峡来达到他在东亚和东南亚的战略目的。谁控制这片海域，谁的手中就多了一张要挟中国、威胁亚太安全的王牌。而从海底资源来看，南海油气储量相当丰富，属于世界四大海洋油气聚集中心之一，号称"第二个波斯湾"，目前已探明石油储量达235亿吨、天然气储量达8.3万亿立方米，磷矿储量达25万吨以上；同时，南海的航道也是东亚能源直通中东、非洲的"主动脉"。越南就因开采南海一跃从贫油国成为石油出口国，文莱更是靠南沙群岛的资源跻身于世界富国行列。这一切都决定了无论是远处的美日印，还是近处的越南、菲律宾，都不会轻易放弃对南海的争夺。

### 3. 中国应对南海局势的对策

在当前南海周边纷纭复杂的局势下，中国不妨综合运用长期以来对该地区形成的"软影响力"和"硬影响力"，加强中国在南海的政治、经济、军事存在，对他国形成强大的心理压力和潜在威慑。同时坚持中国一贯主张的"先礼后兵"策略，坚持以政治和外交为政策基调和主轴，坚持循序渐进解决南海问题的思路，争取"不战而屈人之兵"，促使南海问题最终解决，维护中国的领土完整和国家安全，为中国的可持续发展赢得强大的资源、能源保证，确保中国海上通道的安全，创造良好的周边环境，加快中华民族的复兴。

第一，建设海上钻井平台，积极开发南海油气资源；鼓励中国渔民进入南海捕鱼；对南海行使行政管理权，定期进行渔政检查。

第二，军事是政治解决南海问题的基石和保证。为应对南海可能的武装冲突，积极发展对应的海空军事力量，加强在南海海域的军事存在。同时，加强该地区的军事巡逻，必要时开展军事演习，以震慑潜在的敌人。连南海周边的一些蕞尔小国也耀武扬威，夜郎自大，中国没有理由在这个问题上缩手缩脚。

第三，根据该地区不同国家在南海问题上的不同利益，以及与中国关系的疏密程度，进行内部"挖潜"，对这些国家进行分化瓦解，争取更多朋友，减少死硬敌人。

第四，和平谈判。一张一弛，古有明训。中国通过实际行动表明了中国的利益和坚定立场。

中国的和平崛起需要稳定的周边环境，"与邻为善、以邻为伴"外交方针的提出集中表达了中国政府"睦邻、安邻、富邻"的政策愿景。总体来讲，安定的邻国、稳定的周边环境以及不断深化的地区合作进程，是中国所追求的东亚秩序必不可少的几个基本层面，也是中国周边外交必须努力实现的几个关键目标。但是，近年来，围绕中国周边的热点问题竞相爆发，特别是南海争端和钓鱼岛争端大有愈演愈烈之势，很大程度上搅乱了中国的周边安全环境，也给中国的和平发展道路带来了严峻挑战。尽管就内因来看，这些事态的发展大多与相关国家民族主义的兴起和持续发酵密切关联，但一个不可否认的事实是，美国的影子几乎出现在了所有的冲突事件中，并且起到了典型的"矛盾放大器"的作用。尽管目前美国利用周边国家与中国的矛盾获得了暂时的"战略优势"，但这种"优势"更多的是以刻意掩盖美国与这些国家之间的矛盾为前提的，一旦深度介入这一地区，各种矛盾也难免不会随之凸显乃至激化。

未来一个时期，中国需要继续坚持"主权在我，搁置争议，共同开发"的原则，将对南海问题的处理置于国家总体战略的合理位置；需要更加积极地致力于稳定和发展一些重要的双边关系，着重夯实与本地区国家进行长期合作的基础；需要更加明确地对有关争议问题做出政策宣示，从而稳定国际社会对中国行为方式的预期；需要更为准确地把握东亚国家在中国的每一阶段可能发生的心态变化，适时采取有针对性的预防性外交措施。鉴于一些东南亚国家短期内还难以改变军事上依靠美国、经济上依靠中国的"双轨政策"，未来中国还必须投入更多的人力、物力和财力，着力培育对本地区事务的"塑造能力"，争取把目前的经济优势转化为政治、安全乃至战略优势。

## 三、维护海洋权益、建设海洋强国

十九大报告明确提出："坚持陆海统筹，加快建设海洋强国"。这是我们党准确把握时代特征，顺应世界潮流，为实现中华民族伟大复兴而做出的战略抉择。

### （一）国家安全面临威胁

中国虽然是海洋大国，其实却是"有海无洋"，在渤海、黄海、东海、南海之外，两条岛链依次排开，中国出入太平洋和印度洋的海上通道被牢牢锁住。组成第一岛链和第二岛链的岛屿分别是美国、俄罗斯、日本、菲律宾、文莱、印度尼西亚、马来西亚、新加坡8国的领土，或者为美、俄、日、中国台湾、菲律宾等所实际控制，对中国东南部沿海一带的弧形区域形成战略挤压，而我国的政治经济文化中心主要集中于该地区，两条岛链串起的国家对我国造成直接的安全威胁。

### （二）必须大力加强中国海权建设

所谓海洋强国，是指拥有开发海洋、利用海洋和控制海洋的综合性海上力量，能够通过运用其海上优势最大限度地维护国家利益，并为本国发展提供强大的战略空间和战略资源的国家。

所谓海权，即一个国家在海洋空间的能力和影响力。中国的海权，也就是中国研究、开发、利用和一定程度上控制海洋的能力和影响力，或中国拥有与自己的海洋空间利益相适应的能力和影响力。

海权是海洋强国的基础，没有强大的海权，就没法保障国家的海洋权益。面对中国日益严峻的海上形势，我们必须采取措施，大力加强海权建设，保证国家海洋利益。

#### 1.强化国民海洋意识

海洋意识是"一个国家发展海权所需要的精神因素"。中国海洋意识作为一种社会意识，就是"中华民族作为一个整体，对海洋在中华民族的历史和现实，特别是未来发展中的地位、作用和价值的系统的理性认识。它是中华民族对海洋在建设海洋强国、实现中华民族伟大复兴和推进全人类海洋事业中地位作用的心理倾向和基本认知"。

### 2.确立国家海洋战略

海权是一个国家战略和国家安全战略范畴的问题，是国家战略和国家安全战略的海上部分。当代中国海权是国家综合国力和战略能力的一部分，是实现国家发展战略和国家海上安全的手段。国家海洋战略是海权的重要组成部分。国家海洋战略是国家对海洋方向经济、政治、决策与信息、军事、科技、法律、文化等各项事务的总体运筹，它是国家海洋观和政府海洋认知程度的根本反映。

### 3.发展国家海上力量

国家海上力量是国家海洋战略和海洋发展战略的具体实施者和保障者，是海权的主要支撑，通常区分为海上军事力量与海上非军事力量两大类。海上军事力量的核心是海军。海权的生成对海军有天然的依赖，一个国家的海权状况是其海军战略的直接结果。正如马汉所说："海军战略的最终目的就是既在和平时期也在战争时期奠定、维护和增强国家的海权。"强大的海军是国家实现海权的实力前提。

### 4.要尽早构建与国家大战略相适应的海洋发展战略

海洋发展的历程，是人与海洋的关系从和谐到紧张，再到和谐的不断协调适应的过程；也是人类社会个体、群体、区域社会、国家之间围绕海洋的开发、利用和保护以及海洋权益的分割、分享，从竞争到合作、从冲突到共处、从无序到有序的反复协调适应的过程。海洋发展大战略的目标是解决人类围绕海洋进行社会活动过程中所出现的各种矛盾与冲突，以实现海洋开发、利用和保护事业的可持续发展。

根据上述认识，中国海洋发展的大战略应该着眼于以下几个层次：

第一，中国海洋发展战略的目标包括国际和国内两个战略层次。从国际方面看，中国海洋大战略应以捍卫和维护国家主权完整和领土统一，解决与周边国家的海洋争端，维护和捍卫中国海洋权益，创造服务于中国和平发展的国际环境，全面参与国际海洋制度和海洋秩序的建设为根本目标；从国内方面看，中国海洋大战略应以全面提升全民族海洋战略意识，贯彻科学发展观，科学合理地开发、利用和保护海洋，实现海洋的可持续发展和协调发展，使海洋事业的发展服务于经济与社会的协调发展和全面进步，服务于和谐社会的构建为根本目标。

第二，中国海洋发展战略是一个系统的战略体系。中国海洋发展大战略应该是包括海洋经济、海洋外交、海洋管理、海洋法律、海洋科技、海洋安全、海洋文化等子战略，并彼此形成相互联系的系统的战略体系。海洋经济战略的功能在于通过海洋开发与利用促进经济繁荣和社会的可持续发展；海洋外交战略的目标在于处理国际关系领域中的海洋矛盾，服务于维护国家海洋权益的总体外交战略和军事战略；海洋管理战略的功能在于借助计划、组织、领导和控制等手段，实现对海洋开发利用活动中各种资源的合理配置；海洋法律战略的功能在于海洋法律制度的建设与完善，服务于国际和国内海洋秩序的建立与完善；海洋科技发展战略的功能在于寻求海洋发展的科学技术支撑，并协调科技与海洋发展之间的关系；海洋安全战略的功能在于应对海洋领域的传统军事安全威胁以及形形色色的非传统安全威胁；海洋文化战略的功能在于继承和借鉴人类历史上海洋社会活动的经验与教训，建构人类与海洋互动关系的良性模式，服务于和谐社会的构建。海洋发展大战略的各子战略之间应该是相互融通、渗透与互补的关系，并服务于海洋发展大战略目标的实现。

第三，中国海洋发展战略要服务于国家大战略的需求。当前中国的国家大战略有三种基本需求，即发展需求、主权需求和责任需求。发展需求即中国经济与社会全面发展的战略需求，此需求的满足既需要经济与社会的全面发展保持强劲活力，同时更需要国际和国内较长时期相对稳定的发展环境；主权需求即保障领土、边界的不受侵犯，并最终全面实现国家统一以及与周边国家领土和权益争端的妥善解决；责任需求，即中国作为一个发展中的大国，应该成为在亚太地区乃至全球范围内有相当影响力、发挥建设性作用的国家，塑造负责任的地区和国际大国形象。从长远讲，三种需求的满足是互利的，但在局部的时间和空间内又会产生重大矛盾，甚至在同一需求自身内部也存在一定的矛盾。

党的十八大报告中提出的"建设海洋强国"战略目标，为我国在 21 世纪从海洋大国转变为海洋强国指明了前进的方向。十九大报告再次指出"坚持陆海统筹，加快建设海洋强国"，建设海洋强国是实现中华民族伟大复兴的必然抉择，是促进我国经济社会可持续发展的必由之路，是维护我国海洋权益的紧迫需求。中华民族要实现伟大复兴，必须义无反顾地走向海洋，经略海洋，坚定不移地走以海富国、以海强国的和平发展之路。

【思考题】

1. 根据《联合国海洋法公约》，国际海域如何划分？

2. 什么是领海？

3. 什么是专属经济区？

4. 中国海洋争端主要有哪些？

5. 简述如何维护海洋权益、建设海洋强国。

<<< **知识窗** >>>

《联合国海洋法公约》指联合国曾召开的三次海洋法会议，以及 1982 年第三次会议所决议的海洋法公约（LOS）。在中文语境中，"海洋法公约"一般是指 1982 年的决议条文。此公约对内水、领海、临接海域、大陆架、专属经济区（亦称"排他性经济海域"，简称：EEZ）、公海等重要概念做了界定。对当前全球各处的领海主权争端、海上天然资源管理、污染处理等具有重要的指导和裁决作用。

# 第三章·军事思想

DISANZHANG JUNSHI SIXIANG

  军事思想在军事科学体系中处于基础的地位。军事领域作为以竞争和对抗为基本特征的领域，是最需要创新精神的领域。军事思想发展史表明，重视并善于继承前人优秀的军事思想成果，借鉴和汲取前人军事思想中的合理成分，对促进自身军事思想的发展具有重要作用。军事思想以军事实践活动为基础，但它并不是军事实践活动在人的大脑中的简单再现，而是人的主观意识对军事实践活动的能动反映。由于军事领域与其他社会领域相比具有更大的不确定性，军事思想对军事实践的指导作用尤为重要，甚至对军事实践的成败具有某种决定性影响。不断创新是军事思想保持强大生命力的源泉之所在。

第一节　军事思想概述

随着科技革命在世界范围内蓬勃兴起，大量新技术用于军事目的，促使军事领域发生新的变革。尤其是海湾战争以来所展现的战争的崭新特点，更是对世界各国的军事变革产生了极大的影响。这些都有力地推动了各国现代军事思想的发展。

一、军事思想的含义

（一）军事思想的概念

军事思想是关于战争、军队和国防的基本问题的理性认识，是人们长期从事军事实践的经验总结和理论概括。军事思想来源于人类的军事实践，同时又给人类的军事实践以理论指导，并在军事实践中接受检验。军事思想包括战争观、军事问题的认识论和方法论、战争指导的基本方针和原则、军队建设的基本方针和原则、国防建设的基本方针和原则等。

（二）军事思想的特点

1.军事思想具有鲜明的阶级性

军事思想来源于社会实践，为了各阶级的利益，军事家站在不同的阶级立场上，反映各阶级对战争和军队建设的不同看法和认识，奉行和推崇的军事思想带有鲜明的阶级性。因为，资产阶级军事思想是维护他们自身利益的思想，无产阶级军事思想也是维护自身利益的思想。例如，战争从社会发展或政治角度看，有正义战争和非正义战争之分，而无产阶级是拥护正义战争反对非正义战争的，因为正义战争是符合广大人民群众利益、推动人类社会进步的、革命的战争。

2.军事思想具有强烈的时代性

军事思想来源于战争实践，不同历史时期的战争有着不同的形态和战略战术，有着不同的军队组织原则和编制。这种不同时代的特征往往最能反映当时的物质生产水平（生产力水平），军事思想所反映的这些特征代表着这一时代的特性。恩格斯指出："现代的作战方法是法国革命的产物。它的前提是资产阶级和小农的社会和政治的解放。……革命前的军队的不灵活，正是封建制度的反映……军队和整个生活一样是以缓慢的速度前进的。""无产阶级的解放在军事上同样也将有它自己的表现，并将创造出自己特殊的、新的作战方法"。

### 3. 军事思想具有明显的继承性

战争的特点之一，是强制性地要求人们的主观认识同客观实际相一致。因此，在战争中，人们必须按事物的客观规律办事。古代大军事家孙武说："先知者，不可取于鬼神，不可象于事，不可验于度，必取于人。知敌之情者也。"因为只有这样，才能做到"知彼知己，百战不殆，知天知地，胜乃无穷"。所以，历史上所形成的具有规律性的军事原则、概念和范畴是人们对战争这一客观事件的总结，并在实践中不断地加以丰富和发展。

## 二、军事思想的指导作用

军事思想是各种军事理论、军事原则的理论基础，对军队建设、作战行动和国防建设起着根本性的指导作用。

### （一）军事思想为认识军事问题提供基本观点

人们总是基于一定的思想观念去评判军事问题的是非与价值，进而确定对其采取何种态度和行动。军事思想提供的正是这种思想观念。运用马克思列宁主义的理论去看待战争，就能全面认识战争在人类社会生活中的作用，正确判断正义战争与非正义战争，坚持以正义的、进步的、革命的战争，去反对非正义的、反动的、反革命的战争。如果用否定一切战争暴力的和平主义或"强存弱汰"的社会达尔文主义之类的观点看待战争，就不可能有正确的态度和行动。

### （二）军事思想为进行军事预测提供思想方法

科学的军事思想揭示了军事领域矛盾运动的规律，为人们正确地认识战争、进行军事预测提供了科学的认识论和方法论工具。

恩格斯和列宁关于资本主义列强之间的争夺将导致世界大战的预见：人类确实爆发两次世界大战，即第一次世界大战和第二次世界大战。

毛泽东关于中国人民抗日战争进程与结局的论断：毛泽东在《论持久战》一书中写了21个问题。前9个问题为第一部分，主要说明抗日战争为什么是持久战，为什么最后胜利是中国的，批判了亡国论和速胜论；后12个问题为第二部分，主要说明怎样进行持久战和怎样争取最后胜利，着重论述了人民战争和人民战争的战略战术。这是科学地进行宏观预测的范例。非科学的军事思想不能揭示甚至歪曲了军事领域矛盾运动的规律，必然导致错误的预测结果。

### （三）军事思想为从事各项军事实践活动提供全局性指导

人们从事军事实践活动，离不开军事思想的指导。军事实践的成败，与军事思想的科学与否关系甚大。以科学的军事思想作指导，军事实践就能保持正确的方向，并能达到预期的目的。否则，军事实践的方向就难免发生全局性的偏差，达不到预期的目的。军事思想之所以能对军事实践起指导作用，在于它是军事实践的能动的反映，是军事实践经验的理论概括，并揭示了军事领域的一般规律。春秋时期，吴国运用孙武的军事思想，打败了强大的楚国。拿破仑的军事思想，成功地指导了法国的资产阶级革命战争。毛泽东军事思想，在中国半殖民地半封建社会性质的条件下，从敌强我弱的实际情况出发，充分发挥其能动的指导作用，取得了中国革命战争的伟大胜利。相反，欧洲一些国家在第二次世界大战初期战略防御的失败，与这些国家当时军事思想上存在的非科学性，特别是保守主义有直接关系。战争实践证明，在客观物质条件许可的范围内，军事思想正确与否决定着军事实践的成效，决定着战争的胜败。

## 三、军事思想发展的基本规律

### （一）军事思想的发展以新的生产力和新的社会关系为前提

#### 1. 社会生产力和科学技术水平是军事思想发展的物质技术基础

军事思想的发展史证明，社会生产力水平的提高，特别是科学技术的进步，为军事活动创造了新的物质技术基础，从而引起军事思想的变化。例如，冶金技术的成熟与广泛应用，使大规模冷兵器战争成为可能，从而促成了中国先秦军事思想和古希腊、古罗马时代军事思想的繁荣。发达的工场手工业是拿破仑作战思想的物质前提。第二次世界大战时期确立的机械化战争理论和战后形成的核战争理论，分别是现代大工业和核技术发展的产物。因此，研究和发展军事思想，必须密切关注生产力发展，特别是科学新发现和技术新成果的军事意义以及在军事上的应用。

#### 2. 社会制度的变革促进了一种新的军事思想代替旧的军事思想

在阶级社会中，社会关系主要表现为阶级关系，阶级关系的变化对军事思想的发展具有巨大的作用。中国春秋战国时期，奴隶主阶级统治日益衰败，新兴地主阶级成为政治舞台上的主导力量，他们为争夺和扩大统治权进行了长期的战争，先秦军事思想就是这种社会条件的产物。自中世纪后期起，掌握国家财源的工商市民阶级和资产阶级化贵族在社会关系中的地位不断上升，他们能够靠金钱去购买职业雇佣兵为自己打仗。随着这种阶级关系的变化，买卖雇佣关系逐渐成为近代欧洲军事生活中的基本准则。阶级关系变化对军事思想发展的作用，在社会政治革命时期表现得格外突出。18世纪末法国大革命把广大农民从封建土地的依附关系中解放出来，从而激发了人民群众为保卫祖国而战的献身精神，使拿破仑作战体系的产生有了可能。马克思主义军事理论是在欧洲无产阶级作为一支独立的政治力量登上历史舞台的社会条件下产生的，毛泽东军事思想是在中国新民主主义革命的社会条件下产生的。在阶级社会中，各种军事思想具有鲜明的阶级属性。因此，研究军事思想必须特别注意研究社会关系，尤其是阶级关系的变化。

### （二）军事思想的来源与发展依赖于军事实践特别是战争实践

军事思想来源于军事实践。一切真正反映军事规律的军事思想，都是军事实践经验的正确总结和升华。古今中外著名的军事家和军事理论家的军事思想，或者是自身的军事实践经验的总结概括，或者是从间接的军事实践经验中抽象提炼，或者兼而有之。克劳塞维茨的《战争论》和若米尼的《战争艺术概论》，虽然也融进了他们自身军事实践的经验，但主要是总结了拿破仑战争的经验。

军事实践对军事思想的需求推动着军事思想的发展。军事实践是不断发展的，新的实践需要新的思想去指导，从而推动军事思想的不断发展。每当军事领域发生重大变革，原有的军事思想难以完全适应新的军事实践时，军事实践对新的军事思想的呼唤就显得格外强烈，并往往成为军事思想发生重大变化的契机。

军事实践在军事思想的发展过程中，还具有检验作用。军事思想只有通过军事斗争或军事建设的实践，才能得到检验。在军事实践对军事思想的检验过程中，战争实践具有最高的权威性。一种军事思想科学与否，只有通过战争实践才能最终得到检验。强调军事思想随军事实践特别是战争实践的发展而发展，并不意味着军事思想是在军事实践中自发产生的。军事思想的发展需要人们的总结加工，特别是杰出人物的总结加工。离开这个条件，军事思想也是难以向前发展的。

### （三）军事思想在激烈尖锐的相互对抗竞争中发展

为在战争中取得胜利，敌对双方总是竞相抢占军事思想的制高点，以便在军事实践的主观指导上高于对手。从这个意义上说，人类军事思想史就是一部在相互对抗竞争中不断发展的历史。中国春秋战国时期军事思想的高度繁荣、17世纪至19世纪初期欧洲军事思想的近代化飞跃、20世纪两次世界大战期间各种新的军事思想大量涌现，都与当时激烈的军事斗争密切相关。敌对双方的对抗与竞争在和平时期也同样存在，有时还相当尖锐。20世纪50年代至80年代，美国、苏联两大军事集团在冷战中互为对手，不断推出各自新的军事思想。经验证明，在敌对双方的对抗竞争中，谁的军事思想落后，谁就会在军事斗争中处于被动的地位，甚至导致严重挫折或失败。因此，对于一切爱好和平的国家来说，在和平时期也应高度重视军事思想研究，善于随着情况的变化提出新的军事思想，为正确进行军事斗争提供理论指导。对于曾经在以往战争中赢得过许多重大胜利的军队和国家来说，只有充分认识和平时期军事思想发展中的对抗性和竞争性，防止和克服自满情绪和保守倾向，积极探索军事领域出现的新情况和新问题，努力使军事思想适应新的历史条件，才能在未来的战争中实施正确指导，立于不败之地。

### （四）军事思想在继承和借鉴优秀成果中发展

任何思想理论的产生或发展都具有历史的继承性，存在着一个由浅入深的认识过程。一个时期新的思想理论的出现，是社会发展变化的结果，同时也是吸收和改造前人思想资料并加以提高的结果。例如，孙武关于战争观问题的论述，不是凭空产生的，而是在当时的历史条件下，在前人思想资料、家传兵书的基础上，经过自己的独立思考而提出的。春秋时期，是中国历史上大动乱、大变革和思想大解放的时代，诸侯列国变法图强，诸子百家应运而生。作为重大社会现象的战争问题，社会各阶层都有所体验和观察，尤其是活跃于社会舞台上的各方名士贤达纷纷发表言论，有许多观点已具有相当高的思想深度。如《左传》，"国之大事，在祀与戎"（《左传》成公十三年），认为战争具有"禁暴、戢兵、保大、定功、安民、和众、丰财"（《左传》宣公十二年）等多项功能和意义。道家创始人老子则指出："祸莫大于轻敌，轻敌几丧吾宝"（《老子》第六十九章），并认为"兵者不祥之器，非君子之器，不得已而用之，恬淡为上"（《老子》第三十章）。孙武吸取了上述观点中的有益成分，通过对当时战争的实际观察，从而在对战争问题的认识方面提出了自己的深刻见解。

军事思想发展史表明，重视并善于继承前人优秀的军事思想成果，借鉴和汲取异域军事思想中的合理成分，对促进自身军事思想的发展具有重要作用。毛泽东军事思想的形成和发展，首先就是他继承了马克思列宁主义军事理论的基本观点和基本原则，并结合中国的实际情况加以创造性运用，同时也广泛借鉴了来自其他方面的军事思想精华。对于其他著名军事思想家，其军事思想的形成和发展，也都离不开继承和借鉴，只不过有范围大小和具体内容的不同。

## （五）军事思想在与哲学思想的相互促进中发展

科学的军事思想从来都是与科学的世界观和方法论相联系的，哲学的进步往往是军事思想变革的先导。从14世纪至16世纪前期文艺复兴到18世纪启蒙运动期间出现的人本主义哲学思潮，为欧洲军事思想的近代化提供了世界观和历史观基础。克劳塞维茨的《战争论》的产生，得益于德国古典哲学的辩证法。马克思列宁军事理论、毛泽东军事思想之所以成为人民革命以弱胜强的制胜科学，首先就在于它们是建立在辩证唯物主义和历史唯物主义这一科学的世界观和方法论的基础之上。

军事思想的发展对哲学思想的发展也有促进作用。古今中外许多著名的军事理论著作本身就具有巨大的哲学成就，有的甚至成为一个时代哲学思想的精华。《孙子兵法》既是中国古代著名的军事著作，也是中国古代著名的哲学著作。毛泽东的《中国革命战争的战略问题》等名篇，不仅是毛泽东军事思想的代表作，也是毛泽东哲学思想的代表作。不仅在现代军事思想的发展史上占有重要地位，而且在现代哲学思想的发展史上也占有重要地位。

【思考题】

1. 什么是军事思想?

2. 军事思想的地位和作用是什么?

3. 军事思想的特点有哪些?

4. 军事思想发展的基本规律是什么?

　　克劳塞维茨的《战争论》被誉为西方近代军事理论的经典之作,对近代西方军事思想的形成和发展起了重大作用。克劳塞维茨本人也因此被视为西方近代军事理论的鼻祖。克劳塞维茨是第一个在西方军事科学中明确提出交战,战局乃至整个战争的一些实施原则,揭示了精神因素的制胜作用的人,这也是他对军事理论的重大贡献。《战争论》的结论是:"战争是政治的工具;战争不可避免地具有政治的特性,战争就其主要方面来说就是政治本身,政治在这里以剑代表,但并不因此就不再按照自己的规律进行思考了。"《战争论》的思想魅力,在于它凝聚了之前世代的战争智慧,又鲜明呼应了此书诞生时代的军事变迁。

# 第二节　中国古代军事思想

中国军事谋略思想的产生和运用，可以追溯到远古的战争。黄帝、炎帝联盟与蚩尤涿鹿之战，炎帝与黄帝阪泉之战，已经孕育着军事谋略思想的萌芽。中国古代军事思想源远流长，博大精深，异彩绚烂，在世界军事思想发展史上具有杰出地位，这是战争经验的总结，血染的理论财富，智慧的结晶。

## 一、中国古代军事思想的含义

中国古代军事思想包含着中国通史上两个历史阶段的军事思想（理论）体系，即我国在奴隶社会、封建社会时期，各阶级、政治集团及其军事家和军事论著者对于战争与军队问题的理性认识。中国古代军事思想在我国浩瀚文化遗产中统称古代兵法。古代兵法的载体是兵书，它随着社会的前进、战争的发展而不断深化。

中国从奴隶社会到封建社会前期，军事思想一直居于世界领先地位，在世界军事史上有着深远影响。中国古代军事思想，除具有军事思想所共有的阶级性、时代性和实践性外，由于它根植于中国特有的社会土壤，吸吮着中国特有的文化营养，反映了中国特定历史时期的战争实践，因而相对一般而言，又具有自己鲜明的特色。中国古代军事思想有鲜明的特色，主要表现在五个方面：历史久远，著述浩繁，学术成就丰富；有较强的哲学思辨性和高度的理论概括性；崇尚道义，追求和平；注重奇谋，力求智取；百家争鸣，有非兵家论兵传统。

## 二、中国古代军事思想的形成与发展

### （一）中国古代军事思想的初步形成时期

#### 1.时代背景

大约从公元前21世纪至公元前8世纪，中国为奴隶社会时期。在这一时期国家建立了军队，出现真正的战争及其相适应的军事思想。但此时军事思想不完善、认识不深刻，军事论著非常之少。公元前21世纪，我国建立了奴隶制的夏王朝，随着阶级的产生，阶级矛盾便成了社会的中心矛盾。从此，战争便成为实行阶级统治、维护阶级利益、进行阶级斗争的最高形式。作战方式是集团列阵正面冲杀。到商代以后，作战逐渐以车兵为主。对军队指挥，要求行动统一，严格管理。这种思想，指导着夏、商、西周几个王朝的军事斗争。通过这一时期的战争实践，人们已初步认识到审势而动，量力而行，众可以胜寡，强可以胜弱。

### 2. 战争的主要特点

这一时期的兵器以木器、石器、青铜兵器为主，作战方式基本是以密集队形进行集团肉搏、正面冲杀，只是到了商代以后才逐渐以车兵为主，作战中形成了以车兵为核心的方阵队形，产生了一些军事思想的萌芽。

### 3. 军事思想

一是把军事视为对内统治的特殊手段。由于所受外部侵略少，当时的军队是对内统治的工具；其军事思想的出发点都探求如何治理诸侯和镇压奴隶的反抗的问题。

二是以"礼"和"刑"为治军的基础。在今天，为了保持部队的士气和战斗力，通常采取的办法是提高物质待遇，进行政治教育和强调军法军纪等。而在那时则很简单，主要是进行处罚，对奴隶士兵的处罚是相当详细而又严酷的，如周朝的五刑之律竟达3 000多条。如若士兵集合迟到，就要被砍去脑袋，可见当时刑法之严酷。如果是士兵立功受赏，也只是将他们变为平民，使其获得人身自由而已，想升官是不可能的。另外"礼"主要是针对奴隶主的，以赏为主。如果对其处罚，也只是剥夺其奴隶、土地数量。

三是迷信色彩重。这时候的战争最明显的一个特点是每次作战之前都要到庙里烧香拜祖，祈求祖宗和神仙的保佑。因为我们的祖先相信战争的起源和胜负都是由神决定的。一些军事行动的决策，如出兵的时间、攻击方向等也必须事先占卜，而后才能确定。当然，也有反对迷信的，如大家都比较熟悉的姜尚，在一次领兵作战之前，忽然狂风大作、电闪雷鸣，旗杆被折断，很多人都说此时出兵可能不吉利，想用兽骨来占卜决定是否出征，而姜尚则说："腐草枯骨不足问"，结果出师大捷，当然姜尚这类人在当时是很少的。

四是以车战为主体的作战指导思想。当时战车是军队的主要装备，军事思想也是以战车为主。

### 4. 代表作

传在西周时期，已出现《军志》《军政》等军事著作，虽早已失传，但在后来问世的《左传》《孙子兵法》等典籍中，还保留着一些引文的片段。这些标志着我国古代军事思想的形成。

## （二）中国古代军事思想的成熟时期

### 1. 时代背景

大约从公元前8世纪初至公元前3世纪末，我国进入了春秋战国时期，我国逐渐由奴隶社会进入封建社会。生产力的发展，社会制度的变革，引起了士兵成分的变化和兵器的改进，军事制度和作战方式也随之变化。为适应这些新情况的需要，产生了统率军队的专职将帅，涌现了许多代表新兴地主阶级的军事家和兵书著作。在这一时期我国古代军事思想取得最为辉煌的成就。那么，我国为什么会在这一时期取得如此的成就呢？

第一个原因是这时候战争比较频繁。在这 500 多年的历史中，有文字记载的战争就达 700 多次，会盟 1 000 余次。这些频繁发生的战争和会盟就为军事思想的发展提供了丰富的实践源泉。

第二个原因是文化的普及。由于私学的兴起，春秋战国时期打破了奴隶社会"学在官府"的局面，文化教育普及于民间。这就为军事思想的成熟发展奠定了良好的理论基础。

第三是各诸侯国的重视和提倡。各诸侯国出于生存和争霸的需要，也都争相招贤纳士，广揽人才，鼓励人们进行军事理论的研究。客观上也促进了军事思想的发展。

由于以上三个原因，我国古代军事思想取得了空前绝后的辉煌成就，涌现出许多杰出的军事专著，其中包括即将介绍的在中国乃至世界上影响最大的军事理论的奠基作《孙子兵法》。

### 2. 战争特点

这一时期，战争的变化和发展比较明显：

一是从战争形态来看，争霸战争、兼并战争非常激烈和频繁，大约有 600 多次，用兵数量也逐渐增多了，由几千人发展到几十万人；战争的时间也长了，以前的战争，一战就解决问题，到后来有打几个月的甚至经年不息。

二是从军事技术来看，铁兵器的制造已经达到了相当高的水平；军事筑城技术也有了很大的提高，有的国家筑了方城、长城；攻守的器械也开始增多，如云梯的使用。

### 3. 军事思想

一是形成比较完整的战争观，如"兵者，国之大事，死生之地，存亡之道，不可不察也"已被各国所接受。

二是总结出了一些战争的指导原则，如"不战则已，战则必胜""知彼知己，百战不殆"等。

三是军事斗争与政治斗争、外交斗争同时或交互进行，如晋楚城濮之战，在一定程度上就反映了这一思想。

### 4. 代表作

这一时期产生了一些有名的军事专著，被封建社会一直视为兵学经典的"武经七书"是北宋朝廷作为官书颁行的兵法丛书，是中国古代第一部军事教科书，其中 5 部均产生在这个时期，分别为《孙子兵法》《吴子兵法》《六韬》《司马法》《尉缭子》（另两部为《三略》《李卫公问对》）。

## （三）中国古代军事思想的丰富和发展时期

### 1.时代背景

从公元前3世纪末至19世纪40年代，自秦始皇统一中国至1840年鸦片战争，我国为封建社会时期。中国经历了秦、汉、晋、隋、唐、宋、元、明、清（中期）等几个大的王朝的统治和更迭。在这漫长的历史时期里，先秦的军事思想对军事斗争仍然起着重要的指导作用，军事思想也进一步得到丰富和提高。到了辽、宋、西夏和后来的宋与金、蒙古等几个民族政权并立的统治时期，他们长期处于互相对立状态，战争频繁。

### 2.战争特点

秦朝统一天下后，进入了以铁兵器为主的时代，骑兵成为战争力量的主角之一，出现了新的军种。这时期出现了火器和复杂的装备器材，对作战样式产生了重要影响。火器逐渐普遍使用，战争进入了冷热兵器时代。

### 3.军事思想

一是战略思想成熟、完善。大家知道，西楚霸王项羽威猛无比，英雄盖世，可最终不得不"霸王别姬"，自刎于乌江，悲剧收场。项羽失败的原因很多，但主要原因是在战略筹划方面比刘邦差，刘邦恰恰是在战略构想方面高人一筹。

二是与各军兵种相适应的军事思想的形成。由于骑兵、舟师的出现及火器的应用而出现相应的军事思想。

三是军事理论的研究向体系化发展。先秦兵书的特点是内容繁杂，无所不包，同一本兵书可能包含战略、战术、气象、地理、兵器、训练、编制等不同的内容。而这个时期的兵书除了总体性的研究外，还有各个方面的具体研究，专题性的兵书增多。我们从一些兵书的书名就可以看出这种发展倾向：《历代兵制》《守城录》《练兵纪实》《神器谱》《火攻挈要》《海防图论》等。

### 4.代表作

在这一时期，通过战争实践造就了许多著名的军事家和将领，出现了许多总结军事斗争经验的兵书。兵书《三略》阐述了"柔能制刚，弱能制强"的朴素的军事辩证法思想，并指出最高统治者必须广揽人才，重视民众与士卒的作用。《李卫公问对》一书联系唐代初期的战争经验，对《孙子兵法》提出的虚实、奇正、攻守等原则及其内在联系，做了比较辩证的论述。李筌的《太白阴经》认为，战争的取胜决定于国家政治的优劣、力量的强弱以及谋略的运用。在以汉民族为主体的宋王朝，统治者为了教习文臣武将熟悉军事，命曾公亮等编纂《武经总要》，总结古今兵法和本朝方略，并颁布《孙子兵法》《吴子》《司马法》《六韬》《尉缭子》《三略》和《李卫公问对》为《武经七书》，官定为武学教材。其代表作还有《武备志》等。

综上所述，我国古代军事思想萌芽于夏商，形成于西周，成熟于春秋战国，发展于秦到清朝（中期）的漫长历史时期。它是中国古代千百次王朝战争和大规模农民起义战争的经验总结，也是中华民族灿烂文化遗产的一个重要部分。中国近代直至现代的军事思想，都从中批判地继承和吸取了许多有价值的内容。

## 三、《孙子兵法》简介

《孙子兵法》，现存仅为十三篇，6 000 余字。十三篇可分为三个部分：第一部分由《计》《作战》《谋攻》《形》《势》和《虚实》组成，侧重论述军事学的基础理论和战略问题。主要强调战略速决和伐谋取胜，另外包含对战争总体、实力计算和威慑力量的深刻认识。第二部分由《军争》《九变》《行军》《地形》和《九地》组成，侧重论述运动战术、地形与军队配置，攻防战术和胜败关系。具体包括奇正、虚实、勇怯、专分、强弱、治乱、进退、动静和死生等辩证关系。第三部分由《火攻》和《用间》组成，论述了战争中的两个特殊问题。

### （一）《孙子兵法》的作者

据史书记载，《孙子兵法》是我国古代大军事家孙武所著。据现实考证，1972 年山东临沂银雀山汉墓出土的《孙子》竹简和 1978 年 7 月青海大通县上孙家寨西汉木简《孙子》的出土，进一步肯定了孙武编有兵法十三篇。

孙武字长卿，为春秋末期齐国乐安人（今山东惠民县）。孙武出生在一个精通军事的世袭贵族家庭，从小就受到家庭的熏陶。当时齐国是春秋时代的五霸之一，一度成为政治、经济、文化、外交和军事活动的中心，豪杰荟萃（孔子、管仲、姜子牙等）。社会环境和家庭影响为孙武的成长提供了优越的条件，加之勤奋好学，青年时代的孙武就显露出卓越的军事才华。后来，齐国发生了"四姓（田、鲍、栾、高）之乱"，孙武出奔吴国。他一边潜心研究兵法，观察吴国的政治动向，一边过着半自耕的农式生活。公元前 512 年，经大臣伍子胥七次推荐，吴王阖闾会见了孙武并细读了孙武兵法的十三篇，聆听了孙武对战争和时局惊世骇俗的见解，观看了孙武演兵，亲身感受到他的才华横溢，即委任孙武为将。

孙武在近 30 年的戎马生涯中，为吴国的崛起和扩张立下了赫赫战功。如公元前 506 年，吴楚柏举之战，吴军对楚国实施千里奔袭，以 3 万精兵破楚 20 万大军，连续五战五捷，攻入楚国都郢城，把一个长期雄踞江汉、称霸中原的头等大国打得落花流水；公元前 484 年，艾陵战役，吴军重创齐军，几乎全歼 10 万齐兵；公元前 482 年，黄池会盟，吴国威逼晋国，取代其霸主地位。这些都有孙武的重大战功。

对孙武晚年的考证不详，据《越绝书》的记载，江苏吴县（注：1995 年撤销）东门外有孙武的坟墓。《吴县县志》也有"孙子祠"的记录。由此推断，孙武最终可能隐居民间，老死于山林之中。

### （二）《孙子兵法》的影响

《孙子兵法》是我国奴隶制向封建制过渡的社会大变革时代的产物，也是孙武革新进步的军事思想所结出的硕果。它被誉为古今中外现存古书中最有价值、最有影响的古代第一兵书。

### 1. 中国历代兵家名将无不重视对其研究与应用

我国历史上曾有两百多位注释家拟文著书，注解赞崇《孙子兵法》。三国时期著名军事家曹操说："吾观兵书战策多矣，孙武所著深矣。"明代的茅元仪高度赞扬道："前孙子者，孙子不遗；后孙子者，不能遗孙子。"宋朝将《孙子兵法》列为《武经七书》之首，成为习武必读的教科书。

中国革命的先驱者孙中山对《孙子兵法》评价极高："就中国历史来考究，两千多年的兵书有十三篇，那十三篇兵书，便成为中国的军事哲学。"我们党许多老一辈革命家，如毛泽东、朱德、刘伯承和叶剑英等都十分重视对《孙子兵法》的学习和研究。1936年，毛泽东在写给叶剑英的信中说："前买回的书，大多不合用，我要的是战略和战役的书，特别要买一本《孙子兵法》。"毛泽东称孙武是"中国古代大军事学家"，并在他的著作中系统引用《孙子兵法》的一些原理原则说明问题。中华人民共和国成立后，《孙子兵法》一书曾多次再版，有些原则还列入了我军的战斗条令之中，并且在军事科学院及其他军事院校建立专门机构，组织人员进行研究。同时，《孙子兵法》一直作为军队院校中高级干部的必修课。刘伯承元帅在担任中国人民解放军军事学院第一任院长时，就亲自讲授过《孙子兵法》。

### 2.《孙子兵法》在国外久负盛名

在唐朝初期，《孙子兵法》传入日本，18世纪下半叶传入欧美等国，成为近代资产阶级军事理论的一个重要思想来源。现在世界上有许多种《孙子兵法》文字译本流传，并一致受到高度赞扬。

唐朝初期，日本学者吉备真备，第一个把《孙子兵法》带回日本，并在其国内讲授。从那时开始，日本皇室贵族及各界人士都非常重视对《孙子兵法》的学习研究。在长达800多年的时间里，《孙子兵法》一直作为日本朝廷的秘密图书，仅限在宫廷学者和武将间传播。他们把孙武推崇为"百世兵家之师""东方兵学的鼻祖"，称《孙子兵法》为"兵学圣典"和"世界古代第一兵书"。

《孙子兵法》流传到欧洲晚于日本、朝鲜和越南等亚洲国家，起初只是由少数精通汉语的欧洲军官用口语进行传播。到18世纪后半叶，第一个用欧洲文字翻译《孙子兵法》的是曾在中国居住43年的法国神父阿米奥（中文名叫王若瑟），他把《孙子十三篇》《吴子六篇》等中国兵书翻译成法文，以《中国军事艺术》为书名于1772年出版。该书在欧洲非常畅销，流传很广，影响巨大。如，德皇威廉二世发动第一次世界大战失败后，在没落的侨居中，不禁兴叹："早二十年读《孙子兵法》，就不至于遭受亡国之痛苦了。"著名的资产阶级军事理论家克劳塞维茨也受到《孙子兵法》的影响。

在美国，《孙子兵法》中的有些原则，如"知彼知己，百战不殆""攻其不备，出其不意"等被列入《美军作战纲要》之中，以指导美军的作战训练。著名战略家李德·哈特指出，在导致人类自相残杀、灭绝人性的核武器研制成功后，就更需要重新而且更加完整地翻译

《孙子兵法》这本书了。这是说《孙子兵法》"深邃的军事思想是不朽的",对于核时代战争是很有帮助的。

### 3.《孙子兵法》在许多社会领域有广泛影响

在哲学界,《孙子兵法》被公认为是一部有价值的著作,因为它全书充满了朴素的唯物主义和辩证法的色彩。正如日本军事理论家小山内宏所称,"是一部有深刻含义的战争哲学"。

在文学上,它也有很高的水平。它结构严谨,逻辑严密,语言生动、准确、简练,修辞方式丰富多彩,文意精辟,是一部难得的优秀文学作品。

近年来对《孙子兵法》的研究与应用几乎遍及各个领域。它极大地吸引着一些政治家、哲学家、文学家和历史学家,甚至连企业家、商人等也争相拜读。《孙子兵法》俨然成了取之不尽、用之不竭的百科宝库。军事家称之为"兵学圣典";文学家评之为"不朽不灭的大艺术品";哲学家颂之为"人生的哲学";政治家视之为"政治秘诀""外交教科书";医学家赞之为"治病之法尽之矣"。商人和管理学家则把《孙子兵法》定为企业管理和市场竞争的必读教材。日本企业家大桥武夫所著《兵法经营全书》,对如何在经营管理中进行"庙算""料敌""任将""出奇"等问题,做了详细的论述,并指出,采用中国兵法思想指导企业经营管理,比美国的企业管理方式更合理、更有效。

总之,《孙子兵法》是古今中外军事学术史上一部出类拔萃的兵书,是几千年来一直为人们所尊崇,并且现在仍享有巨大声誉、具有极高科学价值的军事理论名著。因此,无论从继承、发扬我国民族历史遗产的角度,还是从学习研究现代军事思想的角度,《孙子兵法》都是值得认真钻研和必修的军事教科书。

## (三)《孙子兵法》的主要军事思想

### 1. 重战、慎战和备战思想

一是重战思想。《孙子兵法》开篇就指出:"兵者,国之大事,死生之地,存亡之道,不可不察也。"战争是国家的大事,关系到军民生死、国家存亡,是不可不认真研究的。这段关于战争的精辟概括,是孙武军事思想的基本出发点。春秋末期,诸侯兼并,战乱频繁,战争不仅是各国维持其政治统治,向外扩张发展的主要手段,而且关系到国家的存亡。孙武总结了一些国家强盛、一些国家灭亡的经验和教训,提出"兵者,国之大事"的著名论断,这对于人类认识战争的实质,无疑是一个巨大的贡献。

二是慎战思想。"亡国不可以复存,死者不可以复生,故明君慎之,良将警之。"国家灭亡了就不能再存在,人死了就不能再活。所以,对待战争问题,明智的国君要慎重,贤良的将帅要警惕。从这点出发,孙武主张"非利不动,非得不用,非危不战"。不是对国家有利的,就不要采取军事行动;没有取胜把握的,就不能随便用兵;不处在危急紧迫情况下,就不能轻易开战。

三是备战思想。"用兵之法,无恃其不来,恃吾有以待也;无恃其不攻,恃吾有所不可攻也。"用兵的原则，不要寄希望于敌人不会来，而要依靠自己有充分的准备；不要寄希望于敌人不会来攻，而要依靠自己有使敌人无法攻破的条件。战争的立足点要放在事先做好充分准备，严阵以待，使敌人不敢轻易向我发动进攻的基点上。

### 2. "知彼知己，百战不殆"的战争指导思想

"知彼知己，百战不殆；不知彼而知己，一胜一负；不知彼，不知己，每战必殆。"了解敌人又了解自己，则百战不败；不了解敌人而了解自己，可能胜也可能败；既不了解敌人，又不了解自己，那就会每战必败。

孙武用简明扼要的语言，指明了战争指导者了解敌我双方情况与战争胜负的关系，从而揭示了指导战争的普遍规律。这一思想是极富科学价值的。自有战争以来，古今中外的战争指导者，都不能违背这一规律。毛泽东对此曾有高度评价，在《论持久战》一文中指出："战争不是神物，乃是世间的一种必然运动，因此，孙子的规律'知彼知己，百战不殆'乃是科学的真理。"这条规律，从哲学意义上讲，是实事求是的朴素的唯物主义思想；从战争理论上讲，是分析判断情况的根本规律；从指导战争的意义上讲，是先求可胜的条件，再求必胜之机的重要抉择。

### 3. 以谋略制胜为核心的用兵思想

谋略，是指用兵的计谋。《孙子兵法》军事思想的核心是谋略制胜。它认为军事斗争不仅仅是军事力量的竞赛，而且是敌我双方政治、经济、军事和外交等综合斗争，也是双方军事指导艺术的较量，即斗智。

一是"庙算"制胜。"多算胜，少算不胜，而况不算乎！吾以此观之，胜负见矣。"战前，计算周密，胜利条件多，可能胜敌；计算不周，胜利条件少，不能胜敌；而何况于根本不计算，没有胜利条件呢！我们从这些方面来考察，谁胜谁负就可以看出来。庙算制胜，主要是指战前要从战争全局上，对战争诸因素进行分析对比，决定打不打？怎么打？用什么力量打？在什么时间、地点打？打到什么程度？如何进行战争准备和后方保障？做到有预见、有计划和有保障，心中有数，打则必胜。也就是说先求"运筹于帷幄之中"，然后才能"决胜于千里之外"。

二是诡道制胜。"兵者，诡道也""兵以诈立"。用兵打仗是一种诡诈行为，要依靠诡诈多变取胜。军事上的诡道是指异于常规的做法。"兵不厌诈"，古今常理。在战争的舞台上，如果对敌人讲"君子"之道，就必然被敌所制；如果能较好地运用诡道，造成敌人的过失，创造战机，那就会陷敌于被动。这种战例，举不胜举，如马陵道之战、诸葛亮的"空城计"、日本偷袭珍珠港、诺曼底登陆，等等。孙武将诡道归纳为十二法："能而示之不能，用而示之不用，近而示之远，远而示之近，利而诱之，乱而取之，实而备之，强而避之，怒而挠之，卑而骄之，佚而劳之，亲而离之，攻其无备，出其不意，此兵家之胜，不可先传也。"

三是"不战而屈人之兵"。"故百战百胜，非善之善者也；不战而屈人之兵，善之善者也。"在战争中，百战百胜，并不是好中最好的，不战而使敌人屈服才是好中最好的。所以，孙

武主张："上兵伐谋；其次伐交；其次伐兵；其下攻城。"最好的是以谋制胜，使敌人屈服。其次是通过外交途径，分化瓦解敌人的同盟，迫使敌人陷入孤立，最后不得不屈服。例如，战国时，秦国采取"远交近攻"的政策，逐步灭了六国，就是以外交手段配合军事进攻而取得胜利的。再次是伐兵，即用武力战胜敌人。最下策是攻城，硬碰硬地攻坚战。孙武指出："善用兵者，屈人之兵而非战也，拔人之城而非攻也，毁人之国而非久也，必以全争于天下。故兵不顿而利可全，此谋攻之法也。"善于用兵的人，使敌人屈服不用直接交战，一定要用全胜的计谋争胜于天下，这样，军队就不至于疲惫受挫，而又能获得全胜的利益。这就是以计谋攻敌的原则和孙武全胜的思想。

当然，"全胜"的思想，不战而胜，是要以强大的武力作后盾的，如果没有强大的军事力量，就不可能达到不战而胜的目的。如1949年平津战役时，之所以能使傅作义起义，取得和平解放北平的胜利，其前提条件是由于我军西克张家口、东陷天津、百万大军兵临城下，使北平之敌处于一无逃路、二无外援、战则必败的境地，加上我党的政策的感召等。

孙武还总结了若干作战用兵原则。如，先胜而后求战的原则；示形、动敌的原则；避实而击虚的原则；我专而敌分的原则；因敌而制胜的原则等。总之，孙武"不战而屈人之兵"的思想，对后世的影响很大，并为世界所公认。

### 4."文武兼施，恩威并用"的治军思想

"卒未亲附而罚之，则不服，不服，则难用；卒已亲附而罚不行，则不可用。故令之以文，齐之以武，是谓必取。""令素行者，与众相得也。"将帅还没有取得士卒的爱戴和拥护就去惩罚他们，他们就不会心服，心不服就很难使用他们去作战。将帅已经取得了士卒的爱戴和拥护，而纪律不能严格执行，也不能使用他们去作战。因此，一方面要用体贴和爱护使他们心悦诚服；另一方面要用严格的纪律使他们行动整齐，这样才能战必胜。平素命令之所以能贯彻执行，都是由于将帅与士卒相互信赖的缘故。

### 5.朴素唯物论和原始辩证法思想

《孙子兵法》之所以具有极大的时空跨度，经久不衰，与它反映的朴素唯物论和原始辩证法思想是分不开的。

兵法中反映的唯物论，主要包括三个方面：一是对战争的认识，冲破了"鬼神论"和"天命论"；二是把客观因素作为决定战争胜负的基础；三是注意到时间和空间在军事上的作用。

原始辩证法思想主要表现在能够正确认识战争中各种矛盾的对立统一及相互转化的关系。《孙子兵法》中的辩证概念要领有85对，使用260次之多。如敌我、攻守、胜负、迂直、强弱、勇怯、奇正、虚实、分合、久速等，并充分论述了在一定条件下这些辩证概念是可以转化的。

《孙子兵法》作为一部伟大的军事著作，它的科学价值和历史功绩是不可磨灭的。但是，由于它诞生在2 000多年前的古代，难免存有时代和阶级的局限。其主要表现：战争观方面未能区分战争的性质；治军方面的愚兵政策；军队补给方面的抢掠政策以及作战原

则方面存有某些片面性等。我们在学习和运用《孙子兵法》中应注意剔析这些缺点，但在认识这部伟大著作时，决不能求全责备。因为《孙子兵法》不仅是春秋战国时期军事思想中最光辉灿烂的部分和杰出的代表，而且它具有超越时间和空间的科学价值，它是我国乃至世界最宝贵的文化遗产之一。

总之，我国古代军事思想囊括了几千年来关于战争和军队的全部理论，经过数千次频繁激烈的战争检验，通过众多的军事人物的不断总结，从而创造出灿烂辉煌的古代军事学术。特别是《孙子兵法》，它对我国和世界的军事学术发展的历史有着深远的影响和现实意义，在国内外都产生了积极的影响。

【思考题】

1. 什么是中国古代军事思想？

2. 中国古代军事思想的形成与发展历史阶段有哪些？

3. 《孙子兵法》的主要影响有哪些？

4. 为什么说《孙子兵法》是中国古代军事思想成熟的标志？

5. 中国古代军事思想对现代军事斗争有哪些指导和借鉴意义？

## 知识窗

郑成功（1624年8月26日—1662年6月23日），本名森，又名福松，字明俨、大木。福建泉州南安人，祖籍河南固始。汉族，明末清初军事家，民族英雄。1624年，荷兰殖民者入侵台湾，实行残酷的殖民统治。为了早日完成光复大业，1661年郑成功率军横渡台湾海峡，趁海水涨潮，经由鹿耳门水道登陆，翌年，击败荷兰东印度公司在台湾大员（今台湾台南市境内）的驻军，从荷兰人手中收复台湾统一祖国，开启郑氏在台湾的统治。随后积极开发台湾，施行屯垦政策并开展贸易，使台湾迅速摆脱贫困。郑成功是有海洋境界的一代军事将领，建立了远洋水师。

## 第三节　毛泽东军事思想

> 毛泽东是伟大的马克思主义者，是伟大的无产阶级革命家、军事家和战略家。在长期领导中国革命战争过程中，以毛泽东为主要代表的中国共产党人继承和发展了马克思列宁主义的军事理论，批判地吸收了历史上军事思想的优秀成果，把中国长期革命战争和军队建设实践中的一系列独创性经验做了理论概括，从而形成了适合中国国情，具有中国特色的军事理论体系——毛泽东军事思想。毛泽东军事思想是我军的建军之魂、立军之本、制胜之道，是我国国防和军队建设的根本指导思想。

### 一、毛泽东军事思想的科学含义

毛泽东军事思想是以毛泽东同志为主要代表的中国共产党人，探索关于中国革命战争、人民军队和国防问题的科学理论体系。毛泽东军事思想是毛泽东思想的重要组成部分，是马克思列宁主义普遍原理与中国革命战争和国防建设实践相结合的产物，是古今中外优秀军事文化遗产的批判继承，是中国革命战争和国防建设实践经验的科学总结，是全党全军集体智慧的结晶。毛泽东的军事著作和有关文电是毛泽东军事思想的集中反映。毛泽东军事思想不仅过去是指导我军战胜强大敌人的锐利武器，现在和将来仍然是指导我军作战和建设的指南。

"毛泽东军事思想"作为一个科学概念的出现，是在长期革命战争实践中逐渐形成和发展起来的。所以这里面还有个过程，在建国以前对毛泽东军事思想这一概念的说法，只是我军一些领导人或领导机关在一定场合下使用，提法和表述也不统一。如1945年5月，在中国共产党第七次全国代表大会上，朱德在军事报告中就使用了"毛泽东同志的军事理论""毛泽东同志的军事路线""毛泽东同志的军事学说"等概念。陈毅在建军报告和口头发言中也使用了"毛泽东军事学派""毛主席的军事思想"的概念。同年12月1日，刘伯承在《平汉战役的战术总结》中也提出了"毛主席的军事思想"的概念。1946年1月24日，中央军委在《关于练兵和训练干部的指示》的正式文件中首次提出"毛泽东军事思想"这一完整概念。

毛泽东军事思想作为一个博大精深的科学理论体系，是我党我军军事理论的基础和核心。历史已经证明，在中国共产党领导的历次革命战争中，毛泽东军事思想显示出无穷的威力，发挥了无往不胜的指导作用。

### （一）毛泽东军事思想是马克思主义的基本原理与中国革命战争具体实践相结合的产物

毛泽东军事思想来源于中国革命战争的伟大实践。当时的中国，是一个以农民为主体的半殖民地半封建国家，革命的主要斗争形式是战争，主要组织形式是军队。无产阶级的政党怎样组建军队，如何进行革命战争，如何按照中国革命战争的客观规律将革命引向胜利，这是摆在中国共产党人面前的一个特殊而又困难的任务。要完成这个任务，需要解决许多特殊而又复杂的问题，在马列主义的经典著作中不可能找到现成的答案，靠照抄照搬别国的经验，也是无法取得成功的。以毛泽东为主要代表的中国共产党人，适应中国革命战争的需要，在长期领导中国革命战争的实践过程中，创造性地应用马列主义的科学原理，正确地解决了这些问题，因而形成了具有鲜明中国特色的马列主义军事理论，即毛泽东军事思想。

### （二）毛泽东军事思想是中国革命战争和军队建设实践经验的总结

毛泽东军事思想具有鲜明的实践性。中国共产党在领导全国各族人民，为完成民主革命而斗争的过程中，经历了国共合作的北伐战争，独立地领导了土地革命战争、抗日战争和全国解放战争，推翻了帝国主义、封建主义和官僚资本主义三座大山，建立了中华人民共和国。这场革命战争，其时间之长，规模之大，情况之复杂，道路之曲折，内容之丰富，形式之多样，歼敌数量之多，在中国历史上都是空前的，在世界历史上也是罕见的。这是一场代表人民利益的、得到人民群众广泛参加和支持的人民战争。中华人民共和国成立后，又进行了将近三年的抗美援朝战争，以及抗击苏联、印度、越南侵犯边境和海疆的自卫反击作战，并从各方面进行了以现代化为中心的国防建设，积累了丰富的实践经验。毛泽东军事思想就是这些实践经验在理论上的科学概括和总结。

### （三）毛泽东军事思想是以毛泽东为代表的中国共产党人集体智慧的结晶

毛泽东作为一名杰出的统帅和军事家，有着过人的才智。但天才来自实践，智慧源于群众，毛泽东军事思想不是他一个人的独创，是毛泽东和他的战友们共同创造的。亿万人民群众和广大指战员的斗争经验和首创精神，全党、全军和全国各族人民在规模空前的人民战争中发挥出来的聪明才智，成为毛泽东军事思想最宝贵的源泉。

中国革命战争是分布在若干个彼此分割、互不相连的地区发生和发展起来的。从土地革命战争时期的"红色割据"区域，发展到抗日战争时期的各抗日民主根据地，再发展到解放战争时期的各解放区，这些地区基本上都是处于被敌人分割的状态。在这种斗争环境中，各革命根据地不仅独立地创造了适应本地区特点的各种斗争手段，而且造就了一大批能够独当一面的革命领袖人物，他们对毛泽东军事思想的形成和发展做出了重要的贡献。

遵义会议后，党中央逐步形成了以毛泽东为核心的领导集体，但毛泽东提出的许多路线、方针、政策和其他重大决策，也都经过了党中央的集体讨论，凝聚着老一辈无产阶级革命家的集体智慧。

能把集体智慧凝聚成宝贵的结晶，有赖于最高领导人的正确引导和科学总结。我党在领导中国革命战争的过程中，涌现出不少的军事家，但真正熟读兵书、精通兵法、用兵如神的当首推毛泽东。他善于博采众长，进行科学的归纳和总结，并在一系列军事论著中加以理论升华，发挥了别人所不能起到的最重要的主导作用。所以，中国共产党人以集体智慧形成的光辉的军事思想，冠之以毛泽东的名字又确实是当之无愧的。

### （四）毛泽东军事思想是毛泽东思想的重要组成部分

在取得全国政权以前的 28 年里，我们党的历史实际上是一部武装斗争的历史。军事斗争是我们党的工作重心，占有最突出的地位。毛泽东和他的战友，不得不以极大的精力关注战争，研究军事。毛泽东的军事活动，是他一生中最辉煌、最成功的部分。他的军事著作在其全部著作中占有大量篇幅，他的军事思想在其整个思想体系中占有重要地位。因此我们说，毛泽东军事思想是毛泽东思想的重要组成部分。

## 二、毛泽东军事思想的形成和发展

毛泽东军事思想的形成和发展，是同中国革命战争的实际、同党内"左""右"倾错误的斗争，以及中华人民共和国成立后国防建设和军事斗争的需要紧密联系在一起的。

### （一）毛泽东军事思想的产生

从中国共产党成立到党的遵义会议，是毛泽东军事思想的产生时期。在俄国十月革命的影响下，中国共产党从接受马克思列宁主义关于暴力革命学说开始，逐渐认识到军事工作在中国革命中的重要性。国共合作时期，帮助国民党创办黄埔军校，在军队中设立党代表和政治部，我党开始直接掌握和影响部分军队，对武装斗争和军队建设问题进行探索，培养了一批党的军事干部。第一次大革命失败的严酷现实，使中国共产党人进一步认识到武装斗争和掌握军队的极端重要性。1927 年 8 月 1 日的南昌起义，打响了武装反抗国民党反动派的第一枪，开创了我们党独立领导武装斗争的新时期。同年 8 月 7 日，毛泽东在党的"八七会议"上，提出了"枪杆子里面出政权"的著名论断。9 月，毛泽东又亲自发动和领导了湘赣边界的秋收起义。他带领秋收起义部队进军井冈山，建立了第一个农村革命根据地，实行"工农武装割据"，开辟了一条以农村包围城市的崭新的革命道路。

从"三湾改编"到"古田会议"，毛泽东提出并制定了一套较为完整的人民军队的建军原则。在反对敌人"进剿"和"围剿"的武装斗争中提出并实践了动员群众、依靠群众和武装群众的人民战争思想；总结出游击战争的"敌进我退、敌驻我扰、敌疲我打、敌退我追"的十六字诀原则和诱敌深入、集中兵力、运动战、速决战、歼灭战等红军作战原则。经过斗争实践，形成了一条马列主义的军事路线。

这一时期，以毛泽东为主要代表的中国共产党人，从中国的实际情况出发，不断地探索和总结武装斗争和军队建设的经验，提出了中国革命战争的总方针，创造性地解决了中国革命的道路问题，提出了人民战争思想及一系列人民战争的战略战术原则。至此，毛泽东军事思想的基本内容已经产生，为其科学体系的形成奠定了坚实的基础。

在这一时期，毛泽东的主要军事著作有：《政权是由枪杆子取得的》《关于红军的情况报告》《中国的红色政权为什么能够存在？》《井冈山的斗争》《关于纠正党内的错误思想》《星星之火，可以燎原》《反对本本主义》《兴国调查》八篇著作。在这些军事著作中，毛泽东关于武装斗争思想、农村根据地思想、人民军队思想、人民战争思想和人民战争战略战术思想开始形成，它标志着毛泽东军事思想的产生。

### （二）毛泽东军事思想的形成

从遵义会议到抗日战争的胜利，是毛泽东军事思想的形成时期。遵义会议纠正了王明"左"倾冒险主义在军事领导上的错误，重新肯定了以毛泽东为代表的正确军事路线，确立了毛泽东在红军和中共中央的领导地位。这是中国革命由挫折走向胜利的一个伟大的历史转折点，也是毛泽东军事思想由产生到形成发展的起点。

红军长征到达陕北后，毛泽东在指挥作战之余，开始总结土地革命战争以来的经验，把土地革命战争时期产生的军事思想创造性地运用于抗日战争，制定了抗日民族统一战线的政治路线和军事战略方针，并完成了他一生中最辉煌的军事理论巨著。1936年12月，毛泽东在《中国革命战争的战略问题》一文中，阐明了无产阶级对待战争的根本立场、观点和研究指导战争的基本方法，深刻地分析了中国革命战争的特点和规律，系统地论述了中国革命战争的战略指导问题，确立了积极防御的基本原则。随后，毛泽东在《抗日游击战争的战略问题》《论持久战》和《战争和战略问题》等军事名著中，深刻分析了中国革命战争，特别是抗日战争的特点和规律，确立了指导战争的方针和原则及战略和策略问题，把游击战提高到战略地位，创立了系统的游击战争理论；还全面阐述了人民军队的建军宗旨、原则和人民战争的基本内容。至此，毛泽东军事思想所涉及的无产阶级战争观和方法论、人民军队、人民战争、人民战争的战略战术等方面，都已发展成为系统的理论，形成了比较完整的军事科学体系。

在这一时期，毛泽东的主要军事著作有：《中国革命战争的战略问题》《实践论》《矛盾论》《关于坚持华北独立自主山地游击战争的战略方针和部署》《论抗日战争的基本战术——袭击》《论持久战》《论新阶段》《战争和战略问题》《抗日游击战争的战略问题》等。这些著作标志着毛泽东军事思想的科学体系已经形成。

### （三）毛泽东军事思想的发展

抗日战争胜利后，经过解放战争、抗美援朝战争以及社会主义建设时期，毛泽东军事思想得到了全面的丰富和发展。

在战争指导上，毛泽东相继发表了《抗日战争胜利后的时局和我们的方针》《以自卫战争粉碎蒋介石的进攻》《集中优势兵力，各个歼灭敌人》《大举出击，经略中原》《解放战争第二年的战略方针》《目前的形势和我们的任务》《评西北大捷兼论解放军的新式整军运动》《关于三大战役的作战方针》《将革命进行到底》等大量文章。其中在《目前的形势和我们的任务》一文中，毛泽东明确提出了著名的十大军事原则。解放战争时期，毛泽东军事思想得到了极大的发展，不仅使战略防御和运动战理论有了发展，而且还创立了战略进攻、战略决战和战略追击的系统理论。中华人民共和国成立前夕，毛泽东明确指出："我们不但要有一个强大的陆军，还要有一个强大的空军和一个强大的海军"，为和平时期建军指明了方向。

抗美援朝战争是一场挫败现代化敌人的反侵略战争。毛泽东根据当时的情况和特点，提出了一系列在现代条件下进行反侵略战争的理论及原则。如对英美军实行战术小包围，打小规模歼灭战；把阵地战提高到战略地位；建立强大的后勤系统，搞好后勤保障；军事打击紧密配合政治斗争等。

中华人民共和国成立后，毛泽东提出了建设现代化、正规化的国防军，发展尖端国防科技和全民皆兵的思想，指出我国要在大力发展国民经济、增强国家经济实力的基础上，建立完整的国防工业体系，发展现代化的技术装备，独立自主地建设强大的国防，做好反侵略战争的准备。

## 三、毛泽东军事思想的主要内容

毛泽东军事思想博大精深，是一个完整的科学体系，内容极为丰富。它主要包括战争观和方法论、人民军队思想、人民战争思想、人民战争战略战术思想、国防建设思想等五个部分。

### （一）战争观和方法论

#### 1.关于战争起源的问题

战争是怎样产生的，是不是从来就有的？关于这一问题，马克思主义认为：战争不是从来就有的，也不是永恒存在的，它是人类历史发展到一定阶段的社会现象。从纵的方面看，有其产生、发展、消亡的历史过程，而不是偶然出现的事物；从横的方面看，它和政治、经济等各种社会现象存在着必然的联系，而不是孤立存在的。列宁认为："私有制引起了战争，并且永远会引起战争。"毛泽东在继承和发展马克思列宁主义这一系列科学论断的同时又作了精辟概括："战争——从有私有财产和有阶级以来就开始了的，用以解决阶级和阶级、民族和民族、国家和国家、政治集团和政治集团之间，在一定发展阶段上的矛盾的一种最高的斗争形式。"

一是说明了战争起源于私有财产和阶级。在原始社会，由于是公有制，没有阶级和压迫，因而不可能发生战争。随着社会生产力的不断发展，产品有了剩余，出现了私有财产，并随之产生了阶级，也使最初的那种复仇式的暴力有了阶级的性质，或在阶级内部打，或在阶级之间打，其目的都是为了阶级剥削和压迫。同时，为战争服务的军队、武器及其他附属设施也随之出现。从而战争成为伴随人类社会发展的经常性历史现象。战争随着私有财产和阶级的产生而出现，随着科学技术的发展而发展，到资本主义社会的帝国主义时期，仗就打得特别广大和残酷。据瑞士战略中心统计：两次世界大战，受战祸波及的国家有90多个，人口30多亿，战火遍及欧、亚、非三大洲，和太平洋、印度洋、大西洋、北冰洋四大洋。随着科学技术的发展，现代战争所波及的空间已扩大到地球表面以外的外层空间。

二是划分了战争的四种类型。毛泽东从进行战争的社会力量不同内容上，把战争划为：阶级和阶级之间战争、民族和民族之间战争、国家和国家之间战争、政治集团和政治集团之间战争。古今中外所进行的一切战争都包括在这四种类型之中。它们或者是其中一种类型，或者是两种以上类型的汇合、交织与转化。

三是阐明了战争是历史的范畴。战争既不是从来就有的，也不会永远存在下去，它只是人类阶级社会一定发展阶段上的暂时现象。到了人类社会消灭了阶级的时代，战争就会自动退出历史舞台。毛泽东指出："人类社会进步到消灭了阶级，消灭了国家，到了那时，什么战争也没有了，反革命战争没有了，革命战争也没有了，非正义战争没有了，正义战争也没有了，这就是人类的永久和平时代。"

四是阐明了战争的特殊本质。战争作为一种暴力，和社会上其他的暴力有许多相似之处。但相似并非相同，战争有自己的本质或内涵。其一，在实施暴力的主体上，战争是阶级、民族、国家和政治集团，不是发生在这些主体之间的行为不能称之为战争。其二，在实施暴力的目的上，战争是为了解决阶级、民族、国家和政治集团之间的矛盾，并且为了维护上述各自的利益而实施的暴力行为。离开这些根本目的的暴力行为不能称之为战争。其三，在实施暴力的方式上，战争是通过专用的工具（军队）、特殊的方法（战略战术）、特殊的过程进攻与防御行动来实施的。不具备这种特征的暴力行动也不能称之为战争。

### 2.关于战争的本质

战争的本质有政治本质和军事本质之分。战争的政治本质就是战争与政治的内在联系，军事本质是"保存自己，消灭敌人"。政治本质决定军事本质。关于战争的政治本质，毛泽东指出："'战争是政治的继续'，在这点上说，战争就是政治，战争本身就是政治性质的行动，从古以来没有不带政治性的战争。"如革命战争是革命政治的继续，反革命战争是反革命政治的继续，这说明战争和政治有着一致性。但是战争又不等于政治，它是政治特殊手段的继续，是流血的政治，是以强制手段达成政治目的的行为。

一方面，战争从属于政治。既然政治是目的，战争是手段，那么政治与战争的关系必然是主从关系。政治决定战争，战争从属于政治、服从政治，战略必须服从于政略，战争的各个方面必然受到政治的制约和影响。在战争的具体目标、战争的规模、强度和时间上，必须服从政治需要；在军人行为的制约上，不同的政治对军队行为的准则有不同的要求；在战争胜败的结局上，政治往往起着决定作用。如："得道多助，失道寡助"等，这是决定战争胜败的客观基础。现代条件下，战争是政治继续的观点仍然是考察战争的基本依据，无论战争发生什么变化，但战争的本质永远不会变。核战争是政治的继续，信息化战争也是政治的继续。这是因为战争是政治的继续，是指战争具有政治从属性，军事服从政治，战略服从政略，这一点在近年来的局部战争中体现得更为明显。

另一方面，战争对政治具有反作用。其主要表现在战争结局对政治产生的正负作用上。胜利一方可以按照自己的意志改造国家、改造社会，以适合本阶级的利益。失败一方则相反，往往部分地或全部地丧失原来的利益。

### 3. 关于战争的性质

战争的性质就是战争的政治属性，或者说是战争的正义性和非正义性。毛泽东指出："历史上的战争，只有正义的和非正义的两类。"一切进步的、革命的战争都是正义的，一切阻碍进步的、反革命的战争都是非正义的。弄清战争的性质，其根本目的是为了确定无产阶级对待战争的态度并采取响应的战略与策略。我们对待战争的态度，从根本上说是为了消灭战争，实现人类的永久和平，具体地说是拥护正义战争反对非正义战争。而要弄清战争的性质，就必须把握"一站三看"这个基本的标准。一站，就是必须站在无产阶级的立场上，而不能站在其他的立场上，这是区分战争性质的前提。三看：一看战争的政治目的，看它是为了什么而进行战争的，一般来说，凡是为了反侵略、反压迫、反霸权的战争，都是正义的，反之是非正义的，这是区分战争性质的关键和首要问题；二看进行战争的阶级，看战争是谁发动和进行的，反动阶级、退步阶级、霸权主义和强权政治国家进行的战争一般都是非正义的；三看战争的历史作用，凡是推动社会发展、有利于和平与发展的都是正义的，反之是非正义的。至于谁先发动进攻、在谁的国土进行战争、打着什么旗号进行战争等表面现象，不是区分其性质的标准。现代条件下，有人提出区分战争性质应该从以下方面看：一是看战争是否符合国际战争法的要求，符合的就是正义的；二是看战争是否符合"和平共处五项原则"的要求，不符合的就是非正义的；三是看战争是否得道多助，得道多助的就是正义的。还有的提出应以是否反对恐怖主义作为标准等。这些观点尽管看起来有道理，但对有些战争还不能从本质上弄清其性质。衡量现代战争的性质，基本的标准还是用毛泽东提出的主要看战争双方各自的政治目的，弄清了其目的，无论打着什么旗号，都能正确的区分其性质。

### 4. 关于战争与经济的关系

第一，经济利益是战争的基本动因。战争是政治的继续，而政治又是经济的集中体现，是阶级的、国家的和民族的经济利益的集中表现。它反映了不同阶级、不同民族和不同国家之间的相互关系。由于不同阶级之间、民族之间和国家之间有着不同的经济利益，因此，这些不同的阶级、民族和国家的政治，必然要自觉地、充分地反映和维护不同阶级、不同民族和不同国家的根本利益和长远利益。就是说，战争根源于阶级之间、民族之间和国家之间的经济利益的矛盾。第二，经济力量是进行战争的物质基础，是国力、军力强弱的重要标志，是决定战争进程和结局的重要因素之一。正如毛泽东指出："战争不但是军事的和政治的竞赛，还是经济的竞赛。如果不进行经济建设，革命战争的物质条件就不能保障。"可见，战争离不开经济，经济力量是进行战争的物质基础。第三，战争对经济的反作用。战争对经济具有巨大的破坏作用，战争极大地消耗着社会物质财富，造成生产力的严重破坏，往往造成经济停滞不前，甚至向后倒退。第四，战争对经济也有促进作用。战争可以破坏旧的生产关系，建立新的生产关系，缓和社会政治矛盾，对生产力发展起刺激作用。为了满足战争需要，各国还会加大投入发展军用技术，从而促进科学的发展。

### 5. 研究和指导战争必须从研究战争规律入手

毛泽东说："不论做什么事，不懂得那件事的情形，它的性质，它和它以外的事情的关联，就不知道那件事的规律，就不知道如何去做，就不能做好那件事。"并强调，"战争的规律，这是任何指导战争的人不能不研究和不能不解决的问题"。我们不但要研究一般的战争规律，而且要研究特殊的战争规律，还要研究更加特殊的中国革命战争的规律。毛泽东把战争的规律形象地比喻为战争大海中的游泳术。战争规律的基本特征：一是发生在敌我双方武装斗争活动中各种现象之间的必然联系。如进攻和防御、前进与后退、内线与外线、持久与速决、优势与劣势、主动与被动、集中与分散，等等。二是独立于指挥员主观意识之外的必然联系。战争规律不是靠指挥员主观臆造的，而是战争本身所固有的。如进攻是消灭敌人的主要手段，防御是辅助进攻或准备进攻的手段。这种地位是战争本身所规定的，指挥员只能顺应它而不能违背它。三是有鲜明的层次性。研究全局性的规律是战略学的任务，研究局部性的规律是战役学的任务。

### 6. 战争规律的根本方法

毛泽东指出："战争的情况不同，决定着不同的战争指导规律，有时间、地域和性质的差别。我们研究在各个不同历史阶段、各个不同性质、不同地域和民族的战争的指导规律，应该着眼其特点和着眼其发展，反对战争问题上的机械论。"所谓着眼其特点，就是要具体分析不同条件下战争的矛盾特殊性，从而揭示战争的特殊规律。这一方法是建立在战争特殊规律这一基础之上的。所谓着眼其发展，就是要从战争的发展变化中来认识战争。这一方法是建立在战争具有较大变动性和不确实性基础之上的，要求我们研究战争要随着历史的发展而发展，随着战争的发展而发展。

一是从时间的条件看，时间条件发生变化，战争规律和战争指导规律也就随之而发展变化。如冷兵器时代，武器装备只能是刀、剑等，作战方法也只能是短兵相接、列阵格斗。随着科学技术大量应用于军事领域，出现了导弹等，使战争出现了许多前所未有的新特点，其战略战术也必须随之发展。

二是从地域的条件看，国家和民族不同，其社会制度、经济基础、自然地理条件、民族文化和历史传统也不同，因而战争规律和战争指导规律也不同，不能将战争指导相互移用，必须结合本国的实际情况。

三是从性质的条件看，正义战争能得到人民群众的广泛支持，可以动员武装人民群众进行人民战争，最后必将取得胜利。我军的战略战术尽管敌人也知道，却无法运用，这正是战争性质对战争指导规律发生影响的一种表现。

### 7. 研究和指导战争必须关照全局，把握关节

战争的全局是由各方面构成的整体和由各阶段构成的全过程。战争的局部是构成战争全局的一个方面、一个部分、一个阶段。全局统帅局部，局部服从全局。战争的胜败，首要的问题是对全局关照得好或不好。如果对全局关照得好，战略指导正确，战争就可能取得胜利，反之就一定失败。当战争的全局和局部之间发生矛盾时，都应该自觉牺牲局部的利益，无条件服从全局的需要。俗话说，"一着不慎，满盘皆输"。战争指导者还要关照好各个局部，特别要注意把握好影响战争全局的重要关节，把自己注意的重心，放在那些对全局说来最重要最有决定意义的问题和动作上。如辽沈战役中的首取锦州，由于抓住了这个有关全局的重要关节，牵一发而动全身，很快便取得了就地歼灭东北之敌的重大胜利。

### 8. 客观条件许可的范围内，充分发挥人的自觉能动性

战争的实践表明，要取得战争的胜利，不仅要具备一定的客观条件，而且要发挥人的自觉能动性。毛泽东指出："战争是力量的竞赛，但力量在战争过程中变化其原来的形态。在这里，主观的努力，多打胜仗，少犯错误，是决定的因素。客观因素具备着这种变化的可能性，但实现这种可能性，就需要正确的方针和主观的努力。"这就告诉我们：第一，战争的胜败主要取决于双方的客观条件。第二，人的自觉能动性是战争胜负的决定性因素之一。在客观条件具备时，正确指导和主观努力，可以取得战争胜利；指导错误，也会打败仗。第三，虽然客观条件有胜利的可能，但要把可能变为现实，就不仅需要指挥战争的人有高超的指挥艺术，而且参加作战的军队要有高昂的战斗情绪和勇敢精神。

## （二）人民军队思想

人民军队是人民群众自发地或在先进阶级领导下建立的并为人民群众利益而战斗的军队，人民军队是一个历史的范畴。建设一支无产阶级性质的人民军队，是中国共产党领导进行的武装战争的首要问题。以毛泽东为主要代表的老一辈无产阶级革命家，把马克思主义的建军学说同我军的实际相结合，深刻阐明一系列军队建设的理论、方针和原则，成功地解决了如何把以农民为主体的起义军，改造成为一支无产阶级性质的、具有严格组织纪律和特别能战斗的新型人民军队的理论和实践问题。

### 1. 人民军队的性质

毛泽东从"军队是国家政权的主要成分""是阶级压迫的工具"的原理出发，指明我军是中国共产党领导下的执行无产阶级革命政治任务的武装集团。坚持党对军队的绝对领导，是确保人民军队的无产阶级性质的根本原则，是毛泽东人民军队建设思想的核心内容，

是中国共产党领导军事工作的特色和优势。从我军建军伊始，毛泽东就高度重视党对军队的领导。1927年9月底，毛泽东领导秋收起义进行的著名"三湾改编"，根据斗争的实际情况设立了党代表制度，规定了班有党员、排有党小组、连有党支部、营团有党委，使起义军从一开始就置于中国共产党的绝对领导之下。1929年，毛泽东起草的《古田会议决议》就明确指出："红军是一个执行革命的政治任务的武装集团"，军事只是完成政治任务的工具之一，党委要成为部队的"领导中枢"，各级党组织要"厉行集中指导下的民主生活"，并从政治上、思想上、组织上确立了一系列制度和措施。从而确立了中国共产党对军队的绝对领导地位。

### 2. 人民军队的宗旨

要建设一支革命的军队，首要的是明确建军的宗旨。1944年，毛泽东在《为人民服务》中指出："我们的共产党和共产党所领导的八路军、新四军，是革命的队伍。我们这个队伍完全是为着解放人民的，是彻底地为人民的利益工作的。"1945年毛泽东在《论联合政府》中指出："紧紧地和中国人民站在一起，全心全意地为中国人民服务，就是这个军队的唯一的宗旨。"全心全意为人民服务的宗旨，体现了中国共产党创建人民军队的根本目的，体现了人民军队的本质属性，是我军区别于一切军队的根本标志，是建军中必须遵循的根本指导思想，也是全军团结战斗的思想基础和行动准则，保证了我军建设的正确方向。

### 3. 人民军队必须实行坚强有力的政治工作

1944年，毛泽东在《关于军队政治工作问题的报告》中指出："政治工作是我们军队的生命线，无此则不是真的革命军队。"毛泽东强调政治工作的"生命线"地位，将其作为保持人民军队无产阶级性质、保证我军生存和发展的根本因素。毛泽东为我军规定了战斗队、工作队和生产队的三大任务。一支军队担负三项任务，这在世界军队发展历史上是罕见的。坚持军民一致、官兵一致、瓦解敌军和宽待俘虏的政治工作三大原则，建立强有力的政治工作。实行政治、军事、经济三大民主是提高人民军队战斗力的重要因素。这些都是毛泽东军队政治工作思想和实践的重要内容。

### 4. 实行在自觉基础上的严格纪律

纪律是军队集中统一和战斗力生成的决定因素。因此，毛泽东从建军伊始就十分重视人民军队的纪律建设，提出了"三大纪律，八项注意"，它是毛泽东亲自为我军制定的基本纪律。它通俗易懂，言简意赅，融各种纪律为一体，体现了我军性质，是人民军队建设原则的具体化。人民军队的纪律，是围绕党对军队的绝对领导而制定的军队中一系列方针原则、条令、条例和规章制度的总称。我军的纪律代表了人民的利益，也体现了广大指挥员的自身利益，从而奠定了自觉执行的基础。我军的纪律还反映着人民利益的根本要求，松懈的纪律是违反人民意志的。必须进行严格的规范，否则就无法从根本上实现人民的利益。

## （三）人民战争思想

人民战争思想是中国共产党的群众路线在革命战争中的具体运用和发展，是人民军队建设、我军战略战术的形成和国防建设的理论基础；是中国人民以劣势装备战胜优势装备之敌的法宝。人民战争思想是毛泽东军事思想的核心。

1. 人民战争思想的含义

人民战争就是广大人民群众为了反抗阶级压迫或民族压迫而组织和武装起来进行的战争。人民战争必须具备以上两个条件：一是战争的正义性。在毛泽东看来，战争的性质取决于它的政治目的，就是能否促进历史进步，根本标志在于是否符合广大人民群众的根本利益。二是广泛的群众性。就是指必须有广大人民群众支持和参加，这是人民战争的重要标志。历史上凡具备这两个条件的称为人民战争，否则不能称为人民战争。毛泽东人民战争思想的基本精神概括起来就是：在辩证唯物主义和历史唯物主义基本原理的指导下，在中国共产党的正确领导下，以人民军队为骨干，一切为了人民，坚决依靠人民、彻底动员组织人民，充分武装人民，实行全面彻底的群众战争。为此，我党领导的人民战争是中国历史上最完全、最彻底的人民战争。

## 2. 人民战争思想的理论基础

（1）人民群众是战争胜负的决定力量

首先，人民群众是战争人力的源泉。战争历史表明，交战双方在质量相当的情况下，谁在数量上占优势，谁取胜的可能性就大。我军在历次革命战争中之所以能够取得胜利，主要是由于人民群众能够为部队源源不断地输送新生力量。例如，在淮海战役中，我党动员了 16.8 万人民子弟参军，保证了决战的胜利。陈毅在《记淮海前线见闻》中写下了"几十万民工走不通，骏马高车送粮食，随军旋转逐西东，前线争立功"的诗句。粟裕大将把人民誉为人民军队战胜敌人的"不竭之源"。其次，人民群众是战争物力的源泉。战争是物质力量的竞赛，人民群众是战争物资的生产者。我军进行的辽沈、淮海、平津三大战役，支前民工就达 500 多万人，担架 10 多万副，大车 38 万辆，牲口 100 万头，粮食近 50 亿公斤，人民群众用落后的运输工具，克服种种困难，将大量的作战物资运往前线，满足了战争的需要。再次，民众是战争财力的源泉，进行战争需要大量的财力。战争要求各交战国必须最大限度地发挥各自的经济实力，使整个国民经济为战争的物质技术保障服务。国民财富是由民众创造的，民众对战争经济的保障具有特别重要的作用。失去了民众，也就在很大程度上失去了能够支持战争的国民经济实力。

（2）战争胜负的决定因素是人不是物

毛泽东指出："武器是战争的重要的因素，但不是决定的因素，决定的因素是人不是物。"力量对比不但是军力和经济力的对比，而且是人力和人心的对比。军力和经济力是要人去掌握的。之所以称人在战争中起着主导的能动的作用，是因为：人是战争的筹划者和指导者；人是武器的制造者和使用者；人可以改变武器装备的优劣形势。武器装备在战争中的作用主要表现在：武器装备能帮助人们实现自身所不能达到的各种战争目的；武器装备的优势造成了军队战斗力的自然优势；武器因素对战争的进程、军队的编制体制和战略战术有着直接的影响；武器的发展，促进了人的素质的提高。现代武器装备是先进科学技术的产物，它要求使用武器的人，必须要具备较高的科学文化知识和熟练的军事技能。人和武器作为统一体的两个方面，有主有从，不可偏废。只有二者有机结合，才能构成完整意义上的战斗力。

（3）战争的正义性是实行人民战争的政治基础

人心的得失是战争中经常起作用的因素。正义的革命战争，符合广大人民群众的根本利益，得道多助，人心所向，即使在武器装备较差的条件下，也能取得战争的最后胜利。非正义的反革命战争，违背了广大人民群众的利益，失道寡助，不得人心，武器装备虽优，但最终难免失败，中国革命战争的实践完全证明了这一点。

（4）马克思主义政党是实行人民战争的必要条件

人民战争领导者必须具备两个条件：一是真正代表人民群众利益，反映人民群众的根本愿望，全心全意为人民群众谋取利益；二是懂得和掌握群众路线的指导方法，善于制定有利于调动群众积极性的方针和政策。这两个条件，唯有马克思主义政党中国共产党才能具备。所以，中国共产党的正确领导是实行人民战争的必要条件。

### 3. 人民战争思想的主要内容

在长达 20 多年的中国革命战争实践中，积累了极为丰富的人民战争经验。概括起来有以下主要内容。

（1）坚持中国共产党对革命战争的统一领导

统一领导包括政治领导、组织领导和思想领导。政治领导就是用党的路线、方针、政策，统一全党、全军、全体人民的思想和行动，组织领导就是建立党对军队和地方组织的各级党的工作机构；思想领导就是用无产阶级革命理论教育人民、武装人民。

（2）组织最广泛的人民统一战线

必须依据各个不同时期革命的性质、任务、对象和目的，正确规定和划分人民的范围。团结一切可以团结的力量，最大限度地孤立和打击革命的敌人。

（3）实行以人民军队为骨干的三结合的武装力量体制

以主力兵团与地方兵团相结合；正规军与游击队、民兵相结合；武装群众与非武装群众相结合。如果敌人胆敢进犯，将陷入人民战争的汪洋大海之中，难逃灭顶之灾。

（4）以武装斗争为主与其他斗争形式密切配合

团结调动从事政治、经济、文化、卫生、科技等各条战线的团体与人民群众直接或间接地参加战争。

（5）建立巩固的革命根据地

在政治上，以团结人民为中心，吸引中国人民大众；在军事上，以战争为依托，军队能及时得到补充，安心休养生息；在经济上，建立后勤基地，保证军队的生存和发展。

（6）创造一整套适应人民战争的战略战术

重点体现在"适应"二字上。就是说，这些作战方针、战略原则和作战方法，只适合进行人民战争的人民军队，敌人是运用不了的。因为，我军几十年来的战争实践，从防御到进攻，从游击战到正规战，之所以取得一个又一个的胜利，无一不与人民群众的积极参加和配合军队作战有关。

### （四）人民战争战略战术思想

人民战争的战略战术是指毛泽东指导战争和指挥作战的原则和方法。它是毛泽东高超战争指导艺术的总结，它揭示了中国革命战争的指导规律，是毛泽东军事思想科学体系中最活跃、最精彩的部分。

#### 1. 保存自己，消灭敌人

毛泽东指出："一切军事行动的指导原则，都根据于一个基本的原则，就是尽可能地保存自己的力量，消灭敌人的力量。"保存自己、消灭敌人是军事行动的直接目的和基本原则，这是两军作战过程中生死存亡的目的，但不是政治目的。正如毛泽东指出：战争的目的，在军事方面就是"保存自己，消灭敌人"。这是"军事上的第一要义"，是一切军事原则的根据。一切技术、战术、战役、战略的原理原则和行动，都必须遵循这个战争的目的。消灭敌人是主要的，保存自己是第二位的，只有大量消灭敌人，才能有效地保存自己。这是古今中外兵家公认的原则。这一原则在具体运用中注意三种情况：第一种在绝大多数情况下，消灭敌人是第一位的，保存自己是第二位的；第二种在敌强我弱的情况下，保存自己是第一位的，消灭敌人是第二位的；第三种在特殊情况下，为了整体或全局的利益，必须牺牲局部或部分利益的时候，消灭敌人是第一位的，保存自己是第二位的。

#### 2. 战略上要藐视敌人，战术上要重视敌人

战略上要藐视敌人，战术上要重视敌人。这是毛泽东指导人民战争的一个基本的战略和策略原则。他指出：从本质上、长期上、战略上看，必须把帝国主义和一切反动派都看成纸老虎，以此建立我们的战略思想，指导我们树立敢打、必胜的信念，采用"以一当十"的法则，同敌人做长期、坚决的斗争。另一方面，又要把敌人看成是铁的、真的、会吃人的老虎。从这点上建立我们的策略思想和战术思想，采用"以十当一"的法则和各个击破的政策，一口一口地吃掉敌人，最终战胜敌人。这一法则指导我们打败了国内外的强敌，夺取了一个又一个胜利，创造了中国革命战争史上的奇观。这一作战指导原则，从军事哲学的高度，把革命胆略与科学精神辩证地统一起来。

#### 3. 实行积极防御，反对消极防御

实行积极防御，反对消极防御是毛泽东战略防御思想的基本原则。所谓积极防御，就是为了进攻和反攻，将防御与进攻结合起来，实行防中有攻的方法。所谓消极防御，就是为了单纯阻挡敌人进攻的专守防御。克劳塞维茨从理论上首次提出了"积极防御"的概念。他认为："迅速而猛烈地转入进攻是防御的最精彩的部分，谁要是在防御时不考虑这一部分，

或者更确切地说，不把它看作是防御的一个基本组成部分，也就永远不会理解防御的优越性。"我国古代军事家孙武提出："不可胜者，守也，可胜者，攻也""避其锐气，击其惰归"，就体现了弱守强攻和积极防御的思想。毛泽东在此基础上进一步地指出："任何一本有价值的军事书，任何一个比较聪明的军事家，而且无论古今中外，无论战略战术，没有不反对消极防御的。"

积极防御既可作为战略指导思想，亦可作为战役、战斗作战原则。具体地说，毛泽东积极防御战略思想的基本精神为：

（1）坚持自卫立场，后发制人

毛泽东有句名言："人不犯我，我不犯人；人若犯我，我必犯人。"这就是坚持自卫立场，一旦爆发战争，我们调动一切积极因素，有理、有据、有节，一步一步地制服敌人。即努力创造有利条件和形势，待机反攻，后发制人。

（2）攻防结合

战略上防御与战役战斗上进攻相结合。全局上防御，但局部上进攻之必要。把战略上的防御变为战役战斗上的进攻，经过多次战役战斗上的进攻，积小胜为大胜，逐步改变敌强我弱的形势。

（3）把战略防御适时导向战略进攻和战略反攻

随着战争的进程，防要导向攻，一旦时机成熟，就坚决地将战略防御导向战略进攻。在战略上摆脱被动地位，从根本上解决战争的胜负问题。

### 4. 集中优势兵力，各个歼灭敌人

古今中外一切高明的军事活动家和军事理论家都十分强调集中兵力这一原则。在敌强我弱的中国革命战争中，这条原则尤为重要，毛泽东把它视为是战胜敌人的根本法规。实行集中兵力各个歼敌的原则，必须从战争的实际出发。一是把主要的兵力集中于主要作战方向，反对军事平均主义。兵力是指军队的实力，主要包括人员和武器装备。它是构成战斗力的基本因素。二是拣弱的打，先弱后强，由小到大。特别是首战更应如此。三是采取围攻部署。集中兵力的目的是为了打歼灭战。歼灭战和集中优势兵力，采取迂回包围战术同一意义。没有优势兵力难以达成歼灭战，离开了包围迂回，即使兵力占绝对优势，仍然打不成歼灭战。这一原则的运用还牵涉到许多方面，如积极创造和捕捉战机，周密地进行组织准备，进攻样式的灵活运用，以及军队顽强的战斗作风等，都对这一原则的运用有着重要作用，决不可忽视。

毛泽东战略战术的内容除上述四项外，还有运动战、阵地战、游击战三种作战形式必须紧密结合，灵活运用，并适时实行以转换主要作战形式为主要内容的军事战略转变；慎重初战，走一步看三步，首战必胜；不打无准备之战，不打无把握之仗；每战都要尽可能有周密的计划、充分的准备，把战斗的胜利建立在稳妥可靠的基础上，以确保有把握地歼灭敌人等。这些充分体现了毛泽东在军事指挥上的伟大智慧和创新精神。

## （五）国防建设思想

毛泽东国防建设思想是毛泽东军事思想的重要组成部分，毛泽东关于中国国防建设的理论开拓，是中国特色国防建设思想的理论基石。国防建设要以现代化为中心，必须建立强大的国防军和国防后备力量，必须建立独立、完整的国防科技和国防工业体系。

### 1.国防科技工业建设

建国初期，在我军装备还比较落后的情况下，毛泽东指出："为了建设现代化的国防，我们的陆军、空军和海军都必须有充分的机械化的装备和设备。"毛泽东在这里所强调的"充分的机械化"，一是与世界强国的军队相比，技术含量要跟上；二是高技术含量的装备数量不能太少，要形成规模。为了打破核垄断，1956年毛泽东在《论十大关系》中指出："我们现在已经比过去强，以后还要比现在强，不但要有更多的飞机和大炮，而且还要有原子弹。在今天的世界上，我们要不受人家欺负，就不能没有这个东西。"在国家经济实力刚有提升和人民生活还比较贫困的条件下，毛泽东以其战略家的胆识，将国防建设着眼点放在核威慑上。正如邓小平指出的："如果六十年代以来中国没有原子弹、氢弹，没有发射卫星，中国就不能叫有重要影响的大国之一，就没有现在这样的国际地位。这些东西是反映一个民族的能力的，也是一个民族、一个国家兴旺发达的标志。"

### 2.武装力量建设

毛泽东在中国人民政治协商会议第一届全体会议上强调：我们的国防将得到巩固，不允许任何帝国主义者再来侵略我们的国土。在英勇的经过了考验的人民解放军的基础上，我们的人民武装力量必须保存和发展起来。我们将不但有一个强大的陆军，而且有一个强大的空军和一个强大的海军。遵照毛泽东的指示我们的空军与海军先后成立，如今人民解放军已由单一军种发展成为诸军兵种合成的强大军队，高技术军兵种已成为我国主要的国防力量。

### 3.战争动员与国防教育

毛泽东战争动员思想的基本精神：一是以人民战争为指导，建立在依靠人民群众的人民战争基础上，并在动员中得到具体运用。二是把政治动员放在首位。正如毛泽东指出：政治上动员军民问题，实在太重要了。三是实行全党全军抓动员。完善国防动员体制。毛泽东的国防教育思想主要表现在：一是居安思危、增强国防观念；二是树立正确的战争观；三是要敢于斗争、敢于胜利；四是要善于斗争、善于胜利；五是把国防教育作为提高国民素质，弘扬爱国主义和革命英雄主义精神的重要手段。

### 4.国防工程建设

国防工程建设是国防建设的重要内容，通常主要包括边、海防的国防工程建设、预设战场的设防工程建设、各军兵种的国防工程建设和民防工程建设等。它对战争的胜负起着重要的作用，既是保存国力军力的有力设施，又是反侵略战争的重要依托。毛泽东国防工程建设的主要原则：一是重点设防。由于我国地域辽阔，边、海防线都很长，所以国防工程建设不可能面面俱到。二是平战结合。国防工程建设中的许多项目都具有军地通用的性质，因此，既是战争准备的物质基础，又是和平时期经济建设可以利用的条件，要使这些设施充分发挥它们的双重功能。三是统筹兼顾。正确处理应付大战和局部战争的关系，长远目标和短期目标的关系。

## 四、毛泽东军事思想的历史地位

毛泽东军事思想是马列主义军事思想宝库中一颗璀璨的明珠，在中国军事思想发展史上具有划时代的意义，在世界军事思想发展史上独树一帜，具有重要的历史地位。

### （一）毛泽东军事思想对马列主义军事理论做出了重大而独特的贡献

毛泽东创造性地运用和发展了马列主义的军事理论，并将其发展到一个新的高度，极大地丰富了马列主义军事科学的理论宝库。

#### 1. 开创了一条农村包围城市，武装夺取政权的道路

列宁通过十月革命的伟大实践，开创了在资本主义国家，无产阶级首先发动城市起义以夺取全国政权的道路。但是，在像中国这样一个半殖民地半封建的大国，无产阶级夺取政权要走什么道路，这是前人没有解决的问题。以毛泽东为代表的中国共产党人，结合中国实际，摸索出在农村建立根据地，实行武装割据，走农村包围城市，最后夺取政权的道路，这是毛泽东的独创。从而创造性地继承和发展了马克思列宁主义关于武装夺取政权的理论。

#### 2. 创建了一支新型的人民军队

开创了把以农民为主要成分的军队建设成为无产阶级军队的先例。马克思和恩格斯提出了武装工人阶级，建设无产阶级军队的思想。列宁在苏联十月社会主义革命胜利后，建立了第一支以工人阶级为主体的军队。至于在工人数量很少，农民占总人口80%以上的大国，怎样建立一支无产阶级性质的人民军队，在国际共产主义运动中还没有先例。毛泽东从中国的实际出发，系统地解决了怎样把以农民为主要成分的革命军队建设成为一支无产阶级性质的人民军队的问题，不仅有建军理论，而且又付诸实践。

#### 3. 丰富和发展了马列主义的人民战争思想

马克思和恩格斯科学地论证了人民群众在战争中的地位和作用，第一次提出了人民战争的思想。毛泽东等老一辈无产阶级革命家在领导中国革命战争的实践中，把人民战争作为根本指导路线，广泛动员、组织和武装群众，以人民军队为骨干，实行主力兵团与地方兵团，正规军与游击队、民兵，武装群众与非武装群众相结合，各种斗争形式相配合，实行了全面的人民战争。从而丰富和发展了马克思列宁主义人民战争的学说。

#### 4. 创造了适合中国特点的战略战术

以毛泽东为代表的中国共产党人，根据中国革命战争的特点，为我军系统地制定了在敌强我弱的形势下，实行战略的持久战和战役战斗的速决战，把战略上的劣势转变为战役、

战斗上的优势，集中优势兵力，各个歼灭敌人等人民战争的战略战术，为马克思主义作战理论增添了新的内容。极大地丰富和发展了马克思主义的战略战术理论。

5.科学地阐明了无产阶级的战争观和方法论

毛泽东把马克思主义的辩证唯物主义和历史唯物主义创造性地引入军事领域，深刻地揭示了战争的本质，系统地阐明了战争与政治、经济和地理的关系，科学地提出了军事辩证法的若干范畴，揭示了战争指导者认识战争运动的辩证过程。着重发展了马克思列宁主义军事科学的理论基础和方法论，即军事辩证法。

### （二）毛泽东军事思想是我军克敌制胜的法宝

自从有了毛泽东军事思想，中国革命战争就别开生面，克服了前所未有的艰难险阻，战胜了国内外强大的敌人，取得了历史性的胜利。正如邓小平指出的："没有毛主席，至少我们中国人民还要在黑暗中摸索更长的时间。毛主席最伟大的功绩是把马列主义的原理同中国革命的实际结合起来，指出了中国夺取革命胜利的道路。"毛泽东军事思想是中国革命战争和我军建设的强大思想武器。

毛泽东军事思想运用辩证唯物主义和历史唯物主义的原理，批判地吸取了古今中外优秀的军事思想遗产，是最科学、最先进、最完整的军事理论。它既揭示了中国革命战争的特殊规律，又反映了现代战争和国防建设的一般规律，是经过实践检验过的科学真理。尽管现在国际国内形势都发生了巨大变化，科学技术发展日新月异，但它对我军打赢高技术条件下的局部战争和信息化战争，仍具有普遍的指导意义。无论过去、现在和将来，毛泽东军事思想都是我军克敌制胜的法宝。

### （三）毛泽东军事思想在世界上具有广泛而深刻的影响

根据有关资料记载，毛泽东军事思想从它产生的那天起，就引起了国外的注意。20世纪30年代欧美记者即对毛泽东军事活动及军事思想进行了大量的报道与介绍。斯诺先生是我们大家熟悉的人物，是美国著名的进步作家、记者。他写了一本书，中译版本叫《西行漫记》，这本书是1937年由英国伦敦兰茨公司第一次出版的，当时英译本叫《红星照耀中国》。当时这本书非常畅销，引起轰动，拥有数百万读者。从这个意义上来说，是斯诺先生真正打开了向世界人民介绍中国革命战争和毛泽东军事思想的窗口。

在中国革命战争取得胜利后，毛泽东军事思想受到世界各国的普遍重视，特别是到了20世纪后期，在世界范围内逐渐形成了一个研究和学习毛泽东军事思想的热潮，许多国家还成立了毛泽东军事思想的研究会和学习会。

在美国、英国、法国、德国和日本，出版了不少毛泽东的军事著作。在越南、莫桑比克、津巴布韦、安哥拉等第三世界国家的民族解放斗争中，毛泽东军事思想发挥了巨大的作用，受到普遍欢迎。毛泽东军事思想的理论和实用价值得到举世公认。它作为人类优秀文化的灿烂结晶，在世界军事理论殿堂中享有显赫的地位。

【思考题】

1. 毛泽东军事思想的科学含义是什么？

2. 毛泽东军事思想的形成和发展经历了哪几个阶段？

3. 人民战争战略战术思想的具体内容？

4. 毛泽东军事思想的科学体系主要由哪几部分构成？

5. 毛泽东军事思想的历史地位和现实意义？

## 知识窗

在《论持久战》中，毛泽东在总结抗日战争初期经验的基础上，针对中国国民党内部分人的"中国必亡论"和"中国速胜论"，系统地阐述了中国实行持久战以获得对日胜利的战略。说明抗日战争为什么是持久战，怎么进行持久战，我们为什么能取得最后的胜利，我们应当怎样做才能取得最后的胜利。日本是一个强大的帝国主义国家，但它的侵略战争是退步的、野蛮的；中国的国力虽然比较弱，但它的反侵略战争是进步的、正义的，又有了中国共产党及其领导下的军队这种进步因素的代表。日本战争力量虽强，但它是一个小国，军力、财力都缺乏，经不起长期的战争；而中国是一个大国，地大人多，能够支持长期的战争。日本的侵略行为损害并威胁其他国家的利益，因此得不到国际的同情与援助，而中国的反侵略战争能获得世界上广泛的支持与同情。这些特点决定着战争的持久性和最后胜利属于中国而不属于日本。抗日战争是持久战，最后的胜利是中国的。

# 第四节 当代中国军事思想

## 一、邓小平新时期军队建设思想

邓小平作为中国共产党第二代领导集体的核心，为了适应新时期军队建设和军事斗争的客观需要，运用马列主义和毛泽东军事思想的立场、观点和方法，提出了一系列新时期军队建设和军事斗争的理论、原则、方针和政策，揭示了新时期军队建设和军事斗争的基本规律，形成了具有中国特色的新时期军队建设的指导思想。

### （一）邓小平新时期军队建设思想的科学含义与特色

#### 1. 邓小平新时期军队建设思想的科学含义

邓小平新时期军队建设思想是在新的历史时期关于军队和国防建设问题的科学理论体系。它是马列主义、毛泽东军事思想的基本原理与新时期中国军队和国防建设实践相结合的产物，是毛泽东军事思想的继承和发展，是新时期中国军队和国防建设实践经验的科学总结，是邓小平理论的重要组成部分。它的主要内容包括：当代战争与和平的理论；有中国特色的现代化国防理论；建设现代化、正规化革命军队的理论；现代条件下人民战争的理论等四个部分。这四部分内容紧密联系，形成了完整的科学体系。

#### 2. 邓小平新时期军队建设思想的主要特色

（1）具有鲜明的时代特色和中国特色

历史发展到20世纪80年代以后，国际形势发生了深刻的变化。邓小平通过对当代国际战略形势的科学分析，结合我国国防建设和军队建设的实际，提出了新时期军队建设的基本思想。它既是对当前国际形势的冷静观察、正确判断的结果，又是对新时期我国国情、军情实际进行实事求是科学分析的产物，因而具有鲜明的时代特色和中国特色。

（2）具有很强的科学性和实践性

邓小平作为军队建设的总设计师，一方面运用马克思主义的军事理论科学地分析国内外形势，得出了许多重要的科学结论；另一方面又亲自领导了新时期军队建设的伟大实践，具体研究解决了军队建设实践中所遇到的一系列重大现实问题。他的重要思想都是在实践中集中了党中央、中央军委领导集体和广大指战员集体智慧后得出的成果，这就使得邓小平新时期军队建设思想具备了坚实的实践基础和群众基础，具有很强的科学性和实践性。

（3）具有强烈的创新特色

新时期军队建设思想，产生于一个新的伟大历史时期，科学的创新精神如同一条红线贯穿其中。邓小平始终如一地坚持解放思想、实事求是的思想路线，一切从实际出发，敏锐地把握时代发展的脉搏和契机，把继承与创新巧妙地结合起来。他有敢于开拓马克思主义军事理论、毛泽东军事思想新境界的革命胆略和理论勇气，不唯本本，不守教条，不局限于原有的结论模式，勇于探索，大胆创新，因而，他的理论具有强烈的创新特色。

## （二）邓小平新时期军队建设思想的主要内容

邓小平新时期军队建设思想是在新的历史条件下党和国家及其军队在军事领域的丰富实践经验和科学的总结，是当代马列主义军事理论，是我军建设的行动指南，是我军克敌制胜的锋利武器。其内容十分丰富，大致可归纳为以下四个方面。

### 1. 战争与和平的理论

战争与和平思想是邓小平新时期军队建设思想的理论基础。其核心在于把新时期的军事斗争和军队建设置于新国际背景下来思考。主要包括和平与发展是当代世界的主题，世界大战可以推迟和避免，霸权主义是当代战争的主要根源，实行军队建设指导思想的战略性转变等内容。

（1）和平与发展是当代世界的主题

邓小平通过对国际形势发展的观察和分析，紧紧把握形势发展变化中最具有根本意义的时代条件，做出了和平与发展是当代世界两大主题的科学论断。他说当代世界上真正的问题是全球性的战略问题，一个是和平问题，一个是经济问题或者说发展问题。这一论断，揭示了当代世界的主要矛盾，指明了维护世界和平是当代世界的历史主流，促进发展是当今各国的根本任务。

（2）世界大战可以推迟和避免

20世纪80年代以后，世界战略格局发生多极化转变，出现了制约世界大战的多种因素。根据这一情况，邓小平于1985年9月指出：当前战争的危险仍然存在，如果搞得好，战争是可以避免的。后来他又指出：如果世界和平的力量发展起来，第三世界国家发展起来，可以避免世界大战。邓小平认为世界大战的避免是有条件的，不是靠消极等待，而是积极工作争取来的。战争的危险是依然存在的，局部战争和武装冲突成为当代战争的主要形式。世界矛盾并未消失，而是转入无硝烟的战场。邓小平指出：西方国家正在打一场没有硝烟的第三次世界大战。

（3）霸权主义是当代战争的主要根源

邓小平指出：霸权主义是战争根源，现在威胁世界和平的主要是霸权主义。现代战争的发生机制已不能仅仅从社会制度或阶级属性中去寻找，更多更直接地取决于各国的对外政策。任何社会制度的国家只要推行霸权主义，都可以成为战争的根源。霸权主义，既有世界霸权主义，又有地区霸权主义。当今世界由于产生霸权主义的温床没有铲除，仍然可以产生新的霸权主义国家和国家集团，突出表现为国际事务中的"强权政治"。

（4）实行军队建设指导思想的战略性转变

党的十一届三中全会以后，邓小平深刻地分析了国际形势的变化，并指出世界战争出现延缓趋势，进而向可以避免世界大战的方向发展。战争规模趋于有限化、局部化，超级大国核竞赛均衡僵持，核武器更多地用于威慑。我国拥有核力量，打破了超级大国的核垄断。各国竞相发展经济，我们要善抓机遇，迅速搞好以经济发展为中心的全面建设。现代环境要求我军必须迅速从临战状态转到相对和平时期的正常建设轨道上来，部署长远性的、根本性的建设。因此他提出了我军建设指导思想上的战略性转变，即从"立足于早打、大打、打核战争"的临战状态转变到和平时期建设的轨道上来，使我军从根本上实现由低级阶段向高级阶段的发展。

**2. 建设现代化、正规化革命军队的理论**

建设一支强大的现代化、正规化革命军队，是新时期我军建设的总目标、总任务，是军队建设由低级阶段向高级阶段发展的历史必然。革命化是现代化、正规化的灵魂；现代化为革命化和正规化规定了具体的任务和落脚点，规定了检验标准；正规化是革命化和现代化的重要保障。革命化、现代化、正规化是辩证的统一，三者相互依赖，互相促进，缺一不可。

（1）要始终不渝地坚持人民军队的性质

军队的性质，就是指军队的阶级属性，通俗地讲就是军队归哪个阶级领导，为哪个阶级服务。我军是共产党领导下的无产阶级的人民军队。军队革命化，从根本上讲反映的正是我军这一性质。建设一支强大的现代化、正规化革命军队，必须把革命化建设放在第一位，始终不渝地坚持人民军队的性质。坚持人民军队的性质，关系军队建设的全局，决定军队发展方向，是军队革命化建设需要解决的根本问题。新的历史时期，军队建设的大环境已经出现前所未有的深刻变化，既给军队建设增添了新的活力，又给军队建设带来了新的考验。处在这样的大背景下，邓小平以高度的政治敏锐性十分关注军队性质问题，深刻揭示了人民军队性质的科学含义。他明确指出：我确信，我们的军队能够始终不渝地坚持自己的性质。这个性质是党的军队、人民的军队、社会主义国家的军队。这与世界各国的军队不同，就是与别的社会主义国家的军队也不同，因为他们的军队与我们的军队经历不同。我们的军队始终忠于党，忠于人民，忠于国家，忠于社会主义。我确信，我们的军队能够做到这一点，几十年的考验证明军队能够履行自己的责任。邓小平正是紧紧抓住新时期我军建设这一根本问题，提出了关于新时期我军革命化建设的思想。可以说，坚持人民军队的性质，做到政治上永远合格，这是贯穿邓小平新时期军队建设思想中的基本精神，也是新时期军队革命化建设的根本出发点和落脚点。

（2）军队建设要以现代化为中心

新时期我军建设面临的主要矛盾是现代化水平与打现代战争能力不够。邓小平指出：

要承认我们军队打现代化战争的能力不够；要承认我们军队的人数虽多，但素质比较差。以现代化为中心是解决我军建设主要矛盾的根本途径，是时代对军队建设的必然要求。邓小平提出军队现代化的主要精神是：在发展国民经济的基础上，逐步实现武器装备现代化；把提高战斗力作为军队建设的根本标准；建立适应现代化战争的科学的体制编制；大力培养现代化的军事人才；把教育训练提高到战略地位；发展现代化军事理论等。

（3）提高军队正规化建设水平

正规化建设是军队建设的重要方面，主要是指军队的组织、管理和体制等规范化建设。通过正规化建设，实现军队的高度集中统一。正规化建设的主要内容：坚持依法治军，加强组织纪律，加强管理；全面建立战备、工作、生活等正常秩序；建立适应现代战争要求的科学体制编制，使部队适应未来作战任务、武器装备发展、部队训练和管理的需要；强化体制编制的科学性和权威性等。正规化建设是军队发展的客观要求，也是军队建设向高级阶段发展的重要标志。没有正规化，军队就不能赢得战争的胜利。恩格斯指出，任何一支由平民组成的军队，假如它得不到比较强大的正规军的巨大精神资源的陶冶和物质资源的支持，主要是正规军的基本要素即组织的陶冶和支持，就永远不会有战斗力。毛泽东等老一辈无产阶级革命家十分重视军队正规化建设，把它视为我军发展壮大的重要措施。邓小平对此进行了科学总结和高度概括，把它作为新时期我军建设总任务、总目标的一项重要内容提出来，并采取了一系列措施，大大提高了我军正规化建设水平。

### 3. 现代条件下人民战争和积极防御的战略理论

（1）实行积极防御的战略方针

邓小平指出，我们未来的反侵略战争，究竟采取什么样的战略方针？我赞成就是"积极防御"四个字。"积极防御"是我国的军事战略方针，实行这一方针是从我国的实际出发，人不犯我，我不犯人，人若犯我，我必犯人。这样才能有效地抵御外敌的侵略，保卫国家的领土完整和主权不受侵犯。

（2）现代条件下仍然要坚持人民战争

邓小平非常重视在现代条件下贯彻毛泽东的人民战争思想。他指出，我们历来的经验，就是以劣势装备打败优势装备的敌人，因为我们进行的是正义战争，是人民战争。这一点，我们要有充分的信心。1978年7月17日，邓小平在会见英国安东尼·詹金森爵士的谈话中进一步指出，我们的战略是毛泽东主席制定的，毛泽东的战略思想就是人民战争。我们现在还是坚持人民战争。虽然现在的人民战争与过去不同，但战略思想仍然是人民战争。我们不会去侵略人家，敌人要打进来，就会处在人民战争的汪洋大海之中。

（3）创造现代条件下人民战争的新形式、新战法

邓小平指出，现在的人民战争与过去的不同，装备不同，手段也不同；条件不同，人民战争的表现形式也不同。他强调要发展毛泽东的人民战争思想，必须创造现代条件下人民战争的新形式、新战法。既不能因为军队的现代化程度提高了，就抛弃了人民战争思想，

完全照搬别人的军事理论，也不能因为还是打人民战争，就原封不动地照搬过去的一套战略战术。要求我们根据现代战争的新特点、新要求，根据变化发展的新情况，努力探索现代战争的规律，要研究现代条件下的人民战争，丰富和发展毛泽东人民战争的战略战术思想，从理论上和实践上为毛泽东人民战争思想注入新的生机和活力。

（4）立足打赢现代条件特别是高技术条件下的局部战争

积极防御的战略具有打赢自卫战争和遏制侵略战争的双重功能。与其相适应，新时期军事斗争准备和军队建设同样需要发挥这两种功能。坚持新时期积极的、防御的战略方针，在军队建设和军事斗争主观指导上必须适应新的客观实际。当前和今后一个时期世界大战和大规模战争尚难打起来，但局部战争还时有发生。因此，要把军队建设和军事斗争准备的基点放在打赢现代条件特别是高技术条件下的局部战争上。只要我们坚持以积极防御的战略方针为指导，实行现代条件下的人民战争，就一定能够夺取高技术条件下局部战争的胜利。

**4. 新时期国防建设的理论**

（1）军队建设要服从国家建设的大局

军队和国防建设要服从国家建设的大局，是和平时期军队和国防建设的基本规律，也是我国目前所处的社会主义初级阶段的主要矛盾所决定的。

国民经济建设是军队建设的基础，军队建设依赖国民经济建设，这是马克思主义的一个基本观点。第一，经济基础决定着军队建设的规模、速度和水平；第二，经济基础决定军队建设质量；第三，经济条件还决定着军队建设总体目标的实现程度。其基本观点是：经济建设是我们的大局；经济建设为军队建设奠定物质基础；军队要在大局下积极行动；军队和国防建设要与国家经济建设协调发展。

（2）常备军与后备力量相结合，走有中国特色的精兵之路

在新的历史时期，邓小平亲自领导了我国武装力量的建设，提出了常备军与后备力量相结合，走精兵之路的思想。邓小平强调，质量问题是战争胜败的问题。只讲数量，不讲质量，会延误大事，要把质量建设作为军队建设的根本方针，长期坚持下去。在建设精干的常备军方面裁军 100 万，合并大军区；在后备力量建设上提出"减少数量，提高质量，突出重点，打好基础"的十六字方针。使我军由人力密集型向技术密集型转变，由数量规模型向质量效能型转变，在精兵、利器、合成、高效上下功夫，不断增强总体实力。

（3）军民结合、平战结合发展国防工业

邓小平根据国家经济建设和国防建设的双向需要提出：我国国防工业设备好，技术力量雄厚，要充分利用起来，加入整个国家建设中去，大力发展民用生产。根据邓小平这个思想，党中央制定了国防工业实行"军民结合、平战结合、军品优先、以民养军"的方针。军民结合，即军品与民品生产兼顾；平战结合，即兼顾平时和战时的需要。国防工业平时军转民用，多生产民品，而战时，又可以迅速民转军用，大量生产战争所需的武器装备。

（4）自力更生与引进技术相结合发展国防科技

在国防科技发展上，邓小平坚持自力更生为主的方针，同时倡导对外开放，吸收外来先进技术。他说："关起门来搞建设是不能成功的，中国的发展离不开世界。当然，像中国这样大的国家搞建设，不靠自己不行，主要靠自己，这叫自力更生。但是，在坚持自力更生的基础上，还需要对外开放，吸收外国的资金和技术来帮助我们发展。只有以自力更生为主，与引进先进技术相结合，在先进性与适应性的结合点上找到最佳优选点，才能提高我们自己的创造力。"

### （三）邓小平新时期军事思想的历史地位和现实意义

#### 1. 邓小平新时期军事思想的历史地位

（1）邓小平新时期军队建设思想是当代的马列主义军事理论

邓小平新时期军队建设思想，是在和平与发展作为时代的主题，在建设有中国特色社会主义的过程中形成的。它的形成和发展既是邓小平对当今国际形势冷静观察和正确判断的结果，又是他对新时期我国国情、军情进行实事求是的科学分析的产物。它具有鲜明的时代特征，是马列主义军事理论、毛泽东军事思想在新的历史条件下的创造性运用和发展。

（2）邓小平新时期军队建设思想是我军建设的科学指南

邓小平新时期军队建设思想符合我军的实际，具有鲜明的中国特色。它紧紧地抓住我军建设的主要矛盾，创造性地回答和解决了新时期我军建设亟待解决的一系列重大理论和实际问题，是新时期军队建设的科学指南。

（3）邓小平新时期军队建设思想是我军克敌制胜的锐利思想武器

邓小平的理论贡献主要体现在：一是对战争与和平问题提出了新的论断；二是确定了国防建设的总目标是实现现代化；三是提出并实行国防与军队建设指导思想的战略性转变，使国防与军队建设真正走上和平时期建设的轨道；四是确定了国防建设、军队建设要服从国家建设大局的基本原则；五是提出了军队建设的一系列新观点、新原则；六是提出军事改革是国防现代化的根本出路，是社会主义国家制度自我完善的重要方面；七是重新明确了我军在新的历史时期要继续坚持积极防御的战略方针。

#### 2. 邓小平新时期军事思想的现实意义

邓小平新时期军事思想代表了我军军事思想发展的一个新阶段，是先进军事思想的具体体现。因此，研究邓小平新时期军事思想不仅具有重大的现实意义，而且具有深远的历史意义。

（1）研究邓小平新时期军事思想以指导新的军事实践

现代军事科学理论是军队现代化的先导。我们所以要研究邓小平新时期军事思想，目的就在于指导现代军事领域中的各个实践问题。一是指导国家和武装力量的国防发展战略和军事战略。邓小平新时期军事思想根据国际形势的发展趋势和特点、世界军事战略态势和军事战略格局，以及我国在国际军事战略格局中的地位和奉行的对外政策，科学地分析和论证了敌我双方的政治、经济和军事实力，可能面临的主要威胁，以及未来战争可能出现的新情况、新特点，做出了正确的判断和预测。这是我们认清国际形势，制定我国国防发展战略和军事战略的基本依据。研究邓小平新时期军事思想，就是为了科学预测国际形势的发展趋势，把握时代的基本特征，正确制定我国国防发展战略和军事战略，并对实施过程中可能出现的新情况、新问题，进行滚动跟踪研究和论证，以跟上时代的步伐，掌握战略上的主动权。二是指导国家军队建设。邓小平新时期军事思想是我军在新的历史时期进行现代化建设的指南。研究邓小平新时期军事思想就是根据国家战略方针，针对敌对国家武装力量和武器装备的发展以及建军方向、规模、编成、军事训练、诸军兵种发展比重等，进行科学论证和科学预测，提出适合本国军队建设特点的理论和原则，用以指导我军建设，使我军在新的历史条件下朝着正确的方向发展。三是指导我军武器技术装备的发展。研究邓小平新时期军事思想，就是要在其指导下，根据已经制定的国防发展战略、经济实力和科学技术水平，对敌国武器技术装备的现状和发展趋势进行研究、论证和预测；提出我国武器技术装备的发展方向和改进措施，发展适合于不同地形、不同天候条件下作战的武器技术装备，缩短与世界发达国家军队武器技术装备现代化水平的差距。四是指导我军的战争准备和战争实施。研究邓小平新时期军事思想，就是要以此为依据不断研究总结以往历次战争经验，尤其是研究总结现代高技术条件下局部战争的经验教训，揭示战争规律和战争指导规律，从中得到启迪，以正确预测未来战争可能出现的形式和样式，提出相适应的对策，我们要根据邓小平新时期军事思想，及时掌握国际形势发展特点和军事战略动向，进行科学分析，做出正确的战略判断，为国家和军队做好战争准备，包括战争动员体制、民兵和预备役建设、战略物资储备、军事训练、武器装备的生产、战略后方建设等，提出一套行之有效的措施，以正确指导战争准备与实施，有把握地取得战争的胜利。

（2）研究邓小平新时期军事思想以指导我国武装力量的发展

研究邓小平新时期军事思想的立足点是要全面发展我国的武装力量。当前，国际形势趋于缓和，世界和平力量增长超过了战争力量的增长。在一个较长的时间内，至少在20世纪内不发生世界战争是可能的，是邓小平同志对未来战争所作的科学预测。正是在这一科学预测的基础上，中央军委对我军的发展提出了总体构想，不失时机地实现我军建设指导思想的战略性转变，卓有成效地改变我军的规模、结构、素质以及我军建设的途径和方式。另一方面，由于局部战争一直在打，我们必须拥有一支精悍的、能够应变的，并在军事、经济、外交等方面获得最佳效益的军队。为此，必须按照邓小平新时期军事思想加强我国武装力量建设，按具体问题具体对待的要求，不同规模、不同强度、不同对象、不同地区的战争，应该由不同装备、不同编制的部队去对付，才能收到事半功倍的效果。而这些问题的解决，都是以邓小平新时期军事思想为理论依据。

（3）研究邓小平新时期军事思想以解放思想，发展我国的军事科学

现代化，说到底是科学化。只有具备科学观念、科学精神，才会克服唯书、唯上等弊

端。科学文化知识是新观念的催化剂，现代化观念的确立，只有在提高科学文化水平，更新知识结构、开阔知识视野、改善思维方式的基础上才有可能实现。研究邓小平新时期军事思想，就是为了解放思想，按照新的思维方式，打破传统的僵化的旧观念，发展我国的军事科学。在新的历史条件下，我国的国防现代化建设和军队改革的实践均是以邓小平新时期军事思想为先导的。当前，随着整个社会改革步伐的加快，特别需要我们发展军事理论，努力开拓创新，以敏锐的眼光，以科学的态度，认真研究国防现代化建设和军队现代化建设中出现的新情况、新问题，从理论上做出科学的回答。邓小平同志在新的历史时期，对军队建设做出了一系列战略决策，把建设的重点重新转到现代化上来，从而使我军建设回到了马克思主义、毛泽东思想的正确轨道。认真研究和贯彻执行邓小平新时期军事思想，是加快我军现代化建设进程的关键，这一点，已经被军队建设的实践所证明。邓小平新时期军事思想，是现代化的军事思想，它对我国国防建设和军队建设的指导作用，越来越重要和突出。因此，我们必须深入研究邓小平新时期军事思想，掌握它的基本理论，并用其来指导我军面临的新的实践，这是时代的要求，也是历史的必然。

## 二、江泽民国防和军队建设思想

### （一）江泽民新时期军队建设重要论述的时代背景

江泽民同志作为我党的第三代领导核心，是毛泽东、邓小平开创的伟大事业的忠实继承者和奋发有为的开拓者。他关注世界格局的发展趋势，关注世界军事领域里的革命性变革，关注我军现代化建设的伟大实践，对新时期我军建设、国防建设和军事战略等基本问题提出了一系列重要论述，确立了我军在新时期必须贯彻执行的一系列的重大方针和原则，极大地丰富和发展了毛泽东军事思想和邓小平新时期军队建设思想。

#### 1. 国际战略格局发生了重大变化

1990 年，东欧剧变，两极格局趋向分化瓦解，江泽民在 1993 年 12 月的一次会议上用四句话精辟地概括了当时的国际形势：走向多极格局，局势有所缓和，矛盾复杂多变，世界并不安宁。国际战略格局的演变，既给我们提供了发展的机遇，也使我国面临严峻的挑战。

#### 2. 随着我国经济体制改革进一步深化

社会主义市场经济制度的建立，要求军队建设与改革必须与国家经济体制改革相协调。

#### 3. 现代化高技术局部战争已成为当代军事斗争的主要表现形式

这要求我们必须把军事斗争准备的基点，放在打赢可能发生的现代技术特别是高技术条件下的局部战争上，并根据新的需要确立适应新时期需要的新军事战略方针。

#### 4. 精减常备军

强大国防后备力量成为国防武装力量建设的发展趋势。

## （二）江泽民论国防和军队建设的主要内容

江泽民作为我国国防和军队现代化建设的第三代领导核心，对新时期军事实践活动的各个方面，都有着高屋建瓴、深刻精辟的论述。主要内容包括以下几个方面。

### 1. 坚持和加强党对军队的绝对领导

坚持中国共产党对军队的绝对领导，是毛泽东等老一辈无产阶级革命家创立的根本建军原则。

新的历史时期，江泽民用极大的精力坚定不移地贯彻了这一原则。江泽民主持军委工作以来，结合新的建军实践，把这一问题的重要性提到新的理论高度。江泽民指出，坚持党对军队的绝对领导，这是我们建军的根本原则，是我们党的优良传统，是我们军队特有的政治优势，必须继续保持和发扬。江泽民特别强调，一个军队要有军魂，我们军队的军魂就是党的绝对领导。这一点在新的历史时期尤为重要。近几年来，军委狠抓军队党的建设，军队中各级党组织较好地发挥了核心领导作用和战斗堡垒作用，部队的思想政治建设得到了加强。我军在政治上是合格的，党中央是信赖的。同时必须看到，西方敌对势力为实现其"西化""分化"中国的图谋，正在伺机对我军进行渗透和破坏，他们鼓吹的"军队非党化"和"军队非政治化"那一套，就是妄图改变我军的性质，使我军脱离党的领导。军队同志特别是高中级干部，对此必须高度警惕，始终保持政治上的清醒和坚定。为了把党对军队的绝对领导落到实处，江泽民特别强调：一要严守政治纪律；二要加强思想政治教育；三要搞好军政军民关系和官兵关系，加强军政军民团结和军队内部的团结；四要加强各级领导班子建设。

### 2. 实行积极防御的军事战略方针，立足于打赢现代技术特别是高技术条件下的局部战争

江泽民于1991年《在海湾战争座谈会上的讲话》指出：我们积极防御的军事战略，从根本上讲，就是我们的社会主义制度社会主义国家的性质所决定的，我们对外不搞侵略，也不去控制别的国家，这与资本主义国家的战略有根本区别。1993年1月又指出：把未来军事斗争准备的基点放在打赢可能发生的现代技术特别是高技术条件下的局部战争上。以江泽民为核心的党的第三代领导集体在邓小平国防思想的正确指导下，把积极防御战略同当代军事斗争的最新发展趋势结合起来，提出新时期军事战略方针的基本精神。它反映了当今世界形势和战略格局所发生的重大变化，反映了高技术条件下的局部战争成为主要作战形式的发展趋势，符合我国国情及面临的主要威胁和周边安全的实际情况。

### 3. 实施科技强军战略，加强军队质量建设，走有中国特色的精兵之路

走科技强军和精兵之路，必须正确处理军队数量与质量的关系。江泽民指出：我国幅员辽阔，地形复杂，由于装备性能比较落后，机动能力比较低，军队需要保持一定的规模。但是规模过大，又会影响整个国家的经济建设，从而最终影响军队的现代化建设。江泽民说："随着世界科学技术日新月异的进步，以及由此带来的世界军事变革的加速发展和武器系统效能的空前提高，加强我军的质量建设显得愈来愈重要，愈来愈紧迫。军队质量在

现代战争中具有决定性的意义。我们必须把质量建设作为实现我军现代化的基本指导方针，摆在更加突出的位置。"减少数量，提高质量，争夺质量优势，就是我军实现现代化的必然选择。要积极稳妥地进行编制、体制的调整和改革。军队编制、体制是实现人与武器有机结合的组织形式，科学的编制、体制是战斗力的倍增器。今天，在广泛使用高技术的情况下，军队编成的科学性，结构的合理性，指挥的灵便性，运转的协调性，构成作战体系的严密性等，直接关系到军队战斗力生成与发展。

走科技强军和精兵之路，关键是要科技强军。走有中国特色的精兵之路，核心是一个"精"字。江泽民指出：精既是对量的要求，更是对质的要求。减少数量，并不等于质量会自然而然地提高，加强质量建设的关键是实施科技强军的战略，提高军队现代化建设的各个方面的科学技术含量，增强现代技术特别是高技术条件下的防卫作战能力。面对世界军事发展的新形势，我们必须更加自觉、更加坚定地贯彻科技强军战略，争取实现我国国防和军队现代化建设的跨越式发展，尽快缩短同世界主要军事强国的差距。实施科技强军的关键是要把我军的武器装备搞上去。武器装备现代化是军队现代化的物质基础，也是科技强军的突出标志。因此，必须把国防科技发展和武器装备建设放在优先的位置，千方百计把我军武器装备搞上去。

### 4. 按"五句话"总要求，全面加强军队建设

1991年1月25日，江泽民在中央军事扩大会议上的讲话中指出：我们一定要建设一支政治合格、军事过硬、作风优良、纪律严明、保障有力的、战斗力很强的人民军队。

政治合格，其核心就是要解决我军永不变质的问题。政治合格的根本含义就是要坚持和接受中国共产党的绝对领导，保证我军人民军队的性质和宗旨，确实履行党和人民所赋予的神圣使命。要做到政治合格，一是要始终不渝地坚持和接受党对军队的绝对领导，保证枪杆子永远听从党的指挥；二是要努力贯彻和实践全心全意为人民服务的宗旨；三是要坚定不移地用科学的思想武装全军官兵，引导官兵树立正确的人生观、价值观，与党中央和中央军委保持一致；四是坚持党管干部的原则，努力建设一支高素质的干部队伍。

军事过硬，其关键就是要解决我军打得赢的问题。军队是国家的武装力量，是执行国家专政的暴力工具。军队的根本任务就是保卫人民和国家的生命安全、经济利益和国家的主权与领土完整。为此，针对新形势的要求，江泽民对军队再三强调：一是必须坚持毛泽东军事思想和邓小平新时期军队建设思想的科学指导地位，深入研究高技术战争的指导规律，务求军事理论建设的优势地位；二是贯彻积极防御的新时期军事战略方针；三是以科技为先导，不断改善我军的武器装备，确保我军掌握具有世界先进水平的"撒手锏"；四是用科学知识武装全军官兵，不断提高我军官兵的军事素质；五是实行科学的编制体制，走科技质量效能型之路；六是以训代战，努力提高高技术条件下的防卫作战能力；七是牢固树立战斗队的思想。

作风优良，其重点就是要解决我军永葆本色的问题。优良的光荣传统和特有的政治优势，是我军性质宗旨的集中体现，也是构成我军战斗力的重要因素和克敌制胜的法宝。其

主要内容是实事求是、言行一致、公道正派、廉洁奉公、艰苦奋斗、勤俭节约、尊干爱兵、拥政爱民、雷厉风行、英勇顽强等。江泽民反复强调，在新的历史条件下，更要大力加强我军的作风建设，发扬我党我军光荣传统，发扬老红军的优良传统，特别要发扬邓小平倡导的"五种革命精神"，永葆人民军队的本色。

纪律严明，其重心就是要解决新时期军队指挥到位的问题。江泽民根据新的历史条件强调指出：必须以加强纪律建设为核心内容，依法从严治军。因为在长期的和平环境中，部队容易松懈，坚持从严治军很不容易。但正因为如此，治军就更要严格，丝毫懈怠不得。为此，一要严格政治纪律，坚持维护政令军令的权威性、严肃性，确保党中央、中央军委决策的贯彻落实；二要树立高度自觉的组织观念，无论客观环境如何变化，都必须按组织原则行事；三要严格遵守各项条令、条例和规章制度；四是严格执行群众纪律，自觉接受群众的监督，维护人民的利益。

保障有力，其要害就是要解决我军在高技术战争条件下供得上的问题。现代技术条件下的作战，消耗大，技术保障复杂，时效性要求高，对后勤和技术保障的依赖性大。实现保障有力，就是要根据高技术条件下的作战需要，加强后勤和技术保障建设。主要抓好应急综合保障能力的提高，后勤建设的改革；建立平战结合、军民兼容的后勤保障体系；加强后勤保障技术的训练等，以适应高技术战争的需要。

### 5. 建设具有中国社会主义特色的现代化国防

建设具有中国社会主义特色的现代化国防是国家战略目标之一。

首先，建设国防现代化必须建立现代化的军事理论。要建立现代化的军事理论，就必须正确处理继承与创新的关系。江泽民指出：马克思主义的发展史告诉我们一个深刻的道理：社会实践是不断发展的，我们的思想认识也必须不断前进，不断根据实践的要求进行创新。思想解放、理论创新，是引导社会前进的强大力量。我们始终要坚持以马列主义、毛泽东思想，特别是邓小平理论为指导，这一点丝毫不能动摇。同时，我们也必须根据新的实践不断进行新的探索，不断为实践提出新的理论指导。军事理论来源于军事实践，科学技术的发展强制性地改变了战争的形态、方式和方法，有了新的战略战术。我们必须根据新的时代条件的变化和军队建设、国防建设的现实需要，努力发展具有中国特色的军事指导理论。江泽民指出：当前和今后一个时期，主要是抓好两大课题的研究。一是研究现代技术特别是高技术条件下仗怎么打的问题，二是研究在对外开放和发展社会主义市场经济条件下军怎么治的问题。要集中全军的智慧，共同完成时代赋予我们的这一历史任务。

其次，国防现代化的重要内容是实现武器装备的现代化。江泽民强调指出，我们不是唯武器论者，相信最终决定战争胜负的是人而不是物，但是先进的武器毕竟是重要的，科学技术是不能忽视的；必须把国防科学技术发展和部队装备建设放在突出地位，我们有信心有能力战胜任何敌人，但武器装备落后，特别是高技术条件下的对抗能力不强，夺取战场主动权就比较困难，赢得胜利就要付出较大代价。因此，必须尊重科学，重视武器的作用。要把国防科技发展和武器装备建设放在突出地位，必须坚持国防建设与经济建设相互促进、协调发展，使国防科技发展与武器装备建设适应新时期军事战略以及整个国家现代化建设事业发展的需要。江泽民从新时期的形势、任务和实际情况出发，指出把经济搞上去和建立强大的国防，是我国现代化建设的两大战略任务。一方面，把经济建设搞上去，是发展国防科技，改善武器装备的前提条件。雄厚的经济基础，是推动武器装备上质量、上台阶、上水平的根本保证。另一方面，要在国家财力增加的基础上，逐步加大国防科技发展和武器装备建设的投入，努力提高武器装备的现代化水平。如果不随着经济的发展而努力加强国防建设，提高军队武器装备的现代化水平，一旦发生战争，我们就可能陷于被动，就难于有效地维护国家安全。

最后，建立具有中国社会主义特色的现代化国防工业体系。我国的国防工业体系是在以毛泽东为首的老一辈无产阶级革命家关心、支持，并亲自过问和指挥下建立起来的。国防工业在保卫国家主权，反对外国入侵，维捷世界和平，反对霸权主义和强权政治的斗争中，做出了巨大的贡献，捍卫了国家的尊严。江泽民指出我国"两弹一星"事业不断取得辉煌的发展，这极大地鼓舞了中国人民的志气，振奋了中华民族的精神，为增强我国的科技实力特别是国防实力，奠定我国在国际舞台上的重要地位，做出了不可磨灭的巨大贡献。在发展社会主义市场经济的新形势下，具有中国社会主义特色的现代化国防工业体系应如何发展呢？江泽民指出：在发展社会主义市场经济的新形势下，我们不断探索和完善国防建设与经济建设相互促进、协调发展的机制，坚持寓军于民，推动国防科技工业走"军民结合、平战结合、军品优先、以民养军"的发展道路。第一，坚持寓军于民。寓军于民，是把这两项战略任务有机统一起来的重要举措。关键要坚持按照经济规律和科学规律办事，发挥市场配置资源的基础性作用，建立和完善适应新形势的新体制，把各方面的积极性、主动性和创造性充分发挥出来。第二，坚持大力协同，形成推动国防科技建设的社会大协作体系。搞国防科技建设，必须坚持大力协同的原则，绝不能搞成过去那种自成体系、自我封闭、分工过细、军民分割的局面。第三，坚持自力更生，瞄准实现技术发展跨越，加强自主创新。推进国防科技建设要两条腿走路：一是要坚定不移地发扬自力更生、奋发图强的精神，坚持自主创新，不断攀登科技高峰；二是抓住有利时机，有选择地引进先进的技术装备和管理方法，提高我国的武器装备水平。

### （三）江泽民国防和军队建设思想的作用和指导意义

#### 1. 江泽民国防和军队建设思想的作用

江泽民国防和军队建设思想是以江泽民为核心的党的第三代领导集体在治国治军的总体事业中形成的，是"三个代表"重要思想在军事领域的集中体现，是对时代变化的与时俱进的回应，为我军打赢高科技战争，捍卫国家主权和安全、维护世界和平提供了强大的理论指导，是新世纪国防和军队建设的理论指南。

（1）江泽民国防和军队建设思想深化了我军现代化建设的基本理论

这个理论是江泽民从分析和把握国际关系新情况新动向和国际关系全局入手，逐步形成的国防和军队建设的适应性和建设性的理论。他提出了我军现代化建设的方针和原则，指出了我军建设的主要矛盾是现代化水平和现代化战争之间的矛盾，从而明确了我军现代化建设的主要任务，构建出了我军现代化建设的理论体系，极大地丰富了我军现代化建设理论。

（2）江泽民国防和军队建设思想是打赢未来战争的指南

江泽民在密切关注科技发展对军队建设和军事斗争准备的深刻影响后，立足于打赢高技术条件下的局部战争，深刻分析了高技术装备之于局部战争的重要性，提出了发展高技术武器装备的必要性、紧迫性，辩证地阐述了打赢高技术条件下局部战争的信心问题。所以，这一国防和军队建设理论对未来高技术战争的准备工作具有重要的指导意义。

（3）江泽民国防和军队建设理论丰富和深化了马克思主义军事理论

无产阶级武装斗争理论在中国发展为人民战争理论，而人民战争理论在改革开放和社会主义现代化建设的时期发展为邓小平的新时期国防和军队建设思想，逐步形成日趋科学和完善的国防和军队建设的理论体系。江泽民国防和军队建设理论，不仅全面系统地探索了和平时期建设现代国防和职业化军队的特点及规律，还具体而比较完整地解决了新形势下中国国防和军队建设的基本理论和基本实践问题，划时代地开创了中国国防和军队建设的新局面。

（4）深刻揭示了和平时期建军治军的特点和规律

20 世纪 80 年代以来，"和平与发展"的时代主题依然保持基本稳定，国际战略格局发生了深刻的变化，我国确立了社会主义市场经济体制改革目标，对外开放的深度和广度不断发展，中国社会不断成长，但仍旧面临旧的国际秩序和旧的冷战思维带来的、以高技术条件下的局部战争为特征的现实威胁。对我国国防和军队建设而言，这既是机遇，又是挑战。这些机遇和挑战互相影响、互相制约，使军队建设呈现许多新特点、新规律。江泽民国防和军队建设思想正是建构于这些特点和规律之上，是对这些规律和特点的科学反映。他提出了继续深入贯彻军队建设指导思想实行战略转变的思想，在服从国家建设大局的前提下，国防和军队现代化建设要以新时期战略方针统揽全局，坚持走有中国特色的精兵之路，贯彻科技强军战略，努力实现"两个根本性转变"，真正把"五句话"的总要求落到实处。

### 2. 江泽民国防和军队建设思想的指导意义

江泽民国防和军队建设思想，是以他为核心的党的第三代领导集体在创造性地实践邓小平军队建设思想过程中集体智慧的结晶。这些论述，坚持、丰富和扩展了邓小平军队建设思想，是新形势下我军现代化建设和做好军事斗争准备的理论指南。重视学习江泽民国防和军队建设思想，具有重要的现实意义和深远的历史意义。

（1）江泽民国防和军队建设思想是毛泽东军事思想、邓小平军队建设思想在新形势下的继承和发展，与党的三代领导集体的军事思想一脉相承，又各有不同的历史烙印。就本质而言，江泽民国防和军队建设思想是以江泽民同志为核心的第三代领导集体，将马克思主义军事理论的基本原理同新形势下国防和军队建设的具体实践相结合的经验结晶，是毛泽东军事思想、邓小平国防和军队建设思想的继承和发展，是"三个代表"重要思想在新形势下我国国防和军事领域的集中体现，是"三个代表"重要思想的"军事篇"。

（2）江泽民国防和军队建设思想，深刻揭示了和平时期建军治军的特点和规律。江泽民国防和军队建设思想的精髓突出表现在：解放思想、实事求是、开拓创新、与时俱进，在马克思主义军事理论的发展史上具有重要的历史地位。可以说，卓有建树地开创了中国国防和军队建设的新局面，全面、系统和深刻地揭示了和平时期建军治军的特点和规律。

学习江泽民国防和军队建设思想，要认真研究解决时代提出的新课题，总结新经验，使理论指导实践的过程，成为国防与军队建设理论与实践不断创新发展的过程。

（3）江泽民国防和军队建设思想是新形势下指导国防和军队建设的科学理论，理论的生命力来自实践。江泽民同志担任军委主席期间，我国的国防和军队所处的历史条件发生了一系列重大的变化，出现了许多新情况和新问题。国际战略格局的变化，世界军事变革的挑战，我国安全形势的新情况，对台斗争的严峻形势，向我军提出了"打得赢高技术局部战争的历史性课题"。国家进一步扩大改革开放，发展社会主义市场经济，向我军提出了坚持人民军队的性质、本色、作风"不变质"的历史性课题。江泽民国防和军队建设思想是新形势下指导国防和军队建设的科学理论。

## 三、胡锦涛国防和军队建设思想

### （一）胡锦涛国防和军队建设重要论述的科学含义和历史背景

21世纪，中国的发展跨入了一个重要的战略机遇期。胡锦涛以政治家和战略家的远见卓识与战略智慧，着眼时代特点，立足维护国家安全和发展利益的大局，依据国际国内环境的发展变化和新世纪新阶段国防与军队建设的客观实际，提出了关于加强国防和军队建设的一系列重要论述。

#### 1. 胡锦涛国防和军队建设重要论述的科学含义

胡锦涛国防和军队建设的重要论述，是新世纪新阶段用科学发展观统筹国防和军队现代化建设，打赢信息化战争的军事指导理论，是毛泽东、邓小平和江泽民国防与军队建设思想的丰富和发展，是科学发展观在国防和军事领域的展开和延伸。

#### 2. 胡锦涛国防和军队建设重要论述的历史背景

（1）世界多极化和经济全球化的趋势进一步凸显。影响国家可持续发展的外部制约因素增加，新世纪新阶段，国际形势呈现总体和平、缓和、稳定的基本态势，和平、发展、合作是时代的主流；世界多极化和经济全球化的趋势进一步凸显；各国利益相互依存、相互交织，对话合作意愿不断增强。但是，随着国际形势的发展变化，我国可持续发展面临的外部制约因素也在增加。表现在：西方敌对势力加紧对中国实施西化、分化和遏制政策，千方百计对中国加以牵制；我国周边安全环境存在诸多隐患，围绕海洋权益的斗争加剧；

随着国家利益的拓展，保护海外利益的任务更加艰巨。

（2）国家社会和经济发展形势总体良好。影响国家安全和稳定的不确定因素增多，我国经济社会、国防和军队建设进入新世纪新阶段以后，给国家的安全和发展形势带来了有利的机遇。表现在：我国政治安定、民族团结、经济发展、社会和谐的局面得到进一步巩固；我国对世界的影响力增大；国家社会和经济发展形势总体良好。但影响国家安全和发展的不稳定、不确定因素增多。表现在："台独"等民族分裂势力猖獗；恐怖势力、宗教极端势力等邪恶势力加紧勾结，不断组织策划渗透、瓦解和破坏活动；我国人口、就业和"三农"等问题凸现，社会矛盾和犯罪问题增多；国内安全与国际安全的互动性增强，一些国内问题如果处理不当，可能会演变为国际问题，一些国际问题也可能影响我国诱发社会稳定问题；国家传统安全威胁和非传统安全威胁因素相互交织。

（3）我军所处环境和面临的任务发生了重大变化。国防和军队建设面临时代性的挑战。由于我军所处环境和面临的任务发生了重大变化，国防和军队建设需要解决诸多具有时代性的课题。如何在国际上单边主义和强权政治仍然存在、多极化趋势日渐呈现、区域化和全球化经济机遇与挑战并存、竞争大于合作的复杂形势下，坚决有效地维护国家的战略利益；如何在我国改革发展进入关键时刻，特别是"台独"分裂势力严重威胁祖国和平统一大业的背景下，更好地履行党和人民赋予军队的神圣使命，有效维护国家主权统一和稳定；如何在世界新军事变革加速推进，战略主动权竞争日趋激烈的形势下，大力推进国防和军队现代化建设，不断增强应对危机、维护和平、遏制战争、打赢信息化战争的能力；如何在我国经济实力、科技实力、国防实力和民族凝聚力不断增强，国防和军队建设取得巨大成就的基础上，继续抓住机遇，乘势而上，推动国防和军队建设迈上新的台阶。这些都给我国国防和军队现代化建设带来了时代性的挑战。

### （二）胡锦涛国防和军队建设重要论述的主要内容

#### 1.加强军队思想政治建设，强化部队战斗精神
（1）军队要大力加强思想政治建设

一是军队要始终坚持正确的政治方向。胡锦涛在视察部队时指出，思想政治建设是军队的根本性、基础性建设。要积极适应新的形势和任务，把部队思想政治建设抓得更加有力、更加扎实、更加富有成效。还强调要坚持把思想政治建设摆在全军各项建设的首位，始终不渝地坚持党对军队绝对领导的根本原则和制度。要按照党中央和中央军委的部署，把全军的意志和力量凝聚到履行新使命、完成新任务的具体实践中。大力加强思想政治建设，坚持不懈地用党的创新理论武装官兵，紧密结合形势任务，深入开展我军历史使命教育、理想信念教育、战斗精神教育和社会主义荣辱观教育，始终保持部队正确的政治方向。要在全军大力开展"以热爱祖国为荣、以危害祖国为耻；以服务人民为荣、以背离人民为耻；以崇尚科学为荣、以愚昧无知为耻；以团结互助为荣、以损人利己为耻；以诚实守信

为荣、以见利忘义为耻；以遵纪守法为荣、以违法乱纪为耻；以艰苦奋斗为荣、以骄奢淫逸为耻"的八荣八耻教育，引导官兵树立社会主义荣辱观，坚定理想信念。树立正确的世界观、人生观和价值观，做到听党指挥、服务人民、英勇善战。

二是增强思想政治工作的针对性和时效性。胡锦涛强调指出，要紧密联系部队建设的新形势和新特点，切实加强和改进思想政治工作。这是确保党对军队绝对领导的必然要求，是确保部队"打得赢、不变质"的必然要求，也是确保广大官兵健康成长的必然要求。要着眼于时代发展和任务变化对思想政治工作提出的新要求，根据部队官兵的成分变化和思想实际，有的放矢地做工作，增强思想政治工作的针对性、实效性。要紧密联系部队建设的新形势和新特点，努力改进思想政治工作，不断增强思想政治工作的针对性、实效性、主动性。

三是积极创新和改进思想政治教育的内容、形式和手段。我军建设进入新世纪新阶段之后，部队官兵的思想出现了许多新情况新问题，思想政治教育的内容必须随之而变化。胡锦涛指出，要持久地开展以坚定理想信念和树立正确的世界观、人生观、价值观为核心的思想政治教育，使广大官兵始终保持政治上的坚定和思想道德上的纯洁，始终保持坚强的革命意志和旺盛的战斗精神。要深入扎实地搞好保持共产党员先进性教育活动，在确保取得实实在在的成果下，使其成为官兵满意工程。

（2）加强军队各级党委和部队党的先进性建设

一是要大力加强军队各级党组织的能力建设。为了履行我军新世纪新阶段的历史使命，胡锦涛要求军队各级党委和领导干部要准确理解和把握党的路线方针政策，准确理解和把握军委的决策指示、军事战略方针和各项战略原则，要在军队建设中全面贯彻落实科学发展观。胡锦涛强调，要大力加强军队各级党组织的能力建设，不断提高加强部队思想政治建设，把握部队建设正确方向的本领。不断提高领导军事斗争准备，带领部队完成信息化作战任务的本领。不断提高推进中国特色军事变革，推进部队机械化、信息化建设的本领。不断提高依法从严治军，加强部队正规化建设的本领。各级党组织的能力建设，体现在党的思想、组织、作风、制度建设各个方面，要充分发挥党委的核心领导作用、党支部的战斗堡垒作用和共产党员的先锋模范作用，确保部队在任何时候任何情况下都坚定地听党的话、跟党走。要教育引导广大党员加强理论学习，加强实践锻炼，全面提高自身素质，积极投身中国特色军事变革，在推进军事斗争准备中当先锋做模范。

二是要重视提高军队领导干部的综合素质。军队领导干部特别是高中级干部是建军治军的中坚力量。军队建设能不能搞好，各项工作能不能真正落到实处，我军能不能履行好肩负的历史使命，高中级干部是关键。要突出抓好高中级干部的思想教育，使他们始终保持共产党人的先进性。要重视提高高中级干部的综合素质，进一步增强政治意识、大局意识和战略意识。积极探索信息化条件下和社会主义市场经济环境中治军带兵的特点规律，努力提高领导部队全面建设和驾驭信息化战争的能力。要坚持党管干部原则，贯彻干部队伍"四化"方针，坚持正确的政绩观，严格实行干部选拔任用的标准和程序。各级领导干部都要向杨业功同志学习，忠于职守，勤奋工作，敢于开拓，严以自律，模范地执行党的路线方针政策，带头遵章守纪，以自身良好的形象影响和带领部队。胡锦涛要求军队领导干部要坚持"三学"，即学习马克思主义理论特别是重大理论创新成果、学习现代科学技术知识和现代管理知识。提高"三个素质"，即政治素质、战略素质和科学文化素质。并要求军队各级党委和领导干部要树立现代决策理念，掌握和运用现代决策方法，努力提高科学决策、民主决策、依法决策的水平，建立健全科学决策机制，完善决策规则和程序，重视发挥专家和咨询机构的作用，实行领导决策与专家辅助决策相结合。建立决策监督机制和纠错机制，尽量防止决策失误和降低决策失误带来的损失。要善于利用科学的决策技术、方法和手段，把定性分析和定量分析结合起来，使决策工作建立在科学分析的基础上，克服决策的随意性和片面性。

三是要转变领导作风，树立良好形象。胡锦涛提出了转变领导作风和工作作风的四个大力倡导，即大力倡导"求真务实，真抓实干，坚决反对做表面文章，搞所谓'政绩工程'；大力倡导讲真话报实情，坚决反对说假话报虚情；大力倡导用好的作风选人、选作风好的人，坚决反对用人上的不正之风；大力倡导严于律己、以身作则，依靠真理的力量、人格的力量树立良好形象，为部队和基层做好表率"。胡锦涛要求军队各级党委和领导干部，要坚持衡量和检验部队各项工作的"三个有利于标准"，即是否有利于部队建设的发展进步、是否有利于部队战斗力的提高、是否有利于解决官兵的实际问题。认真贯彻落实科学发展观，科学统筹、科学组织、科学实施军队建设，转变发展观念，创新发展模式，提高发展质量，加快发展步伐，努力把我军现代化建设推进到一个新阶段。

（3）强化战斗精神，树立敢打必胜的信心

一是强化战斗精神是对我军优良传统的继承和发扬。胡锦涛在2004年12月的一次重要会议上强调：要在全军深入进行强化战斗精神，提高打赢能力的教育，真正搞清楚"为什么要准备打仗？准备打什么样的仗？怎样准备打仗？"这个重大问题，引导广大官兵牢固树立敢打必胜的坚定信心。我军历来具有英勇顽强的战斗意志和战斗作风，依靠一不怕苦、二不怕死的革命精神、压倒一切敌人的英雄气概和决不为强大敌人所屈服的必胜信念；依靠胜敌一筹的战争指挥艺术；依靠灵活机动的战略战术；依靠人民战争的法宝；创造了许多以劣势装备打败优势装备的国内外强大敌人的奇迹，在威武雄壮的战争舞台上导演了幕幕有声有色的战争活剧。这是我军的优良传统和宝贵精神财富，要在新世纪新阶段继续发扬光大。在战略上要敢于藐视和战胜对手，牢固树立敢打必胜的信心；在战术上要重视对手，深入研究和探讨克敌制胜的有效战法。

二是强化战斗精神是以劣胜优的要求。目前，我军武器装备的现代化水平有了很大改善和提高，但与西方主要发达国家军队武器装备的发展水平相比还有很大差距。对我军来说，还是要以劣抗优、以劣胜优，立足现有装备打仗。要充分发挥我军的优长，充分发挥人的主观能动性，把现有装备的潜力和效能最大限度地发挥出来。全靠新装备打仗是不现实的，要坚持有什么装备打什么仗。其中，强化战斗精神是非常重要的内容。

三是强化战斗精神是谋求战斗力优势的重要途径。人和武器是构成战斗力的两个基本要素，其中人是最活跃、最有决定意义的因素。人的思想觉悟、战斗意志、牺牲精神以及综合素质，直接决定着武器装备效能的发挥，影响着战争的胜负，而人各方面作用的发挥首先依赖于敢打必胜的过硬战斗精神。战斗中，如果畏敌如虎，贪生怕死，不想打仗，不敢打仗，缺乏必胜的信念，那么就不能发挥武器装备的最佳效能，就不会积极主动地采取灵活的战法打击敌人，就会在敌人心理威慑面前丧失抵抗意志。仗未打，"气"先失，是注定要失败的。

所以，为了打赢未来的信息化战争，捍卫国家利益，我军要在努力改善和发展武器装备的同时，继承和发扬不怕牺牲、不怕疲劳、连续作战、英勇顽强和敢打必胜的光荣传统，进一步强化战斗精神，保持我军在战斗力上的特有优势。

**2. 认真履行使命，统筹军队全面建设，打赢信息化战争**

（1）认真履行新世纪新阶段军队的历史使命

一个国家、一个民族，要想在激烈的国际竞争中立于不败之地并有所作为，既要拥有强大的经济实力，也要拥有强大的军事实力。着眼于国家利益和军队建设与发展的战略全局，根据军队所处的国际国内环境发生的重大变化，2004年底，胡锦涛从维护国家的发展利益和安全利益出发，以战略家的远见卓识，确立了新世纪新阶段军队的历史使命：军队要为党巩固执政地位提供重要的力量保证；为维护国家发展的重要战略机遇提供坚强的安全保障；为维护国家利益的拓展提供有力的战略支撑；为维护世界和平和促进共同发展发挥重要作用。

使命，是一份神圣和厚重的责任。我军的历史使命，是根据党的任务确定的，是军队在新世纪新阶段所必须完成的基本任务，必须发挥的特殊作用，规定着我军建设的发展方向、奋斗目标和指导原则。我军的历史使命，在不同的历史时期和阶段有着不同的时代内涵。回顾我军不同时期的使命，可以得出以下结论：党的使命决定我军的使命，军队的使命是党的使命的一部分；我军历史使命是由我军的性质和宗旨决定的；军队的使命是历史的和发展的，有恒定不变的内容，也有随时代发展而变化的成分；军队使命是军队在特定时期和阶段全部军事活动的最高导向和最后归依；依据不同的时代背景和历史条件科学确定我军的历史使命，是党的军事指导思想和理论创新发展的重要任务。

为党巩固执政地位提供重要的力量保证，是党赋予我军的核心使命。坚持党对军队的绝对领导，是履行核心使命的根本保证，也是保证社会主义红色江山永不变色、实现人民群众根本利益的保证。

当前，我党执政地位面临着许多方面的挑战：一是西方发达国家在经济、科技、军事等方面的优势给我们造成的压力将长期存在。这就使一些群众不能正确认识我国社会主义初级阶段的基本国情，理想信念产生了动摇，动摇了跟共产党走和走社会主义道路的信念和信心。有的甚至对党的执政地位、执政能力、执政合法性产生了怀疑。二是西方敌对势力妄图"西化""分化"我国的战略图谋也从来没有改变。西方国家加紧对我实行"西化""分化"战略，企图"和平演变，不战而胜"，并通过培植、鼓动和扶持政治的、民族的各类分裂势力，对我国"分而治之"，导致与恐怖主义、分裂主义、极端主义三股势力的斗争更加复杂。三是社会转型期的矛盾和问题进一步凸显。如近几年发生的"群体性事件"呈上升趋势。在很多地方，"群体性事件"已成为影响社会稳定的第一位因素。其表现为："群体性事件"数量不断上升，规模不断扩大，涉及面越来越广，行为方式越来越激烈，组织化程度越来越高。四是党对军队绝对领导的根本原则和制度面临着国际思想政治领域的尖锐斗争。西方国家为了在全世界推行价值观，大搞所谓的"民主输出"和"颜色革命"，使格鲁吉亚、乌克兰、吉尔吉斯斯坦等国家的政权一夜变天。他们的一个重要手段就是策动军队保持所谓"中立"态度。冷战结束后，西方敌对势力加紧了对我实施"西化""分化"的战略图谋。特别是近些年来，敌对势力把我军作为"和平演变"的重点目标，渗透破坏活动明显加剧。他们利用大众传媒、国际会议、军事学术交流，直至外交、经济等手段，极力推销"军队非党化""军队非政治化""军队国家化"等政治观点，千方百计地进行思想渗透和拉拢策反。我军必须把坚持党对军队绝对领导的根本原则和制度，加强军队的革命化、现代化、正规化建设作为党执政的一项重要战略任务抓紧抓好，确保我军能够经受住各种斗争任务和各种复杂环境的考验，始终成为党巩固执政地位的中坚力量。

为维护国家发展的重要战略机遇期提供坚强的安全保障。21世纪前20年，对于我们国家来说，是一个必须紧紧抓住并且可以大有作为的重要战略机遇期。所谓战略机遇期，是指某个时间段出现了有利于国家发展的契机、条件和环境，能够对一个国家或地区的历史命运产生全局性、长远性、决定性的影响。冷战结束以来，两极格局解体，大规模大范围的军事对抗大为减少，而代之以综合国力的激烈竞争。有人认为，战争是残酷的竞争，竞争是文明的战争，战争的结局是以成败论英雄，竞争的结局是在淘汰中见兴衰。战略机遇期是对可能性而言，努力排除各种风险赢来的结果。如果主观努力不够，战略机遇期不仅抓不到手，而且还会变成战略风险期。当前影响我国战略机遇期的主要因素有：一是世界与我国的重大转折同时出现，时间重合但目标不同，各国都想抓住这一机遇发展自己，各种矛盾和利益冲突在所难免。二是我国周边环境也存在诸多不确定因素。如历史遗留的陆地边界问题尚未解决，300多万平方千米海洋权益中一半以上存在争端；"台独"分裂势力对国家主权、领土完整和国家战略发展空间构成严重威胁；恐怖主义和"藏独""东突"等民族分裂势力危害边疆地区安定；非传统安全威胁对国家安全稳定带来不利影响。三是随着经济的进一步发展，改革的不断深化，各种思想文化相互激荡，各种社会矛盾相互影响，不利于社会稳定的因素增多。

把握战略机遇期，关键是要创造一个稳定可靠的安全环境。军队在维护战略机遇期方面必须发挥应有的作用。最重要的就是运用军事实力所产生的威慑作用，遏制或延缓战争的爆发，必要时以果敢的军事行动控制危机、以战止战。这就要求我们要进一步增强忧患意识、战略风险意识，充分认识机遇中包含着风险，风险中隐藏着机遇；认清风险才能更加珍惜机遇，克服风险才能真正抓住机遇。军队要进一步增强紧迫感、责任感，尽可能把风险估计得高一些，切实担负起我军的历史使命，时刻做好应对战争、突发事件和各种危机的准备。为维护国家利益的拓展提供有力的战略支撑。国家利益包括生存利益、安全利益和发展利益，是一个国家和民族的最高利益。维护国家利益，是军队的神圣职责，是军人行为的最高准则。国家把军队作为自己的生存之盾，军队把维护国家利益作为自己的崇高使命，反映了国家与军队不可分离的关系。

胡锦涛指出：国家安全逐渐超出传统的领土、领海、领空范围，不断向海洋、太空、电磁空间扩展和延伸。海洋安全、太空安全、电磁空间安全已经成为国家安全的重要领域。过去，特别是在冷战结束以前，我国的国家利益中生存利益是第一位的，安全利益在应对外敌大规模陆地入侵时是主要的，发展利益也主要是自力更生、艰苦奋斗的自我封闭。

当今时代，国家利益的内涵和外延发生了深刻变化。高科技的发展和陆地资源的逐渐减少，将人们的目光引向遥远的未来和更加广阔的空间。世界上没有不以安全为条件的发展，也没有不以发展为目的的安全，这就决定了国家的安全利益必须随国家利益的发展而不断延伸。

安全利益中主要是应对新领域、多元化的非传统威胁。从非传统威胁的方式来看，主要是恐怖袭击、能源断绝、有组织犯罪等。

维护国家在这些领域的安全，是军队新的使命，军队必须具有与之相适应的能力。我军为维护国家利益的拓展提供有力的战略支撑的历史使命，适应了经济全球化和现代科技广泛应用的发展趋势，反映了我军在保证实现国家利益上的新的职能，是维护安全的重要体现。

为此，要着眼国家发展大局，拓宽安全战略和军事战略视野，加强维护太空安全战略能力建设；加强维护电磁空间安全战略能力建设；加强维护海外利益安全的远洋防卫作战能力建设；加强维护海洋权益的战备能力建设，有力保障国家的安全和发展利益，为维护世界和平与促进共同发展发挥重要作用。我国要实现和平发展，要维护国家安全和利益，要维护世界和平与促进共同发展，必须有强大的军事实力做后盾。我们要在国家经济不断发展的基础上，努力建立一支同我国安全和发展利益相适应的军事力量，提高应对危机、维护和平、遏制战争、打赢战争的能力，以更好地履行维护国家安全，捍卫国家主权和领土完整的职责，发挥维护世界和平的积极作用。

胡锦涛提出的新世纪新阶段我军"三个提供、一个发挥"的历史使命，意味着我军的职能和作用进一步拓展：由维护传统领土、领海和领空安全，延伸到维护海洋、太空、电磁空间等领域的安全；由应对传统安全威胁，延伸到应对非传统安全威胁；由维护国家生存利益，延伸到维护国家发展利益；由维护国家改革发展稳定大局，延伸到在维护世界和平中发挥积极作用。赋予了我军历史使命新的内涵，开阔了国家安全战略和军事战略的视野，进一步拓展了我军的职能使命，明确了国防和军队建设的发展目标，提高了军事斗争准备的标准，充实了军事力量运用的指导原则，科学回答了新世纪新阶段国防和军队建设朝什么方向发展、如何科学发展、如何科学运用军事力量的时代课题，实现了人民军队历史使命的与时俱进。

（2）坚持"五个统筹"，实现国防和军队建设可持续发展

胡锦涛指出，坚持在国防和军队建设中贯彻落实科学发展观，首要问题是坚持国防建设和军队建设全面协调可持续发展的方针，坚持"五个统筹"，即统筹中国特色军事变革与军事斗争准备，统筹机械化建设与信息化建设，统筹诸军兵种作战能力建设，统筹当前建设与长远发展，统筹主要战略方向与其他战略方向。

军队要进一步实施科技强军战略，着力推动军事创新，加快转变战斗力生成模式，充分发挥广大官兵的主体作用，推进军队革命化、现代化、正规化的整体发展和全面进步，实现国防和军队建设可持续发展。

第一，必须统筹中国特色军事变革与军事斗争准备。推进中国特色军事变革与做好军事斗争准备是新世纪新阶段我军面临的两大战略任务。中国特色军事变革，就是适应世界新军事变革发展趋势，从我国的国情和军情出发，走以信息化带动机械化、以机械化促进信息化的跨越式发展道路。通过深化改革，实现军队建设的整体转型，建设一支能够打得赢未来信息化战争的强大的现代化正规化革命军队。

胡锦涛指出：要进一步增强使命感和紧迫感，扎扎实实抓好军事斗争准备。军事斗争准备，是指为了赢得未来战争的胜利而在相对和平时期进行的组织、物质和精神各方面的准备。军事斗争准备作为军事战略方针的一个重要内容，目标更加全面，任务也更加艰巨，客观上要求我们必须把军事斗争准备作为贯彻新时期军事战略方针的一项重要的战略任务来抓。

统筹中国特色军事变革与军事斗争准备，两者既相互统一，又相互区别，要注意正确处理好推进中国特色军事变革与做好军事斗争准备的关系。一是要以军事斗争准备来促进中国特色军事变革，以中国特色军事变革来带动军事斗争准备；二是要紧紧围绕军事斗争准备的现实需要推进中国特色军事变革；三是要把军事斗争准备纳入中国特色军事变革的全局之中；四是要以变革的精神指导军事斗争准备。

第二，必须统筹机械化建设与信息化建设。机械化与信息化是两个不同的概念和不同的军事形态。从发展和建设的角度来看，机械化和信息化是军队现代化的两个不同的发展阶段。

信息化是建立在机械化基础之上的，两者既有各自的规律性，又密切联系。军队机械化，是指建立在工业技术基础之上的工业时代或工业社会军队的基本形态。军队信息化，是信息时代或信息社会军队的基本形态，是在机械化的基础上发展起来的。目前展现的主要特征：一是大力发展以精确制导武器为代表的信息化武器装备、隐形武器装备和新概念武器装备。二是军队规模缩减，军种界限模糊，海空军比例扩大，部队编成向小型化、一体化、智能化方向发展，军队人员与武器装备系统的组合进一步优化。三是指挥体制"网络化"，指挥手段"自动化"。四是军事理论主要是信息化战争的作战理论，主要表现为以夺取制信息权为核心的信息战，非接触战以及陆、海、空、天、电一体化作战理论等。

目前，我军机械化与信息化建设的基本现状：一是武器装备仍处在机械化半机械化状态，信息化武器装备建设刚刚起步。二是体制编制仍滞留在机械化时代，走向信息化时代的改革尚处于论证和试验阶段。三是具有我军特色的机械化作战理论体系尚不完善，信息化作战理论还处在探索阶段。四是人才队伍的状况还不适应机械化和信息化建设的需要。

面对我军目前机械化尚未完成，同时又要努力向信息化过渡的现实，我们必须从国情和军情的实际出发，正确处理好机械化和信息化的关系，努力完成机械化和信息化建设的双重历史任务，实现我军现代化的跨越式发展。在实践中必须坚持以下几点：一是要以机械化为基础，加快信息化建设步伐。二是要以信息化为牵引，提高机械化建设水平。三是要将机械化建设与信息化建设有机结合融为一体。四是要突出建设重点，既要始终把信息化建设放在首位，又要用信息化建设来牵引和带动机械化建设。

第三，必须统筹诸军兵种作战能力建设。精干够用的诸军兵种作战力量，既是国家强大的象征，也是维护国家安全、捍卫国家利益、保卫国家稳定与发展的重要保证，同时还是我国维护和促进世界和平与发展的重要物质基础。在新世纪新阶段，建设中国特色的作战力量，必须着眼于胡主席提出的建设信息化军队，打赢信息化战争的战略目标，全面贯彻落实科学发展观，调整我军作战力量建设思路，坚持以提高战斗力为核心，统筹诸军兵种作战能力建设。

为适应我军职能的"四个延伸"，陆军要大力加强质量建设，提高空地一体、运程机动、快速突击和特种作战能力。海军要重点提高第一岛链内近海综合作战能力，增强核威慑和反击能力，并逐步发展远海防卫作战能力。空军要由国土防空型加快向攻防兼备型转变，重点提高空中进攻、信息作战、防空反导、战略投送的能力。二炮部队要加快新一代武器换型建设，着重提高战略核导弹的突防能力、快速反应能力，常规导弹的远程精确打击、综合毁伤能力和部队的生存防护能力。航天力量要适应未来太空防御作战的要求，提高发射、探测、预警、传输和防护能力，加快建设步伐。

目前，我军作战力量的编成、军兵种及其武器装备的结构等，总体上属于陆战型、近战型和本土纵深防御型。这样的力量结构所形成的作战功能与信息化和一体化联合作战是不相适应的。必须把诸军兵种作战力量统筹整合起来，即把全军作为一个大系统，以诸军兵种为系统要素，按照结构决定功能的原理，对各要素进行优化编组，实现系统功能大于要素之和，在整体上形成作战能力的跃升。

胡锦涛指出：必须下功夫解决军队内部存在的各种问题，进一步优化结构，理顺关系，加强体制建设，提高整体效能，使军队建设与发展在系统筹划、协调发展中前进。统筹诸军兵种作战能力建设，牵动整个国防和军队建设全局，涉及军事领域的诸多方面和各军兵种众多的利益关系。进一步优化军兵种总体结构。适应信息化战争的特点和各军兵种的任务要求，按照精兵、合成、高效的原则，在精简陆军、加快陆军转型的同时，加强海空军和第二炮兵建设，加强信息作战和航天力量建设，加强应急机动部队建设，形成体系完整、结构合理、比例适当，构建起一体化、立体化、远中近相互衔接、攻防兼备的力量体系，全面提高军队的威慑和实战能力；要进一步优化军种内部结构。优化军种内部的编成和规模结构，提高各军种高新技术兵种和部队的比例。兵种的数量可适当增加，兵种的规模可根据需要缩小。

第四，必须统筹当前建设与长远发展。实现国防和军队建设的可持续发展，就是要把国防和军队建设作为一个承前启后的发展过程，统筹当前建设与长远发展。既注重当前建设和做好眼前工作，又要着眼未来谋求长远发展，避免时断时续或大起大落，以确保国防和军队建设与发展的连续性与持久性。当前建设是指国防和军队建设应对近期可能面临的军事冲突和战争威胁而进行的以军事斗争准备为主要内容的建设活动，具有明显的指向性、目标性和应急性。当前建设的指向，就是对我国安全构成现实威胁的作战对象；当前建设目标由一个完整的指标体系构成，是根据作战对象的特点及其作战能力，通过针对性极强的建设和准备，具备战胜对手的战略能力；当前建设的应急性，主要表现在建设时间的有限性和急迫性，要求军队随时做好作战准备，随时准备打仗。长远发展主要是指为实现国防和军队战略目标而进行的建设活动。国防和军队建设的长远目标是通过完成阶段性任务来实现的。无论是当前建设，还是长远发展，都是为了履行保卫国家主权、领土完整和安全，维护国家战略利益的神圣使命，两者紧密联系、相互影响，辩证统一于建设现代化军队的总任务、总目标之中。

第五，必须统筹主要战略方向与其他战略方向。主要战略方向是指对国家安全和战争全局具有决定意义的方向，是敌我双方矛盾斗争的焦点，是作战力量集中使用的重点和战略指导的关键点。战略方向的确定，来源于对国内外政治、经济、军事形势以及面临威胁和挑战的战略判断，并与国家的发展及安全需求相一致。战略方向判断的正确与否，各战略方向关系处理得如何，关乎国家安全，直接影响到国防和军队建设的大局，是一个重要的战略问题。

从国家的战略指导上看，战略方向具有明确的指向性，是国防和军队建设及军事斗争准备的主要依据。正确判断周边安全环境，准确确定和统筹好主要战略方向与其他战略方向，对于保证我国的国家安全，全面建设小康社会具有十分重要的意义。只有正确选定主要战略方向，才能围绕主要战略方向集中部署军事力量，构成利于己而不利于敌的战略态势，包括围绕主要战略方向建立陆、海、空军和战略导弹部队密切协同，正规军、预备役部队和民兵紧密配合的作战系统，形成整体作战能力，确保在主要战略方向、重要作战阶段能及时、有效地集中精兵利器，形成战略作战拳头，对作战目标实施全方位、全时空的整体打击。实施战略进攻，迅速打乱敌方战争计划和战略部署，给敌以毁灭性打击。实施战略防御，可建立有重点的全方位大纵深立体防御体系，粉碎敌战略进攻。在和平时期，则能形成有效遏制战争，维护国家统一和领土完整的战略部署，为战时顺利地遂行作战任务，实现预期的战略目的奠定基础。

我国是世界上地缘环境最复杂的国家，复杂的地缘关系，决定了我国的战略方向具有多元性。中华人民共和国成立后，中国的主要战略方向，就曾随着国际局势、周边安全环境的变化和国家面临的现实威胁作过多次重大调整。统筹主要战略方向和其他战略方向，处理好战略方向之间的关系，必须做到突出重点，兼顾一般，多手准备，有备无患。统筹主要战略方向与其他战略方向需要把握以下几个问题：一是立足全局抓主要战略方向，做到有所为，有所不为。事物矛盾运动的规律告诉我们，没有重点就没有全局，没有重点就没有战略。抓住了主要战略方向，就是牵住了军事斗争准备的"牛鼻子"。主要战略方向作战能力的快速发展，必将对其他战略方向的建设和发展起示范带动作用，促进其他战略方向同步协调发展。而其他战略方向在国家战略全局中应该摆正位置、当好配角，主动为主要战略方向的建设让路，保证主要战略方向建设目标的顺利实现。二是根据主要战略方向的相关性，抓好其他战略方向，使其他战略方向起到策应作用。主要战略方向和其他战略方向是一个有机整体，共同构成国防和军队建设的战略全局。主要战略方向没有其他战略方向的积极支援和主动配合，就难以完成所担负的战略任务。其他战略方向的稳定，对于维护国家整体稳定和主要战略方向的建设与发展具有至关重要的支撑作用。搞好其他战略方向的建设，就能保障主要战略方向的翼侧安全，解除主要战略方向的后顾之忧。因此，在突出主要战略方向的同时，也要兼顾其他战略方向的建设和发展。三是加强形势评估，把握不同战略方向地位的变化，防止战略指导失误。主要战略方向与次要战略方向虽然具有相对的稳定性，但其地位并不是一成不变的，在一定条件下是可以相互转换的。因此，战略指导者应善于从全局上把握战略形势的发展变化，加强形势评估，不断提高对战略形势发展变化的敏锐性和预见性。只要形势发生根本性变化，就应适时调整各战略方向上的行动，必要时甚至要果断地把其他战略方向调整为主要战略方向，防止和减少战略指导上的失误，确保在战争和军事斗争准备中始终保持主动地位。

（3）加强军队全面建设，提高信息化作战能力

随着信息时代的到来，世界各国都在加快建设信息化军队的步伐。随着形势的发展变化，特别是我军要加强全面建设、提高信息化作战能力、打赢信息化战争，胡锦涛强调首先要解决的一个重要问题就是正确处理革命化、现代化和正规化的关系问题。

第一，革命化是军队信息化建设的根本方向。胡锦涛指出：要坚持不懈地用马克思列宁主义、毛泽东思想、邓小平理论和"三个代表"重要思想武装全军，保证军队建设的正确政治方向。坚持毛泽东、邓小平、江泽民领导我军在长期斗争实践中形成的光荣传统和优良作风。要坚持不懈地深入学习贯彻邓小平新时期军队建设思想、江泽民国防和军队建设思想，深入学习贯彻中央军委的一系列重大决策和部署。要坚定不移地坚持党对军队绝对领导的根本原则和制度，进一步强化"军魂"意识，确保党从思想上、政治上、组织上牢牢掌握部队。

胡锦涛强调指出：接受党的绝对领导，是我军的立军之本，是我军永远不变的军魂，关系我军的性质，关系党的兴衰成败，关系社会主义的前途命运，关系国家的长治久安。我们党是代表最广大人民根本利益的，是马克思主义执政党。我军是党的军队，在任何时候任何情况下都必须坚持党对军队的绝对领导，确保军队政治上合格，确保军队永远忠于

党、忠于社会主义、忠于祖国、忠于人民。在这个根本政治原则问题上，全军同志头脑要十分清醒，立场要十分坚定，旗帜要十分鲜明。

胡锦涛主持中央军委工作以来，特别强调指出："坚持党对军队的绝对领导，是我军建设和发展的首要问题。我们对这个问题要始终关注、抓住不放，任何时候任何情况下都不能有丝毫含糊和动摇"。

思想政治建设是革命化建设的核心，革命化是军队信息化建设的根本方向。我们要牢牢地把握住"讲政治"这根弦，坚持以党的旗帜为旗帜，以党的意志为意志，以党的方向为方向，决不能让"军队非党化""军队非政治化""军队国家化"等奇谈怪论泛滥，更不能从组织体制等方面削弱党对军队的绝对领导。思想政治建设是革命化建设的核心，革命化是军队信息化建设的根本方向。必须扎实抓好军队党的组织建设，确保党对军队绝对领导的有效落实；必须严肃政治纪律、组织纪律和军事纪律，在重大原则问题上分清是非界限，提高鉴别能力；必须坚决维护党中央、中央军委和胡锦涛主席的权威，听从指挥，在任何时候任何情况下都听党的话跟党走，确保政令军令畅通。

第二，现代化是军队信息化建设的本质要求。现代化是军队建设的中心任务，是建设信息化军队的本质要求。要从我国的国情和军情出发，坚持以机械化为基础，以信息化为主导，推进机械化和信息化的复合发展，增强我军信息化条件下的威慑和实战能力，实现军队现代化建设的跨越式发展。

实现军队现代化建设跨越式发展的途径主要有四种：一是"舍弃"式跨越，即舍弃机械化建设的"夕阳技术"，避免重复无前途技术的开发和投资，将有限的资源用在"朝阳技术"上。二是"非零点"式跨越，即直接引进利用先进的信息化技术，不必从零开始、从头研制，在较高的起点上起步，加快发展速度。三是"改造"式跨越，即对有价值的机械化平台进行信息化改造，在改旧为新中实现跨越式发展。四是"重点"式跨越，即对带有战略影响的核心技术，要自力更生，合力攻关，力争实现突破，以免受制于人，以局部跃升带动整体发展。

第三，正规化是军队信息化建设的重要保证。正规化是军队建设的重要基础，是军队信息化建设的重要保证。要把从严治军作为全局性、基础性、长期性工作紧抓不放，把依法治军作为正规化建设的基本要求，加强军事法制建设，完善军事法规体系，依照条令条例和规章制度规范军队各项建设和工作，使军队建设进一步走上法制化轨道。

按照革命化、现代化和正规化相统一的原则加强军队信息化建设，要紧紧围绕"打得赢、不变质"两大历史性课题，把革命化的根本方向、现代化的本质要求和正规化的保证作用有机统一起来，全面加强和协调推进军队各项工作，不断开创军队信息化建设的新局面。

（4）加强军事训练，提高部队应对危机和处置突发事件的能力

第一，军事训练是重要的治军方式和管理方式。胡锦涛在视察部队时强调：军事训练是军队和平时期最基本的实践活动，是战斗力生成的基本途径。加强军事训练，不仅是军

事斗争准备的重要实践，也是重要的治军方式和管理方式。要充分认识加强军事训练的重要性，切实把军事训练作为部队的经常性中心工作，集中精力，抓紧抓实。要坚持从难从严从实战需要出发，坚持高标准严要求，改进和创新训练的内容和方式方法。要把培养战斗精神贯穿于训练的全过程，发扬我军敢打必胜的光荣传统，养成英勇顽强的战斗作风和铁的纪律。

胡锦涛的重要指示，为推进军事斗争准备和军队全面建设提供了有力指导。实现人和武器的最佳结合要靠训练，培养部队英勇顽强的战斗作风要靠训练，提高指挥员组织指挥现代战争的能力也要靠训练。在我军武器装备总体水平还不高的情况下，更要靠高质量的军事训练来弥补技术的差距和不足。抓好军事训练，要做到以下几点：一是要以打得赢为根本目的，大力加强新世纪新阶段军事训练特点和规律的研究，明确军事训练的发展方略，理清军事训练的发展思路，着力解决制约军事训练发展的主要矛盾和问题，在训练体制、训练内容、训练方式和训练手段等方面大力改革创新，建立起符合新时期军事斗争要求的、适应信息化条件下联合作战需要的训练内容和训法战法体系。二是要坚持练为战、演为战、考为战，从难从严从实战需要出发，根据作战任务贴近作战环境，加强针对性训练，注重用实兵对抗演习检验军事训练的成效，加大落实训练、备战计划的力度，切实把军事训练工作量化、细化、具体化，努力缩小训练与实战的差距，提高训练的质量，弥补技术装备的差距。三是要大力开展科技练兵，充分运用科学技术手段，增大训练的科技含量，整合现有训练保障资源，积极开展网络化训练、模拟化训练、基地化训练，突出合同战术训练、综合集成训练、一体化训练三个重点，着力抓好首长机关训练，抓好任务课题训练，加强基础训练和新装备训练，切实把部队战斗力的增长转变到依靠科技进步上来，把抓训练的指导思想转到科技兴训上来，不断推动军事训练向更高层次发展，不断提高军事训练的质量和效益，提高诸军兵种信息化条件下的联合作战能力。四是要着眼于提高官兵的战术技术水平，练思想、练作风、练意志，培养官兵的革命英雄主义精神。

加强军事训练的过程，也是加强部队教育管理，促进各项建设和工作的过程。要充分认识加强军事训练的极端重要性，把军事训练摆在战略位置，才能带动和促进军事、政治、后勤、装备等各项工作全面发展，才能把广大官兵的思想、智慧和力量凝聚到谋打赢上。

第二，提高部队应对危机和处置突发事件的能力。胡锦涛强调要紧贴部队的各项工作，全面提高部队应对危机和处置突发事件的能力。军队要把国家主权和安全放在第一位，履行好维护国家主权、统一和稳定的神圣职责，为创造一个有利于全面建设的小康社会，加快推进社会主义现代化建设的长期安全环境做出应有的贡献。要坚决抵御外来侵略，确保我国领海、领空和边境不受侵犯。坚持反对和遏制分裂势力及其活动，严密防范和打击民族分裂主义势力，决不让各种分裂势力和西方敌对势力分化我国，破坏我国主权和领土完整的图谋得逞。要严密防范和坚决打击恐怖主义活动。要密切关注社会形势，积极支持和配合地方党委、政府妥善处理各种社会矛盾和问题，做好维护社会稳定的工作。

军队建设已经进入了新的发展阶段，中国特色军事变革和军事斗争准备不断向深度和广度推进，我军作战能力与信息化战争的要求不相适应的矛盾更加凸显。胡锦涛指出：要进一步增强使命感和紧迫感，扎扎实实抓好军事斗争准备。要加强我军历史使命和战备形势教育，从难从严从实战要求出发搞好训练。要着力解决军事训练、战备落实的重点、难点问题，加大落实训练、战备各项计划的力度，切实把各项工作量化、细化、具体化。

（5）推进中国特色军事变革，加快军事创新

推进中国特色的军事变革，关键在于军事领域的创新，创新是军队进步和发展的灵魂。军事创新是军队实现持续发展的动力之源和必要条件，加快军事创新是加速推进中国特色军事变革的内在要求，也是我军履行新的历史使命的客观要求。科学发展观的第一要义是"发展""流水不腐，户枢不蠹"，没有军事上的不断创新，就难有军队建设上的不断发展和进步。

我军目前正处于机械化尚未完成、信息化刚刚起步的特殊阶段，要完成机械化和信息化复合发展的历史重任，面临着前所未有的挑战。新军事变革有一个从量变到质变的过程，而要想实现质变，只能依靠军事创新。胡锦涛要求军队在当前应重点实施军事理论创新、军事组织体制创新、军事技术创新和军事管理创新。突出这四大创新，可谓抓住了军队建设的关键。

第一，创新军事理论。军队的科学发展需要科学的军事理论作指导。军事理论要保持科学性，靠的就是创新，要随着时代的发展而创新。军事理论一旦停滞，就会失去其先进性和指导作用的有效性。

第二次世界大战前，波兰军队迷恋于曾给他们带来巨大荣耀的"骑兵战"理论，而在德国军队用坦克装甲进攻的"闪击战"理论指导军队建设时，他们还在固守早已落后的"骑兵战"理论。对军事理论创新问题的漠视，致使波兰军队在军事理论方面大大落后于德军。双方对阵时，出现了波兰军队的骑兵方阵与德军的装甲洪流交锋的现象，结果波兰仅仅支持了28天就兵败国亡。军事理论的落后，是波兰军队惨败的重要原因之一。

海湾战争期间，伊拉克军队的作战理论是以两伊战争中运用过的"阵地战"理论为核心的。结果，伊拉克官兵只是躲在堑壕里等待美军来进行"肉搏战"，没想到美军的空中轰炸使他们成了"血肉之靶"。伊拉克军队失败的一个重要原因，就是其不注重军事理论的创新，军事理论落后，根本无法与美军的"空地一体战"理论相抗衡。

在信息社会里，军事理论创新的作用远比以往任何时候都大。新技术的飞速发展，使人们认识和改造世界的方式发生了变化：过去是"实践—技术—理论"，现在强调的是"理论—技术—实践"。美军已让军事理论扮演了战争"设计师"的角色。"有什么条件打什么仗"这句兵家要训，已被其更深刻地揭示为"有什么理论打什么仗"。战争实践和战场成了军事理论创新的"实验场"。从一定意义上说，世界军事领域的竞争首先表现为军事理论创新能力的竞争，谁拥有卓越的军事理论创新能力，谁就能够把握军事斗争

的主动权。

美军用这些理论指导美军发展军事技术、更新武器装备、改革体制编制、完善政策制度，使美军的作战能力不断提高，保持了在新一轮军事变革中的"领头羊"地位。

我军面临加快军事理论创新的时代性课题。在长期的革命战争中，我军的武器装备不如敌人，但军事理论是先进的，是符合当时实际情况、能与敌军军事理论进行对抗的，因而运用这些理论我军能够以劣胜优并不断发展壮大。进入新世纪新阶段，我军的建设环境、条件都发生了很大变化，使命任务也有新的拓展。以信息化为核心的新军事变革深入开展，军事发展进入由工业社会军事形态向信息社会形态转型的关键阶段，我国的国防和军队建设迈开跨越式发展的步伐。新的形势迫切要求我军必须有相应的军事理论作指导，但是，我军的军事理论研究状况与新形势下军队建设和作战的要求，以及与美军等发达国家军队的军事理论研究相比，还有较大的差距。新的形势呼唤新的理论，我军必须加快军事理论创新的力度，努力实现军事理论的重大突破。

军事理论创新既要保持我军特色又要借鉴外军经验，两者都不可偏颇，只有将两者有机地结合起来，创新才能保持正确的方向，创新成果才能不断涌现，军队建设也才能实现跨越式发展。我们既要重视军事指导理论的创新，也要重视军事基础理论和军事应用理论的创新，并注重在军事斗争实践中创新和检验军事理论。在军事理论研究方面，着重研究世界军事发展趋势，探索信息化战争的特点规律和新形势下的建军治军的特点和规律，研究立足我军现有装备克敌制胜的战法，特别要加强研究信息化条件下人民战争的战略战术。

第二，创新军事组织体制。军事组织体制是影响军队整体效能发挥的关键因素，军队的科学发展需要通过创新军事组织体制来奠定基础。只有军队组织体制科学，部队的战斗力才能充分发挥出来，而军队组织体制的科学性需要与军事理论和军事科学技术创新相一致来实现。军事组织体制的科学性需要通过不断地创新来实现，如在某个时期的科学的军事组织体制，能够成为军队战斗力的"催化剂"；但随着时代变迁和形势的发展，这一体制又可能变得不科学，成为战斗力发挥的"紧箍咒"。因此，必须重视军事组织体制创新。

目前，我军的军事组织体制与未来信息化战争的要求不相适应的矛盾还比较突出，必须进行军事组织体制创新，为履行好新的历史使命创造条件。创新军事组织体制，要着眼于以下几个方面：一是要着眼于信息传输与使用的快速性。物质力量上的优势之旅，一旦失去了"制信息权"，就会成为战场上的"瞎子""聋子"和"靶子"，陷于被动挨打的境地；物质力量上的劣势之军如果掌握了信息优势，仍可以夺取战场的主动权。因此，在设计和构建军事组织体制时，必须把信息传输与使用的快速性作为关键的着眼点。二是要着眼于军队力量构成的整体性。结构决定功能，整体功能大于部分功能之和。信息化军队的力量构成复杂多样，各种力量的相互作用和相互影响力都很大，力量构成只有注重整体性，才能产生力量增值效应。三是要着眼于军队系统的精干和高效。精干，是指军队总体规模小、指挥机构人员少、军队内部单位设置少。高效，主要体现为军事组织系统运转顺畅、快速、准确。在信息化战争中，军队进行精确作战、远程作战和非线式作战，主要依靠信息化武器装备的信息能和火力能，而作战能量的有效发挥，依赖于精干和高效运行的军事组织体制。

创新军事组织体制，要围绕军队总体结构和重大体制展开。一是要进一步优化总体结构。我军的总体结构经过多次调整，逐渐趋于科学合理，取得了很大的成效。但是，目前的总体结构与履行新使命的要求还有一定的差距，需要进一步的调整和完善。二是要建立"扁平网状形"的指挥体制。我军的体制编制经过几次改革调整，联合作战指挥体制、军种作战指挥体制都有了重大的变化，指挥层次有所减少，但"纵长树状形"的指挥体制还没有根本改变，与信息化战争"扁平网状形"指挥体制的要求还有很大距离。三是要建立和完善三军一体化保障体制。三军实行一体化保障，是信息化战争联合作战的要求。我军应在试点的基础上，以进一步的保障体制创新来推动全军大联勤体制的科学发展。四是要建立多功能、小型化的部队编成体制。为便于适应各种战场条件、遂行多种作战任务，必须使各级部队实现编成充实、规模小型、功能多样和作战能力强的要求。

第三，创新军事技术。技术决定战术，军队的发展需要创新的军事技术作支撑。胡锦涛指出："我们只有把科学技术真正置于优先发展的战略地位，真抓实干，急起直追，才能把握先机，赢得发展的主动权"。

科技创新是军事变革的源头，既迫切又艰巨，必须加快推进，并逐步扩展领域和提高水平。作为发展中的大国军队，军事领域的高新科技必须靠自主创新。对此，胡锦涛指出："科技力是综合国力的重要内容和基础。自主创新能力是国家竞争力的核心。一个国家、一个民族要真正赢得发展、造福人类，必须注重自主创新"。从19世纪40年代到20世纪40年代中期的100年间，世界上几乎所有帝国主义国家都侵略过中国，除了日本侵华战争之外，均以中国失败签订丧权辱国条约而告终。其战败的主要原因就是和社会制度腐朽和经济科学技术落后。胡锦涛《在纪念中国人民抗日战争暨世界反法西斯战争胜利60周年大会上的讲话》中告诫人们："落后就要挨打，这是中国人民从近代以来屡遭外来侵略的经历中得出的刻骨铭心的教训"。科学技术是第一生产力，军队现代化的关键也在于提高军事技术水平。科技强军是重大的战略选择，也是艰巨的历史任务。胡锦涛指出：我们必须坚定不移地依靠科技进步和创新来实现全面、协调、可持续发展。

我们只有加快以信息技术为核心的军事技术创新，尽快缩小与发达国家军队在军事技术方面的差距，才能为军队的强大奠定坚实的基础。在国防科技及武器装备建设方面，应该集中力量发展那些对提高我军作战能力产生重大作用的关键技术和武器装备，研制出克敌制胜的"撒手锏"，形成我们独有的优势，切实提高我军的威慑能力和实战能力。

第四，创新军事管理。军事管理是形成战斗力的关键环节，军事管理创新是提高战斗力，提高国防和军队建设质量效益的重要途径。胡锦涛指出，我们要努力适应军队现代化建设的新形势，更新管理观念，加强现代管理知识的学习，大力提高科学管理的能力。要深化管理体制改革，促进资源的有效配置和综合集成，努力实现人力、物力、财力的最佳组合，产生最大效益。

我们要着眼于新的时代特征，履行新的历史使命，加强军事管理思维、军事管理模式和军事管理理论的创新，为军队的科学发展提供可靠的管理保障。只有搞好这些重点领域的改革创新，军队的战斗力才能够得到大幅度的提高，才能落实听党指挥、服务人民、英勇善战的要求，才能使军队的全面建设跃上一个新的台阶。

### （三）胡锦涛国防和军队建设重要论述的地位和作用

在胡锦涛国防和军队建设的重要论述中，是以科学发展观为指导的，运用系统论的思维方式来宏观思维和科学思维的。伴随着中国社会的长足发展，在进入21世纪之后，执政党的宏观把握的理论框架也实现了重大突破，由江泽民领导时期的"经济、政治、文化"的三位一体，发展为胡锦涛领导时期的"经济、政治、文化、社会"的四位一体。这是一个重大进步，是当今中国社会发展壮大的真实体现。在胡锦涛国防和军队建设重要论述中，无不体现着这一整体事业框架转变的精髓见解。我们只有完整理解了这一方法框架上的重大转变，才能很好地理解和把握胡锦涛国防和军队建设重要论述的创新点，才能更好地领会新军事变革条件下中央军委出台的一系列应对挑战的政策措施。总之，胡锦涛国防和军队建设重要论述是现阶段加强中国国防和军队建设的重要行动指南。

#### 1. 适应国家安全形势发展的迫切要求

科学发展观，就是要切实建成一个和谐社会，这个现实而美好的价值诉求，要求我们做好两手准备：一方面，要积极参与到国际分工与合作的大体系中，追求国际社会的共同繁荣和发展；另一方面，还要积极防御不公正、不合理、不和谐的国际旧秩序导致的无序竞争、野蛮干涉的国家行为。因此，在确定了新时期新阶段我军历史使命的前提下，就必须按照科学发展观的要求，通过科学筹划、科学组织、科学实施军队建设，来自觉推动我国国防和军队现代化进程，使我国军队坚定地成为维护现代中国主权和领土完整，为经济社会持续、快速、稳定、健康发展提供军事保障，捍卫地区乃至世界和平、稳定与和谐的武装力量。胡锦涛国防和军队建设重要论述在转变发展观念，创新发展模式，提高发展质量，加快发展步伐的科学原则、具体措施等方面都提出了系统的实践理念，操作性强。随着不断贯彻执行，真正能确保我军在各种复杂形势下有效应对危机，维护和平，遏制战争，打赢战争。

#### 2. 胡锦涛国防和军队建设重要论述是对传统的马克思主义军队建设理论的丰富和发展

传统的马克思主义军队建设理论，往往过多地采取阶级斗争方式，以直接的武装斗争为行为模式取向。在以国家为生存方式的现代社会大潮中，现实的社会主义国家要不断发展壮大，就必须正确认识时代主题和现实的国情，在此基础上定位国家武装力量的职责和使命，形成立足于现实国家结构基础上的、切实可行的国防和军队建设发展战略和策略。胡锦涛国防和军队建设重要论述，无疑是新时期、新阶段我国国防和军队建设的操作性很强的实践理念，是中国共产党将无产阶级执政的历史唯物主义原理同当前中国发展实际结合起来开创出的崭新理论，是对马克思主义军队建设理论的丰富和发展。

3.胡锦涛国防和军队建设重要论述为解决中国国防和军队建设发展的现实问题和矛盾开辟了途径，形成了国防和军队现代化建设的体制和机制

从微观的国防和军队建设的具体措施，到宏观的世界范围的新军事发展态势，都在胡锦涛国防和军队建设重要论述中得以体现。一方面，面对外部不断发展的军事形势，我们要不断去适应，另一方面，还要通过自身建设，来逐步形成中国特色的新军事变革的态势。就如何焕发军队内部的创新热情与能力，胡锦涛国防和军队建设重要论述中，从军队内部的管理体制和机制的高度去建构，无疑是最具有建设性的。同时，由于用国家整体事业的战略步骤、战略重点以及系统的有机结构的框架去重新定位国防和军队建设的地位和功能，就使得当代中国国防和军队建设的指导理念、指导原则都得以被清晰界定，并获得了崭新的科学内涵，这都是胡锦涛国防和军队建设重要论述所达到的创新。因此说，胡锦涛国防和军队建设重要论述，是党中央、中央军委解放思想、实事求是、与时俱进、求真务实的国防和军队建设的理论创造。

## 四、习近平国防和军队建设的重要论述

党的十八大以来，习近平提出以强军梦的实现，助推强国梦的实现，把强军与中华民族的伟大复兴和中国特色社会主义伟大事业紧密结合起来，又一次体现了马克思主义军事思想的宽广视野。

### （一）习近平关于国防和军队建设重要论述的时代背景

**1.国防和军队建设在党和国家事业全局中的重要战略地位要求我们把国防和军队建设放在实现中华民族伟大复兴这个大目标下来认识和推进**

实现中华民族伟大复兴是中国梦的内在要求。实现中华民族伟大复兴，是近代以来中国人民最伟大的梦想。中国梦是国家的梦，人民的梦，也是强军梦。富国与强军，是坚持和发展中国特色社会主义、实现中华民族伟大复兴中国梦的两大基石。中国梦包含强军梦，强军梦支撑中国梦。历史经验表明，任何一个国家要真正强大起来，没有坚强的军事实力做后盾是决然不行的。对我们这样一个发展中的社会主义大国，越是发展壮大，面临的阻力和压力就会越大，遇到的风险和挑战就会越多，没有一个巩固的国防，没有一支强大的军队，中华民族伟大复兴就没有安全保障。必须深刻揭示军队的目标任务与党的目标任务一致性，尊重建设强大军队与国家富强、民族振兴、人民幸福相统一的客观规律，提出新的国防和军队建设的纲领性、方向性思想。

**2.适应国际战略形势和国家安全环境发展变化的迫切需要**

当今世界，求和平、谋发展、促合作已成为不可阻挡的时代潮流，但天下还很不太平，霸权主义、强权政治和新干涉主义有所上升，我国安全和发展的国际环境更加复杂。世界

新军事革命仍在加速推进，主要国家都在加紧推进军事转型，对我军提出了严峻挑战。我国周边特别是海上方向安全的不稳定性不确定性增大，国家安全面临的现实和潜在威胁增多，维护国家统一、领土主权、海洋权益和发展利益的任务更加艰巨。我国安全形势的复杂性和严峻性，要求国防和军队建设必须有一个大的发展。强军目标重要思想，从时代发展和国家利益全局的高度思考军事问题，充分体现了放眼世界的战略视野，居安思危的战略清醒，强军兴军的战略筹划。我们必须强化忧患意识、危机意识、使命意识，努力建设强大军队，有效应对风险挑战，牢牢把握战略主动权。

**3. 解决军队建设面临的突出矛盾和问题、加快推进国防和军队现代化的必然选择**

经过不懈努力，我军已发展成为诸多兵种合成，具有一定现代化水平并加快向信息化迈进的强大军队。我们从来没有像今天这样接近强军梦想，更加有信心、有能力实现强军目标。

但要清楚看到，目前我军正处于机械化建设尚未完成，信息化建设加速发展阶段，我军现代化水平与国家安全需求和世界先进军事水平相比还有较大差距。同时，面对意识形态复杂形势和官兵成分结构变化，如何确保部队政治坚定、纯洁、巩固；面对世界新军事革命加速发展和战争形态深刻演变，如何提高打赢信息化条件下局部战争的能力；面对社会环境变化和不良风气影响，如何保持我军光荣传统和优良作风，都是需要努力破解的重要课题。强军目标重要思想，准确把握了我军建设的基础和现状，抓住了建设强大军队的关键和要害，为解决军队建设面临的突出矛盾和问题、加快推进国防和军队现代化提供了强大动力和科学指南。

## （二）习近平对国防和军队建设的重要论述

习近平就任军委主席以来，对国防和军队建设提出了许多重要思想，有过许多重要论述，主要体现在他的历次讲话中。这些讲话主要有：2012年11月16日在军委扩大会议上的讲话，2012年12月8日和10日在原广州军区考察时的讲话，2013年3月11日在第十二届全国人大会议解放军代表团的讲话，以及2013年4月9日在视察海军驻三亚部队时的讲话。概括这些讲话精神，习近平对国防和军队建设的重要论述主要有以下几点：

一是确立新形势下的强军目标。习近平在第十二届全国人大会议解放军代表团的讲话中，提出了新形势下我军建设的目标。他指出，建设一支听党指挥、能打胜仗、作风优良的人民军队，是党在新形势下的强军目标。他论述了听党指挥、能打胜仗、作风优良在军队建设中的地位和作用，指出：听党指挥是灵魂，决定军队建设的政治方向；能打胜仗是核心，反映军队的根本职能和军队建设的根本指向；作风优良是保证，关系军队的性质、宗旨、本色。他号召，全军要准确把握这一强军目标，用以统领军队建设、改革和军事斗争准备，努力把国防和军队建设提高到一个新水平。

二是坚持党对军队的绝对领导不动摇。坚持党对军队的绝对领导，是习近平在四次讲话中，作为首要问题进行反复论述、重点强调的一条重要原刚。

他指出，保证党对军队的绝对领导，关系我军性质和宗旨，关系社会主义前途命运，关系党和国家长治久安，是我军的立军之本和建军之魂。

他要求，坚持党对军队的绝对领导，要始终把思想政治建设摆在军队各项建设首位，使坚持党对军队的绝对领导在官兵思想中深深扎根，确保全军在任何时候、任何情况下都坚决听从党中央、中央军委指挥。坚持不懈地用中国特色社会主义理论体系武装官兵，持续培育当代革命军人核心价值观，大力弘扬我军光荣传统和优良作风，进一步打牢官兵高举旗帜、听党指挥、履行使命的思想政治基础。

他还要求，坚持党对军队的绝对领导，要大力加强军队党的建设，确保党从思想上、政治上、组织上牢牢掌握部队。要坚持从政治上考察和使用干部，使枪杆子始终掌握在忠于党的可靠的人手中。要严肃政治纪律和组织纪律，坚决维护党中央、中央军委权威，确保政令、军令畅通。

三是强化当兵打仗、带兵打仗、练兵打仗的思想。习近平十分重视培育军队的战斗精神。他在会见驻广州部队师以上领导干部、视察海军驻三亚部队和会见第十二届全国人大会议解放军代表团的讲话中反复强调，能打仗、打胜仗是强军之要，要强化官兵当兵打仗、带兵打仗、边海空防建设、抓准备，确保部队招之即来、来之能战、战之必胜。

为此，他要求全军要深刻认识军队在国家安全和发展战略全局中的重要地位和作用，坚持把国家主权和安全放在第一位，坚持军事斗争准备的龙头地位不动摇，全面提高信息化条件下的威慑和实战能力，坚决维护国家主权、安全、发展利益，全军要坚持把军事训练摆在战略位置，不断提高部队实战化水平。

四是坚持用全面的观点抓军队建设。习近平在军委扩大会议上的讲话中提出了全面建设的思想。他指出，要坚持用全面的观点抓建设，推动军事、政治、后勤、装备等各领域工作全面发展，不断提高军队建设整体水平。

他在两次南下视察部队的讲话中强调，全面加强军队建设，要始终把工作重心放在基层，把部队建设和战斗力的基础打得更加牢固，尤其要抓好基层党组织建设，配强基层党委、支部班子，强化组织功能，把基层党组织建设成为坚强战斗堡垒；要重视和加强基层干部队伍建设，着力提高他们的能力素质，关心他们的成长进步，主动为他们排忧解难，充分调动基层干部的积极性、主动性、创造性。

五是深入推进中国特色军事变革。深入推进中国特色军事变革，是贯穿于习近平四次讲话中的一个重要思想。他在军委扩大会议上的讲话中要求全军必须认真贯彻新时期积极防御军事战略方针，积极推动军事战略创新发展，充分发挥军事战略对军队各项建设和工作的统揽作用；要深入贯彻国防和军队建设主题主线，在推动国防和军队建设科学发展上取得显著进步，在加快转变战斗力生成模式上取得实质性进展，努力构建中国特色现代军事力量体系。

六是始终保持我军光荣传统和优良作风。始终保持我军光荣传统和优良作风，是习近平四次讲话中反复强调、着力践行的。

他在第十二届全国人大会议解放军代表团的讲话中指出，作风优良是我军的鲜明特色和政治优势，要把改进作风工作引向深入，贯彻到军队建设和管理的每个环节，真正在求实、务实、落实上下功夫，夯实依法治军、从严治军这个强军之基，保持人民军队长期形成的良好形象。

他在军委扩大会议上的讲话中要求全军要继承和发扬毛主席、邓主席、江主席、胡主席培育的光荣传统和优良作风，奋力推进国防和军队现代化；要引导官兵强化忧患意识、危机意识、使命意识，做到信念不动摇，思想不松懈，斗志不衰退，作风不涣散，始终保持坚定的革命意志和旺盛的战斗精神；要切实加强军队反腐倡廉建设。

七是努力实现富国和强军的统一。习近平在会见驻广州部队师以上领导干部时首次提出了"富国和强军统一"的思想。他在讲话中特别指出，实现中华民族伟大复兴，是中华民族近代以来最伟大的梦想。可以说，这个梦想是强国梦，对军队来说，也是强军梦。我们要实现中华民族伟大复兴，必须坚持富国和强军相统一，努力建设巩固国防和强大军队。

2013年3月11日，他在第十二届全国人大会议解放军代表团的讲话中进一步丰富了这一思想。他强调指出，要统筹经济建设和国防建设，努力实现富国和强军的统一，进一步做好军民融合式发展这篇大文章，坚持需求牵引、国家主导，努力形成基础设施和重要领域军民深度融合的发展格局。

### 1. 习近平强军思想产生的原因初探

深刻理解国防和军队改革的重要性和紧迫性是改革开放30多年来国家发展、民族振兴的根本动力。2012年12月习近平在广东考察工作期间，回顾了我国改革开放的历史进程，强调指出：改革开放是决定当代中国命运的关键一招，也是决定实现"两个一百年"奋斗目标、实现中华民族伟大复兴的关键一招。这既是对改革开放历史地位的充分肯定，也是新形势下继续全面深化改革，实现中华民族伟大复兴的坚强决心。当前国防和军队建设处在新的历史起点上，面临着难得的发展机遇，同时国际国内安全形势更加复杂，军事斗争准备任务十分繁重，风险和挑战明显增多。在这种大背景下，习近平深刻把握新形势下国防和军队建设环境和任务的深刻变化，以及制约国防和军队发展的长期性、深层次的矛盾和问题，多次强调要充分认清深化国防和军队改革的重要性和紧迫性。

（1）国防和军队改革是全面建成小康社会、实现中华民族伟大复兴的客观要求

党的十八大报告提出了"为全面建成小康社会而奋斗"的宏伟目标。2012年11月，习近平在参观《复兴之路》展览时，道出了"中国梦"的实质，"大家都在讨论中国梦，我以为，实现中华民族伟大复兴，就是中华民族近代以来最伟大的梦想"。实现全面建成小康社会、建成富强民主文明和谐的社会主义现代化国家的奋斗目标，是实现中华民族伟大复兴的"中国梦"。同年12月，习近平在原广州军区考察时强调，强国梦，对军队来说，也是强军梦，并提出，要实现中华民族伟大复兴，必须坚持富国和强军相统一，努力建设

巩固国防和强大军队。在这里，习近平把强军梦与强国梦当作两个协调发展、互相促进的强大驱动力，如车之两轮、鸟之双翼，共同统一于实现中华民族伟大复兴的"中国梦"。只有在"强军梦"的有力支撑下，全面建成小康社会才能实现，"中国梦"才能走得更远。2013年7月，习近平指出，实现全面建成小康社会的奋斗目标，对全面深化改革提出了更加迫切的要求。11月，又指出，要完成党的十八大提出的各项战略目标和工作部署，必须抓紧推进全面改革。其中，理所当然地包括了国防和军队改革。习近平提出"强国梦"，紧接着又提出"强军梦"和强军目标，并以此引领新一轮国防和军队改革，表明了新一届中央领导强烈的历史担当和高远的战略视野。习近平的这些重要论述，为国防和军队改革赋予了新的战略定位和时代内涵，也为准确把握国防和军队改革与国家全面深化改革的关系提供了科学指导。

（2）国防和军队改革是国防和军队建设进入攻坚期和深水区的必然选择

2013年7月，习近平在湖北调研时指出，应对当前我国发展面临的一系列矛盾和挑战，关键在于全面深化改革。9月在中南海召开党外人士座谈会上，习近平再次指出，解决我国发展面临的一系列突出矛盾和问题，实现经济社会持续健康发展，不断改善人民生活，要求全面深化改革。并强调，改革是由问题倒逼而产生，又在不断解决问题中而深化。习近平这些重要论述，是着眼国家全面深化改革面临的整体环境和形势而言的，对于当前国防和军队改革面临突出矛盾和问题而言，同样具有鲜明的针对性和指向性。改革开放后，我军在党的坚强领导下，坚持改革方向不动摇，积极适应形势任务发展变化，创新具有我军特色的军事制度和组织体制，不断解决国防和军队建设中的突出矛盾和问题，有力推动了军队现代化、正规化、革命化。但当前我军现代化建设面临的主要矛盾就是现代化水平与打赢信息化条件下局部战争的要求不相适应、军事能力与履行新世纪新阶段我军历史使命的要求不相适应，这些矛盾并没有从根本上完全得到解决。经过近年来的不断改革、调整和完善，国防和军队改革同样进入了攻坚期和深水区，体制性、机制性和政策性矛盾成为无法回避的瓶颈问题，要解决这些矛盾，最根本的就是要主动迎接挑战，敢于攻坚克难，持续深化国防和军队改革。也就是说，不改革，国防和军队建设面临的瓶颈问题就难以突破，新形势下的强军目标就难以实现。

（3）国防和军队改革是对世界新军事变革和国家安全环境深刻变化的有力回应

当前，世界新军事变革发展迅猛，竞争激烈，影响深刻。美国、俄罗斯、日本等发达国家先行一步，抢占有利战略制高点，印度、巴西、越南等发展中国家紧随其后，加快变革步伐。这对于处在机械化任务尚未完成、同时又面临信息化任务的我军来说，构成了严峻挑战和巨大压力。马克思和恩格斯通过深入研究发现，在军事领域的停滞不前终将付出血的代价，甚至影响和改变一个国家的命运，无论对于哪个国家，无论是在和平时期和战争时期，都是如此。恩格斯更是深刻指出："当技术革命的浪潮正在四周汹涌澎湃的时候，让这些保守的偏见在军队中占统治地位是没有好处的。我们需要更新、更勇敢的头脑。"可以讲，改革关系军队的强弱，关系战争的胜败，关系国家的存亡。新形势下，我国面临的安全风险随着国家日渐发展强大而变得更加突出：一方面，国家统一问题长时间未得到解决，外部大国长期坚持遏制与制衡策略，阻滞我国发展的图谋不会根本改变；另一方面，美国实施"战略再平衡""战略重心东移"等战略，试图进一步插手亚太安全事务，少数国家借机推行所谓安保合作，制造地区紧张氛围，使我国外部安全环境不稳定性和不确定性因素增大。总体上看，当前国防和军队改革既面临巨大压力，也面临难得的机遇。邓小平曾指出，我国在历史上失去机遇太多，中华人民共和国成立以后，耽误的时间太多，影响了发展，如果再不抓住机遇，后果不堪设想。他反复告诫："要善于把握机遇来解决我们的发展问题。"近代以来，我们曾因错失军事变革的宝贵机遇而留下惨痛的教训。面对实现强国梦进程中这些无法回避的挑战，以习近平同志为核心的党中央始终保持清醒的政治敏锐性和强烈的忧患意识，2013年9月，中央政治局第九次集体学习中，习近平强调指出，机会稍纵即逝，抓住了就是机遇，抓不住就是挑战。11月，习近平在视察原济南军区部队时又强调，要充分认清深化国防和军队改革的重要性和紧迫性，准确把握改革的目标和任务，牢固树立进取意识、机遇意识、责任意识。十八届三中全会关于国防和军队改革的顶层设计，敢于突破思想禁锢，敢于破除利益藩篱，调整改革的广度、深度和力度均超出了外界想象，展现出了党中央坚定的改革勇气和强烈的机遇意识。

### 2. 全面实施改革强军战略

深化国防和军队改革是实现中国梦、强军梦的时代要求，是强军兴军的必由之路，也是决定军队未来的关键一招。要深入贯彻党在新形势下的强军目标，动员全军和各方面力量，坚定信心、凝聚意志，统一思想、统一行动，全面实施改革强军战略，坚定不移走中国特色强军之路。

人民军队的发展史就是部改革创新史。在党的领导下，我军从小到大，从弱到强、从胜利走向胜利，一路走来，改革创新步伐从来没有停止过。我军之所以始终充满蓬勃朝气，同我军与时俱进不断推进自身改革是紧密联系在一起的。现在，我国进入由大向强发展的关键阶段，国防和军队建设处在新的历史起点上，放眼世界，纵观全局，审时度势，应对国际形势深刻复杂变化、坚持和发展中国特色社会主义，协调推进"四个全面"战略布局，贯彻落实强军目标和军事战略方针，履行好军队使命任务，都要求我们必须以更大的智慧和勇气深化国防和军队改革。对深化国防和军队改革，广大干部群众高度关注、积极支持，全军官兵热烈期盼、坚决拥护。总的看，深化国防和军队改革主客观条件比较有利，面临难得的机遇。

要正确认识和全面把握深化国防和军队改革的总体要求。深化国防和军队改革的指导思想是，深入贯彻党的十八大和十八届三中、四中、五中全会精神，以马克思列宁主义、毛泽东思想、邓小平理论、"三个代表"重要思想、科学发展观为指导，按照"四个全面"战略布局要求，以党在新形势下的强军目标为引领，贯彻新形势下军事战略方针，全面实施改革强军战略，着力解决制约国防和军队建设的体制性障碍、结构性矛盾、政策性问题，推进军队组织形态现代化，进一步解放和发展战斗力，进一步解放和增强军队活力，建设同我国国际地位相称、同国家安全和发展利益相适应的巩固国防和强大军队，为实现"两个一百年"奋斗目标、实现中华民族伟大复兴的中国梦提供坚强力量保证。

把握深化国防和军队改革的指导思想，关键是要抓住党在新形势下的强军目标这个"牛鼻子"，坚持用强军目标审视、引领、推进改革。党的十八大以来，围绕实现强军目标，中央军委统筹军队革命化、现代化、正规化建设，统筹军事力量建设和运用，统筹经济建设和国防建设，制定新形势下军事战略方针，提出一系列重大方针原则，做出一系列重大决策部署。要通过改革把这些重大战略谋划和战略设计落实好，为贯彻强军目标提供强大动力和体制保障。

要着眼于贯彻新形势下政治建军的要求，推进领导掌握部队和高效指挥部队有机统一，形成军委管总、战区主战、军种主建的格局。坚持坚定正确的政治方向，通过一系列体制设计和制度安排，把党对军队绝对领导的根本原则和制度进一步固化下来并加以完善，强化军委集中统一领导，更好地使军队最高领导权和指挥权集中于党中央、中央军委。对领导管理体制和联合作战指挥体制进行一体设计，通过调整军委总部体制、实行军委多部门制，组建陆军领导机构、健全军兵种领导管理体制，重新调整划设战区、组建战区联合作战指挥机构，健全军委联合作战指挥机构等重大举措，着力构建军委—战区—部队的作战指挥体系和军委—军种—部队的领导管理体系。

要着眼于深入推进依法治军、从严治军，抓住治权这个关键，构建严密的权力运行制约和监督体系。按照决策、执行、监督既相互制约又相互协调的原则区分和配置权力，重点解决军队纪检、巡视、审计、司法监督独立性和权威性不够的问题，以编密扎紧制度的笼子，努力铲除腐败现象滋生蔓延的土壤。组建新的军委纪委，向军委机关部门和战区分别派驻纪检组，推动纪委双重领导体制落到实处。调整组建军委审计署，全部实行派驻审计。组建新的军委政法委，调整军事司法体制，按区域设置军事法院、军事检察院，确保它们依法独立公正行使职权。

要着眼于打造精锐作战力量，优化规模结构和部队编成，推动我军由数量规模型向质量效能型转变。坚持精简高效的原则，裁减军队员额30万，精简机关和非战斗机构人员，使军队更加精干高效。调整改善军种比例，优化军种力量结构，根据不同方向安全需求和作战任务改革部队编成，推动部队编成向充实、合成、多能、灵活方向发展。推进以效能为核心的军事管理革命，树立现代管理理念，完善管理体系，优化管理流程，不断提高军队专业化、精细化、科学化管理水平。

要着眼于抢占未来军事竞争战略制高点，充分发挥创新驱动发展作用，培育战斗力新的增长点。国防科技发展是具有基础性、引领性的战略工程。必须选准突破口，超前布局，加强前瞻性、先导性、探索性的重大技术研究和新概念研究，积极谋取军事技术竞争优势，提高创新对战斗力增长的贡献率。

要着眼于开发管理用好军事人力资源，推动人才发展体制改革和政策创新，形成人才辈出、人尽其才的生动局面。坚持党管干部、党管人才，完善人力资源分类，整合人力资源管理职能，加强军事人力资源集中统一管理，努力使军事人力资源能够转化为实实在在的战斗力。深化军队院校改革，健全三位一体的新型军事人才培养体系。推进军官、士兵、文职人员等制度改革，深化军人医疗、保险、住房保障、工资福利等制度改革，完善军事人力资源政策制度和后勤政策制度，建立体现军事职业特点、增强军人职业荣誉感自豪感的政策制度体系，以更好凝聚军心、稳定部队、鼓舞士气。

要着眼于贯彻军民融合发展战略，推进跨军地重大改革任务，推动经济建设和国防建设融合发展。着力解决制约军民融合发展的体制机制问题，努力构建统一领导、军地协调、顺畅高效的组织管理体系，国家主导、需求牵引、市场运作相统一的工作运行体系，系统完备、衔接配套、有效激励的政策制度体系，形成全要素、多领域、高效益的军民融合深度发展格局。完善民兵预备役、国防动员体制机制。在国家层面加强对退役军人管理保障工作的组织领导，健全服务保障体系和相关政策制度。下决心全面停止军队有偿服务。

深化国防和军队改革是一场整体性、革命性变革。根据改革总体方案确定的时间表，2020年前要在领导管理体制，联合作战指挥体制改革上取得突破性进展，在优化规模结构、完善政策制度、推动军民融合发展等方面改革上取得重要成果，努力构建能够打赢信息化战争、有效履行使命任务的中国特色现代军事力量体系，完善中国特色社会主义军事制度。全军要以高度的历史自觉和强烈的使命担当，以踏石留印、抓铁有痕的精神，坚决打赢改革这场攻坚仗，努力交出让党和人民满意的答卷。

要着力统一思想认识，把思想政治工作贯穿改革全过程、引导各级强化政治意识、大局意识、号令意识，引导官兵积极拥护、支持、参与改革。高层领导机关和高级干部要带头讲政治、顾大局、守纪律、促改革、尽职责，坚决维护党中央、中央军委改革决策部署的权威性和严肃性。要着力加强组织领导，各级党委要把抓改革举措落地作为政治责任，党委主要领导要当好第一责任人，一级抓一级。军队党的建设各项工作要围绕改革来定任务、强措施，保证改革顺利进行。要着力搞好配套保障，坚持立法同改革相衔接，抓紧做好法规制度立改废释工作，确保改革在法治轨道上推进，保证各级按照新体制正常有序运转。要科学制定干部调整安排计划方案，合理确定干部进退去留，关心和解决干部实际困难。老干部是党和军队的宝贵财富，要精心做好老干部服务保障接续工作。

当前，军委要把工作指导重心放在改革上，各级要把工作主线放在改革上，各项工作都要围绕改革来谋划、部署、推进。要继续抓紧抓好贯彻全军政治工作会议精神、作风建设和反腐败斗争、各项清理清查后续工作，把"三严三实"专题教育整顿同深化改革紧密结合起来。要加强部队管理，保持部队安全稳定和集中统一。要把握好国家经济社会发展对国防和军队建设的新要求，抓紧制定军队建设发展"十三五"规划。

中央国家机关、地方各级党委和政府要强化大局观念，把支持深化国防和军队改革当作分内的事，拿出一些特殊措施和倾斜政策，主动帮助解决好退役军人、职工安置工作，党政军民齐心协力，共同落实深化国防和军队改革各项任务、推动全面实施改革强军战略不断取得新的进展，为实现中国梦、强军梦做出新的更大的贡献。

### 3. 把强军事业不断推向前进

（习近平在庆祝中国人民解放军建军 90 周年大会上讲话的一部分）历史车轮滚滚向前。今天的世界，国际形势正发生前所未有之大变局，今天的中国，中国特色社会主义正全面向前推进。实现中华民族伟大复兴的中国梦，我们面临难得的机遇。具备坚实基础，拥有无比信心。同时，我们必须清醒看到，前进道路从来不会是一片坦途，必然会面对各种重大挑战、重大风险、重大阻力、重大矛盾，必须进行具有许多新的历史特点的伟大斗争。

站在新的历史起点上，我们更加深切地感受到，中华民族走出苦难、中国人民实现解放，有赖于一支英雄的人民军队。中华民族实现伟大复兴，中国人民实现更加美好生活，必须加快把人民军队建设成为世界一流军队。我们要不忘初心、继续前进、坚定不移走中国特色强军之路，把强军事业不断向前推进。

（1）推进强军事业，必须毫不动摇坚持党对军队的绝对领导，确保人民军队永远跟党走。党的领导，是人民军队始终保持强大的凝聚力、向心力、创造力、战斗力的根本保证。党对军队的绝对领导是中国特色社会主义的本质特征，是党和国家的重要政治优势，是人民军队的建军之本、强军之魂。无论时代如何发展、形势如何变化，我们这支军队永远是党的军队、人民的军队。全军要强化政治意识、大局意识、核心意识、看齐意识，坚决维护党中央权威，坚决贯彻党对军队绝对领导的根本原则和制度，坚决听从党中央和中央军委指挥。在这个重大原则问题上，头脑要特别清醒，态度要特别鲜明，行动要特别坚决，不能有任何动摇、任何迟疑、任何含糊。

（2）推进强军事业，必须坚持和发展党的军事指导理论，不断开拓马克思主义军事理论和当代中国军事实践发展新境界。人民军队之所以不断发展壮大，关键在于始终坚持先进军事理论的指导。党的十八大以来，我们党围绕国防和军队建设提出一系列新思想、新观点、新论断、新要求，形成了党在新时期的强军思想。全军要认真贯彻党的军事指导理论，坚持用党在新时期的强军思想武装官兵，引领强军事业不断取得新进步。实践发展永无止境，认识真理永无止境，理论创新永无止境。强军是具有很强开创性的事业，我们要不断适应新形势、应对新挑战、解决新问题，在实践上大胆探索，在理论上勇于突破，不断丰富和发展党在新时期的强军思想，让马克思主义军事理论在强军伟大实践中放射出更加灿烂的真理光芒。

（3）推进强军事业，必须始终聚焦备战打仗，锻造招之即来、来之能战、战之必胜的精兵劲旅。安不可以忘危，治不可以忘乱。我们捍卫和平、维护安全、慑止战争的手段和选择有多种多样，但军事手段始终是保底手段。人民军队永远是战斗队，人民军队的生命力在于战斗力，必须强化忧患意识，坚持底线思维，全部心思向打仗聚焦，各项工作向打仗用劲，确保在党和人民需要的时候拉得出、上得去、打得赢。全军要贯彻新形势下军事战略方针，认真研究军事、研究战争、研究打仗，把握现代战争规律和战争指导规律，扎扎实实做好军事斗争准备各项工作。要坚持仗怎么打兵就怎么练，打仗需要什么就苦练什么，什么问题突出就解决什么问题，全面提高军事训练实战化水平。中国人民珍爱和平，我们决不搞侵略扩张，但我们有战胜一切侵略的信心。我们绝不允许任何人、任何组织、任何政党，在任何时候、以任何形式把任何一块中国领土从中国分裂出去，谁都不要指望我们会吞下损害我国主权、安全、发展利益的苦果。人民军队要坚决维护中国共产党领导和我国社会主义制度，坚决维护国家主权、安全、发展利益，坚决维护地区和世界和平。

（4）推进强军事业，必须坚持政治建军、改革强军、科技兴军、依法治军，全面提高国防和军队现代化水平。要深入贯彻古田全军政治工作会议精神，发挥政治工作生命线作用，培养有灵魂、有本事、有血性、有品德的新一代革命军人，锻造铁一般信仰、铁一般信念、铁一般纪律、铁一般担当的过硬部队，永葆人民军队性质、宗旨、本色。全军要坚定不移深化国防和军队改革，深入解决制约国防和军队建设的体制性障碍、结构性矛盾、政策性问题，完善和发展中国特色社会主义军事制度，加快构建能够打赢信息化战争、有效履行使命任务的中国特色现代军事力量体系。要全面实施科技兴军战略，坚持自主创新的战略基点，瞄准世界军事科技前沿，加强前瞻谋划设计，加快战略性、前沿性、颠覆性技术发展，不断提高科技创新对人民军队建设和战斗力发展的贡献率。要增强全军法治意识，加快构建中国特色军事法治体系，加快实现治军方式根本性转变。

（5）推进强军事业，必须深入推进军民融合发展，构建军民一体化的国家战略体系和能力。把军民融合发展上升为国家战略，是我们党长期探索经济建设和国防建设协调发展规律的重大成果，是从国家发展和安全全局出发做出的重大决策，是应对复杂安全威胁、赢得国家战略优势的重大举措。要强化顶层设计，加强需求整合，统筹增量存量，同步推进体制和机制改革、体系和要素融合、制度和标准建设，加快形成全要素、多领域、高效益的军民融合深度发展格局，努力开创经济建设和国防建设协调发展、平衡发展、兼容发展新局面。我们的国防是全民的国防，推进国防和军队现代化是全党全国人民的共同事业。中央和国家机关、地方各级党委和政府要强化国防意识，满腔热忱支持国防和军队建设改革，为强军创造良好条件、提供有力支撑。

（6）推进强军事业，必须坚持全心全意为人民服务的根本宗旨，始终做人民信赖、人民拥护、人民热爱的子弟兵。军队打胜仗，人民是靠山。人民军队的根脉，深扎在人民的深厚大地。人民战争的伟力，来源于人民的伟大力量。全军要坚持把人民放在心中，牢记为人民扛枪、为人民打仗的神圣职责，坚决保卫人民和平劳动和生活。要发扬密切联系群众的优良传统，保持同人民群众水乳交融、生死与共的关系，永远做人民利益的捍卫者。要积极参加和支援地方经济社会建设，勇于承担急难险重任务，以实际行动为人民造福兴利。军政军民团结是我党我军特有的政治优势。全党全军全国各族人民要大力弘扬军爱民、民拥军的光荣传统，不断发展坚如磐石的军政军民关系。

4.习近平强军思想的核心要义

习近平强军思想统筹发展和安全两件大事，统筹经济建设和国防建设两大领域，统筹国际和国内两个大局，统筹军队和地方两大部门，涵盖战争指导、建军治军和改革创新等各方面，打通建设、指挥、管理、监督等链路，是一块成型的"理论整钢"。"十个明确"进口"强军"渐次展开，充分反映习近平主席对"强军强什么、怎么样强军"的深邃理论思考。

（1）明确强军使命

党的使命规定军队使命。党的十九大报告鲜明提出，新时代我们党肩负着实现中华民族伟大复兴的历史使命，强调实现伟大梦想必须进行伟大斗争、建设伟大工程、推进伟大事业。与此相应，我军肩负着为实现"两个一百年"奋斗目标、实现中华民族伟大复兴提供战略支撑的历史使命。十九大报告强调，"建设一支听党指挥、能打胜仗、作风优良的人民军队，是实现'两个一百年'奋斗目标、实现中华民族族伟大复兴的战略支撑"，要求我军担当起党和人民赋予的使命任务。强军使命，体现了新时代党的历史使命对军队的必然要求，体现了军事服从政治、战略服从政略的基本原理，承载着我们党的初心使命，寄寓着中华民族的期望重托。2017年10月26日，习近平主席在军队领导干部会议上强调，高级干部必须对党忠诚、听党指挥，必须善谋打仗、能打胜仗，必须锐意改革、勇于创新，必须科学统筹、科学管理，必须厉行法治、从严治军，必须做风过硬、做出表率。这"六个必须"，集中体现了履行强军使命对高级干部为党工作、履职尽责的新时代要求。

（2）明确强军目标

2012年底，习近平主席首次提出"建设一支听党指挥、能打胜仗、作风优良的人民军队"。2013年全国人大会议上，他将这一要求概括为党在新形势下的强军目标。在2016年2月军队一次重要会议上，习近平主席进一步阐述实现强军目标、建设世界一流军队的思想。党的十九大报告明确指出，"党在新时代的强军目标是建设一支听党指挥、能打胜仗、作风优良的人民军队，把人民军队建设成为世界一流军队"，并强调要"建设强大的现代化陆军、海军、空军、火箭军和战略支援部队，打造坚强高效的战区联合作战指挥机构，构建中国特色现代作战体系"。这一过程表明，我们党对强军目标的认识越来越清晰，内容越来越完善，表述越来越精准。从"新形势下"到"新时代"，不是简单的名词变化，而是更加鲜明地揭示出强军的目标方向，更加鲜明地凝练出强军的标准要求，更加鲜明地展现出强军的思想内涵，既贯穿了我们党对建设强大军队的不懈追求，又体现了理论创新逻辑和强军实践逻辑的有机统一。

（3）明确强军之魂

听党指挥是强军之魂，明确党对军队的绝对领导是人民军队建军之本，必须全面贯彻党领导军队的一系列原则和制度，确保部队绝对忠诚、绝对纯洁、绝对可靠。

习近平指出，"听党指挥"是灵魂，决定军队建设的政治方向。纵观古今中外任何军队，都有一个政治性质和政治归属问题。我军永远不变的军魂就是听党指挥，这是由我军的性质宗旨所决定的，是我军区别于其他一切旧式军队的显著标志，也是我们特有的政治优势。它直接决定着我军建设的政治方向，影响着军队能否有效履行职能使命。几十年来，我军之所以能够从小到大，由弱到强，所向披靡，无往不胜，根本原因就在于有这一军魂作为坚强支撑。正因如此，习近平才一再强调，必须把听党指挥作为军队建设的首要。"首要"二字，再清楚不过地阐明了党对军队绝对领导的极端重要性，再深刻不过地揭示了军魂与强军之间的内在联系，是对军队建设普遍规律和我军建设特殊规律的准确把握。抓住了这一条，强军目标就有了正确方向，强国梦、强军梦的实现就有了可靠保证。

坚持党对军队的绝对领导，确保军队听党指挥，历来是我军建军的根本原则。从井冈山时期的"红军是执行革命的政治任务的武装集团"，到中华人民共和国成立后的"建设优良的现代化革命军队"，从"革命化、现代化、正规化"总目标，到"政治合格、军事过硬、作风优良、纪律严明、保障有力"总要求，党对我军军魂方面的要求一以贯之、始终不移。在新的历史条件下，习近平着眼实现富国强军的伟大梦想，科学继承和进一步发展这个根本原则，明确要求军队坚决听党指挥，并把它上升到"强军之魂"和"强军目标"的高度加以强调，为我们更加全面地认识和更加有效地落实这一原则，打开了新的视野，提供了新的抓手。一方面，它适应了新的形势任务。面对新形势、新任务，坚持党对军队绝对领导比以往任何时候都显得更为重要和紧迫。虽然从总体上看，这些年来，部队的军魂教育一直抓得很紧，官兵的军魂意识也树得比较牢固，但必须看到，一些同志的认识和行动还停留在政治要求、政治表态和政治纪律的层面，在理论自觉、情感认同和自觉践行上都有一定差距。因此，把听党指挥作为强军目标和强军之魂，不仅极其必要，而且非常及时。另一方面，它确立了新的标准要求。习近平强调，要确保部队绝对忠诚、绝对纯洁、绝对可靠。这三个"绝对"，深刻阐明了军队听党指挥的本质内涵，明确了新形势下坚持党对军队绝对领导的基本着力点，使我军军魂进一步系统化、具体化，体现出鲜明的时代感和很强的现实针对性。事实证明，用"听党指挥"这个强军之魂来统领和指导军队政治工作，推进军队建设，为人民军队建设的理论和实践注入了新的时代内容，是新形势下党的军事指导理论的又一次与时俱进。

（4）明确强军之要

明确军队是要准备打仗的，必须聚焦能打仗、打胜仗，创新发展军事战略指导，构建中国特色现代作战体系，全面提高新时代备战打仗能力，有效塑造态势、管控危机、遏制战争、打赢战争。

关于能打胜仗，习近平指出，军队首先是一个战斗队，必须坚持一切建设和工作向能打胜仗聚焦。2012年11月，习近平在中央军委的一次会议上提出了军队的根本职能和衡量军队建设的标准问题。他指出，要强化战斗队思想，强化官兵"当兵打仗、带兵打仗"的意识，强化部队战斗精神，使全军始终保持常备不懈、"招之即来、来之能战、战之必胜"的战备状态。要坚持把战斗力标准贯彻到全军各项建设和工作之中。同年12月，他在原广州军区考察期间进一步提出，要坚持用打仗的标准推进军事斗争准备，不断强化官兵当兵打仗、带兵打仗、练兵打仗思想，坚持从实战需要出发，从难从严训练部队，坚持以军事斗争准备为龙头带动现代化建设，全面提高部队以打赢信息化条件下局部战争能力为核心的完成多样化军事任务能力，确保我军始终能够"招之即来、来之能战、战之必胜"。随后，习近平在不同场合多次强调了这一思想，要求始终坚持战斗力这个根本标准，全部心思向打仗聚焦，各项工作向打仗用劲，确保部队随时能拉得出、上得去、打得赢。可以说，"能打仗、打胜仗"是习近平担任军委主席后强调得最多的一个要求。人民解放军有着光辉的历史，素以能征善战著称于世，但是也要看到，毕竟我军已经很多年没有打仗了，以前能打胜仗不等于现在和今后还能打胜仗，与世界军事强国相比，我军打现代化战争的能力不够、各级干部指挥现代化战争的能力不够的问题，依然没得到根本的解决。从军事斗争准备的角度看，要说有短板弱项，能打仗、打胜仗方面存在的问题就是最大的短板弱项。能战方能止战，准备打才可能不必打，越不能打越可能挨打。

（5）明确强军之基

明确作风优良是我军的鲜明特色和政治优势，必须加强作风建设、纪律建设，坚定不移正风肃纪、反腐惩恶，大力弘扬我党我军光荣传统和优良作风，永葆人民军队性质、宗旨、本色。作风优良是一支英雄部队的天然风貌，作风松散严重背离人民军队的本色形象。习近平主席和军委针对一个时期部队特别是领导干部理想信念、党性原则、革命精神、组织纪律、思想作风等方面存在的突出问题，紧紧扭住全面从严治党和全面从严治军不放松，从制定军委加强自身作风建设十项规定到全面落实《中国共产党廉洁自律准则》《中国共产党纪律处分条例》，扎紧制度笼子，从践行群众路线、"三严三实"到"两学一做"，从整顿思想、整顿用人、整顿组织、整顿纪律到"八个专项清理整治"、全面停止军队有偿服务、实现巡视全覆盖，一步步革除积弊、正本清源，部队新风正气不断上扬。以顽强意志品质正风肃纪、反腐惩恶，严肃查处一批高级干部严重违纪违法案件，大力纠治发生在官兵身边的不正之风，保持高压态势，压紧压实"两个责任"，军队党风廉政建设和反腐败斗争取得重大阶段性成效。

（6）明确强军布局

明确推进强军事业必须坚持政治建军、改革强军、科技兴军、依法治军，更加注重聚焦实战、更加注重创新驱动、更加注重体系建设、更加注重集约高效、更加注重军民融合，全面提高革命化现代化正规化水平。

围绕强军兴军，习近平科学运筹谋划，精心谋篇布局。党的十九大报告系统阐述了坚持政治建军、改革强军、科技兴军、依法治军的强军布局，提出一系列新论断、新举措。在政治建军方面，强调加强军队党的建设，开展"传承红色基因、担当强军重任"主题教育，推进军人荣誉体系建设，培养"四有"新时代革命军人；在改革强军方面，强调深化军官职业化制度、文职人员制度等重大政策制度改革，推进军事管理革命，完善和发展中国特色社会主义军事制度；在科技兴军方面，首次提出"建设创新型人民军队"，强调树立科技是核心战斗力的思想，推进重大技术创新、自主创新，加强军事人才培养体系建设；在依法治军方面，强调全面从严治军，推动治军方式根本性转变，提高国防和军队建设法治化水平。政治建军铸牢强军之魂，改革强军塑造军队未来，科技兴军打造创新型军队引擎，依法治军锻造强大法治军队，这四个方面内在关联、相互支撑，立起强军的骨干框架。

战略问题是一个政党、一个国家的根本性问题。党的十九大报告对贯彻新形势下军事战略方针、坚持"五个更加注重"战略指导做了进一步强调。习近平以马克思主义战略家的大视野、大格局，领导制定新形势下军事战略方针，调整军事斗争准备基点，加强现代战争作战指导，优化军事战略布局，推动军事战略方针进入工作实践，明确了军事力量建设和运用的统揽。在军队建设发展战略指导上，强调"五个更加注重"，其中聚焦实战是发展指向，创新驱动是发展动力，体系建设是发展方法，集约高效是发展模式，军民融合是发展途径。"五个更加注重"是新发展理念对强军的特殊要求，提供了破解强军难题的金钥匙，明确了强军的核心理念。

（7）明确强军关键

明确改革是强军的必由之路，必须推进军队组织形态现代化，构建中国特色现代军事力量体系，完善中国特色社会主义军事制度。

先进军事力量是国家安全的战略盾牌。习近平站在时代发展和战略全局的高度，明确提出"努力构建能够打赢信息化战争、有效履行使命任务的中国特色现代军事力量体系"，指明了深化国防和军队改革、建设巩固国防和强大军队的重要目标任务。在新的历史起点上深入推进改革强军，必须加快构建中国特色现代军事力量体系，为实现党在新时代的强军目标、建设世界一流军队奠定坚实基础。军事力量是遏制和打赢战争的利器，军事力量体系必然围绕战争形态演变来塑造。当前，世界新军事革命迅猛发展，战争形态加速向信息化战争、智能化战争演变，呈现出信息主导、体系支撑、精兵作战、联合制胜、战术行动、战略保障的突出特点。军队编成结构与之相适应，精干化、一体化、小型化、模块化、智能化等特征越来越突出。在这场军事变革中，世界各主要国家纷纷调整军队组织形态，美军推动"二次转型"，俄军深入推进"新面貌"改革。能否抓住战争形态深刻演变的历史机遇，充分运用现代科技特别是信息技术这一变革杠杆，实现军事力量体系的重构升级，直接关系到能否在战略竞争和未来战争中赢得主动。构建中国特色现代军事力量体系，顺应信息化战争加快发展的大势，是抢抓机遇、乘势而上、顺势而为的重大战略举措，是破解我军"两个差距很大""两个能力不足"突出矛盾和问题的关键抓手。

这次改革打破了我军长期实行的总部体制、大军区体制、大陆军体制，组建陆军领导机构，强调陆军由"区域防卫型向全域作战型转变"；新建战略支援部队，强调"高标准高起点推进新型作战力量加速发展、一体发展"；改建火箭军，强调"增强可信可靠的核威慑和核反击能力，加强中远程精确打击力量建设，增强战略制衡能力"；撤销七大军区，成立五大战区，整个军队精简员额30万按照"军委管总、战区主战、军种主建"的总原则，重塑解放军领导指挥体制。强化军委机关的战略谋划、战略指挥、战略管理职能，完善军种和新型作战力量领导管理体制，形成决策权、执行权、监督权既相互制约又相互协调的运行体系。改变过去作战指挥与建设管理职能合一、建用一体的体制，建立适应一体化联合作战指挥要求，建立健全军委、战区两级联合作战指挥体制，构建作战指挥和建设管理职能相对分离、平战一体、常态运行、专司主营、精干高效的战略战役指挥体系。

习近平同志强调这场军事改革"是我们回避不了的一场大考，军队一定要向党和人民、向历史交出一份合格答卷"。习近平同志以强烈使命担当、宏大战略运筹和坚强决心意志推动深化国防和军队改革，谋的是民族复兴伟业，布的富国强军大局，立的是安全发展之基。这轮改革，是中华人民共和国成立以来军队领导指挥体制变动最大的一次，是整体性、革命性变革，必将引领我军实现历史性跨越，为实现中国梦提供坚强力量保证。

（8）明确强军动力

明确创新是引领发展的第一动力，必须坚持向科技创新要战斗力，统筹推进军事理论、技术、组织、管理、文化等各方面创新，建设创新型人民军队。

创新能力是一支军队的核心竞争力，也是生成和提高战斗力的加速器。习近平同志强调：要全面实施科技兴军战略，坚持自主创新的战略基点，瞄准世界军事科技前沿，加强前瞻谋划设计，加快战略性、前沿性、颠覆性技术发展，不断提高科技创新对人民军队建设和战斗力发展的贡献率。党的十八大以来，习近平同志深刻把握世界军事发展大势和我军所处的历史方位，对推动科技兴军做出了系统阐述和战略部署。他强调：坚持向科技创新要战斗力，实施科技强军战略，高度重视战略前沿技术发展，加紧在一些重要领域形成独特优势。提高官兵科技素养，在全军大力传播科学精神、普及科学知识，使学习科技、运用科技在全军蔚然成风。这些重要论述，对于抢占世界军事制高点、开拓强军事业新境界，具有重大引领作用和深远指导意义。

（9）明确强军保障

明确现代化军队必须构建中国特色军事法治体系，推动治军方式根本性转变，提高国防和军队建设法治化水平。

当前，我军武器装备体系的信息化水平不断提高，全面建设现代后勤步伐不断加快，部队组织结构、力量编成和运行状态日益繁杂，官兵的民主法治观念和现代意识越来越强，部队日常管理、安全稳定的要素与变量增多。尤其需要指出的是，现在社会环境变化了，一些不良风气对部队的侵蚀影响不可低估。部队还存在一些法制观念淡薄、习惯于凭经验办事、主观随意性大等治军不严的现象，形式主义、官僚主义、享乐主义和奢靡之风问题也不同程度地存在，它危害着部队团结友爱、和谐纯洁的内部关系，影响着部队的凝聚力、战斗力。军队正规化建设面临的各种矛盾和问题将越来越多，这都对依法治军、从严治军提出了新的更高要求。夯实依法治军、从严治军这一强军之基，充分反映了军心所向，必将有力引导和激励全军上下进一步健全完善法规制度，更加严格地执行法规制度，努力使部队管理实现精确化要求、标准化操作、配套化保障、规范化运作，不断提高部队管理的质量和效益，推动正规化建设向更高水平发展。

强军必强法，一流的军队必然实行一流的法治。习近平同志强调：要增强全军法治意识，加快构建中国特色军事法治体系，加快实现治军方式根本性转变。党的十八大以来，习近平同志对依法治军问题非常重视，创造性地提出了一系列重要指示要求，包括：构建中国特色军事法治体系，提高国防和军队建设法治化水平；深入推进科学立法、民主立法，完善立法体制和程序；增强全军法治意识，加快实现治军方式根本性转变；以纪律建设为核心，下大力气整肃军纪，坚决克服管理松懈、作风松散、纪律松弛现象，等等。这些重要论述，深刻阐明了依法治军从严治军的重要地位、关键环节、内容要求，极大地丰富拓展了党的依法治军理论。

（10）明确强军路径

明确军民融合发展是兴国之举、强军之策，必须坚持发展和安全兼顾、富国和强军统一，形成全要素、多领城、高效益军民融合深度发展格局，构建一体化的国家战略体系和能力。

军民融合发展是实现强军兴军的基本途径。党的十九大报告将军民融合发展战略列入决胜全面建成小康社会坚定实施的"七大战略"，强调强化统一领导、顶层设计、改革创新和重大项目落实，深化国防科技工业改革，形成军民融合深度发展格局，构建一体化的国家战略体系和能力；强调加强全民国防教育，巩固军政军民团结；提出"组建退役军人管理保障机构，维护军人军属合法权益，让军人成为全社会尊崇的职业"。这些重大决定，是从国家发展和安全全局出发做出的战略安排，表明军民融合发展既是强军之策，也是兴国之举。植根于国家经济社会改革快速发展的深厚土壤，借助于国家经济和科技的强大实力，汇聚起全社会的磅礴力量，国防和军队现代化必将如虎添翼、突飞猛进。

军民融合是国家战略，既是兴国之举，又是强军之策。习近平同志强调：推进强军事业，必须深入推进军民融合发展，构建军民一体化的国家战略体系和能力。党的十八大以来，习近平同志着眼国家安全和发展全局，系统阐述了军民融合发展的目标任务和基本路径。他强调：构建统一领导、军地协调、顺畅高效的组织管理体系，国家主导、需求牵引、市场运作相统一的工作运行体系，系统完备、衔接配套、有效激励的政策制度体系，形成全要素、多领域、高效益的军民融合深度发展格局；坚定不移走军民融合式创新之路，在更广范围、更高层次、更深程度上把军事创新体系纳入国家创新体系之中，实现两个体系相互兼容同步发展，等等。这些重要论述，把军民融合发展提到了一个新的战略高度，为推进经济建设和国防建设协调发展、破解军事斗争准备中存在的深层次矛盾和问题标定了科学路径、提供了根本遵循。

**（三）习近平关于国防和军队建设重要论述的指导意义**

在党的旗帜指引下，我军走过了九十多年的光辉历程，为民族独立、国家富强、人民幸福做出了不可磨灭的贡献。经过一代代人持续奋斗，国防和军队建设取得了辉煌成就，站在了新的历史起点上。党的十八大以来，以习近平同志为核心的党中央高度重视国防和军队建设，做出一系列决策指示。习近平着眼坚持和发展中国特色社会主义，从实现中华民族伟大复兴中国梦的战略高度，鲜明提出建设一支听党指挥、能打胜仗、作风优良的人民军队这一党在新形势下的强军目标，展示了党中央和国家建设强大军队，保障国家和平发展的决心意志和使命担当，顺应了全党全军全国各族人民的期盼，开拓了马克思主义军事理论和当代中国军事实践发展的新境界。

建设强大的人民军队是我们党的不懈追求。习近平关于党在新形势下的强军目标重要思想，是对毛泽东、邓小平、江泽民和胡锦涛建军治军思想的继承与发展。习近平关于党在新形势下的强军目标重要思想，高瞻远瞩，继往开来，从历史与现实、理论与实践的结合上，科学总结我们党建军治军成功经验，鲜明回答了在世界形势发生深刻复杂变化，我国全面建成小康社会进入决定性阶段的新的历史条件下为什么要强军，强军目标是什么，怎样走中国特色强军之路的重大课题，具有重大而深远的意义。

### 1. 目标昭示方向，凝聚力量，引领发展

坚持用发展着的马克思主义军事理论指导军事实践，是我们党领导国防和军队建设的一条根本经验。我们必须深入学习贯彻党的十八大精神和习近平一系列决策指示，把学习贯彻习近平关于党在新形势下的强军目标重要思想，作为当前和今后一个时期一项重大政治任务，自觉用以统一思想和行动，凝聚意志和力量，坚定不移走中国特色强军之路，努力把国防和军队建设提高到一个新水平。

### 2. 更加注重从思想上政治上建设和掌握部队

思想政治建设是强军兴军的政治保证和精神动力。要着眼当前意识形态领域的尖锐复杂形势和部队实际，围绕高举旗帜、听党指挥这个根本，把思想政治建设抓得更加扎实有效。深化中国特色社会主义理论体系武装，持续培育当代革命军人核心价值观，大力发展先进军事文化，增强官兵理想信念的坚定性、思想道德的纯洁性和思维方法的科学性，自觉把个人理想抱负融入强军梦，使人生在献身强军实践中出彩。毫不动摇坚持党对军队绝对领导的根本原则和制度，坚决抵制"军队非党化、非政治化"和"军队国家化"等错误政治观点，坚决听从党中央、中央军委指挥，做到平时听招呼，战时听指挥，关键时刻不含糊，任何时候都对党忠诚老实。把党组织和干部队伍搞坚强，按照"照镜子、正衣冠、洗洗澡、治治病"的总要求，扎实开展党的群众路线教育实践活动，务必取得实效。

### 3. 坚持不懈拓展和深化军事斗争准备

军事斗争准备是实现强军目标的重要抓手。要按照能打仗、打胜仗要求，把各项准备工作往前头赶、朝实里抓，全面提高以打赢信息化条件下局部战争能力为核心的完成多样化军事任务能力，坚决维护国家主权、安全和发展利益。加强战略指导和作战问题研究，大力开展实战化训练，做到信息化条件下仗怎么打兵就怎么练，什么在实战中最管用就把什么练过硬。持续实施科技强军战略，加速推进信息化建设，加快发展新型作战力量，加强国防科技和武器装备建设，加快全面建设现代后勤，培养大批高素质新型军事人才。狠抓日常战备工作落实，确保边海空防安全。强化随时准备打仗思想，练就

革命军人血性胆气，做到脑子里永远有任务，眼睛里永远有敌人，肩膀上永远有责任，胸膛里永远有激情。

### 4. 不折不扣落实依法治军、从严治军方针

从严治军是建设强大军队的铁律。要以纪律建设为核心，扭住依法治军、从严治军不放松，不断提高部队正规化水平。严格落实条令条例和规章制度，积极研究新形势下治军带兵特点规律，扎实做好抓基层打基础工作，保持部队高度集中统一和安全稳定。要保持作风建设的良好势头，一天不放松地抓下去，去虚功，出实招，使长劲。坚持严字当头、标本兼治，在解决深层次矛盾和问题上狠下功夫，制定科学合理、符合实际、便于操作的刚性措施。坚持领导带头，注重抓本级、严自身，以各级领导的模范行动带出部队的虎虎生气、融融暖气、堂堂正气。

### 5. 积极稳妥推进国防和军队改革

改革是强军的动力和活力。要围绕实现强军目标，加快推进中国特色军事变革深入发展，不断在重要领域和关键环节实现改革新突破。把改革创新精神贯彻到各项工作中，努力推动军事理论、武器装备、组织体制、军事训练和保障方式创新。深入推进军队组织形态现代化，建立健全联合作战指挥体制、联合训练体制、联合保障体制，优化作战力量结构，构建中国特色现代军事力量体系。继续推进以军事人力资源为重点的政策制度调整改革，深化国防动员和后备力量调整改革，为建设巩固国防和强大军队提供体制机制保障。

### 6. 进一步走开军民融合式发展路子

军民融合式发展是实现富国和强军相统一的重要途径。我军战争年代打胜仗，人民是靠山；和平时期军队建设和军事斗争准备，同样离不开人民群众的关心和支持。要更加主动地将国防和军队建设融入经济社会发展体系，加强军民融合式发展战略规划、体制机制和法规制度建设，努力形成基础设施和重要领域军民深度融合的发展格局。要大力弘扬我军拥政爱民光荣传统，积极参加和支援地方经济社会发展和生态文明建设，协助地方做好维护社会稳定工作，坚决完成抢险救灾等急难险重任务，巩固发展军政军民团结的良好局面。

【思考题】

1. 邓小平新时期军事思想的具体内容是什么？

2. 江泽民关于加强军队全面建设的"五句话"的总要求是什么？

3. 落实科学发展观在国防和军队建设中的"五个统筹"是什么？

4. 在胡锦涛国防和军队建设重要论述中，新时期、新阶段人民军队的历史使命是什么？

5. 胡锦涛和习近平关于国防和军队建设重要论述的基本内容包括哪些？

6. 习近平强军思想的"十个明确"是什么？

7. 习近平关于国防和军队建设重要论述的指导意义是什么？

**知识窗**

中国梦，是中国共产党召开第十八次全国人民代表大会以来，习近平总书记所提出的重要指导思想和重要执政理念，正式提出于 2012 年 11 月 29 日。习总书记把"中国梦"定义为"实现中华民族伟大复兴，就是中华民族近代以来最伟大的梦想"，并且表示这个梦"一定能实现"。"中国梦"的核心目标也可以概括为"两个一百年"的目标，也就是：到 2021 年中国共产党成立 100 周年和 2049 年中华人民共和国成立 100 周年时，逐步并最终顺利实现中华民族的伟大复兴，具体表现是国家富强、民族振兴、人民幸福，实现途径是走中国特色的社会主义道路、坚持中国特色社会主义理论体系、弘扬民族精神、凝聚中国力量，实施手段是政治、经济、文化、社会、生态文明五位一体建设。

# 第四章·现代战争

## DISIZHANG XIANDAI ZHANZHENG

中国古籍称战争为争、战、征、伐、兵等。战国时期的兵书《吴子》中已有"战争"一词。战争是由超过一个的团体或组织，由于共同关心的权利或利益问题，在正常的非暴力手段不能够达成和解或平衡的状况下，而展开的具有一定规模的初期以暴力活动为开端、以一方或几方的主动或被动丧失暴力能力为结束标志的活动，在这一活动中精神活动以及物质的消耗或生产共同存在。

# 第一节 战争概述

## 一、战争的含义

### （一）战争的概念

战争是一种集体、集团、组织、民族、派别、国家、政府互相使用暴力、攻击、杀戮等行为，使敌对双方为了达到一定的政治、经济、领土的完整性等目的而进行的武装战斗。由于触发战争的往往是政治家而非军人，因此战争亦被视为政治和外交的极端手段。广义来说，并不是只有人类才有战争。蚂蚁和黑猩猩等生物也有战争行为。战争是政治集团之间、民族（部落）之间、国家（联盟）之间的矛盾最高的斗争表现形式，是解决纠纷的最暴力的手段，是在自然界解决问题的办法手段之一，通常被认为是原始社会才会使用的方法，由于其造成生命的消失，在现代人类社会不被认可。

战争是极端的行为，战争的产生是由主导者为了自己或者集团的利益而发起的行为，这种获取利益的行为不惜以牺牲生命为代价获得。

### （二）现代战争的概念

关于现代战争的含义，较为普遍的意见认为，现代战争是在核威胁下的以高科技兵器为主的常规战争。

世界新技术在战争中的应用，将使武器系统、军队结构、战争方法、指挥手段及战争样式等各个方面发生革命性变化。

第一，用新技术改造常规武器，使坦克、飞机、大炮、舰艇等装上现代化的翅膀，跻身于新技术之林。

第二，用新技术创造新武器，使新型的高技术武器（如精确制导、能束武器等）登上战争舞台，极大地改变战争面貌。

第三，新技术提高了对战争的指挥、控制能力，改变着战争方法，使战争出现新的趋向。

所谓以使用高技术兵器为主，是考虑到武器的发展阶段没有明显的消逝界限，往往几代武器和几个发展阶段的武器相互共存是一种普遍的客观事实。所谓常规战争，主要区别于核战争，因为从1945年美国使用两颗原子弹以后，再没有发生核战争的实例，自那次以后所进行的战争，都是常规战争，但不排除是在核武器威胁条件下进行的。

## 二、战争的特点

战争是一种人类社会活动。与政治、经济、科技、文化等活动相比，战争活动与它们有很多不同之处，有着自身运行的特殊规律。与此同时，战争与政治、经济、科技、文化等活动又密切联系，符合人类活动的一般规律。我们应当认清战争的特点，遵循战争活动的规律，以此为牵引做好国防和军队建设各项工作，切实提高综合国力，以遏制和打赢未来可能发生的战争。

### （一）战争有区别于政治、经济、科技、文化等社会活动的特性

与政治、经济、科技、文化等社会活动相比较，战争活动有很多独有的特性。认识战争的这些特性，能够帮助我们更加准确地认识战争规律。

#### 1. 对抗性

在人类社会中，人们以各种方式进行交往。人们在从事政治、经济、科技、文化等社会活动的时候，往往既有合作，又有斗争。在很多时候，政治、经济、科技、文化等领域的斗争是相对缓和的，而战争活动是不同阶级、民族、国家、政治集团之间的矛盾发展到最高阶段的产物。战争表现为交战各方大规模的、激烈的武装斗争，具有鲜明的对抗性。从某种角度上说，战争是对抗性最强的一种人类社会活动。

#### 2. 集团性

战争作为阶级、民族、国家和政治集团为解决无法调和的矛盾所采取的最高斗争形式，是一种高度组织化的集团性活动。阶级、民族、国家、政治集团等社会共同体是战争的发起者和责任者，军队或民众武装等高度组织化的武装集团是基本工具。现代战争是国家根本力量的较量。在战争进程中，除军队等武装集团参与的军事斗争外，也可能涉及政治、经济、科技、外交、舆论、生态等方面的斗争，必须注重发挥其他各个社会集团的作用。

#### 3. 暴烈性

战争归根结底是一种暴力活动，是交战各方采用武装手段进行的军事斗争，因而，战争比其他社会活动具有更大的暴烈性。现代条件下，人们在和平时期所说的"贸易战""外交战""金融战""文化战""生态战"等，不具有大规模武装暴力的特点，并不是通常意义上的战争，更多的是对某个领域激烈斗争一种比喻的说法，不能把它们与真正的战争混为一谈。战争暴烈性最突出的体现，就是战争中经常出现人员的大量伤亡和对社会财富的巨大破坏。人类历史上的战争共夺去约 40 亿人的生命。在中国的抗日战争中，中国军队就伤亡 380 余万人，普通民众死亡 2 000 余万人，财产损失 600 多亿美元（按 1937 年美元计算）。即使是在现代条性下，军队武器装备的命中精度和毁伤效能大幅度提高，交战方式由以往那种单一的"硬"摧毁转向"硬"摧毁与"软"毁

伤并举，战争的破坏性依然很大，暴烈性仍然存在，不能认为，现代战争由于技术含量的提高而"慈化"和"软化"。

### 4.复杂性

战争是大规模的军事斗争。交战双方为了赢得胜利，投入大量人力、物力和财力，在很多时候牵涉的范围都是巨大的。在战争进程中，交战各方要调动各种因素，相互间需要进行较长时间的反复较量，因而，战争是系统性、复杂性极强的社会活动。人们必须充分认识战争体系的各个方面、各种因素，综合采取斗争方法，而不能简单地认识和应对战争，尤其是对于民众来说，不能简单地认为战争只是军队的活动，国防和军队建设与己无关。

### 5.时代性

战争是一种特殊的社会历史现象，总是处在动态发展之中。战争既非从来就有，也不会永久存在。完整意义上的战争是社会生产力和生产关系发展到一定阶段的产物，是私有制产生以后，随着阶级和国家的形成，出现压迫和被压迫时出现的。进入阶级社会以后，在不同的时代条件下，战争活动有着不同的表现。与其他某些社会活动不同，战争不会永久存在，当阶级和国家消失后，战争活动也会随之而消失，只有在那时，人类才可能赢来永久的和平。

## （二）战争与政治、经济、科技、文化等社会活动的内在联系

战争是一种非常特殊的社会活动，但它却不是孤立的社会活动，与政治、经济、科技、文化等各方面的社会活动都密切相关。战争是力量的竞赛，战争力量是物质因素与精神因素的结合物。在这些因素中，既包括军事因素，也包括政治、经济、科技、文化等各方面的活动因素。

### 1.战争是政治的继续

战争本身就是政治性质的行动，自古以来没有不带政治性质的战争。人类进入阶级社会以后，阶级之间、民族之间、国家之间、政治集团之间的武装斗争都具有政治色彩，战争目的集中表现为战争的政治目的。正如列宁指出的，"战争是政治通过另一种手段（暴力手段）的继续""马克思主义者一向公正地把这一论点看作考察任何一场战争的意义的理论基础"。然而，战争又不是一般意义上的政治，是流血的政治。政治发展到一定的阶段，再也不能前进了，于是爆发战争，用以扫除政治道路上的障碍。战争的发生、发展与结束，都受到政治的制约，为政治活动服务。

### 2.战争与经济紧密相连

任何战争都有一定的经济目的，交战双方根本上是为了追求经济利益而斗争。这里的经济利益，可以是土地，可以是人口，也可以是其他资源和财富。战争归根结底是为了达到某个阶级、政党、民族、国家或集团的经济目的。从事战争活动必须有一定的经济力量，必须建立在一定的经济基础之上。在某种意义上，战争对经济活动有巨大的破坏作用，同时也有一定的保护作用乃至推动发展的作用。

### 3. 战争与科技共同发展

从事战争活动，需要使用武器装备等作战工具。如同人类科技进步可以促进社会生产工具的进步一样，军事科技的进步也可以促进作战工具的进步，进而对军队编制体制、作战方式、作战思想等各个方面产生重大影响，乃至对战争活动产生全局性深刻影响。军事科技的革命性变化，甚至能够使战争面貌发生根本性变化，产生新的战争形态。军事领域最能反映科技的发展，世界各国往往会把最先进的科学技术首先运用于军事领域。反过来说，人们在军事科技领域取得了进步，推广运用到社会生产领域，也可以带动和促进民用科技的发展进步。特别是在现代条件下，战争活动与科技发展的联系更加紧密，互相影响、互相促进的作用更加明显。

### 4. 战争与文化活动相互影响、相互促进

战争对社会各方面有破坏作用，也包括对社会文化发展的破坏。在 2003 年的伊拉克战争中，美军的猛烈轰炸使得古巴比伦遗址等世界文化遗产被毁灭，美军占领下的 9 座博物馆遭到哄抢，约有 17 万件文物被抢劫或破坏。反过来说，战争影响巨大，总会使人们印象深刻，为了反映在战争中的感想和体验，人们往往通过诗歌、小说、音乐、戏剧等艺术形式来表现，这又极大地促进了社会思想文化的发展。例如，在波澜壮阔的中国人民抗日战争中，千千万万的抗战英雄抛头颅、洒热血，为战争胜利做出了重大贡献，为铸就伟大的抗战精神做出了重大贡献。伟大的抗战精神，永远是激励中国人民克服一切艰难险阻、维护世界和平、为实现中华民族伟大复兴而奋斗的强大精神动力。

除此之外，战争还与人口、地理、自然环境等因素有着密切联系，呈现互动发展的特性。由于战争与其他社会活动紧密联系，人们就不能孤立、片面地看待战争问题。军事家不可能超越既定的客观物质基础（交战双方的军事、政治、经济、自然等条件）去企求战争的胜利，必须在既定的客观物质基础上能动地争取战争的胜利。战争会给政治、经济、科技和文化等方面带来巨大破坏，起到消极作用，同时也可能会在一定条件下对其进行保护和促进，起到积极作用。因而，不能一味地认为战争是"绝对的坏事"，也不能一味地鼓励战争。关键的问题，是要全面、准确地考察战争活动，认识和遵循其运动规律，想方设法降低或消除其消极作用，努力增强其有利的一面。

## （三）现代战争的特征

现代高技术战争具有以下几个基本特征：一是技术密集型。高技术战争中使用的高技术武器装备具有技术密集型的特征，包含着各种密集型的知识和创新性很强的密集型技术。二是结构整体型。主要反映在使用武器手段方面的互相依赖、制约、协同方面，通常是指侦察、通信、指挥、武器、供应系统等若干个系统互相联结而形成的一个战争整体。三是电子化、智能化、数字化。战争中广泛使用电子技术、人工智能武器和电子计算机等先进技术。四是天地战、天地高能战。航天武器直接用于战争，参与地面作战，战争在天地一体空间进行，并大量使用高能武器等。高技术战争是由一般战争发展而来的一种新型战争

形态。它既具有一般战争发展共有的特点，又有其自身的特性。

### 1. 战场空间空前扩大，作战领域多维化

高技术在战争中的广泛应用，极大扩展了兵力、兵器作战的空间性能，使得作战向大纵深、高立体方向发展。其表现为：首先，侦察距离增大。高技术侦察技术装备的侦察与监视范围可覆盖整个战场，其中，陆上监视系统侦察纵深可达 150 余千米，中、低空侦察机可覆盖其航迹侧面余千米，中、低空侦察机可覆盖其航迹侧面 100 余千米，高空侦察每小时监视能力达 38.9 万平方千米，卫星侦察与监视覆盖面积达数百万平方千米。其次武器装备的射（航）程增大。火炮射程达 1 670 千米，战术导弹射程达 30～2 000 千米，飞机的作战半径，战斗机达 600～1 800 千米，轰炸机达 1 200～2 000 千米，机载战略巡航导弹射程达 2 500～3 000 千米，洲际导弹射程达 1 万～1.2 万千米。再者，军队机动能力提高。上述这些因素互相配合，使得实施大纵深火力杀伤、大纵深奔袭作战和大纵深空中包围成为常规。

由于高技术武器装备在战争中分布的范围扩大，运用的途径增多，使得战场纵深加大，并向"全方位"和"全高度"发展。作战行动受地形条件的影响相对减少，诸军兵种的协调则进一步加强，并呈现陆、海、空、天、电多维一体的联合作战的特点。

### 2. 作战力量超常使用，空、海军和技术兵种地位突出

高技术战争作战目的的明确性与速度要求，使得作战力量的动用较之一般条件下的作战更加特殊，不仅注重运用精锐部队，而且密集使用高技术兵器。如马岛战争中，英阿双方都投入了海、空军精锐力量，双方使用的各类战术导弹、制导鱼雷、激光制导炸弹等精确制导武器达 17 种之多，开创了大规模使用制导武器的先例。

与运用精锐力量和技术武器相对应的是，战争中空、海军和技术兵种的地位上升。由于它们高技术现代化武器装备多、机动性强、作用突出，因而在参战中的比例增大。如多国部队实施的"沙漠风暴"空袭行动，时间长达 38 天之久，集中了 2000 多架飞机、出动 9 万多架次，投弹约 8 万吨，并发射了 288 枚巡航导弹，一举摧毁了伊军指挥控制系统的 80%、伊拉克全部军事实力的 50%，重创了伊空军及防空体系。

### 3. 作战行动趋向全天候、全时辰，电子、火力、机动力融为一体

高技术武器装备在夜间和不良气候条件下作战能力的提高，使提高技术条件下的局部战争向全天候、全时辰方向发展。随着高技术在军事上更为广泛的应用，连续 24 小时在不良条件下进行作战将成为可能。另一方面，掌握信息优势，发扬火力和提高作战机动力，已成为夺取战场主动权的关键。同时，电子、火力在地面、海上，甚至在太空，都离不开机动。战前需要机动，交战中、交战后也需要机动。如海湾战争交战之前，多国部队依靠强大的空运、海运能力，实施全球战略机动，将各类作战物资和作战力量投送到战区，并形成了陆、海、空、天多方位、多领域封锁。交战中，又凭借先进的武器装备，实施全战场机动，进行"空地一体""海地一体"的全方位电子、火力一体攻击。

### 4. 作战指挥高层次、高灵活战场控制自动化

高技术战争中的每一次战斗都是牵动战略、战役全局的作战行动。如战役、战斗意图，主要作战地域，投入的作战力量，打击的目标和运用的手段，以及作战节奏和各军兵种的协调等，均由战略指导者或战区高级指挥机构决策和进行直接干预。而具体的作战行动，如有利的打击时机、具体的攻守措施，以及必要与合理的冒险等，均由各作战单位实施灵活分散的指挥。

同时，由于高技术战争中作战力量的构成复杂，整体性要求高，对加强统一指挥和集中控制、全面提高指挥交通提出了更高的要求。而 C4I 系统的发展，则为提高指挥交通提供了强有力的手段，使战场指挥控制向着自动化的方向发展。如海湾战争仅在空袭作战中，多国部队投入的飞机就有 20 多个型号 3 500 余架，而这些飞机分属 12 个国家，从数十个机场和数艘航母上起飞，共出动 11.3 万架次，对伊上千个目标进行轰炸，且多在无月光的黑夜进行。在这种复杂的情况下，多国部队之所以能够做到有机配合、密切协同、有序不乱地行动，充分发挥了其多元一体的整体作战能力，主要依靠的是以 C4I 系统为基础的高交通的自动化指挥，从而达到破坏敌人的目的。

## 三、战争的发展历程

纵观人类的历史，就是一部活脱脱的战争史。从原始社会人类为了争夺猎物爆发的部落战争，到了现代社会为了争夺利益发生战争，战争从来就没有停止过。据不完全统计，在有记载的 5 000 多年的人类历史上，共发生过大小战争 14 531 次，平均每年 2.6 次。一部世界战争史，就是一部人类社会的发展史，了解战争的历史是把握人类社会发展进步的重要途径。根据战争使用武器的类型，人类战争发展历史可以分为冷兵器时代、热兵器时代、核武器时代和信息化作战时代等四个阶段。

### （一）冷兵器时代

冷兵器时代，指由远古时兵器由生产工具分化出来，也就是兵器发明开始，到火药发明并广泛使用于战争的这段时期。部分学者认为，中国的兵器是由蚩尤或黄帝所发明，距今约有四千六百多年。在考古的证据上，虽然无法确知兵器是何时发明的，但是至少可以确定，兵器由生活或生产工具中分化出来的时间，距今至少已有四千六百多年：考古证据显示，弓箭的出现距今至少有两万年，但是直到距今约四千六百年的新石器时代，才出现人被箭杀伤的证据——被骨镞射中的人骨。由此，我们可以对冷兵器时代的开始，有一个大略的时间概念。

### 1. 冷兵器的类型

冷兵器按用途可分为进攻性兵器和防护装具，进攻性兵器中又可分为格斗、远射和卫体三类：按作战使用可分为步战兵器、车战兵器、骑战兵器、水战兵器和攻守城器械等：按结构形式可分为短兵器、长兵器、抛射兵器、系兵器、护体装具、器械、兵车、战船等。

许多冷兵器是复合材料制成并兼有两种以上的用途和性质的。

#### 2.冷兵器的发展简史

冷兵器出现于人类社会发展的早期，由耕作、狩猎等劳动工具演变而成，随着战争及生产水平的发展，经历了由低级到高级，由单一到多样，由庞杂到统一的发展完善过程。世界各国、各地的冷兵器的发展过程各有特点，但基本可归结为冷兵器、黑火药时代、近代兵器时代、现代兵器时代和热核兵器时代。其中石木兵器时代延续的时间最长。铜兵器时代和铁兵器时代是冷兵器的鼎盛时代，冷兵器与火器并用时代是冷兵器逐渐衰落的时代，但随着科学技术的发展，冷兵器更为精良，使用更为合理。

冷兵器的性能，基本都是以近战杀伤为主，在冷兵器时代，兵器只有量的提高，没有质的突变。

火器时代开始后，冷兵器已不是作战的主要兵器，但由于它的特殊作用以及在各国、各地区的发展进程不同，冷兵器一直沿用至今。

### （二）热兵器时代

从火药武器广泛使用并逐渐成为常规武器后，人类战争的历史就进入了热兵器时代。热兵器又名火器，古时也称神机，与冷兵器相对。指一种利用推进燃料快速燃烧后产生的高压气体推进发射物的射击武器。传统的推进燃料为黑火药或无烟炸药。热兵器时代下，装备先进火器的军队，在和冷兵器的文明进行作战时，基本占有战场的绝对优势。

#### 1.发展简史

公元1132年，中国南宋的军事家陈规发明了一种火枪，这是世界军事史上最早的管形火器，它可以称为现代管形火器的鼻祖。到了南宋开庆元年（1259年）寿春府人创造了一种突火枪，该枪用巨竹做枪筒，发射子窠（内装黑火药、瓷片、碎铁、石子等）。燃放时，膛口喷火焰，子窠飞出散开杀伤对阵的敌人，这是现代霰弹枪的真正起源。

公元13世纪，中国的火药和金属管形火器传入欧洲，火枪得到了较快的发展。15世纪初，西班牙人研制出了火绳枪。后来，被明王朝仿制，称之为鸟铳，直到公元1525年，意大利人芬奇发明了燧发枪，将火绳点火改为燧石点火，才逐渐克服了气候的影响，且简化了射击程序，提高了射击精度，可随时发射。后装枪的发明是19世纪枪械的一次重大变革，它结束了步枪出世500年都是从膛口用探条把弹丸装进枪膛内的历史，被有些史书称之为"开辟了轻武器和步兵战术的新纪元"。

#### 2.自动原理发明前的步枪

1860年，美国首先开创了连珠枪的先河。该枪也是一种单发步枪，但无须从外部一发发地装弹，而是依靠弹仓存贮弹药，用手扳动枪机即可重新推弹入膛，能接连射击若干次，射击速度比手动单发步枪快得多。在1877年的俄、土大战中，土耳其军队用3万支连珠枪快速射击，使俄军阵亡逾3万人。然而真正使连珠枪发扬光大，在枪械中独领风骚数十年的是德国人保罗·毛瑟。他发明了第一支枪机直动式步枪，成为现代步枪的基础。

毛瑟步枪被世界各国广泛采用，中国也是最早采用和仿制毛瑟步枪的国家之一。

马克沁被称为自动机枪鼻祖，在轻武器领域开辟了一个新时代。在索姆河战役中，德军运用马克沁机枪的密集火力，一天内歼灭英军6万余人。马克沁自动原理的发明，为其他自动武器的研究扩展了思路。

### 3. 不断更新的自动步枪

第一支半自动步枪是蒙德拉贡（墨西哥的一位将军）设计的。而真正标志着枪机直动式步枪时代的结束和自动步枪时代到来的半自动步枪，是美国人约翰·坎特厄斯·加兰德研制的M1加兰德步枪。该枪经历了30个春秋才被美军方承认而列装，成为第一支被列装的步枪，在第二次世界大战中发挥了重要作用。

卡宾枪，实际上也属于步枪系列。它的枪管较短，质量较轻，可以说是因骑兵的需要而诞生，所以有人又叫它骑枪或马枪。

俄国的M1916费德洛夫自动步枪，据资料介绍是世界上出现最早的自动步枪之一。而美国勃朗宁自动步枪的一大功劳，就是在半个世纪后，它启发了人们发明一种符合现代战争要求的单兵轻机枪或班用自动武器。

StG44，1944年命名为突击步枪，这是世界上第一支真正的突击步枪。之后，苏联AK47卡拉什尼科夫突击步枪也脱颖而出，而AK47步枪的影响远远超过了德国的StG44。

### 4. 形形色色的突击步枪

突击步枪以其火力猛、质量轻、体积小等特点备受世界各国青睐。目前世界上采用小口径突击步枪的国家已达到90多个，其中各具特色和最具有代表性的典型突击步枪有：美国的柯尔特M16A2型突击步枪、俄罗斯的AN-94突击步枪、以色列的TAR-21突击步枪、比利时的F2000突击步枪和南非的CR21无托突击步枪等。其中M16A2型突击步枪以火力密度大、精确度高闻名遐迩，在确定北约标准弹的武器对比评审中大出风头，它除装备美国军队外，现已销往世界50多个国家。俄式AN-94突击步枪外表采用了引人注目的含玻璃纤维的后托，使用双排可卸式30发盒式弹匣，能实现2发点射，有效地增强了弹药的利用率，且在立姿实施2发点射时，其射击精度比AK74突击步枪高13倍。以色列TAR-21突击步枪采用无托的总体布局，而且可以灵活地更换各种不同长度的枪管，实现不同需求，从而自成枪族。F2000突击步枪具有单独的火控系统，据称它甚至能与美国的理想单兵作战武器（OICW）一比高低。

总之，步枪的演变从来没有停止，突击步枪的接班武器是理想单兵战斗武器，但理想单兵战斗武器欲完全取代突击步枪还尚需时日，因有许多关键技术要突破。

## （三）核武器时代

20世纪40年代，美国在新墨西哥州成功试爆了世界上第一颗原子弹，标志着世界战争真正进入了核武器时代。随后在日本投降前夕，美国又在日本广岛和长崎投下了人类历史上首颗原子弹。

### 1. 核武器的概念

核武器也叫核子武器或原子武器。从广义上说核武器是指包括投掷或发射系统在内的具有作战能力的核武器系统。核武器通常指狭义的核武器，即由核战斗部与制导、突防等装置装入弹头壳体组成的核弹。核战斗部的主体是核爆炸装置，简称核装置。核装置与引爆控制系统等一起组成核战斗部。广义的核武器通常指由核弹、投掷/发射系统和指挥控制、通信和作战支持系统等组成的、具有作战能力的核武器系统。

### 2. 常见核武器

核武器是指包括原子弹、氢弹、三相弹、中子弹、肮脏弹、反物质弹等在内的与核反应有关的巨大杀伤性武器。

（1）原子弹

以重核铀或钚裂变的核弹。原子弹的原理是核裂变链式反应——由中子轰击铀–235或钚–239，使其原子核裂开产生能量，包括冲击波、瞬间核辐射、电磁脉冲干扰、核污染、光辐射等杀伤作用。

（2）氢弹

氢弹是核裂变加核聚变——由原子弹引爆氢弹，原子弹放出来的高能中子与氘化锂反应生成氚，氘和氚聚合产生能量。氢弹爆炸实际上是两次核反应（重核裂变和轻核聚变），两颗核弹爆炸（原子弹和氢弹），所以说氢弹的威力比原子弹要更加强大。如装载同样多的核燃料，氢弹的威力是原子弹的4倍以上。当然，不能用大当量的原子弹与小当量的氢弹来比较。一般原子弹当量相当于几千到几万吨TNT，二相弹可能达到几千万吨TNT当量。

聚变核武器是使氢的同位素氘或氘化锂这类热核燃料中产生起爆条件，用裂变核弹的方法使核武器中的热核燃料具有1 000万~2 000万摄氏度高温，从而引起核聚变。原子弹和氢弹通常以千吨或兆吨（TNT）当量作为单位来表示。如1945年美国投在广岛的裂变核弹，不到50公斤的铀释放出来的能量相当于2万吨化学炸药。各种聚变核弹即热核弹（氢弹），其威力最高可达60兆吨。据计算，在核武器爆炸时，1公斤铀–235全部裂变释放的能量相当于2万吨TNT释放的能量，而1公斤氘和氚的混合物完全聚变时放出的能量大约是1公斤铀–235完全裂变所放出能量的3~4倍。

世界上最大的一次核爆炸是苏联于1961年10月30日在新地岛进行的热核氢弹爆炸，当量5 000万吨（原定10 000万吨），爆炸威力的半径700公里，总覆盖面积为8.26万平方公里。核爆炸后，4 000公里内的飞机、导弹、雷达、通信等设备全部受到不同程度的影响。由于太恐怖，对环境破坏太严重，威力过度没有意义，以后再未如此疯狂试验。

（3）氢铀弹（三相弹）

经过核裂变—核聚变—核裂变三次核反应，它是在氢弹的外层又加一层可裂变的铀–238，破坏力和杀伤力更大，污染也更加严重，即为"脏弹"。也属于第二代核武器。

目前全世界只有两种氢弹构型，即美国的T–U构型和中国的于敏构型。

（4）中子弹（增强辐射弹）

以氘和氚聚变原理制作，以高能中子为主要杀伤力的核弹。中子弹是一种特殊类型的小型氢弹，是核裂变加核聚变，但不是用原子弹引爆，而是用内部的中子源轰击钚 –239 产生裂变，裂变产生的高能中子和高温促使氘氚混合物聚变。它的特点是：中子能量高、数量多、当量小。如果当量大，就类似氢弹了，冲击波和辐射也会剧增，就失去了"只杀伤人员而不摧毁装备、建筑，不造成大面积污染的目的"。也失去了小巧玲珑的特点。中子弹最适合杀灭坦克、碉堡、地下指挥部里的有生力量。

（5）肮脏弹

作为一个术语，肮脏弹代指具有放射性、非核武器的武器。它装填着放射性材料，爆炸的时候将放射性物质抛射散布，造成相当于核放射性尘埃的污染，造成灾难性的生态破坏。自"9·11"事件之后，西方政府最主要担心的一方面就是恐怖分子可能利用肮脏弹袭击人口稠密区，作为区域封锁武器，就像其他更高级的更复杂的放射性武器，可以将这个地区在以后的数年或十几年中，退化为不适合人类居住的放射性地区。然而大多数的分析人士认为，肮脏弹的作用更主要体现在心理方面，而它所造成的污染可以用昂贵但是有效的净化措施来治理。

（6）反物质弹

反物质武器是一种能量，推进剂或爆炸物，是拥有最强大力量的武器，目前作为假想武器存在，仅出现于科幻小说或电子游戏中。但美国空军已经对其可能的军事用途，包括毁灭性效果产生了兴趣。自从冷战开始，其就开始资助反物质相关的物理研究。其主要的理论优势是物质与反物质相撞会将将近 100% 质量转化成能量（高能伽马射线），而利用聚变反应的氢弹则大约是只有 0.7% 的质能转换。

### 3. 核武器的发展简史

核武器的出现，是 20 世纪 40 年代前后科学技术重大发展的结果。与历史上许多科学技术新发现一样，核能开发也被首先用于军事目的，即制造威力巨大的原子弹。核武器的发展经历了数十年的理论准备和很多年的应用实验才最终展现在世人面前。

（1）理论准备

伦琴射线。1895 年，德国物理学家伦琴做放电实验时，发现被黑纸包住的放电管可使一段距离外涂一种荧光材料的纸屏发出微弱的荧光。伦琴将其称作 X 射线。后经过多次实验，他发现这种射线能够穿透人的衣服和肌肉。若把手放在放电管和荧光屏之间，荧光屏上就会映出收的骨骼影子。为了纪念这位科学家的伟大发现，人们将这种射线的计量单位称作伦琴。

镭的发现。1898 年，出生波兰的物理学家居里夫人发现自然界有一些元素的原子核能自发地发出一些看不见的射线，同时还会释放能量。这种光线要比铀放射的光线强得多。她认为，这种新物质只是极少量地存在于矿物之中，将其定名为"镭"。后又经过 3 年零 9 个月的工作，1902 年，居里夫人在矿渣中提炼出 0.1 克镭盐，又测定了镭的原子量。

粒子学说的发展。1912 年，卢瑟福根据 α 粒子散射实验现象提出原子核式结构模型。接着在 1919 年，卢瑟福做了用 α 粒子轰击氮核的实验，他从氮核中打出的一种粒子，并测定其电荷和质量。它的电荷量为一个单位，质量也为一个单位，卢瑟福将之命名为质子。1931 年，约里奥·居里夫妇公布了他们关于石蜡在"铍射线"照射下产生大量质子的新发现。查德威克用云室测定这种粒子的质量，发现这种粒子的质量和质子一样，而且不带电荷，他称这种粒子为"中子"。

爱因斯坦的相对论。1905 年，德国科学家爱因斯坦创立了划时代的"狭义相对论"，公布了质量与能量相互关联的质能关系式：$E=mc^2$。这揭示了原子核内所蕴藏的巨大能量的奥秘，是核武器发展的根基。

（2）德国领跑核研究

1938 年 12 月，德国科学家哈恩和斯特拉斯曼花了 6 年时间，发现了铀裂变现象，并掌握了分裂原子核的基本方法。1939 年 4 月，哈塔克向陆军工兵署写信，指出："首先用上它的国家将取得对别国的压倒优势"。德国于当月召开了由 6 位原子科学家参加的"铀设备"会，并在柏林成立了"铀协会"。1940 年，德国制定了核研究计划，代号为"U 工程"，其领导机构是"帝国研究委员会"。他们很快设计并制造除了第一座用于试验的核反应堆。德国获得了捷克斯洛伐克的沥青铀矿，在本国东部地区也发现了铀矿；还在挪威建造了一座世界上最大的重水生产工厂，从而使核武器研制的基本原料问题得到了解决。1942 年，海森堡和德佩尔运用一个球形装置使反应堆得到成功，打开了制造原子弹的大门。但直到二战结束前，德国也没有成功研制出原子弹。

（3）美国后来居上

1939 年 8 月，定居美国的科学家爱因斯坦致信美国总统罗斯福，建议研制原子弹。美国核研究的负责人之一布什认为，只有军队以最高优先权，才能在战争结束前生产出核原料来。1942 年 3 月 9 日，他给罗斯福总统的报告中，提出把全部的研制和生产管理移交给军队，并于 6 月 17 日准备了一份将核计划全部交给军队领导执行的详细报告。美国陆军部于 1942 年 6 月开始实施的利用核裂变反应来研制原子弹的计划，亦称曼哈顿计划。该工程集中了当时西方国家最优秀的核科学家，动员了 10 万多人参加这一工程，历时 3 年，耗资 20 亿美元，于 1945 年 7 月 16 日成功地进行了世界上第一次核爆炸，并按计划制造出两颗原子弹。

（4）投放战场

1943 年美国还在研制原子弹时，就已经筹备如何将原子弹投入战场。确定运载投掷工具。原子弹体积大，质量重，基地又远离袭击目标，需要有一种远程重型轰炸机来完成任务。1943 年 9 月，美国最后决定使用当时成为超级空中堡垒的 B--29 重型轰炸机携带投掷。

组建飞行大队。1943 年 12 月，美国在温多佛空军基地组建了第 509 空军混合大队，代号为"飞箭"。同年 6 月，开始了近似实战的模拟战斗训练。

选择目标。1945 年 5 月 8 日德国投降，且美国还没成功研制出原子弹，目标就只能是日本了。1945 年 3 月，美军成立了目标选择委员会，专门负责对原子弹袭击目标进行选择，最终选择日本三个中等城市为袭击目标，分别是广岛、小仓和长崎。在完成以上准备工作后，美军分别于是 1945 年 8 月 6 日和 9 日，向广岛和长崎投放了原子弹。

（5）氢弹问世

两个原子弹的巨大威力带给世人莫大恐慌，尤其是苏联。苏联经过种种努力，于 1950 年 11 月 23 日成功爆炸了第一颗原子弹。美国觉得必须加快核武器的研究，在杜鲁门总统授意下，美军投入巨大的人力财力，分别在 1952 年 11 月 2 日和 1954 年 3 月 1 日试爆成功两个氢弹。从此美国拥有了可供实战应用的氢弹。苏联不甘落后，在 1955 年 11 月 22 日成功爆炸了一颗威力巨大的氢弹。

（6）核俱乐部

在美、苏拥有核武器后，其他国家纷纷感到恐慌，都在加紧研制自己的核武器。如今已经有很多国家拥有核武器。主要有核的七个国家拥有的核弹头分别为：美国 6 600 枚，俄罗斯 6 300 枚，法国 500 枚，中国 450 枚，英国 380 枚，印度 70 枚，巴基斯坦 30 枚。除此之外，还有几个国家可能具备一定的核打击能力。据统计，以色列可能拥有 80 ~ 100 枚核弹头，伊朗约有 25 ~ 30 枚，朝鲜有 15 ~ 20 枚。日本的核能力也一直是个"公开的秘密"。

## （四）信息化作战时代

20 世纪 80 年代随着信息技术，航空航天技术的快速发展，人类战争形态开始向信息化战争发展。1991 年的海湾战争是机械化战争向信息化战争过渡的一个重要转折点。

### 1. 信息化战争的孕育阶段

20 世纪 60 年代至 80 年代是信息化战争的孕育阶段，最具代表性的是 60 年代的越南战争、70 年代的第四次中东战争和 80 年代的马岛战争。

越南战争（1959—1975），简称越战，又称第二次印度支那战争。越战是第二次世界大战以后美国参战人数最多、影响最大的战争，也是冷战中的"一次热战"。美军投入了大批新式武器：1967 年，首次使用激光制导炸弹；1972 年，大量使用激光和电磁制导炸弹。第四次中东战争高技术特点比较明显：一是精确制导武器主导战场；二是首次使用卫星进行战场侦察，使天战方式脱颖而出。英阿马岛海战是世界上第一次大规模使用精确制导武器的海空交战，标志着精确制导武器和电子信息装备已经成为现代战场的主宰。

### 2. 信息化战争的萌芽阶段

时间是 20 世纪 90 年代，以海湾战争为主要标志。海湾战争使大规模机械化作战发展到极致，信息化作战初露端倪，信息化武器装备在战争中发挥了重大作用。海湾战争的特点：一是以精确制导武器为主实施了高强度的空中打击；二是使用了大规模的电子战；三是使用了先进的 C4I 作战指挥系统；四是使用了大规模的高性能侦察器材；五是使用了多种新型的夜视器材。

### 3. 信息化战争的发展阶段

时间是 20 世纪末至今，最具代表性的是科索沃战争、阿富汗战争和伊拉克战争。科索沃战争中，首次使用电磁脉冲炸弹、计算机病毒攻击武器、石墨炸弹等心理战、网络战、控制战、信息战武器；首次使用 GPS 制导的巡航导弹。在阿富汗战争中，首次使用侦察攻击型无人机、全球信息栅格，验证了网络中心战理论；首次实现 C$^4$ISR 系统为主的全球一体化作战模式；首次使用单兵数字通信系统、掌上电脑、光电侦察设备、地面传感器和 GPS 接收机等信息系统；首次使用 GBU-28 钻地炸弹、BLU-82 巨型炸弹、BLU-118B 燃料空气炸弹、传感器引爆武器、风力修正子母弹、斯拉姆 ER 空地导弹等新型武器。伊拉克战争中，综合运用了网络中心战成果，创新了地面作战中接触与非接触相结合、空中遮断及空中近距支援与地面快速推进相结合的战法，为大规模信息化作战奠定了理论和实践基础。

在这一阶段中，在信息技术的推动下，使传统的战争理念发生了变革，战争面貌随之一新，显现了陆、海、空、天、电多维一体的立体战特征，催生了以信息作战为主导的信息化战争的到来。

【思考题】

1. 什么是战争？
2. 简述战争的特点。
3. 简述现代战争的特征。
4. 简述战争的发展历程

知识窗

巡航导弹是导弹的一种，主要以巡航状态在稠密大气层内飞行的导弹，旧称飞航式导弹。巡航状态指导弹在火箭助推器加速后，主发动机的推力与阻力平衡，弹翼的升力与重力平衡，以近于恒速、等高度飞行的状态。在这种状态下，单位航程的耗油量最少。其飞行弹道通常由起飞爬升段、巡航段和俯冲段组成。它依靠喷气发动机的推力和弹翼的气动升力。巡航导弹在携带核弹头时还可以由飞机或是潜艇发射，也是核三位一体的重要组成部分。

## 第二节 新军事革命

> 20世纪中后期，世界军事领域兴起了一场被称为"新军事革命"的深刻变革。进入21世纪，世界主要国家为在国际竞争中赢得战略主动，加紧推进军事转型，新军事革命呈现加速发展、纵深发展的趋势，对国际政治军事格局产生重大影响。

### 一、新军事革命的内涵

新军事革命，是特指在工业社会走向信息社会的时代，以信息技术为核心并得以广泛应用，从而引起军事领域武器装备、军事理论和组织体制等一系列的根本变革，导致彻底改变战争形态和军队建设模式的一场革命。

在人类历史上，所有的军事革命都有着一些共同、普遍的规律，但每次军事革命也都有自己的独特之处。综合来看，当前正在进行的世界新军事革命具有很多突出的特点。这主要体现为以下几点。

#### 1.深刻性

新军事革命是对工业时代的战争形态进行脱胎换骨式的改造，使之成为以信息化为核心的信息时代的战争形态，即机械化战争形态转变为信息化战争形态。因而，新军事革命是信息时代军事领域发生的带有根本性的、具有重大影响的变革，是军事上的一次"质的飞跃"。

#### 2.全面性

新军事革命不是对军事领域某一方面的变革，而是对军事形态各个方面、涉及的各个领域都进行的重大变革。这不仅涉及信息化军事技术形态、联合化组织形态和高效化管理形态，而且包括了军事理论形态、作战形态、军队武器装备建设和训练等各个领域。可以说，几乎所有的军事领域都会产生重要的变革。新军事革命是全方位、深层次的，覆盖了战争和军队建设全部领域，直接影响着国家的军事实力和综合国力。

#### 3.广泛性

新军事革命不是发生在一两个国家，而是发生在许多国家特别是世界主要国家。美国、俄罗斯率先发起军事革命，英国、法国、德国、日本等紧跟其后，即使是印度等发展中国家也都先后启动了军事革命，并且已经取得许多重要的成果。最终，新军事革命将波及全球所有国家和军队。

### 4.快速性

纵观人类发展的历史，社会形态的演变呈现"加速度"发展的态势，军事革命也是如此。相对于前几次世界军事革命来说，新军事革命发展速度更快，持续时间短。冷兵器军事革命持续了千年，热兵器军事革命持续了数百年，机械化军事革命持续了百年，而世界新军事革命从开始至今，仅半个多世纪的时间里，已经取得许多重大成果，而且即将发展成熟。

### 5.不平衡性

虽然世界各主要国家都重视军事革命，但由于社会发展阶段不同，军事基础不同，因而推进军事革命的进程不同，有快有慢，有的已取得许多先进成果，有的则较为落后。其中，美国始终处于领先地位，英国、法国等其他发达国家紧随其后，俄罗斯获得了很多独具特色的成果，印度等新兴国家处在追赶的道路上。对于广大发展中国家来说，由于技术基础较差和国力较弱，若不能实现跨越式发展，将拉大与发达国家在军事上的差距，甚至出现"时代差"。而这会进一步改变国际军事力量的对比，成为新的战争的诱因。

## 二、新军事革命的内容

### （一）创新军事技术、实现武装装备的智能化

武装装备的断代性发展是军事领域出现革命性变化的重要标志。现阶段，主要是应用信息技术成果对现有武器装备进行改造，同时研制和发展新型信息化武器系统，从而实现武器装备的信息化、智能化和高效化。目前，发达国家军队已经实现了高度机械化和部分信息化，在战争中大量使用经过信息化改造的精确制导武器。新军事变革在武器装备方面的体现主要是信息化作战平台大量涌现、精确制导武器成为主要打击兵器、电子对抗装备系统更加完善、指挥自动化系统不断发展。

### （二）创新体制编制，重组军队组织结构

一场军事变革的完成，以军队组织结构调整的最终实现为标志。调整改革军队的体制编制，是实现人与武器有机结合、最终完成军事变革的关键。世界各国为适应世界新军事变革的发展，高度重视优化军队的内部结构，使军队的体制编制向着精干、高效、合成的方向发展。总的趋势是：压缩常备军规模，裁剪一般部队，增编高技术军兵种部队，使军队向小型化、多功能化、一体化方向发展。现阶段，主要是建设便于灵活组合的中小型模块式部队，建立适合信息快速流通的扁平式作战指挥体制。新军事变革在军队编制上的体现主要是新的军兵种陆续出现、军队规模大幅度压缩、军队结构不断优化。

### （三）创新军事理论，推动军队军事转型

随着高新技术武器装备的发展，传统的战争理论、作战原则以及战略、战役、战术之间的关系等都随之发生变化，出现了一些建立在新的物质基础上的军事理论。21世纪以来几次局部战争充分证明，适应信息化战争要求的创新军事理论是完全必需的，并要根据新的军事理论完成军队由机械化向信息化转型。新军事变革在军事理论上的体现是出现了一些新的军事理论，主要有信息化战争理论、信息战理论、联合作战理论、精确化作战理论、非对称作战理论、空间作战理论、非接触作战理论和网络中心战理论等。

### （四）创新作战方式，适应新的战争形态

20世纪90年代以来，非接触、非线式作战日益成为重要作战方式。网络中心战、太空攻防战等也将在不久的将来登上实战舞台。美军在伊拉克战争中所采用的基本作战方式就是非接触、非线式作战。这种作战方式不再是逐次突破推进，而是一开始就超越防御地带和自然地理屏障，直接对敌战役和战略纵深目标实施中远程精确打击，通过瘫痪对方的整个作战体系、摧毁对方的战争潜力和国家意志来达成战略目的。因此，创新作战方式是战争形态发展的需要，必须灵活多变。新军事变革在方法上主要体现在信息作战、非接触精确作战以及诸军兵种一体化联合作战。

## 三、新军事革命的发展阶段

1991年爆发的海湾战争一般看作新军事革命的起点，这场战争是由美国领导的联盟部队为恢复科威特主权、独立与领土完整而对伊拉克进行的一场战争。在战争中，美国首次将大量高科技武器投入实战，展示了压倒性的制空、制电磁优势，由此拉开了新军事革命的新篇章。然新军事革命并不是在海湾战争中才凭空而生的，而是在之前就已经孕育了几十年。

### （一）孕育奠基阶段（20世纪四五十年代至70年代）

新军事革命的源头最早可追溯到20世纪四五十年代。早在二战期间，德国就开始积极研制火箭、导弹武器；1942年美国开始实施"曼哈顿工程"计划，于1945年研制成功世界上第一颗原子弹；1946年，由美国人研制的世界上第一台电子计算机，首先在军事领域出现；1955年，苏联设计了第一枚可以运载核武器的洲际导弹，并于1957年用这枚导弹改造的多极火箭首次把人造卫星送上天。到20世纪六七十年代，随着以计算机为核心的信息技术的迅速发展和广泛运用，这些新型军事技术群也以惊人的速度快速发展，并愈来愈明显地改变着整个军事领域的面貌。

### （二）全面展开阶段（20世纪80年代至21世纪二三十年代）

进入20世纪90年代，随着苏联解体、冷战结束，国际局势发生了根本性变化。1991年初爆发的海湾战争，使人们不仅看到了高技术武器装备在现代战争中的决定性作用，更直接感受到一种全新的战争形态。因此，海湾战争后，以美国为首的西方国家和俄罗斯等

国对新军事革命的研究和讨论很快进入了高潮并成了国防机构等政府行为。当美国率先推行新军事革命的时候，世界其他许多国家，如俄罗斯、中国、英国、法国、德国、日本、印度等也不甘落后。

这些国家充分认识到新军事革命代表着未来世界军事发展的大趋势，为了更有效地维护自身的政治、经济利益，纷纷加快本国新军事改革的步伐，以迎接新军事革命的挑战。2003年春的伊拉克战争，从武器装备、作战形式、部队编成都体现了现代战争的最新特点，实际上是美国新军事革命成果的全面检验：通过这场战争，美国必将对下一轮军事革命提出新的计划的任务，全世界也都被这场战争进一步惊醒并坚定地投入到这场新军事革命的行列中来。

### （三）完成阶段（21世纪二三十年代至50年代）

当然，新军事革命是由机械化军事形态转化而来，需要经过多个发展阶段。两种军事形态无论在时间上还是在内涵上，都存在一个并存、交替与过渡的时期。根据许多军事专家、未来学家的分析和预测，新的智能化军事形态估计要到21世纪中叶才可能完成。

## 四、新军事革命的发展趋势

### （一）技术形态

军事技术形态正在向智能化、网络化、微型化、高超声速的方向发展。主要国家着力发展各种新型武器装备。美军计划到2030年左右全面完成 $C^4ISR$ 系统建设。俄军计划到2020年前建成全军统一的自动化数字通信网络系统。美国、英国、法国、俄罗斯等国都在研制人工智能作战系统，包括无人飞行器、地面机器人、水面和水下机器人作战系统。一些国家已正式把网络空间作为继陆海空天电之后的第六维作战空间。美国正在研发各种网络侦察、网络防御和网络进攻等武器系统。俄罗斯网络攻防武器研制取得了突破性进展。目前，全球有100多个国家具有开发网络武器的能力。美国已成功进行50多次导弹拦截试验和数次电磁轨道炮试射，正在研制可攻击敌方卫星的XSS-11微型卫星。俄罗斯加紧研制空天飞行器。英法等国均有空天飞行器研制计划。日本和韩国加紧部署导弹防御系统。

### （二）组织形态

军事组织形态正在向优化结构、减员增效、模块组合、"去重型化"的方向发展。一是优化结构，完善联合作战效能。美国将联合作战层级由旅战斗队下沉至营战斗队；俄罗斯建立了4个联合战略司令部；日本成立了联合参谋部，形成了联合作战指挥体制；印度成立了联合国防参谋部和三军联合的战区司令部。二是压缩规模，增加基本作战单位数量。主要国家军队在减少员额的同时增加基本作战单位数量。美陆军基本战术行动单位从33个增加到73个作战旅。俄陆军基本战术兵团从36个增加到113个常备旅。三是"去重型化"，提升作战部队的机动能力。美军斯特赖克旅成为其陆军数字化程度最高、机动性最强、可遂行多种任务的主要作战部队。俄军实行新编制，按照不同任务分类建设轻型、中型和重型常备旅。英军和德军裁减了陆军重型装甲部队,组建了更加机动、灵活、轻便的,可遂行多样任务的新型作战旅。

### (三)作战力量

作战力量正在向一体化、无人化、网络化、太空化的方向发展。美俄等国军队正在大力发展新型作战力量,并在实战中运用和检验新的作战方式和方法。

一是无人化作战部队应运而生。目前,世界主要国家十分重视发展无人武器系统,正在积极着手建设无人作战力量。2013年底,全球在机器人方面的防务开支超过134亿美元。美国国会明确要求到2015年战场无人化作战系统达到50%。俄军预测,到2025年左右,人工智能机器人武器装备将成为未来战场上的主战武器装备,将彻底改变传统作战方式,带来军事领域的真正革命。

二是网络攻防部队成为重要作战力量。美国防部宣布组建40支网络部队,其中13支用来攻击对手。俄罗斯也建立了网络作战部队,其破网技术取得了突破性进展。目前,全球网络军备竞赛掀起高潮,超过40个国家组建了网络战力量。

三是新型特种作战行动作用增大。新型特种作战部队在规模数量、职能任务、作战方式和行动样式上发生了很大变化,成为可达成战略目的的新型作战力量。

四是空天作战部队正在酝酿建立。美国正在研制可攻击敌方卫星的微型卫星和空天飞机,到2020年前将可实施反导反卫星等太空攻防作战行动。俄罗斯拥有相当规模的太空武器,并明确将空天战略性战役作为在未来战争中首先实施的战略性战役之一。其他一些国家纷纷建立太空兵和太空司令部,积极准备实施空天作战行动。世界50多个国家拥有空间飞行器。主要大国基于时代前沿战略技术形成了特定战略能力。空间已经成为国际战略竞争的制高点。

### (四)国防管理

国防管理正在向注重战略规划、提高军费使用效益、增强科研创新能力、提高军队职业化水平的方向发展。主要国家十分重视国防改革,积极转变国防管理方式。

一是提高战略规划水平。美国不断推动战略管理制度化、标准化和程序化建设,提高国防管理运行效率和国防投入效益。俄罗斯制定了《2020年前俄联邦武器装备发展纲要》等一系列战略规划文件。法国国防部制定了"六年军事规划法"和军队发展中期和长期计划。

二是提高国防投入效益。美国更加强调优化军费投向投量,对关键地区、关键领域和关键力量的投入不减反增。俄罗斯近五年军费预算平均增长率为20%左右,装备采购费比重不断加大。

三是提高科技创新能力。美国不断加强对军事前沿技术、高技术装备和高风险项目进行总体规划及跟踪研究。俄联邦积极调整优化国防科技布局和军工体系,提升国防科技竞争力。

四是提高军队职业化水平。法军暂停义务兵役制,实行全面职业化。德国从混合兵役制转向全志愿兵役制。俄军始终把职业化作为军队建设的发展方向,其合同兵比例不断提升。

### 五、新军事革命的深刻影响

新军事变革促进了世界军事力量的大发展、大动荡和大调整，对重建国际军事安全秩序、重建世界军事力量格局、重塑未来战争形态和重建未来型军队等将产生决定性影响。

#### （一）进一步加剧了世界战略力量对比的失衡态势

苏联解体后，世界战略力量对比失衡。作为这场新军事变革的领头羊，美国拥有当今世界上最雄厚的经济实力、最先进的科学技术和最强大的军事力量。这加重了其称霸世界的筹码，使它有可能具备全球投送、全球抵达、全球作战的能力，实施全球性扩张、干涉和控制。这种现象，必然导致世界军事力量的严重失衡，使弱国与强国之间已经存在的差距越拉越大，并由此引发新的一轮军备竞赛。

目前，不仅世界大国加快了军事变革的步伐，一些中小国家也积极创造条件进行军事变革，大力推进军事理论、作战思想、武器装备、组织体制、教育训练和后勤保障等各个方面的创新，从而使新军事变革呈现出向广度和深度加速发展的趋势。英国、法国、德国、日本等发达国家和俄罗斯，为拉近与美国的距离，正逐步增大投入，力争在某些领域谋取优势；许多发展中国家，为了避免陷入被动挨打的境地，也在千方百计发展国力，壮大军力，力求防止和消除"隔代差"。这就构成了一种各国竞相发展、全球战略互动的新局面，从而对世界和平、发展和安全构成新的威胁。

#### （二）进一步推动了世界各国军事战略的全面调整

新军事变革极大地冲击了传统的战争理念，改变了现代战争面貌，促使各国重新审视安全环境和战略策略，依据客观环境和主观需求积极主动地进行战略调整。20世纪90年代以来，美国出于维护其霸权的需要，已进行过三次军事战略调整：1992年布什政府"地区防务"战略、1995年克林顿政府"灵活选择和参与"战略、1997年克林顿政府"塑造、反应、准备"战略。俄罗斯、英国、法国、德国、日本等国不甘落后，为谋求在国际舞台上的有利地位，积极顺应世界新军事变革发展的潮流，纷纷进行战略调整。一些发展中国家基于维护自身安全的考虑，在战略上也做出了必要调整。可以预见，随着新军事变革的深入发展，各国还会进行新的战略调整并促进国际战略格局进行新的整合。

#### （三）进一步增强了军事手段维护国家安全的作用

新军事变革为运用军事手段达成政治目的，提供了低风险、高效能、多样化的可能选择。如一枚导弹携带228枚精确制导反坦克子弹，攻击敌坦克群的能力与1 000吨当量的核弹相当。现在，高新技术使战争的可控性显著增强，也使军事手段的运用空间进一步拓展。据统计，冷战时期发生的局部战争和武装冲突年均为4次，而冷战后年均却达10次之多。以美国为首的西方发达国家认为，拥有绝对军事优势是处理国际危机的前提。自1990年以来，美国对外出兵达60次，占二战后对外出兵总数的一半以上。新军事变革不仅使军事手段的地位和作用明显上升，而且会刺激新干涉主义进一步抬头，给世界和平与地区安全带来新的威胁。

### （四）发展中国家战略选择的难度进一步增大

新军事变革对发展中国家的国防建设也有一定的促进作用。比如，可以吸收和运用世界军事科技的成果，推动本国国防科技事业的发展；可以借鉴发达国家军事变革的经验，使本国的军事改革少走弯路。但是，世界军事发展的强劲势头是一把双刃剑，发展中国家在战略选择上面临两难困境：如果不顺应世界潮流，积极推进本国的军事变革，大力提高国防实力，与发达国家军队存在的差距就会越来越大，国家安全就没有保障；如果把主要力量用在军事发展上，就会影响国家经济建设，从根本上削弱国家的综合竞争能力。面对世界新军事变革的挑战，发展中国家何去何从，怎样决断，是一个关系重大、非常复杂的战略难题。

【思考题】

1. 什么是新军事革命？
2. 新军事革命的发展趋势是什么？
3. 新军事革命的主要内容是什么？

### 知识窗

末段高空区域防御系统（Terminal High Altitude Area Defense，THAAD）是美国导弹防御局和美国陆军隶下的陆基战区反导系统，一般简称为萨德反导系统。

末段高空区域防御系统的前身是历经多次失败而告终的战区高空区域防御系统，美国陆军于2004年对该系统进行重新设计，并重新命名为现名，类似于海军的宙斯盾作战系统，由指管通情指挥系统、拦截系统、发射系统和雷达及其支援设备组成。2007年10月，末段高空区域防御系统在美国太平洋导弹靶场成功完成大气层外的拦截试验。

末段高空区域防御系统作为专门用于对付大规模弹道导弹袭击的防御系统，其独特优势是在防御大规模导弹威胁的同时，为作战部队提供更加灵活的使用选择。其目的不是取代而是补充MIM-104防空导弹，以及海军宙斯盾弹道导弹防御系统、陆基中段防御系统和美国在世界各地部署的预警雷达与传感器，从而使美军具备多层弹道导弹防御能力。2016年7月8日美国和韩国正式宣布将在韩国部署萨德反导系统，引发韩国国内巨大争议以及本地区国家强烈不满。

## 第三节　信息化战争

从技术层面上看战争形态的演变，在人类历史上已相继出现过石木化战争、金属化战争、火药化战争、机械化战争。随着信息技术的飞速发展，人类社会技术形态正在从工业时代进入信息时代。未来学家托夫勒曾说："社会进化的每一个时代，都有与之对应的战略模式和战争形态。"与信息时代相对应的战争形态——信息化战争已经开始进入人们的视野。20世纪90年代以来，人类相继发生的海湾战争、科索沃战争、阿富汗战争、伊拉克战争已重新诠释了战争形态的基本内容，具有划时代意义。一种有别于以往战争的新形态战争——信息化战争正在揭开它的神秘面纱，登上人类社会的历史舞台。

### 一、信息化战争概述

#### （一）信息化战争的概念及其基本要素

信息化战争，是以信息技术支配整个高技术武器装备体系，以信息攻防为主要作战方式，在核威慑条件下，全方位进行的立体战争。信息化战争是信息时代的基本战争形态，是信息时代战争的主体类型，是由信息化军队在陆、海、空、天、电、网、心"七维"战略空间进行的。一般认为，海湾战争是人类战争形态开始由机械化向信息化转型的标志，伊拉克战争则是迄今为止，陆、海、空、天、电、网、心"七维"力量联合作战的典型战例。

信息化战争的基本要素包含以下几个方面。

##### 1. 交战双方至少一方是信息化军队

机械化军队或半信息化军队是打不了信息化战争的。所谓信息化军队，是指以信息技术为主导，以信息网络为基础，以指挥自动化为核心，全面装备数字化信息系统，具有实时感知、高效协同、精确行动等作战能力的军队。

##### 2. 信息化武器装备在战争中大量使用

参战部队的作战和指挥实现网络化、一体化，战争的实施是以全新的信息化战争理论为指导。信息化武器装备是信息化战争的物质基础，它是指充分运用计算机技术、信息技术、微电子技术等现代高技术，具备信息探测、传输、处理、控制、制导、对抗等功能的作战装备和保障装备。信息化武器装备主要包括：软杀伤信息武器（信息战装备），硬杀伤型武器（信息化弹药），信息化作战平台（包括侦察、预警、通信卫星，第三代以上的战斗机、预警机，各种高技术的战舰，具有高技术水平的坦克、装甲车等），$C^4ISR$ 系统（综合电子信息系统），单兵数字化装备，新概念武器等。

### 3. 信息能成为信息化战争能量释放的主要方式

信息成为能量和物质的调节器，在战争中起主导作用。信息化战争，其战场能量释放方式不仅是机械能，更主要的是深刻体现人的智能活动的信息能，即各种信息化武器装备的战场探测预警、情报侦察、精确制导、火力打击、作战指挥与控制、通信联络等能力。信息能可严格控制在战争中表现为火力和机动力的物质和能量。

### 4. 信息化战争的作战目标是摧毁敌主导作战的"三大"系统

作战目标是指作战中所要打击的对象或要夺取的地方，它规定着作战目的、方式和方法。信息化战争是作战体系间的整体较量，其主要作战目标不再是歼灭敌人的有生力量或重兵集团，而是打击、破坏、摧毁敌人支撑战场和主导战场行动的"三大"系统，即战场认识系统、信息传输处理系统和指挥控制系统。战场认识系统主要是指各种陆基、海基、空基（包括太空）的战场监视、探测、侦察和定位导航系统，以及人工侦察系统等；战场信息传输处理系统主要是指通信系统及信息分析综合系统等；指挥控制系统主要是指各种控制设施和各级作战指挥机构。"三大"系统主导和支配着战场的所有力量和打击行动。对"三大"系统的攻防作战，已经成为交战双方战场较量制胜的关键。海湾战争和科索沃战争有一个共同特点，就是多国部队和北约部队都没有把伊军和南联盟的作战部队作为重要的打击目标，而是突出对其"三大"系统进行重点打击而决定战局的。

### 5. 制信息权成为信息化战争中战场争夺的制高点

所谓制信息权，就是在一定的时空范围内控制战场信息的主导权。从本质上说，战场信息是战场上一切事物的运动状态及状态改变的方式，要控制战场信息，必须运用信息技术为核心的战场认识系统、信息传输处理系统和指挥控制系统，有效地阻止敌方了解、掌握己方主要情况的同时，能够实时准确地掌握敌方情况，具有战场上信息的获取权、使用权和控制权。制信息权作为主导和沟通陆、海、空、天、电战场的上一层位的战场主动权，具有制空、制地、制海、制电的系统功能，因而成为信息化战争中战场争夺的"第一制高点"。

由此可见，信息化战争与其他战争相区别的显著标志，就在于它是运用信息、信息系统和信息化武器系统进行的战争。它是信息与信息的对抗，系统与系统的搏杀，体系与体系的较量。信息化战争再也不是单一武器、单一军种、单一领域的单打独斗，它既不同于机械化战争，也有别于高技术战争，是人类战争史上一种全新的战争模式。

## （二）信息化战争的作战样式

任何战争形态都有其特定的作战样式，最能体现信息化战争特征的作战样式主要有情报战、电子战、网络战、心理战、摧毁战等。

### 1. 情报战

所谓情报战，就是敌对双方采取各种手段，侦察、运用对方情报，并防止对方侦察、获取自己情报的行动。简单地说，就是我侦察你，防止你侦察我。围绕情报战，人类战争史上，敌我双方展开了几千年的较量。到了今天的信息化时代，情报战是采取各种手段，有意识、有目的、有组织地收集和窃取有价值的敌方信息的一种作战方式，它依然是信息化战争的一种基本作战样式，其作用同样重要。我们可以看到，在海湾战争、科索沃战争、阿富汗战争和伊拉克战争中，交战双方的情报获取完全处于不对称状态，美军有天上、地下、水中完整的立体情报系统，而对手则是"聋子"和"瞎子"，最后只能成为战争中的"傻子"。这充分说明，信息化战争中，情报仍然是第一位的，没有真实、迅速、可靠的情报，任何战争都难以取得胜利。

### 2. 电子战

电子战是指为削弱、破坏敌方电子设备的使用效能和保障己方电子设备正常发挥效能而采取的综合行动。电子战由三部分构成：一是电子攻击，二是电子防护，三是电子支援。在信息化战争中，它们通常是综合使用的。电子战的主要特点：

（1）电子战具有软、硬杀伤的双重作战能力。电子战具有使敌方电子信息系统遭受电子干扰的"软杀伤"作战能力；同时，电子战还具有日益增强的"硬杀伤"作战能力。一方面是以反辐射导弹、反辐射无人机等武器来实现硬杀伤的，这是一种典型的侦察跟踪与火力相结合的产物；另一方面是以强激光能量和电磁脉冲能量直接使电子设备系统损坏。其实质是敌对双方争夺对电磁频谱的有效使用权，即制电磁权的斗争。

（2）电子战在作战过程中时间性强，几乎影响到所有作战行动。

（3）连续性。电子对抗不仅在战时，而且在平时也在激烈地进行着，其平时的主要形式是电子对抗侦察和反电子侦察。

（4）广泛性。电子战已渗透到陆战、空战、海战的各个领域，并向外层空间扩展。

### 3. 网络战

网络战是以计算机和计算机网络为主要攻击目标，以先进信息技术为基本手段，在整个信息网络空间上所进行的各类信息攻防作战的总称。通俗地说，就是利用计算机病毒、网络"黑客"等先进的信息技术为基本手段，在整个信息网络空间所进行的各类信息攻防作战。

### 4. 心理战

所谓心理战，是指根据人的心理活动规律，按照己方目的，利用各种媒体，通过有效的信息影响，改变敌方心理和保护己方心理的综合行动。心理战实际上就是瓦解敌人，激励自己，是一种精神战，或者称为"心战"。心理战的基本手段有心理宣传、心理欺诈和心理威慑。总之，就是在战争中尽可能应用心理学原理，通过多种手段对人的心理（情绪、情感、意志、观念和信仰）施加刺激和影响，促使战争向着有利于我方而不利于敌方的方向发展。

### 5. 摧毁战

所谓摧毁战，是指利用兵力、火力和新概念武器等对信息系统和信息化武器系统实施直接破坏和打击的行动。摧毁战主要打击敌方的信息系统，是阻止和破坏敌人信息和信息系统最彻底的方式。这种在以往战争中广泛使用的方法，在信息化战争中同样适用，其作用不仅未降低，反而更加提高了。但是，信息化战争中的摧毁战，摧毁敌人信息系统的手段不是过去的常规手段，它主要有两种：一是使用精确制导武器；二是使用新概念武器，如利用定向能武器所释放的高能电磁脉冲去摧毁和破坏敌人的信息系统。这种摧毁手段，与以往战争中的常规火力相比，其本质区别在于它能以最小的破坏达成最大的效果，力求实现"精确化"。

## 二、信息化战争的基本特征与发展趋势

### （一）信息化战争的基本特征

信息化战争是一种崭新的战争形态。它是在信息时代核威胁条件下，交战双方至少一方以信息化军队为主要作战力量，以信息化武器装备为主要作战工具，以信息作战为先导，以夺取制空、制海和制信息权为作战重心的多军兵种一体化战争。从世界上近期爆发的四场带有信息化特征的局部战争的具体实践来看，与机械化战争相比，信息化战争呈现出作战空间多维化、作战行动一体化、作战环节精确化、战场机动快速化、作战方式非接触等特征。

#### 1. 作战空间多维化

作战空间是作战行动所涉及的领域，也是交战双方对抗的舞台和环境。信息化战争与机械化战争相比，其战场空间已由地面、海洋和空中向外层空间、网络空间和心理空间等领域扩展，使信息化战争的战场空间呈现出多维化的特征。

（1）外层战场空间

在信息化战争中，战场监控、信息传输、导航定位、精确制导等主要依赖外层空间的卫星来支持，这已被近几场局部战争所证明。科索沃战争和阿富汗战争中，美军及其盟国的军事情报 70%~90% 是由太空侦察系统获得的，每当美军要发起新一轮攻击时，都要向作战地区上空调集 10~20 颗军事卫星；伊拉克战争中，美军为了夺取信息优势，在 600~800 千米的外层空间，部署了多达 116 颗卫星。没有制天权，就不可能掌握制信息权和制空权，也就没有制海权和制陆权。可以说，谁控制了太空，谁就掌握了战争的制胜权。目前，以美国为首的航天大国正在积极研制进攻性太空武器，进行有关太空战的演习，发

展太空作战部队。随着太空军事战略力量的不断增强，太空战场的军事活动将不断增多，其对传统的陆、海、空战场的制约作用也将越来越大。

（2）电磁战场空间

电磁战场空间，是指在电磁信息领域进行对抗活动的空间。它是继陆、海、空、天之后的"第五维战场"空间，是信息化战争的重要作战空间。电磁信息领域是一个开放的系统，没有固定的信息边界，空间广阔，电磁活动无处不在。在信息化战争中，电子目标星罗棋布，无论是电台、雷达、通信卫星等各种电子装备，还是地面开进的坦克、海上游弋的舰艇、空间格斗的战机等各种作战兵器，它们都是电磁波的发射源，使得各种电磁波纵横交错，在广阔的空间中形成密集的电磁频谱网，确保了对各军兵种部队的指挥控制。电磁优势已成为信息化战争战场空间的"第一制高点"，没有制电磁空间权，就没有制空权、制海权、制陆权，就不可能夺取战场主动权。电磁空间的极端重要性，使得敌对双方在此空间的对抗更加激烈。近期几场局部战争表明，战争一爆发，两军对抗往往从无形的电磁空间展开，如海湾战争实施空袭前几小时，以美军为首的多国部队开始对伊军实施强烈的电磁干扰和压制。海湾战争中，多国部队部署和使用了上百架电子战飞机和大量进攻性电子器材，对伊军展开了强大的电子攻击战，使伊军的指挥系统瘫痪，有250部制导雷达、炮瞄雷达、目标引导雷达等被摧毁。

（3）网络战场空间

网络战场空间，是指利用计算机技术，将战场上的指挥控制系统、通信系统、武器平台、信息基础设施等连接为一个有机整体，能够相互协作、相互影响所创建的网络环境。网络战场空间，又可称为计算机网络空间，是由计算机系统及其网络构成的虚拟空间，是快速处理和利用战场信息的主要空间领域，有人称之为"第六维战场空间"。在网络化的战场空间，只要一方有情况，其他各方均能及时知晓。如在伊拉克战争中，美军使用的MIA2主战坦克，其车际信息系统可在一个通信网上对20辆以上坦克传送和转发15种文字报告和8种图像，实现了乘员、邻车之间以及坦克与友邻的信息交换和共享，极大地提高了坦克乘员的战场态势感知能力。目前，全世界已有170多个国家和地区的计算机通过国际互联网连为一体，形成了一个巨大的遍布全球的网络空间。网络空间的出现，导致了网络空间战这一全新的作战样式的问世。在网络空间里，通过计算机病毒、芯片攻击和网络"黑客"入侵等手段，可对以计算机为核心的信息网络实施攻击，达到瘫痪敌方指挥控制系统、削弱甚至使敌方整个部队丧失战斗力的目的。1999年的科索沃战争，是真正意义上的网络全面对抗首次出现在战场。交战双方在计算机网络空间展开了异常激烈的对抗，互联网变成了"硝烟弥漫"的战场。

据美国国防部称，在北约空袭南联盟期间，其重要军事网站几乎每天都受到来自包括中国在内的国际互联网上的"黑客"攻击。特别是在北约轰炸中国驻南联盟大使馆后，美国国防部和美军重要军事指挥系统，曾一度受攻击中断；巴尔干地区的一台电脑每天向北约总部发出2 000封电子邮件，其中包含各种大大小小的电脑病毒。

（4）心理战场空间

信息化战争的作战内容主要包括三个层面：一是以物质摧毁和消灭有生力量为主要内容的物理层面的作战；二是以控制信息设备和电磁频谱为主要内容的信息层面的作战；三是以瓦解人的意志和情感为主要内容的心理层面的作战。从阿富汗战争和伊拉克战争中，我们看到，心理空间已经成为信息化战争的一个重要作战空间。阿富汗战争中，美军向阿富汗边境快速部署了空军第193特种作战联队和陆军第4心理战大队等专业心理战部队，采取各种手段展开强大的心理攻势。如193特种作战联队装备的6架EC-130E飞机昼夜在阿富汗上空盘旋，以当地语言24小时播送节目，每天"塔利班"成员都可以收听到这种节目宣传："你们没有任何第二种选择，请马上举手投降，向美军阵地方向走过来"等。特别是在伊拉克战争中，战前美军心理战专家专门分析了伊拉克甚至阿拉伯世界的意识形态和文化特点，将各军兵种所属的多支富有实战经验的心理战部队，部署到伊拉克周边地区，对军民实施广泛的心理战行动。美军在开战之初，就向伊拉克境内投撒了4 000多万份传单和大量单频收音机（只能接收美国的战地广播电台），对伊军进行策反。其间，美方又通过手提电话、发电子邮件等方式，对伊拉克高级军官劝降，还从国内紧急抽调200多名心理学家、心理医生和精神病专家，奔赴伊拉克战场参加心理战，给伊拉克军民造成极大的心理压力和精神恐慌。与此同时，伊拉克也竭尽所能进行反心理战，主动与联合国配合进行核查，以争取国际舆论的支持；进行全民动员，激励士气，号召全国军民抵抗侵略；针对联军担心大规模的人员伤亡，大肆宣扬要与美军进行巷战，使巴格达成为美军的坟墓等，从心理上对美军士兵施压。

由上所述表明，信息化战争的作战空间已经由机械化战争的陆、海、空"三维"扩展到了陆、海、空、天、电、网、心"七维"，夺取制天权、制信息权、制心理权等，已经成为崭新的战争意志表达方式，而且是决定战争胜负的关键。

## 2. 作战行动一体化

以计算机为核心的信息技术在军事领域的大量应用，成为判定军队现代化和武器系统先进程度的重要标志。利用各种军用计算机网络，不仅可以把信息获取、处理、控制、传输等信息活动连在一起，形成庞大的一体化 $C^4ISR$ 系统，实现信息获取、处理、控制、传输的一体化和实时化，而且可以把各种计算机和武器装备系统、各种不同的作战部队连成一个有机整体，实现侦察—控制—打击—评估的一体化和各军兵种作战部队的一体化，从而极大地提高部队的作战效能。

信息化的本质实际上就是一体化。信息化战争是系统对系统、体系对体系、整体对整体的一体化对抗。这就使一体化成为信息化战争的一个重要特征。主要表现在作战力量一体化、作战指挥一体化、综合保障一体化。

（1）作战力量一体化

信息化战争的作战力量，是指参加信息化战争作战行动的武装力量的总称。在信息化战争中，通过信息网络和信息技术，可以将处于不同空间位置的各种作战力量连接成为一个有机整体，形成一体化作战力量：

①武器装备一体化。采用"横向技术一体化"技术，使武器装备具有通用性、联动性，从而更便于从传感器到射手之间、各武器系统之间、各作战部队之间的信息流动，使武器装备在横向连接成一个有机整体，大幅度提高武器装备的整体作战效能。

②诸军兵种合成一体化。在各军种内部，不断提高合成程度，使作战部队、作战支援部队、勤务保障部队紧密合成统一的有机整体，提高作战系统的整体作战能力。

③诸军种联合一体化。在各军种之间，通过建立一体化信息网络和联合指挥机制，实现诸军种一体化。

④在作战要素上将战场感知、信息传递、指挥控制、火力打击、综合保障连为一体，充分发挥整体作战效能。

信息化战争是多种作战力量，在陆、海、空、天、电、网、心"七维"空间共同进行的，任何单一军兵种的作战行动都难以取得战争的胜利。只有各维空间作战力量一体化，才能取得战争的胜利。例如，空中的作战行动需要来自太空的卫星、地面的雷达、海上的防空等系统的支援，地面作战需要来自海上和空中的火力支援，海上作战需要制空权的掩护和制信息权的保障等。伊拉克战争中，美英联军在法奥半岛的强行登陆和向乌姆盖斯尔的围攻行动，既有空间卫星提供信息支援，又有海上远程精确火力掩护、电子战飞机进行电磁攻击和地面联合特遣队快速突击，使作战力量一体化达到了很高的程度。

（2）作战指挥一体化

信息化战争中，集指挥、控制、通信、计算机、情报、侦察和监视一体的 $C^4ISR$ 系统，为作战指挥提供了准确的战场情报，快速的通信联络，科学的辅助决策，实时的反馈监控，使作战指挥实现了一体化。以 $C^4ISR$ 系统支撑的网络化指挥机构，在纵向上，把上到最高指挥员、下到单个士兵连为一体，各级指挥员能获取实时的战场情况，及时采取应对措施；在横向上，各兄弟单位之间能互相沟通，各作战平台之间能实时交换信息。纵横一体，就是实现信息流程最优化、流动实时化，信息采集、传递、处理、储存、使用一体化。

（3）综合保障一体化

保障是指军队为遂行各种任务而采取的各项保证性措施与进行的相应活动的总称。其主要包括后勤保障、装备保障、作战保障和政治工作保障等不同的类型。在机械化战争中，各种保障行动是相对独立的；在信息化战争中，各种保障由分离走向了一体化。以后勤和装备保障为例，为了适应信息化战争作战一体化的要求，各军兵种的后勤和装备保障，必须统一组织、统一计划、统一行动，实行联合一体化保障，这样才能发挥后勤和装备保障的整体效能。

### 3.作战环节精确化

精确化是信息化战争的又一重要特征。它是指在信息的支持下，运用精确制导武器和装备，对敌实施精确打击，精确侦察、定位与控制，以及精确保障。

（1）精确打击

精确打击就是以高精度瘫痪或摧毁敌方目标，并减少附带毁伤，这是精确战的目的与核心。精确打击要求精确使用作战力量、精确选择作战目标、精确运用作战手段、精确控制作战强度与进程，力争实现以最小代价，在最短时间达成作战目的。在信息化战争中，由于信息平台 $C^4ISR$ 的嵌入，使信息化武器装备实现了一体化，形成了一个完善、精确、灵巧的侦察—指挥—打击系统，使精确打击成为信息化战争的基本作战样式。精确打击包括精确硬打击和精确软杀伤两部分：精确硬打击就是运用各种导弹、制导炮弹和制导炸弹对目标实施硬摧毁；精确软杀伤就是在精确获取目标技术参数基础上实施精确软攻击，以减少不必要的能量浪费及对己方装备器材的负面影响。

（2）精确侦察、定位与控制

精确侦察、定位与控制是精确打击的前提和技术保障。

①侦察精确化

信息化战争中，大量先进的侦察、监视、预警等探测系统分布于陆、海、空、天，可以对目标实施全天候、全时辰、全方位、全频谱的精确侦察监视，从而可以全面准确地获得战场情报。

②定位精确化

通过建立精确的大地坐标系、地形数据库和目标特征数据库，以及大量使用全球卫星定位系统等导航定位技术，使精确定位变成了现实，为精确制导武器提供了精确的目标信息。

③控制精确化

在信息平台 $C^4ISR$ 系统的支持下，作战指挥与控制实现了互联、互通、互操作，指挥员可以对一线作战部队甚至是作战兵器进行有效的指挥和控制，使指挥控制更加精确化。

（3）精确保障

精确保障，就是充分运用以信息技术为核心的高技术手段，精细而准确地运用保障力量，使保障适时、适地、适量，尽可能达到精确的程度。在过去的战争中，作战的巨大消耗和巨大浪费并存。第二次世界大战中，美国海军的物资利用率不超过50%；越南战争中，美军作战物资的利用率只有48%。在信息化战争中，一方面，后勤和保障的费用越来越高，各种保障物资部署到战场上的时间紧迫；另一方面，由于作战行动的精确化，不必向战场运送大规模的保障物资，应在武器装备不丧失任何作战效能和持续作战能力的情况下，提高保障资源的效率，以降低保障资源的数量。采用模块化程序和标准化数据构成的信息管理系统，把后勤领域连接成一个巨大的无缝的后勤信息网络，从而可以准确地知道后勤拥有什么；确切地知道差在哪里，以及应把兵力、物资投向何地；提高了部队应用战场上物资的能力，从而实现了精确保障。

#### 4.战场机动快速化

有人把信息化战争称为"实时战争"。这是因为信息化战争目的有限、时间短促、战场情况变化急剧、战机稍纵即逝、战场空间广阔，必须坚持实时行动的原则，才可能掌握战争的主动权。所谓实时行动，即部队在战场上反应敏捷、行动迅速，能根据战场态势的最新变化，在极短的时间内做出决策，制订计划，以最快的速度采取行动。信息化战争呈现出作战指挥快、部队机动快、打击速度快等特点。

（1）作战指挥快

在信息化战争中，信息技术广泛应用于战场侦察监测设备和信息快速传输网络，实现了信息的实时获取、实时传输、实时处理，使信息流动的速度空前加快，空间因素贬值，时间急剧增值，作战指挥得以快速进行。在信息化的战场上，基本作战程序和信息流程没有发生根本变化，同样要经过发现目标—进行决策—下达指令—部队行动等环节，但这些环节几乎可以同步进行。如1995年波黑维和行动中，以美国为首的北约使用了大量的电子侦察卫星和通信卫星建立了迅捷可靠的实时数据传输系统。这个系统首先通过无人侦察机获取波黑前线的地面目标信息，然后将数据直接通过中继卫星发送到在匈牙利的无人机地面控制站；经地面控制站初步处理后再通过卫星传输到设在英国的联合分析中心；经过分析处理后，再通过卫星传输到美国的五角大楼，形成攻击指令，又通过卫星传送给正在前线空中待命的战斗机飞行员。整个信息处理与传输过程只需1秒钟。美军发现目标到实施打击的周期，从海湾战争时的24小时，科索沃战争时的2小时，缩短到伊拉克战争时的10分钟以内。

（2）部队机动快

部队机动是指在作战时，为了适应情况的变化，争取主动，所采取的灵活的转移兵力和变换战术的行动。信息化战争，作战持续时间短暂，战机稍纵即逝，样式转换频繁，要求作战双方必须快速反应，快速机动。在伊拉克战争中，美第3机械化师高速推进，不与伊南部的伊军纠缠，开战仅5天，就长驱直入400千米直达巴格达，开创了日行170千米的开进速度，这等于海湾战争时期美军开进速度的3倍。2004年3月27日，美国宇航局研制的X-43A高超音速无人飞机在美国西海岸试飞成功，该机飞行速度达到了每小时8 000千米。美国国防部计划在2025年左右为美军装备使用这种发动机的高超音速轰炸机，这种飞机可在2小时内从美国本土飞抵全球任何一个地方的目标。

（3）打击速度快

在信息化战争中，各种反应快、速度快的信息化武器大量使用，使作战速度大大加快，时效性明显提高。防空导弹从捕获目标到发射导弹只需4~10秒，最多不超过20秒；空空导弹只需3~4秒；而激光武器、电磁武器、计算机病毒武器的打击速度可达光速。由各种飞机、导弹等武器组成的各种快速武器打击系统，可在1小时内对上千千米外的目标进行战略空袭，使远距离快速精确打击成为信息化战争中的重要作战样式。信息化武器装备的打击周期大大缩短。信息化武器装备在发现目标—定位—瞄准—攻击—评估战果这样一个

"打击周期"中，都是在高度自动化、精确化和一体化过程中完成的，所需时间十分短暂。以美军精确制导武器的打击周期为例，海湾战争为 100 分钟，科索沃战争为 40 分钟，阿富汗战争为 20 分钟，而伊拉克战争已达到 10 分钟左右，基本实现了"发现即能摧毁"。

### 5. 作战方式非接触

所谓非接触作战，是敌对双方在不接触的情况下，使用信息系统和远程作战武器实施防区外打击的作战行动样式。非接触作战的核心思想：一是强调集中和机动火力达成优势，而不是传统的集中兵力和兵器达成优势；二是强调在防区外对敌实施远程精确打击，己方部队在尽可能远的距离上，至少在敌多数直瞄火器的有效射程外开火，并与敌人保持合理的交战距离，使敌打不到我，我能打到敌；三是强调综合运用陆、海、空、天各种火力和信息战手段，从地面和空中同时对敌前沿和纵深、正面和侧翼实施不间断的连续火力打击和电子干扰。从海湾战争以来的四场局部战争实践看，非接触作战已经走上战争舞台，信息化战争已经呈现出非接触的特征。

（1）远距离攻击

远距离攻击，又叫"防御圈外"攻击。它是指在防御一方防空火力范围之外投射弹药，使防御一方只能处于被动挨打地位而不能进行有效还击。信息化的侦察监视设备的广泛应用和空基、陆基、海基投射武器作用距离的增大，精度的提高，使远距离攻击成为信息化战争的一个显著特点。目前，先进的战略轰炸机经过一次空中加油，作战距离可达 2 万千米以上；美军现役巡航导弹射程已达到 3 700 千米，俄罗斯已达到 5 000 千米，射程在 8 000 千米以上的巡航导弹也正在研制中。加之空袭作战平台的远程机动，现代高技术空袭已具备全球到达、全球交战的能力。海湾战争中，美军在距目标 1 000 多千米的战舰上发射 54 枚"战斧"巡航导弹；B-52 轰炸机从美国本土起飞，在距目标约 800 千米的地中海上空发射巡航导弹。"沙漠之狐"行动中，美军发射空射型巡航导弹时，B-52H 战略轰炸机位于印度洋迪弋加西亚，发射地域距巴格达 1 000 千米以上；发射"战斧"巡航导弹的海军舰艇游弋在波斯湾海域，距巴格达 1 600 千米。科索沃战争中，北约在第一轮空袭中就发射了 100 枚巡航导弹，其中有从位于亚得里亚海的"企业"号航母作战群发射的，也有从英国费尔福德空军基地起飞的 B-52H 轰炸机上发射的。为了实施远距离攻击，美军组建了十多支"航空航天远征部队"，以实现其"全球警戒、全球到达和全球力量"的战略构想。

（2）隐身攻击

隐身技术又叫隐形技术，或叫"低可探测技术"，它是通过降低武器装备等目标的信号特征，使敌方探测系统难以发现、识别、跟踪和攻击，或使敌方探测系统发现、识别、跟踪和攻击的距离缩短的综合技术。采用隐形技术可避免被探测、跟踪和摧毁，是提高武器系统和作战人员的防护力，增强作战突然性的主要技术途径。自 20 世纪 80 年代以来，隐形技术飞速发展并应用于武器装备，出现了隐身飞机、隐身舰艇、隐身坦克和隐身导弹，并且在近几场局部战争得以大量使用，因而隐身攻击也被看作是一种非接触的作战样式。自海湾战争以来的四场信息化特征明显的高技术局部战争中，F-117 隐形轰炸机、B-1B 隐形轰炸机、B-2 隐形轰炸机、F-22 隐形战斗机、RAH-66 "科曼奇" 隐身直升机、AGM-129 隐身巡航导弹悉数登场亮相，均取得了出色的战绩。

（3）无人攻击

无人攻击也是一种非接触作战方式。2001 年的阿富汗战争中，美军第一次使用 RQ-1 "捕食者" 无人机对地面实施攻击，开启了空中无人机实施火力打击的新纪元，也使原来只是侦察工具的无人机成为这场战争中最抢眼的 "明星"。在 RQ-1A 基础上改进的 RQ-1B，具有世界上任何无人驾驶飞机所不具有的 "本事"，它装备有武器系统，能携带 8 枚导弹，在侦察的同时可以对地面点状目标实施攻击。该机在此次战争中，携带 AGM-114 导弹，摧毁了 "塔利班" 的许多重要军事设施。随着科学技术的发展，未来将会有更多的无人机、无人潜艇、无人战车、机器人士兵奔赴战场，无人装备已从一种单纯的作战支援装备转变为支援与作战装备，使无人攻击这种非接触作战方式应用更加普遍。2010 年，美军执行纵深攻击任务的飞机有 1/3 无人化；2015 年美军地面战斗车辆中有 1/3 是无人战车；2050 年，美军将不再有有人驾驶的作战飞机。

（4）信息攻击

利用电磁频谱和网络空间实施信息攻击，是信息化战争中一种常见的作战样式，也是一种非接触作战样式。科索沃战争中，从首轮空袭开始，北约即对南联盟实施强大的信息攻击，对其通信、雷达电子技术侦察系统进行了全面的电子压制。此外，美军还召集计算机专家与南联盟进行网络对抗，将大量病毒和欺骗性信息输入南军计算机网络和通信系统，以阻塞南军的信息传输渠道。同时，南军也利用国际互联网对北约的军事网站进行攻击。由此可以看出，这种信息攻击，可以在上百千米之外实施电子干扰，也可以在上千千米甚至上万千米之外实施网络攻击。攻防双方可以通过电子信息实施激烈的交战，但都互不接触，甚至不知道对方身处何地，不能进行直接的火力攻击。

应当指出，信息化条件下的非接触作战是发展趋势，但接触作战也没有成为历史。到底采用哪种方式作战，并不是单纯由技术和装备决定的，而是由作战对象和作战目的来决定的。科索沃战争中，北约飞机对南联盟进行了 78 天的空袭，但北约始终没有给南联盟以地面接触作战的机会。伊拉克战争中，美军的地面部队却不请自来。因为要达到 "倒萨" 的目的，把远战优势变为军事占领，所以非接触作战已经不能解决问题。

## （二）信息化战争的发展趋势

海湾战争以来的四场局部战争，还属于信息化战争的初级形态——高技术局部战争。中外一些未来学家和军事专家们认为敌对双方完全使用信息化武器装备所进行的全面信息化战争，大约要在 21 世纪中叶才能实现。信息化战争的发展将会呈现出如下一些趋势。

### 1. 战争内涵扩大

传统的战争概念，主要是指阶级、民族、政治集团和国家之间为了达到一定的政治和经济的目的而进行的武装斗争。而未来的信息化战争将在战争的主体、战争的目的以及战争的层次等方面发生重大变化，战争的内涵将会大大拓展。

（1）战争主体多元化

传统的战争主要发生在国家和政治集团之间，战争打击的目标主要是对方的军事力量和战争潜力，实施战争的主体是军队。在未来的信息化战争中，一方面，如信息战和反恐战本身具有的特点，战争主体还包括恐怖组织、贩毒集团、工商集团、民族组织、宗教组织、犯罪团伙等；另一方面，随着科学技术的发展，一些社会团体和组织，不仅可以掌握和使用常规武器，而且也可能掌握和使用核生化武器、计算机病毒等信息武器。这就可能使得战争不仅会在国家与国家之间展开，而且也可能在社会团体和社会团体之间、少数个人与社会团体之间、社会团体与国家之间、少数个人与社会团体或国家之间展开，使战争主体呈现多元化。

（2）战争的目的发生变化

夺取经济资源是战争的重要目的之一。在工业时代，因为人力、土地、能源和矿产等资源是经济发展的基础和主导因素，所以战争的目的主要表现为对这些有形物质资源的争夺。未来的信息化战争的目的将发生变化，将不再主要是攻城略地，占有自然资源，而是通过争夺和控制知识和信息资源，包括控制敌对国家领导层和民众的精神、意识和价值观，进而控制有形的物质资源，最终维护和发展国家与集团的政治利益与经济利益。

（3）战争的层次更加模糊

在未来信息化战争中，战争的战略、战役和战术层次逐渐模糊。一是因为战役或战术行动具有战略意义。由于武器装备的作战效能越来越高，精确打击和信息战等作战行动对敌方的军事、政治、经济和心理的攻击力越来越大，因而小规模的作战行动就能有效达成一定的战略目的，一场战斗或一次战役就有可能是一场战争。二是因为作战行动主要是在战略级展开。信息化战争不再是从战术突破到战役突破，而是战争一开始就把敌方的军事、政治和经济等重要战略目标作为打击对象。战略信息战和超视距非接触式的精确打击，使得战争在全纵深内展开，使战略、战役和战术融为一体。如科索沃战争中，几乎没有发生过战斗，战争主要是由战略性空袭达成的。

### 2.实现智能化

信息化战争的最高表现形态是智能化。它是知识化军人运用智能化武器装备和智能化指挥控制手段进行的谋略对抗、知识对抗、智能对抗，信息攻击的目标将主要是敌方的知识系统，信息渗透将主要是向精神世界和思维空间渗透，谁的知识化程度高，武器装备的智能化水平高，谋略运用的艺术高，谁就可能获取战场的制信息权，从而获得战场的主动权。随着信息技术特别是人工智能技术在军事领域的广泛应用，必将使武器平台、指挥手段向着智能化方向发展。

（1）武器平台智能化

武器平台是指坦克与装甲、火炮与导弹的发射装置、作战舰艇、作战飞机与直升机等各类武器的载体。武器平台智能化就是指不用人直接操作和控制，采用人工智能技术，可自行按照人的意志完成侦察、搜索、瞄准、攻击目标，以及情报的收集、处理、综合等军事任务的武器装备。如人工智能制导武器，它具有自主进行敌我识别、自主分析判断和决策能力，可以自动寻找目标并实施攻击；无人驾驶的智能化坦克、飞机和舰船，可以深入危险地区执行任务；智能电子战系统，可以自动分析并掌握敌方雷达的搜索、截获和跟踪工作程序，发出有关敌方导弹发射的警告信号，确定最佳防卫和干扰措施；众多类型不同、功能各异的机器人等。

（2）指挥手段智能化

信息化战争中的指挥系统，具有人的大脑的思维功能，能辅助指挥员和指挥机关进行辅助决策。指挥系统中的智能决策系统，主要包括智能计算机及配套设备、智能专家系统和相关的多媒体、显示系统及文电处理系统等。未来信息化战争中的计算机是具有"神经元"的光计算机，这种计算机能模拟人的大脑功能，是具备"能学会想"综合神经网络的新概念计算机。以这种高度智能化计算机为核心的 $C^4ISR$ 系统，不仅能够实现实时的战场监控侦察、情报搜集和通信联络，而且可以辅助指挥员下定决心和制订计划，将为作战指挥提供更加先进的智能化手段。

### 3. 谋取全谱优势

美军在《2020年联合构想》中指出："美军的最高宗旨是达成国家最高指挥当局指定的各项目标。就未来的联合部队而言，实现这一宗旨的途径是掌握全谱优势。所谓全谱优势，是指在所有军事行动中美军都能单独地，或与多国及跨机构伙伴协同击败任何对手并控制局势。"

这种"全谱优势"，从物质领域上可分为信息优势、核优势、太空优势、陆上优势、空中优势、海上优势；从武装力量的构成要素上可以分为装备优势、人员优势、组织优势、训练优势；从作战行动的结构上可分为打击（火力）优势、投递（机动）优势、控制优势。"全谱优势"是一个内涵相当丰富、外延相当宽阔的战略概念，是指在信息化时代所拥有的全面的压倒性的优势。谋取全谱优势，就是要夺取陆、海、空、天、电、网、心等各个战场空间里的优势，获得制陆、制海、制空、制天、制信、制心权，其中最重要的是夺取制信息权，谋取信息优势。随着科学技术的飞速发展，谋取全谱优势不断被注入新的内涵。如为了确保对太空领域的优势地位，保证网络基础设施不会受到严重破坏，美国拟准备在火星上建立网络中心。再如纳米技术和生物技术的发展，谋取全谱优势就必须包括谋取在纳米尺度下的微型空间的优势，和谋取在生物领域内的优势。

【思考题】

1. 什么是信息化战争？
2. 信息化战争的特征有哪些？

3. 信息化战争有哪些发展趋势?

4. 信息化战争的作战行动一体化主要体现在哪几个方面?

◄◄◄ **知识窗** ►►►

美国 $C^4ISR$ 系统的大脑——有三个大脑,分别是国家军事指挥中心、备用国家军事指挥中心和国家空中作战中心。国家军事指挥中心始建于 1962 年,设在五角大楼内。该中心存有 8 份进行全面战争的计划和 60 份在各种危机情况下行动的计划;备用国家军事指挥中心始建于 1967 年,位于华盛顿以北约 110 千米的马里兰州里奇堡地下,工程设施加固,生存能力较强;国家空中作战中心,设在阿拉斯加州的奥弗特空军基地,该作战中心有 4 架 E-4B 型飞机,称作"尼普卡",能同卫星、导弹潜艇、导弹发射中心直接通信联络。

# 第五章·信息化装备

　　武器装备是军队的工具，是进行战争的物质基础。军队的编成、作战思想和作战方式，从根本上说都是由武器装备决定的。20世纪90年代，以信息技术为主导的新技术革命蓬勃发展，导致高技术特别是以信息技术为核心的武器装备大量涌现和广泛使用，标志着信息化装备时代的初步形成。发展信息化武器装备，既是军事变革的基本内容，也是建设强大人民军队的关键所在。

# 第一节　军事高技术

　　高技术的发展及其在军事领域的应用，正在引发一场深刻的军事变革，高技术登上军事舞台，使得军事领域出现了许多革命性的变化。从 20 世纪 80 年代以来发生的局部战争，特别是从 2003 年伊拉克战争中可以看出，现代战争敌对双方的较量已在很大程度上表现为高技术的较量，谁拥有军事高技术，谁就能在战争中握有主动权。

## 一、军事高技术概述

　　军事高技术是军事和科学技术两大领域相互影响、相互渗透、有机结合、融为一体的新型结构体系。军事高技术对于军事思想、军事战略、作战样式、武器装备等都有着广泛而深刻的影响。尤其是高技术武器装备具有命中精度高、杀伤威力大、军事和经济效益好等优点。因此，我们要了解世界高技术的发展，熟悉高技术在军事上的应用，重视军事高技术对现代作战的巨大影响，努力提高我国的军事高技术水平。

### （一）军事高技术的定义与分类

#### 1. 军事高技术的定义

（1）高技术

　　所谓高技术，是指科学技术领域中处于前沿或尖端地位，对促进经济和社会发展、增强国防实力有巨大推动作用的技术群。

　　高技术是动态的、发展的概念，是众多学科综合研究的集成。当代高技术主要是指信息技术、新材料技术、新能源技术、生物技术、航天技术和海洋开发技术等。其中，信息技术、新材料技术和新能源技术是人类赖以生存发展的三大支柱。高技术在军事上的应用，导致了精确制导武器、隐身武器、定向能武器、电子对抗装备、侦察卫星以及指挥自动化系统等武器装备的出现，对军事活动产生了重大影响。

（2）军事高技术

　　军事高技术是指在军事领域发展和运用的高技术。具体地说，军事高技术是指建立在现代科学技术成就基础上，处于当代科学技术前沿，以信息技术为核心，在军事领域发展和应用的，对国防科技和武器装备发展起巨大推动作用的高技术总称。

军事高技术是高技术的重要组成部分，是诸多高技术中为了满足国防现代化的需要而发展起来的部分新技术群。尽管军事高技术和民用高技术之间并不存在截然的分界线，但人们还是习惯把高技术分成军事高技术和民用高技术两大类。在高技术的发展过程中，军事高技术起到了一种带头作用。

为深入理解军事高技术，应该明确：

（1）军事高技术能够满足军事上的需求。军事高技术是处于当代科学技术前沿的高水平的技术或尖端技术，对武器装备的发展起巨大推动作用。军事高技术能用于武器装备的改进，也能用于研制战术技术性能更优异的新一代武器装备，甚至能促使原理、结构或杀伤破坏机理全新的新概念武器的出现。

（2）军事上的需要是军事高技术发展的主要推动力。军事上的需要或国家安全的特殊重要性决定了科学技术成就或者首先应用于军事，或者产生于军事，这已成为一种普遍的历史规律。正因为如此，当今世界许多国家都高度重视开展军事技术或国防科技研究，以获得军事上必需的技术手段。这导致许多重要的军事高技术成果，如雷达、电子计算机、导弹等，直接产生于军事领域，并导致许多民用高技术成果（如集成电路、微电子器件、卫星等）首先应用于军事目的。

（3）军事高技术是当代高技术的主要组成部分。当代高技术主要体现为军事高技术，当代高技术主要产生于军事高技术。事实上，尽管高技术有军用和民用之分，但大量的高技术都具有军用和民用相结合的特征，它们之间并没有明确的分界线，而且不管某项高技术来源于何处，首先都尽可能地应用于军事目的。据统计，现在85%以上的重大科技成果，或者已被应用于军事，或者具有军事应用潜力。

### 2. 军事高技术的分类

军事高技术的范围十分广泛，分类也各种各样。主要有以下两种分法。

（1）从高技术向军事领域自然延伸的角度，军事高技术可分为六大领域：军用信息技术、军事航天技术、军事海洋开发技术、军用生物技术、军用新材料技术、军用新能源技术。

（2）从军事高技术与武器装备的关系出发，现代军事高技术的体系结构是由科学技术体系中面向军事应用的那部分技术科学和工程技术所组成的，包括军事基础高技术和军事应用高技术两个层次。军事基础高技术是指武器系统和国防科技装备的研制所需要的各种基础理论和技术，主要包括军用微电子技术、军用计算机和人工智能技术、军用信息技术、军用光电子技术、军用核技术、军用航天技术、军用海洋开发技术、军用生物技术、军用新材料技术、军用定向能技术等；军事应用高技术是指利用各种科技成果研制和生产武器装备的技术，以及使军队充分发挥武器装备效能的综合应用技术，按其研制的武器装备的种类可分为精确制导技术、军事航天技术、伪装隐身技术、电子对抗技术、侦察监视技术、夜视技术、激光技术、作战平台及常规武器技术、军用计算机技术、军队指挥自动化技术、核生化武器技术、新概念武器技术等。

## （二）军事高技术的特点

军事高技术是高技术的重要组成部分，它既具有高技术的共同特征，又有其自身的特点。军事高技术与一般技术相比，具有以下七大特点。

### 1. 高智力

高技术是科学、知识、技术密集的新兴技术群，体现着无数专家、学者、科研人员、管理人员和各种能工巧匠的创造活动，是当代科技工作者智慧的结晶。高技术是知识密集型技术，其发展和运用都必须依靠创造性的智力劳动，依靠富有创新意识、创新能力的高素质人才，体现了高智力的特性。比如半导体集成电路，从成本上讲，原料及能源仅占其总成本的2%，而其余98%都是智力含量。因此，当代高技术是凝聚着全人类聪明才智的结晶，是高智力的成功。这些高技术成果无论应用于军事、文化、物质生活等任何一个领域，都会因注入"智能"而迅速提高其自动化、智能化水平。

丰富的知识是高技术发展的基础。迄今为止，人类科学知识在近百年内所取得的进步，超过了以往所有时代的总和。人类知识总量中有3/4是21世纪50年代以后创造的，而且人类知识的增长速度逐渐加快，19世纪是每隔50年，20世纪初是每隔30年增加一倍，到了60年代是每隔10年，而进入80年代则是每隔3年就翻一番。由于这种几何级数增长所激发出来的高技术，凝聚了高度交叉渗透、分化综合的科技成果。这些人类智慧的高级知识是高技术发展的理论源泉。

当今，我们正处于"信息时代"。以微电子技术为主体的高技术是最适应信息时代需要的技术保障。微电子技术的代表作是电子计算机，它充满了人类智慧，极大地改变了现代世界的联系方式，以至人的行为方式，提高了工作效率，更是密集技术的体现。人工智能机器人是集微电子技术、电子计算机技术、精密机械技术和人工智能等理论于一身的高技术群基础上的一种高智能、高自动化系统技术，它充分显示了高技术所蕴含的高度智慧特征。

### 2. 高投资

高技术开发和应用需要投入巨大的资本。高技术的研究开发，需要昂贵的设备和较长的研制周期，因而需要耗费巨额资金。二战后，美、日、苏等发达国家，用于高技术发展的投资一般约占国民生产总值的2%~3%，而英国1957年以来平均增长竟达4%，1987年这个比例的绝对值就是1 000多亿美元。美国的"星球大战"计划要投资1万亿美元；苏联开发太空技术，1988年投资13.43亿卢布。另外，据目前统计，一般高技术企业用于研究开发的经费占其产品销售额的比例高达10%~30%，而科研成果产业化的投资又比研究研究开发投资高出5~20倍，形成高技术产业后的设备更新投资还会越来越大。

### 3. 高竞争

高技术领域的开发存在着激烈的竞争。高技术竞争，是一场关于人才、资金、管理、信息和市场的全面较量。这种较量已远远超出工厂与工厂、企业与企业以及产业集团之间的商业竞争范畴，成为国与国之间，集团与集团之间军事、政治、经济竞争的"制高点"。各国、集团为了追求高效益，如狭路相逢，各不相让，你争我夺，愈演愈烈。高技术的竞争性，决定了谁先掌握并应用高技术，先研发出新武器装备并抢先用于战场，谁就能占据战争主动权。为此，世界军事大国都试图在高技术发展的竞争中占据主动。美国的"星球大战"计划、西欧的"尤里卡"计划、苏联和东欧的"综合科技进步纲要"、英国的"阿尔维"计划、日本的"振兴科技政策纲要"，以及我国的"863计划"和印度、墨西哥、新加坡等发展中国家的高技术发展计划，都是当今世界上争夺高技术制高点的集中体现。

### 4. 高风险

高技术的探索处在科技发展的前沿，具有明显的超前研究的特点，是从未知的领域中探索知识，获取信息，带有很强的不确定性。成败的不确定性因素是难以预见的。任何一项高技术的构思、设计和实施，都有一定的风险性，要么取得巨大成功，要么酿成严重失利，而且失利的概率要大于成功的可能性。

高技术的研究开发，是对未知的探索，它不仅需要耗用大量的人力、物力、财力和时间，而且在技术的创新和物化进程中具有明显的超前性。由于技术的科学含量相当大，因而具有很大的不确定性。这种不确定性，一般体现在三个方面：一是经济效益的风险性。据统计，美国高技术企业的成功率通常只有15%~20%。由于高技术生命周期短、具有高度的时效性和产品更新换代快等特点，即使是成功的高技术企业，在激烈的竞争中能把握时机维持5年以上的兴旺期的也只占30%左右。可见，高技术的投资风险是相当大的。二是人员生命的风险性。近年来的航天技术取得令人瞩目的巨大成就，但其风险度也高得惊人。从1961年3月23日苏联宇航员邦达连科作为第一位航天牺牲者，到1987年底，全球共进行117次载人飞行，竟有16名宇航员献出了生命，约占升空总人数的8%。1986年1月28日，美国"挑战者"号航天飞机升空1分钟后，突然爆炸，7名宇航员惨遭罹难，魂撒空间，12亿美元的飞行器顿时成为乌有。三是智力的风险性。高技术的突破和发展，大多是以科学研究起步的，技术发展的潜力展示出众多的生机，每一种生机都是以成功的前景吸引着人们去苦心挖潜。然而与潜力显现相伴生的又可能是潜力的枯竭，或是暂时无法突破，遭受挫折，终成失败。这种不成功除风险投资外，就是智能的空耗，成为智力风险。

### 5. 高效益

采用高技术设计、工艺和手段所制成的产品，能大幅度地增强产品的性能，提高劳动生产率、资源利用率和工作效率，因而能为创业者带来巨大的社会效益、经济效益和军事效益。具体来说，高技术与企业生产相结合，使其迅速转化为生产力，生产出市场所需的优质产品，能产生巨大的经济效益；高技术与军事应用系统相结合，将明显地提高武器装备的性能或作战指挥的效率，增强军队战斗力；高技术应用于传统工业改造，将改变传统产业面貌，大大提高劳动生产率，增强产品的市场竞争力。

新型武器装备往往是军事高技术的物化，是军事高技术的综合集成。战争实践证明，军事高技术成果一旦转化为新型武器装备，不仅能够大大提高部队战斗力，而且能够逐步改变作战样式甚至战争形态。比如航天技术，投资效益比高达 1∶14，充分体现了高效益的特点。发展高技术及其产业是一本万利的事。高技术能产生出前所未有的高附加值，成为产生社会效益、军事效益和经济效益的倍增器。

### 6. 高保密

高技术本身具有极强的综合性和技术辐射性，隐含着巨大的潜力，更加强调保密。由于军事高技术受国家军事战略思想的指导，直接或间接地反映国家的军事战略，直接关系国家的安全利益，所以各国均在一定时期内严格保密，并且有密级高，降密、解密周期长的特点。高技术的保密，对于民用技术来说，保的就是"金钱"；军事技术保的则是"生命"。比如 F-117 隐形战斗轰炸机，1982 年 8 月 23 日服役后一直处于高度保密之中，1989 年 12 月 20 日首次用于巴拿马战争；海湾战争中仅使用 42 架，出动 1 000 多架次，却完成了对战略目标 40% 的空袭任务，特别是对 95% 巴格达战略目标的打击任务，作战能力和效果十分突出；1999 年 3 月 27 日被南联盟军队击落后，这种世界上先进隐形战机的技术暴露无遗，作战能力大大降低。

### 7. 高速度

高技术以速度快、效率高为主要标志。高速度作为高技术的主要特点，就是反应速度上的革命性变化。比如，20 世纪 70 年代以来，高技术进入一个新的发展阶段，其中最主要的标志是微电子技术的发展，由于微电子技术的发展，使电子元器件微型化，与原来电子技术相比是质的飞跃。以往的电子技术，是电子管的广泛使用，以电子管制成的电子设备结构复杂，体积庞大，成本贵，耗电多，使用、维修均不方便。1948 年，美国电报电话公司制成了第一只晶体管，其体积小、质量轻、耗电少、寿命长、性能稳定。这些性能优越的晶体管宣告电子管时代结束。集成电路体积更小，质量更轻，性能更可靠，较之晶体管是一个大的进步。尤其是大规模和超大规模集成电路，在同一硅片上，可以做几万、几十万个元件，使信息技术又走上新的台阶，从而推动着以计算机技术为代表的信息技术的突飞猛进。

高技术产业是目前发达国家经济中最活跃也是增长速度最快的领域。美国经济在"9·11"事件前已连续十多年呈现高增长、低通胀趋势，都是以信息技术为龙头的高技术产业带来的结果。高技术产业的成功。不仅表现在产值、产量的发展高速度上，而且还突出表现在产品性能更新的高速度上。比如计算机芯片的处理速度，从其诞生至现在几乎每隔 18 个月就翻一番。

## （三）军事高技术对现代作战的影响

随着科学技术的飞速发展以及新型高科技在现代化军事武器装备中的应用，现代军事战争也随之进入高技术时代。因此，学习军事高技术对现代作战的影响对于了解现代化军事战争的变化以及取得未来现代化军事战争的胜利都具有重要的历史意义。

军事高技术对现代作战的影响，主要体现在以下三个方面。

### 1. 军事高技术创造出新的作战手段

作战手段，从物质技术角度看、主要是武器系统及其辅助系统。可以说，作战手段的更新，主要取决于武器装备的更新。而武器装备是科技成果在军事领域的物化形式。因此，作战手段更新的原动力是军事高技术的发展。特别是现代条件下，武器装备的科技含量越来越大，科技对更新作战手段所起的作用也越来越大。如果说冷兵器时代的刀枪剑戟是人体器官功能的简单延伸，那么热兵器时代的飞机、坦充、大炮，则完全摆脱了人力限制的形式。20世纪七八十年代以来，微电子技术、光电子技术、计算机技术、新材料技术等基础性军事高科技和精确制导技术、电子战和信息战技术、隐身技术、军事航天技术、指挥自动化技术等应用型军事高科技开始崛起并迅猛发展，其结果直接导致如侦察监视装备、精确制导技术、电子战装备、隐身飞机和舰船、指挥自动化系统等一系列战术技术性能优异的高技术武器装备问世并应用于作战。在现代高新技术基础上发展起来的新一代武器装备，使作战手段具有新的面貌。尤其是精确制导武器、信息战武器、定向能武器、智能武器、航天武器以及新概念武器的出现，促使人们去探讨运用和对付这类武器的新战法，从而为作战理论的发展提供了新的动力。实战效果表明，这些高技术武器装备的性能获得了惊人的提高，其作用范围、速度、精度、杀伤力、机动能力和防护水平等关键指标都产生了质的飞跃。

### 2. 军事高技术创造出新的作战空间

早期的作战行动只是在地面上展开，后来有了海上（水上）作战，但作战空间都是平面的。随着军事高技术的发展，出现了飞机、潜艇，作战空间由平面的转为立体的，作战行动有了高度和深度，于是出现了新的空战、海战以及空地、空海协同作战的理论。在现代高新技术条件下，作战空间突破了大气层的限制，向外层空间扩展，同时向大洋深处进一步扩展。空地、空海作战行动进一步一体化，战场纵深加大，利用空间因素和克服空间环境障碍的能力增强。随着科技的发展，特别是信息时代的来临，使现代战场发展成陆、海、空、天、电的多维战场。新的作战空间的出现催生了新的时空观。

### 3. 军事高技术创造出新的作战样式

在冷兵器时代，无论进攻还是防御，基本的作战样式只能是短兵相接，采取密集的队形进行白刃格斗。到热兵器时代，由于火器的运用，起初的线式战术代替了纵深密集队形，随后又出现了散兵线队形。第一次世界大战中，坚固阵地的攻防作战成为主要的作战样式。而第二次世界大战中，利用新的技术兵器，产生了大装甲机械化兵团的集团进攻、集团防御和野战的作战行动样式，宽正面、大纵深突击作战的理论得到迅速发展。二战后，军事高技术的新成果对传统的攻防作战样式又提出了新的挑战。集中体现这些科技新成果的新作战样式，如信息战、导弹战、远距离奔袭作战、区域纵深机动作战、空中短促打击、非线式作战等，都突破了原来攻防作战的基本模式。当今一系列高技术的应用，促使高技术武器装备不断涌现并越来越多地投入战争，使现代战争发展成高技术战争，作战样式更加多样化，作战样式的选择更为灵活，作战样式的转换更加迅速。精确打击战倍受重视，并向远程精确打击战发展：精确打击已成为现代战争的主要打击手段，各军事强国都非常重视发展远程精确打击武器系统，以实现在敌防御火力网外实施精确打击，并进而提出非接触作战的作战样式。其中，联合作战已成为现代作战的基本样式，现代作战主要表现为作战双方体系间的对抗；作战选择与控制更为灵活；作战效能成倍提高；对参战人员的科技和智能素质要求提高。

军事高技术给我国国防建设带来机遇和挑战。作为世界上最大的发展中社会主义国家，在高技术解决我国新时期军事变革问题上，既要取得自身的发展，又要放眼世界借鉴各国之长。进行军事现代化建设必须跟上世界军事变革的潮流，积极借鉴各国军队特别是发达国家军队现代化建设的有益经验，有选择地引进先进的技术装备和管理方法。我国积极借鉴各国军队特别是发达国家军队现代化建设的有益经验。因此，发展军事高技术不仅对我国国防建设、国家主权和安全的维护具有重大意义，还利于我国经济发展，强大我国国防综合实力，也为政局稳定创造良好环境。

## 二、军事航天技术

20世纪中叶以来，一场世界范围的新技术革命蓬勃兴起。一系列高新技术应运而生，迅速发展起来。其中，发展最快、创新最多、最令人炫目的莫过于现代航天技术。正是现代航天技术的发展，把人类带进了一个崭新的空间时代。现代航空技术和航天活动的发展，不仅使人类可以飞到广阔无垠的空间去探索宇宙的奥秘，极大地扩展了人类活动的领域，使人类认识自然、开发宇宙的能力产生了一个质的飞跃，而且对发展现实社会生产力，改善人类生活，推动社会进步都将起到重大的作用。航天技术在军事领域的广泛应用，极大地拓展了军事斗争的空间领域，给现代战争带来了深刻的变化。

### （一）航天技术的发展历程

人类飞向太空的理想和人类历史一样久远，自古以来，国内外都有一些关于勇敢的人们尝试飞出地球的动人故事流传于世。但是，航天科学技术的实际发展，是在航空技术和火箭技术有了长足进步之后才成为现实。

18世纪，法国制成了气球，人类第一次真正离开了地面。19世纪，法国又制成了飞艇，这是一种装有螺旋桨和发动机的、可操纵方向的气球。20世纪初，美国制成第一架飞机并试飞成功。此后，飞机的性能不断改进，从最初的活塞式发动机推进的飞机，发展到喷气发动机推进的超音速飞机。至今，航空技术已经达到了相当完善的地步。

火箭是目前发展最为成熟的航天运载器，它是航天技术发展的基础。火箭的飞行原理完全不同于气球、飞艇和飞机。它的主要特点是：本身除携带燃烧剂外，还有助燃的氧化剂，可以摆脱对外界大气的依赖，在外层空间工作。

　　中国是火箭技术的发源地，世界上最早的火箭——利用火药的反作用而推进的箭——出现于 12 世纪我国南宋（公元 1161 年）与金交战的战场上。到了明代，中国的火箭技术已经有了很高的水平，出现了两级火箭的雏形。尽管中国早期的火箭是原始性的，但它的基本原理——反作用推进原理，与现代火箭是一样的。

　　在近代火箭技术发展方面，首先应当提到的是苏联科学家齐奥尔科夫斯基（1857—1935 年）。他毕生从事火箭技术研究，20 世纪初，提出了"用火箭探索宇宙"的基本观点，阐述了火箭飞行和火箭发动机的基本原理，说明了液体火箭的构造，并提出了多级火箭的概念。齐奥尔科夫斯基的研究成果对近代火箭技术的发展具有深远的影响。

　　另一位代表人物是美国的哥达德（1882—1945 年）。1926 年，他把理论研究和实验结合起来，用液氧和汽油做推进剂，成功地发射了第一枚液体推进剂火箭。

　　近代火箭技术的突破发生在第二次世界大战时期。科学技术的发展为近代火箭的研制提供了技术基础，同时，在军事上也提出了研制火箭武器的需求。当时的德国为了发动侵略战争，组织了国家规模的火箭研究基地，研制了一系列火箭，如 V–1 和 V–2 等，V–2 可以说是典型的近代火箭，它的出现虽然没能挽救德国法西斯覆灭的命运，却成为火箭技术进入一个新时期的标志。

　　第二次世界大战以后，火箭技术发展迅速。1945 年，苏联和美国从德国分别得到了制造 V–2 火箭的设备和工程技术人员，两国都是在 V–2 火箭的基础上大力发展本国火箭技术的。

　　1957 年 8 月，苏联成功发射第一枚洲际导弹，美国紧跟着在 1957 年 12 月成功发射了第一枚洲际导弹。

　　现代火箭技术和导弹技术为航天科学技术的发展奠定了基础，人类正是利用现代火箭和导弹技术的成就，才把人类千百年来遨游太空的夙愿变成了现实。

　　1957 年 10 月 4 日，苏联成功发射第一颗人造地球卫星，3 个多月后，美国于 1958 年 1 月 31 日，也发射了其第一颗人造地球卫星，从此开始了航天的历史。

　　1961 年 4 月 12 日，苏联宇航员加加林驾驶的第一艘载人飞船发射成功，绕地球运行一周后安全返回地面，揭开了载人航天科学技术发展的序幕。

　　1969 年 7 月 20 日，美国阿波罗号飞船实现了人类首次载人登月，宇航员阿姆斯特朗和奥尔德林首次打开了登月之门。人类征服自然的这一壮举，当时震动了全球。

　　1971 年 4 月和 1973 年 5 月，苏联和美国分别发射了他们各自的试验性航天站——"礼炮 1 号"和"天空实验室"。

　　1981 年 4 月，美国航天飞机首次试飞成功，航天科学技术的发展随即进入了以航天站和航天飞机的结合为新方向，以近地空间实用开发为特点的新时代。

　　航天科学技术的发展大致经历了三个阶段：

　　从 1957 年苏联发射第一颗人造地球卫星到 20 世纪 60 年代中期，为探索试验阶段。这一阶段的特点是，苏、美两国针对空间的可能的应用，利用卫星和载人飞船，不惜高昂代价，进行了广泛探索试验。

从 20 世纪 60 年代中期到 20 世纪 80 年代初，为应用试验阶段。其特点是无人卫星技术趋于成熟——各类军用卫星成为地面军事力量的组成部分；商用卫星在国民经济各部门发挥了越来越重要的作用。载人航天科学技术则仍以发展基本技术、试验航天设备、考察人的长期航天能力为主要活动内容。

从 1981 年 4 月美国航天飞机首次试航开始到 20 世纪末，是航天科学技术扩大应用的阶段。其特点是，在无人卫星扩大应用的同时，出现了可部分重复使用的天地往返运输系统，即航天飞机，并着手建造永久性载人航天站和研制可完全重复使用的航天飞机。美国从 1972 年开始研制可重复使用的航天飞机，1981 年 4 月 12 日"哥伦比亚"号航天飞机成功地进行了首次轨道飞行。美国已研制成功的航天飞机有："企业"号（试验型）、"挑战者"号（1986 年失事炸毁）、"亚特兰蒂斯"号、"发现"号、"哥伦比亚"号（2003 年失事炸毁）和"奋进"号；1988 年 11 月 15 日，苏联也研制成功了实验型航天飞机——"暴风雪"号航天飞机。

目前，世界上已有 60 多个国家投资发展航天技术，有 170 多个国家和地区应用航天技术的成果。

## （二）航天技术的基本原理

航天技术是指通过将无人或载人的航天器送入太空，以探索、开发和利用太空及地球以外天体的一门综合性工程技术，又称空间技术。它是一门重要的军民两用技术，也是新世纪人类认识和改造自然进程中最有影响的科学技术之一。

### 1. 航天器飞行的基本条件

目前，将航天器送入外层空间的手段和运载工具有两种：一是多级火箭发射；二是航天飞机向近地轨道运载和布放。不论采用哪种手段和运载工具，要使航天器在太空飞行，必须具备一定的速度和一定的高度。

（1）航天器飞行的速度

在近地空间内，如果一个物体距地面的高度不高、运动速度也不快，则它必将在地球引力的作用下，沿近似于抛物线的轨迹落到地面。那么，为什么月球又不会落向地面而围绕地球运行呢？由力学原理知，这是因为月球以 1.02 千米 / 秒的平均速度绕地球中心转，这时它转动所需的向心力恰好等于地球对它的引力，而使它不会落向地面。由此可见，作为航天器，发射入轨后在地球引力场中做无动力的惯性飞行而不落向地面，也必须具备合适的速度，方能像月球一样在空间绕地球转动。

简单一点可从几何原理上得到解释。假定地球表面没有大气阻力，在地球表面附近，初速为零的物体在地心引力的作用下在 1 秒内会向地心方向下降 4.9 米。另一方面，由于地球是一个球体，从地球表面水平方向每前进 7.91 千米，地面曲率使地球表面向下弯曲也恰好是 4.9 米。由此可知，一个物体在地球表面附近若以 7.91 千米 / 秒的速度水平飞行，其在地心引力的作用下向地面下降的速度与其向前飞行时因地面曲率使地面向下弯曲的速度相同。因此，该物体将沿地面做圆周运动而不会落到地面上。因此，称 7.91 米／秒为第一宇宙速度。

在一定的空间高度上，地球的引力是一定的，航天器在此高度上建立圆轨道的速度也是唯一确定的。在空间一点，地球的引力与该点距地心距离的平方成反比，空间的高度越高，地球的引力越小。因此，空间的高度越高，航天器建立圆轨道所需的速度也越小。航天器环绕地球做圆轨道运行时速率的大小是恒定的，如当航天器在离地面 35 786 千米的高度做圆轨道运动时，其环绕速率为 3.074 千米／秒，此条轨道被称为地球静止轨道。

当航天器平行于地球表面运动的速度小于建立圆周轨道所需的速度时，航天器就会向地球方向回落，在回落过程中航天器在地球引力的作用下加速，同时向绕地球转动的方向改变运动方向。如果在到达一个更低的高度上航天器平行于地球表面运动且其速度大于在此高度上建立圆轨道的速度，则航天器反过来向离开地球的方向运动并在地球引力的作用下减速，同时向绕地球转动的方向改变运动方向，又重新回到原来的高度和速度。这样的结果是航天器将进入椭圆轨道运行。如果航天器由于在某一高度上平行于地球表面的运行速度低于建立圆轨道的速度并在向地球回落时的轨迹与地球表面相交，则航天器便会落在地球表面上而不能建立轨道运行。

同样的道理，当航天器在一个较低的高度上平行于地球表面的运动速度大于建立圆轨道的速度时，航天器就会向离开地球的方向运动并进入椭圆轨道运行。如果航天器的运行速度达到 11.19 千米／秒（第二宇宙速度），航天器就会脱离地球引力场进入围绕太阳转动的轨道。如果航天器的速度更大，达到 16.65 千米／秒（第三宇宙速度），航天器就会脱离太阳的引力场而进入太阳系宇宙空间。

在航天器绕地球做椭圆轨道运行时，地心在椭圆轨道的一个焦点上。航天器离地球最近的位置叫作近地点，离地球最远的位置叫作远地点。近地点跟远地点之间的距离叫作椭圆轨道的长轴，椭圆的另一个中心轴叫作短轴。由力学原理知，近地点的速度最快，远地点的速度最慢。

（2）航天器飞行的高度

上述卫星速度是在不考虑空气阻力情况下计算得到的，实际上大气的影响是不可忽略的，如果卫星的高度太低，马上就会被它和空气剧烈摩擦产生的巨热烧毁，即便不烧毁，也会由于空气的巨大阻力而减速，轨道变低而陨落。因此，为了保证人造卫星能正常运行，必须把它的运行轨道选在稠密大气层以外。

大气层的厚度为 2 000 ~ 3 000 千米。由于地球引力的作用，空气密度与距地面的垂直高度成反比。越靠近地球表面，大气密度越大。随着高度的增加，密度急剧下降。在距地面 100 千米的高度上，空气密度约为海平面的一百万分之一，在 200 千米高空，空气密度只有海平面的五亿分之一。在几百千米高空，尽管空气十分稀薄，但由于卫星速度很高，空气阻力仍然对卫星的"寿命"有相当的影响。当轨道低至 100 千米左右时，卫星最多只能维持数十秒钟，就会因大气阻滞而陨落。所以人造卫星一般都在离地面 120 千米以上的空间飞行。

### 2. 航天器的运行轨道

航天器运行轨道是其运行时质心运动的轨迹，由其入轨点位置、入轨速度和入轨方向决定。人们为了说明航天器运行轨道的形状、在空间的方位及其在特定时刻所在的位置，常用以下轨道参数来描述：

（1）轨道形状和高度

绕地球运行的航天器轨道形状有圆轨道和椭圆轨道两种。航天器到地球表面的垂直距离，称为航天器的轨道高度。沿圆轨道运行的航天器只有一个高度参数；沿椭圆轨道运行的航天器在轨道上离地面最近的位置叫作近地点，离地面最远的位置叫作远地点，这两个点到地面的垂直距离分别称为近地点高度和远地点高度。根据执行任务不同，航天器可以选用不同形状、不同高度的轨道。

（2）轨道周期

即航天器在轨道上绕地球运行一周所用的时间。航天器高度越高，速度越慢，周期也就越长。

（3）轨道倾角

即航天器绕地球运行的轨道平面与地球赤道平面之间的夹角。它用地心至北极的方向与轨道平面正法向之间的夹角度量。倾角小于 90 度的轨道，航天器自西向东顺着地球自转方向运行，称为顺行轨道；倾角大于 90 度的轨道，航天器自东向西逆着地球自转方向运行，称为逆行轨道；倾角为 0 度的轨道，航天器始终在赤道上空飞行，称为赤道轨道；倾角为 90 度的轨道，航天器飞越地球两极上空，称为极地轨道。

## （三）航天技术的组成

航天技术主要由航天运载器技术、航天器技术和航天测控技术组成。

### 1. 航天运载器技术

运载器技术是航天技术的基础。要想把地球上的物体运送到外层空间去，必须克服地球引力和空气阻力。运载器技术的发展，为各种航天器提供了强大的动力装置。常用的运载器是运载火箭。运载火箭主要由动力系统、控制系统、箭体和仪器、仪表系统组成，通常分为单级运载火箭和多级运载火箭。

自 1926 年美国研制成功世界上第一枚液体火箭后，由于发展洲际导弹和航天的需要，运载火箭技术得到了迅速发展。随着航天事业的发展，液体火箭已逐渐由武器和运载两用，转向主要为航天运载服务。固体火箭则主要用作运载火箭的助推器以及空间发动机。自 1957 年以来，苏联／俄罗斯、美国、法国、日本、中国、英国、印度等国以及欧洲空间局先后研制出 80 多种运载火箭，修建了 18 个航天发射场，进行了 5 000 多次轨道发射。目前，世界上主要国家和地区研制成功的运载火箭主要有：苏联／俄罗斯的"东方"号、"上升"号、"联盟"号、"质子"号、"天顶"号、"能源"号；美国的"雷神"系列、"宇宙神"系列、"大力神"系列、"土星"系列；欧洲空间局的"阿里安"系列；日本的 H 和 M 系列；中国的"长征"系列等。其中推力最大的是美国的"土星"–V 和苏联的"能源"号，它们均可将 100 多吨的载荷送入近地轨道，把数十吨的载荷送入地球静止轨道，以及月球或火星、金星等逃逸轨道。

### 2. 航天器技术

航天器是在太空沿一定轨道运行并执行一定任务的飞行器，亦称空间飞行器。迄今为止，人类共成功发射近 5 000 多个航天器。通常分无人航天器和载人航天器两大类。

（1）无人航天器

无人航天器按是否环绕地球运行又分为人造地球卫星和空间探测器等。人造地球卫星，按用途分为科学卫星、应用卫星和技术试验卫星等。空间探测器，按探测目标分为月球探测器、行星（金星、火星等）探测器和星际探测器。

（2）载人航天器

载人航天器按飞行和工作方式分为载人飞船和空间站等。载人飞船可分为卫星式载人飞船、登月式载人飞船和行星际载人飞船等。空间站可分为单一式空间站和组合式空间站。

### 3. 航天测控技术

航天测控技术是对飞行中的运载火箭及航天器进行跟踪测量、监视和控制的技术。为了保证火箭正常飞行和航天器在轨道上正常工作，除了火箭和航天器上载有测控设备外，还必须在地面建立测控（包括通信）系统。地面测控系统由分布全球各地的测控台、站及测量船组成。航天测控系统主要包括：光学跟踪测量系统、无线电跟踪测量系统、遥测系统、实时数据处理系统、遥控系统、通信系统等。现阶段航天测控技术的发展，足以确保运载器和航天器所需的飞行轨道和姿态。

## （四）航天技术在军事上的应用

航天技术的发展从一开始就和军事上的需要紧密相关。至今，在所有发射的航天器中，军用航天器和部分为军事服务的航天器约占 70%。航天技术已成为大国军事技术特别是军事高技术的不可缺少的重要组成部分。

航天器的军事应用大致可分为三大类：一是已经大量使用的支援地面军事力量的卫星系统；二是处于研究发展中的天基或部分天基武器，主要指攻击敌方航天器用的反卫星系统；三是在理论上可行但仅进行个别探索性试验的执行军事任务的载人航天器。

### 1. 军用卫星

军用卫星是指专门用于各种军事目的的人造地球卫星的统称。它是发射数量最多的一类卫星，现已达 2 000 多颗，约占世界各国航天器发射数量的 2 / 3 以上。60 年代初，美国首先发射了具有明显军事目的的照相侦察卫星，从而宣告太空军事利用的正式开始。40 多年来，军用卫星技术发展迅速，军用卫星的性能也有了很大的提高。

军用卫星按用途可分为侦察卫星、海洋监视卫星、军用通信卫星、导航卫星、测地卫星、气象卫星等。

（1）侦察卫星

当今世界，凡是被发现的目标就能被击中，凡是被击中的目标就能被摧毁的希望，随着精确制导武器性能的提高而成为现实。怎样才能发现目标呢？侦察卫星能够担此重任。侦察卫星可以分为照相侦察卫星、电子侦察卫星、导弹预警卫星、海洋监视卫星和核爆炸探测卫星。俄、美两国一直把发展军事侦察卫星放在优先的地位。

照相侦察卫星在各种侦察卫星中发展最早，发射也最多，是空间侦察监视任务的主要承担者。目前，只有少数国家能够发射并回收照相侦察卫星，其中以美国历史最久，水平最高。美国从1959年开始研制照相侦察卫星，至今已发展到第六代。其中20世纪60年代发射的前三代卫星，由于质量和侦察设备的限制，分为普查型和详查型两种。随着技术的不断提高，从第四代卫星（称为"大鸟"，代号KH-9）起，由同一颗卫星承担普查和详查两种任务。第五代照相侦察卫星KH-11采用了数字式图像传输技术，利用电荷耦合器件（CCD）成像，经过星上模数转换器把模拟信号转换成数字信号，再经过专用系统直接转发到地面判读中心，并转换成图像显示在屏幕上。由于实现了信息传输的数字化，大大缩短了获取情报的时间，同时延长了卫星的工作寿命（达3～4年），其地面分辨率接近回收胶卷型的水平。第六代照相侦察卫星KH-12带有更先进的光电遥感器，在采用了热成像和自适应光学技术后，进一步提高了夜间侦察能力和情报信息的准确性，地面分辨率可达0.1米。同时还具有截获电子信号的侦察能力和变轨能力，工作寿命也高于以往的型号。此外，美国从1988年底开始发射使用另一种称之为"长曲棍球"的雷达成像侦察卫星，该种卫星采用合成孔径雷达技术，克服了可见光照相侦察卫星黑夜和阴天无法拍照的缺点，可全天候和全天时进行实时侦察，地面分辨率可达1米。在20世纪后期世界几场局部战争中，上述各种照相侦察卫星均发挥了重要的作用。

俄罗斯的照相侦察卫星也已发展到第六代。其照相侦察卫星的性能与美国的大体相当，主要有"宇宙-1552"和"宇宙-2031"。"宇宙-1552"是苏联第五代数据实时传输型照相侦察卫星。1984年首次发射，在性能上与美国的KH-11普查型卫星相当。"宇宙-2031"是苏联第六代照相侦察卫星，1989年7月首次发射，星上装有高性能的光学系统、功能增强的控制系统和推进装置以及用于实时传输数字图像的电子设备等。卫星具有多次机动变轨能力，可降至150千米高度。

电子侦察卫星用于截获对方雷达和电信设施发射的电磁信号，并测定其辐射源地理位置。美国1973年5月开始发射的"纹流岩"卫星系列，其后继型号"大酒瓶"是最新一代的大型电子侦察卫星，可截获整个无线电频率范围内的信号，重点为数据通信信号。海湾战争中美国曾用"大酒瓶"卫星窃听伊军各指挥部甚至小分队之间的无线电通话。除此之外，美国还发射了一种"牧人小屋"电子侦察卫星，这种卫星采用大椭圆轨道，位于西伯利亚上空，其目的是为了更有效地覆盖北极地区，重点监测苏联的反导雷达和空间跟踪雷达。

苏联从 1976 年就开始发射电子侦察卫星，到目前共发射了 200 多颗。其电子侦察卫星已发展到第五代。第四代卫星于 1984 年 9 月发射，由 4 颗卫星组网工作，4 颗卫星的轨道面的夹角为 45 度，主要用于侦察通信和其他电子信号，跟踪美国及北约海军舰只的活动情况。第四代卫星具有较强的信息处理能力，能将截获的信息实时传输给位于地球同步轨道上的"急流"中继卫星，再由"急流"中继卫星实时传输给本国的地面接收站。第五代电子侦察卫星是从 1988 年 8 月开始发射的，卫星位于西经 14 度的地球同步轨道上，被称为"宇宙 –1961"号。它是苏联第一颗能大面积覆盖的连续普查型电子侦察卫星。

预警卫星用于监视和发现敌方发射的战略导弹，并发出警报。美国的预警卫星系统叫作"综合导弹预警系统"，又叫作"国防支援计划"预警卫星。预警卫星的关键设备是红外探测器。美国第二代预警卫星上的红外探测器件用的是 2 000 元线阵，用于探测导弹尾焰的红外辐射。第三代预警卫星用的是 6 000 元线阵，可在两个红外波段工作，灵敏度很高，可探测到飞机喷气的红外辐射，并且大大提高了探测潜射导弹的能力。美国的第四代预警卫星的红外探测器将采用 24 000 元的凝视型焦平面阵列。苏联的预警卫星系统由九颗"宇宙号"卫星组网，采用大椭圆轨道，卫星在轨道面上以 40 度间隔配置，每颗星有 14 小时的探测监视时间，可昼夜监视北半球。

海洋监视卫星主要用来对海上舰船和潜艇进行探测、跟踪、定位、识别，并监视其行动，获取军事情报，包括电子侦察型和雷达型两种。

苏联是世界上最早发展海洋监视卫星的国家。它发射的雷达型海洋监视卫星采用双星工作方式，轨道高度为近地点 250 千米的椭圆轨道。星上使用核能源，故能为星上雷达系统提供大功率的充足能耗。1979 年发射的电子型海洋监视卫星既可以单独使用，也可以与雷达型海洋监视卫星配合使用。电子型海洋监视卫星的工作轨道比雷达型卫星的轨道要高，覆盖范围也更大，识别目标的能力更强一些，但对目标的定位精度不如雷达型卫星。1990 年 3 月，苏联发射了一颗"宇宙 –2026"电子型海洋监视卫星。其后在海湾战争爆发前后的几个月里，苏联又发射了 3 颗电子型海洋监视卫星。

美国的海洋监视卫星主要是"白云"电子型卫星。它采用一个卫星平台携带三个子卫星的组合方式，通过星载电子情报接收机侦察舰船的雷达和通信信号来确定舰队的规模和动向。从 1967 年开始进行发射试验雷达型海洋监视卫星，1974 年 5 月正式发射工作型卫星。卫星载雷达天线扫描海上舰船的活动，然后把侦察到的情报实时或延时发送到己方在海上的舰船上或地面站，从而确定舰船的位置、大小、航速和方向。

核爆炸探测卫星是用于探测大气层内和外层空间核爆炸的卫星。典型代表有美国的"维拉"卫星。"维拉"卫星是成对发射的，从 1963 年 10 月到 1970 年 4 月，美国共计发射了 6 对 12 颗"维拉"卫星，现在均已停止工作。但监视核爆炸的工作并没有终止，美国已把类似功能的仪器装到"国防支援计划"导弹预警卫星上，该仪器被称为"先进的大气层爆炸探测器"，可探测核爆炸时产生的火球、X 射线和电磁脉冲。此外，导航星全球定位系统的卫星上也装有类似的传感器，称之为"核探测系统"，这种传感器能够实时地提供在世界上任何地点进行的核爆炸的当量、高度和位置。

（2）军事通信卫星

通信卫星就是天基微波中继站，一般部署在地球同步轨道上，也有少数部署在大椭圆轨道上，它接收到地面发出的无线电波以后进行放大，然后再转发向地面。卫星通信具有覆盖范围大、通信距离远、通信容量大、传输质量高、机动性和生存能力强等优点，因而在军事通信中有举足轻重的作用。现在，除了一些商用通信卫星同时用于军事通信之外，相关国家还研制、部署和使用了专门的军事通信卫星。

军事通信卫星通常可分为战略通信卫星和战术通信卫星两大类。

战略通信卫星通常在地球同步轨道上运行，为远程直至全球范围的战略通信服务。1982 年美国发射的第二代"国防通信卫星"就是一种战略通信卫星。而最新的"军事星"（MILSTAR）经过抗核加固处理，具有抗干扰和防电磁辐射的能力，在核战争场合中仍然可以继续工作。

战术通信卫星一般在 12 小时周期的椭圆轨道上运行。这种卫星主要用于近程战术通信，为军用飞机包括反潜战斗机和海面舰艇等提供机动通信服务。

军事通信卫星用来担负保密的、大容量的、高速率的战略和战术通信勤务。目前美国所有军事长途通信的 70% ~ 80% 的信息是由卫星传送的。为了保证在核战条件下提供可靠的通信，就像"军事星"一样，未来的军事通信卫星将逐步采用多波束的自动调零天线、扩展频谱的调制技术、自适应的位置保持系统、星上抗辐射加固、卫星间中继链路等技术，以大大提高保密性、机动性、抗干扰能力及在核战下的生存能力。

（3）军事导航卫星

导航卫星是为航天、航空、航海、巡航导弹和洲际导弹等提供导航信号与数据的卫星。一颗导航卫星，就相当于一个设在空间的无线电导航台。导航卫星上所装有的无线电信标记以固定的频率，按照规定的时间间隔向地面、海上等的用户发射无线电信号，报道当时卫星在空间的位置和发出信号的时间，用户利用无线电接收设备接收到卫星发出的信号，从而确定自身的位置和航向。用导航卫星进行导航不受气象条件和距离的限制，而且导航精度高。

卫星导航由多颗导航卫星组成的卫星网来进行。至今，导航卫星系统已发展了两代，而且都是作为军事应用卫星而发展起来的，同时也可提供民用。

最早的（即第一代）军事导航卫星系统是美国于 60 年代发射的由六颗"子午仪"导航卫星组成的导航卫星网。6 颗卫星均匀地按 6 个近圆形的近极地轨道运行，轨道高度1 100 千米，卫星运行周期 107 ~ 108 分钟，每隔 2 分钟同时以两个固定频率向地面发送导航信号。地面用户可逐次利用不同的卫星束导航定位，平均每次定位时间 8 ~ 10 分钟。"子午仪"导航卫星最初是专门用于美国海军"北极星"核潜艇导航，1967 年解密，许多国家的商船都使用这种卫星进行导航。

但是，"子午仪"导航卫星只能提供经度和纬度，不能定出高度，也不能连续导航，平均定位间隔时间达 1.5 小时，不能满足飞机和导弹的三维空间的定位要求。为此，1973 年起美国开始研制新一代的导航星全球定位系统（GPS）。

导航星全球定位系统共有 24 颗卫星，分布在 6 个轨道面内，其中有 21 颗工作卫星和 3 颗备用卫星。卫星轨道高度约 2 万千米，全球各地的所有用户，在任何时候至少可以同时收到 4 颗导航星的信号。所以，导航星全球定位系统能 24 小时连续不断提供三维位置、三维速度和精确时间信息，定位精度可达 10 米，测速精度小于 0.1 米／秒，计时精度可达 100 纳秒。由于军用和民用是分开的，二者精度不同，民用的精度稍低一些。

导航星全球定位系统可为地面车辆、人员及航空、航海、航天等领域的飞机、舰船、潜艇、卫星、航天飞机等进行导航和定位；可用于洲际导弹的中段制导，作为惯性制导系统的补充，提高导弹的精度；还可用于照相制图和大地测量、空中交会和加油、空投和空运、航空交通控制和指挥、火炮的定位和发射、外弹道测量、反潜战、布雷、扫雷、船只位置保持、搜索和营救工作等。海湾战争中，美军就是利用 GPS 为海、空军导航，使地面部队在沙漠地区行军作战不致迷失方向。

（4）测地卫星

测地卫星是用来测定地球的形状和大小、地球重力场的分布、地面的城市、村庄和军事目标地理位置的卫星。卫星测地有重要的军事价值。

地球不是标准球体，而且地面上有山、河、湖、海，高低不平，因此地球重力场的分布不均匀。同时又由于测量误差等原因，原有地图上标明的各种地理位置常与实地不符。这一切对导弹弹道的计算，对飞机和导弹的惯性制导及巡航导弹的地图匹配制导都会造成很大的影响。如果不用测地卫星准确测定有关数据，洲际弹道导弹和巡航导弹就难以击中目标，从而大大降低战略武器的效能。目前，各国正在利用测地卫星进行全球大地测量，以获取重要的具有战略意义的资料。此外，测地卫星还可以配备其他专用设备（如多光谱观测相机等）进行地球资源的勘察，成为地球资源卫星，用于了解和掌握各国战略资源的储备情况等。

（5）气象卫星

气象卫星是从空间获取军事气象情况的重要手段，对全球天气监视和天气预报业务均有十分重要的作用。气象卫星主要有两种类型：极地轨道的近地气象卫星和同步轨道上的静止气象卫星。这两类卫星大都是军用与民用相结合，但也有专门的军用气象卫星系统。

近地气象卫星距地面的高度一般在 800 千米左右。气象卫星上装有电视摄像机，它能够拍摄全球的云图。以前，我们只能从下往上拍摄云图，由于上层云被下层云遮住，所以往往拍摄不到上层云。有了气象卫星，就可以从上往下拍摄云图。

气象卫星上装有扫描辐射计。扫描辐射计的探头能敏感地探到一定波段的电磁辐射。当它对云层和大气扫描时，就能记下云层和大气在各个波段如可见光、红外、微波的辐射强度，转变成电信号以后，通过无线电波发送给地面。地面站接收以后，经过计算机处理，就可以得到云的形状、云顶高度、大气温度和湿度,海面温度和冰雹覆盖面积等。

自 1960 年美发射"泰罗斯 1 号"第一颗气象卫星以来,世界上发射了许多类型的气象卫星。我国于 1988 年 9 月首次发射太阳同步轨道试验气象卫星"风云一号"。"风云一号"卫星轨道距地面高度 900 千米,卫星上装有可见光和红外辐射计,工作在 5 个波段,可以日夜观测云层、陆地和海面温度等。

美国国防部于 20 世纪 60 年代开始研制专门的军用气象卫星,这些卫星都是极地轨道气象卫星,经过多次更新换代,其中 BLOCK5D-2 是改进型,它具有使用寿命长、灵活性大等特点。星上除装有业务扫描系统(OLB)、微波温度探测器(MTS)、微波成像仪、大气密度探测器、多光谱红外探测器外,还配有冗余传感器、新式传感器和增大的传感器区域。20 世纪 90 年代美国将要发射新一代军用气象卫星,它装有新的微波遥感器,可提高气象预报的准确性。同时还将进行一些改进,使其具有更强的抗激光、抗电磁脉冲和抗有源干扰的能力。

### 2. 天基武器系统

天基武器主要指攻击敌方航天器用的卫星及卫星平台,如反卫星卫星、反卫星及反弹道导弹、动能武器平台和定向能武器平台等。天基动能武器平台和天基定向能武器平台是美国"战略防御倡议"计划(即"星球大战"计划)中提出的新概念天战武器系统。现在已进行过试验并可以部署的天基武器主要是反卫星卫星。

反卫星卫星是对敌方有威胁的卫星实施摧毁、破坏或使其失效的人造卫星。在这种卫星上装设跟踪识别装置和杀伤武器,并使其具有一定的机动变轨能力,以识别、接近并摧毁敌方卫星。

根据试验和理论分析,反卫星卫星有两种类型,实际上也就是两种拦截方式:一种是携带有常规炸药的卫星,当它在轨道上接近目标卫星时,以地面遥控或自动引爆的自毁方式与目标卫星同归于尽。所谓"天雷"或"太空雷"实际上也就是这种拦截卫星。另一种是装备有导弹或速射炮的卫星平台,当目标卫星进入武器的射程之内时便进行发射摧毁。反卫星卫星实施拦截作战可采取同轨道"追击式"或"迎击式"摧毁目标卫星。拦截时,首先将反卫星卫星发射进入与目标卫星相近的轨道,在此轨道上运行到适当位置时通过变轨机动进入目标卫星的同一轨道,在同一轨道上拦截卫星与目标卫星可同向运行,以追踪方式摧毁目标卫星;或反向运行,以迎击方式摧毁目标卫星。

此外,人们还从理论上指出,用反卫星卫星拦截军用卫星不一定要摧毁目标卫星,只要采取一定的方式(如喷涂某种不透明的性能稳定的化学物质等)使其照相装置或通信装置等毁坏或失灵,则目标卫星也就不起作用了;或者将目标卫星俘获,然后一道重返大气层烧毁。

### 3. 军事载人航天系统

（1）载人飞船

载人飞船是一种保证宇航员在空间轨道上生活和工作，以执行航天任务并返回地面的航天器。它的运行时间有限，仅能一次性使用，可独立进行航天活动，也可以作为往返于地面和空间站之间的"渡船"，还能与空间站或其他航天器在轨道上对接后进行联合飞行。典型的载人飞船由对接舱、轨道舱、返回舱、仪器设备（主要装有动力和电源设备等）舱和太阳帆板等部分组成。载人飞船容积较小，所载消耗性物质有限，不具备再补给能力，不能重复使用。但它是第一种将人直接送入太空的航天器，是航天技术在人造卫星技术基础上的新突破。

载人飞船能担负的军事使命有：①作为地面与空间站的军事运输工具，可向空间站运送各种军事补给物资以及接送人员，进行空间救护等；②试验新的军用航天设备；③用于特定目标的侦察与观察等。

（2）空间站

空间站是大型、绕地球轨道做较长时间航行的载人航天器，是多用途的空间基地。空间站的建立标志着载人航天技术进入一个新阶段。世界主要航天大国无不把建立长期性载人空间站（空间基地或空间基础设施）作为发展载人航天的目标。

与载人飞船相比，空间站具有容积大、载人多、寿命长和可综合利用等优点。由于空间站可载许多复杂的仪器设备，并可由人直接操作，因而可以完成复杂的、非重复性的工作任务。空间站被认为是发展航天技术、开发和利用宇宙空间的基础设施。任何国家要想真正参与空间的开发利用，都必须建立空间站。

从理论上分析，空间站有广阔的军事应用前景。例如，军用航天飞机或空天飞机以空间站为基地可对付任何卫星式作战平台，并随时对全球任何地方构成威胁。空间站可以部署、组装、维修和回收各种军用航天器，并可试验、部署和使用空间武器等。空间站是可以俯瞰全球的理想的侦察基地，可以直接参与跟踪、监视、捕获和拦截敌方航天器和洲际弹道导弹等作战行动。

1981年，苏联"礼炮6号"空间站上的宇航员曾从空间站上发射一枚导弹摧毁靶星。1987年，苏联"和平"号空间站曾用激光束瞄准并跟踪一枚洲际导弹。这些试验曾使美国人极为担心。此外，空间站还可以在军用维修、飞机和地面监视系统的配合下，成为空间预警、指挥、控制、通信和情报中心。因此，建立空间站对于未来的高技术战争具有战略意义。

（3）航天飞机

航天飞机是部分可重复使用的、往返于地面和近地轨道之间运送有效载荷并完成特定任务的空间飞行器。航天飞机有多种设计方案，现已研制成功的航天飞机是由轨道器、助推器（即助推火箭）、外燃料箱三部分组成。这种航天飞机采用垂直发射，由火箭运载入轨。入轨时助推火箭及燃料箱抛掉，只有轨道器在轨道上飞行，执行轨道任务后再重返大气层并滑翔着陆。

航天飞机的问世是航天技术发展的一个新的里程碑：航天飞机比火箭、卫星和飞船具有更多的优点和更多的用途，在军事上也有巨大的应用潜力。这主要表现在：①航天飞机可用于部署、维修、回收各种卫星，美国的航天飞机已多次成功地完成此类任务；②航天飞机可方便地实施空间机动，执行反卫星作战任务，拦截摧毁或俘获敌方卫星；③航天飞机可执行空间侦察，对地面目标进行监视、跟踪，还可对敌方弹道导弹发射和飞机进行预警；④航天飞机可作为从地面到空间站的军事交通工具，为军事目的向空间站接送人员和物资，为建立永久性军事基地和军事工厂服务，等等。

目前，只有美国和苏联研制成功了航天飞机。1981年4月12日，美国发射了世界上第一架航天飞机"哥伦比亚"号。1988年11月15日苏联第一架航天飞机"暴风雪"号也成功地进行了不载人的试验飞行。

航天飞机研制成功是航天技术的重大突破，是人类航天史上一项划时代的成就。然而实际研制成功的航天飞机还没有达到预期的效果。以美国航天飞机为例，主要问题表现在飞行频度低，研制费、发射费昂贵，一次性运载火箭的可靠性差，载人运货合一、不能满足军事需要等。为此，美国、英国、法国等国正在研制性能更好的，比如能水平起降的航天飞机。这是一种既能跨大气层飞行，又能进入绕地球轨道运行，并可执行专门军事任务的可重复使用航天器。它将给空间作战乃至整个军事活动带来重大影响。

## （五）我国航天技术发展概况

我国航天技术事业起步于20世纪50年代中期，经过几十年的艰苦奋斗，取得了举世瞩目的巨大成就，在世界航天领域占有重要的地位。

### 1. 中国运载火箭技术

1956年10月8日，中国第一个火箭导弹研究机构——国防部第五研究院正式成立，这标志着中国航天事业从此拉开序幕。1970年4月24日，中国长征1号运载火箭在甘肃酒泉卫星发射中心成功地发射了第一颗人造地球卫星"东方红1号"，迈出了中国发展航天技术的第一步，标志着中国已正式进入航天时代，并使中国成为世界第五个独立研制和发射卫星的国家。中国运载火箭的捆绑技术、氢氧发动机技术、一箭多星技术、发动机真空状态下二次点火技术等均处于世界领先水平，同时成功开发了用于近地点变轨的EPKM固体发动机和用于发射铱星的卫星分配器。目前，中国长征系列运载火箭技术已处于国际先进水平。

### 2. 中国卫星技术

自1968年2月20日中国空间技术研究院成立以来，中国的卫星技术也取得了飞速发展，成功研制了实验卫星、返回式遥感卫星、地球静止轨道通信卫星和气象卫星、太阳同步轨道气象卫星、地球资源卫星等，并在卫星返回、一箭多星、卫星通信、卫星遥感、卫星姿控、卫星热控、微重力试验和空间环境地面模拟试验等方面达到较高水平，其中有些项目已跨入世界先进行列。

### 3. 中国载人航天技术

1992年，我国载人飞船正式列入国家计划进行研制，这项工程后来被定名为神舟号飞船载人航天工程。神舟号飞船载人航天工程由神舟号载人飞船系统、长征运载火箭系统、酒泉卫星发射中心飞船发射场系统、飞船测控与通信系统、航天员系统、科学研究和技术试验系统等组成，是我国在20世纪末期至21世纪初期规模最庞大、技术最复杂的航天工程。

1999年11月20日、2001年1月10日、2002年3月25日、2002年12月30日，我国先后4次成功发射神舟一号至四号无人飞船，载人飞行已为时不远。

2003年10月15日，我国第一艘载人飞船神舟五号成功发射。中国首位航天员杨利伟成为浩瀚太空的第一位中国访客。神舟五号21小时23分钟的太空行程，标志着中国已成为世界上继俄罗斯和美国之后第三个能够独立开展载人航天活动的国家。

截止到2016年底，中国共完成六次载人航天飞行任务，共有11名宇航员（其中有两名为女宇航员）14人次成功代表中国飞入太空。

## 三、伪装隐身技术

### （一）伪装技术

伪装自古就为兵家所重视。《孙子兵法》中就指出："兵者，诡道也。故能而示之不能，用而示之不用，近而示之远，远而示之近。"这是关于在战争中如何运用伪装的最早论述。现代军事伪装技术在大量采用传统伪装技术的同时，不断地发展和创造新的伪装技术。

#### 1. 伪装技术的基本概念

所谓伪装技术，就是为了隐蔽自己，欺骗和迷惑敌方所采取的各种隐真示假的技术措施，是军队战斗保障的一项重要内容。更具体地说，伪装是通过隐蔽真目标、设置假目标、实施佯动、散布假情报和封锁消息等措施，以降低敌方侦察器材（包括人员）的侦察效果，提高目标的生存能力，使敌方对己方军队的行动、配置、作战企图和各种目标的位置、状况等产生错觉，造成指挥失误，从而实现己方军队行动的自由，最大限度地发挥兵力兵器的作战效能，取得战争胜利。

#### 2. 伪装技术的原理

伪装的原理是减少目标与背景在光学、热红外、微波波段等电磁波波段的散射或辐射特性的差别，以隐蔽目标或降低目标的可探测特征；模拟或扩大目标与背景差别，以构成假目标欺骗敌方。任何目标均处于一定的背景之中，目标与背景之间在外貌、物理特性等方面各不相同，两者之间存在差别，正是这种差异使得目标容易被各种侦察器材所辨认出来。目标的可探测特征包括：①形状，如各种军用设施的特有外形及轮廓；②尺寸，即目标的大小；③色泽，即目标与背景间的颜色；④位置，即目标与其周围环境的相对空间关系；⑤阴影，如大型目标在阳光或月光下都会有明显的阴影；⑥声音，即目标发出的声频信号；⑦痕迹，即目标活动时在地上、水中或空中留下的痕迹；⑧电磁波，指目标与背景辐射的电磁波、热辐射，即目标辐射的红外线特征。

### 3. 伪装技术的分类

军事伪装按其在战争中的运用范围可分为战略伪装、战役伪装和战术伪装。

（1）战略伪装

战略伪装是指对军事战略全局采取的一系列伪装措施，包括运用政治、外交、军事、科技等手段，隐真示假，虚实错杂，使敌人判断失误，以便于达成自己的战略目的。战略伪装由最高统帅部组织实施。中国古代已有战略伪装性质的论述和实践。在近代和现代战争中，战略伪装得到广泛的运用。中国人民解放军在解放战争的战略决战阶段，成功地进行了战略伪装。如在平津战役发起之前，东北野战军佯作无进关企图。与此同时，在华北战场上，停攻归绥（今呼和浩特市），缓攻太原；对淮海战场的杜聿明集团两周内不作最后歼灭的部署，都起到隐蔽战略企图的作用，为人民解放军取得平津战役的胜利创造了条件。

（2）战役伪装

战役伪装是指为隐蔽战役企图、战役行动、战役时间等而对兵力兵器的部署、配置和调动采取的伪装。战役伪装由战役军团司令部组织实施。战役伪装应根据战役目的、上级指示、战役军团的编成、任务、敌情和地理情况，由战役指挥机关在战役的全过程和整个作战地区有重点地统一组织。通常采取的措施是：充分利用自然条件使用制式的和就便的器材，设置假目标、假阵地、假配置地域，制造假情况，组织佯动、实施雷达伪装和反雷达措施等。组织战役伪装应重视对抗敌人的空中侦察、电子侦察和光学侦察，各项隐真示假情况的设置，须因时因地制宜，力求逼真，使敌人难以判明其真伪，从而做出错误的判断，采取错误的行动。

（3）战术伪装

战术伪装是指对战术兵团、部队、分队的人员、兵器、车辆、工程设施和兵力部署、行动、作战企图等实施的伪装。战术伪装由战术兵团、部队司令部和分队指挥员组织实施。战术伪装在古代作战中就已被采用。冷兵器时期，伪装措施简单。中国春秋时期，晋国将领先轸攻打卫国五鹿城（今河南濮阳东北）时，曾令士兵在所经各山高处均插旌旗，以示势众。随着火枪、火炮的出现，战术伪装除用以达成军队战斗行动的突然性外，还用以降低敌火器杀伤破坏的效果。战术伪装的基本要求是要符合战术企图，与部队行动相协调；充分利用地形、天候条件和器材，综合运用各种伪装措施；积极主动，不间断地实施；集中力量，突出重点。战术伪装主要包括模拟或佯动方案，实施的方法和采取的措施，器材的分配，伪装纪律和要求等。

### 4. 伪装技术的措施

伪装技术的措施主要包括天然伪装、迷彩伪装、植物伪装、人工遮障伪装、烟幕伪装、假目标伪装、灯火与音响伪装和电子伪装。其中有传统的伪装，也有高技术伪装。

（1）天然伪装技术

天然伪装技术可充分利用地形、地物、夜暗和能见度不良的天气条件（如雾、雨、风、雷等）隐蔽目标或者降低目标的显著性。天然伪装因地制宜，简便、省时、无须过多的材料。天然伪装技术主要用于对付光学侦察，在一定条件下亦能对付红外侦察、雷达侦察、声测侦察和遥感侦察。

（2）迷彩伪装技术

迷彩伪装技术是利用涂料、染料和其他材料来改变目标、遮障和背景的颜色及斑点图案，以消除目标的光泽，降低目标的显著性和改变目标外形的技术。迷彩伪装技术主要是利用背景反射特性，以背景反射光谱特性曲线为基础制定迷彩颜料或涂料的配方，以复制背景并通过对颜色和表面组织结构的控制，在目标上形成地物色彩和表面组织结构图案，以减少背景的对比度，消除阴影，造成模糊，改变目标的轮廓。

（3）植物伪装技术

植物伪装技术是利用种植植物、采集植物和改变植物颜色等方法对目标实施伪装的技术。其做法包括：在目标上种植植物进行覆盖、利用垂直植物遮蔽道路上的运动目标、利用树木在目标地区构成植物林、利用种植植物改变目标外形和阴影、利用新鲜树枝和杂草对人员、火炮、汽车和工事实施临时性伪装、用割草、施肥、熏烧或喷洒除草剂，以制造斑驳的背景形象，降低目标的显著性等。植物伪装技术简单易行，所以在现代战争中仍是常用的伪装技术，而且十分有效。

（4）人工遮障伪装技术

人工遮障伪装技术是利用各种制式伪装器材，设置对目标进行遮蔽的屏障。伪装遮障由遮障面和支撑构件组成。遮障面采用制式的伪装网或就便材料编扎，制式遮障面有叶簇式薄膜伪装网、雪地伪装网、伪装伞、反雷达伪装网、反中红外侦察伪装遮障和多频谱伪装遮障等。支撑遮障按其用途和外形可分为水平遮障、垂直遮障、掩盖遮障、变形遮障和反雷达遮障5种。

（5）烟幕伪装技术

烟幕伪装技术是利用烟幕遮蔽目标，迷惑敌人。这种无源干扰技术通过散射、吸收的方式衰减光波能量，干扰敌方光学侦察。在红外波段，经过改进的烟幕同样具有遮蔽作用。同时，烟幕还可用于对付激光制导炸弹等。烟幕伪装形成遮障的时间短，遮蔽范围广，能有效地降低敌方的侦察效果，使敌无法精确确定目标的所在位置从而降低武器对目标的命中率，特别是降低了对坦克、车辆等活动目标的命中率。

（6）假目标伪装技术

假目标作为伪装的一部分，在"隐真""示假"活动中占有重要位置。假目标主要是指仿造的兵器（如假坦克、假火炮等）、人员、工事、桥梁等形体假目标。使用假目标能迷惑敌人，吸引敌人的注意力和火力，从而有效地保护真目标。假目标伪装技术的关键在于假目标的制作外形、尺寸应与真目标一致，在红外辐射及微波反射特性上应尽量类似于真目标。理想的假目标应具备经济、结构牢固、轻便、易于拆装等特点。

（7）灯光与音响伪装技术

灯光与音响伪装技术是指通过消除、降低和模拟目标的灯光与音响暴露征候，以隐蔽目标或迷惑敌人所采用的伪装技术。灯光伪装分为室内灯光伪装和室外灯光伪装。室内灯光伪装包括遮光、降低照明强度、限制照射范围、模拟透光窗户等方面。室外灯光伪装主要有信号灯的隐蔽、车辆前后灯的隐蔽、发光标志的隐蔽，或采用新型冷光源模拟正在行驶的车辆灯光和模拟作业场的灯光等。

（8）电子伪装技术

电子伪装是为阻碍敌人电子侦察与监视装备获取己方情报，隐蔽自己和欺骗、迷惑敌人所采取的技术伪装措施。电子伪装的基本原理是设法减小甚至消除目标在背景上暴露出的光学和电子学特征，降低或消除目标与背景之间的差别，就可以把目标隐蔽起来；或者设法歪曲甚至扩大这种差别，使敌人产生错误的判断。有效的电子伪装可大大降低敌人电子侦察装备的使用效果和武器的命中率，从而提高武器装备或设施的生存能力。电子伪装分为无线电伪装、雷达伪装、红外伪装、光学伪装和水声伪装。

### 5.伪装技术的发展趋势

在战争中尽可能保存自己和消灭敌人的原则决定了作战双方无论如何都必然要继续采用伪装技术。因此，现有的伪装技术将得到更广泛的应用，并在应用中得到发展和完善，同时还将出现更多的高技术伪装。未来伪装技术的发展趋势主要表现在以下三个方面：伪装技术与武器装备的一体化、发展现有的伪装技术和器材、研制新型的伪装技术和器材。

（1）伪装技术与武器装备的一体化

现有的伪装方法大多是将伪装器材与武器装备等需要伪装的目标分开来单独设计和使用。未来的伪装技术将与各种具有高军事价值的目标融为一体，即在生产、制作和建造这些目标时，通过综合考虑目标外形、结构、材料和其声、光、电、热特性，以及表面涂料的使用，将伪装技术纳入其结构之中使其本身就具有伪装能力。武器装备的隐身化将成为伪装技术的重要发展趋势。为此，宽频带伪装或隐身结构材料和涂料技术、"内装式"消声散热技术等关键技术将迅速发展。

（2）发展现有的伪装技术和器材

未来在继续使用、改进和完善现有伪装技术的基础上，将集中发展一系列性能更优异的新型伪装技术和伪装器材。以超级植物毯为例，天然植物伪装可有效地对付可见光和近红外侦察，而使用人工伪装的方法难以达到同样的效果。植物具有各种轮廓外形和空间层次感，这是人工斑点难以描绘出来的。植物丛对电磁波具有特殊的反射、吸收效果，一般可被认为是均匀漫反射体，而金属、塑料等人造物体表面性质则与其截然不同。所以，尽可能地采用植物伪装，是保护伪装效果的一种有效而廉价的手段。

（3）研制新型的伪装技术和器材

在上述新型伪装技术或伪装器材发展的基础上，未来还将研制和装备一系列其他标准的伪装器材，如标准组件式重型伪装网系统和标准组件式轻型伪装网系统。标准组件式重型伪装网系统主要用于伪装具有高的或中等的易损性并具有高的作战适应性的目标，如防空导弹及高炮、军用桥梁、地对空导弹的发射架及发射井和其他各种重要的战略目标等，其发展目标是可以应对可见光、红外和雷达的探测。标准组件式轻型伪装网系统主要用于伪装具有高的易损伤性和低的作战适应性的目标，如前线的机械化装备（包括坦克、装甲车等）和伞兵装备等机动目标，其发展目标是轻型、使用方便并十分有效，同时应尽可能地与标准组件式重型伪装网系统具有可互换的组件。

## （二）隐身技术

随着军事信息技术的发展，各种侦察探测技术都在不断地提高，战场上武器装备面临被电磁波探测系统、红外探测系统、光学探测系统、声学探测系统发现的可能。同时，由于精确制导武器的大量使用，杀伤效果向"发现即命中"的方向发展。因此，必须采取相应的手段和技术措施，使兵器具有"看不见""摸不着"的隐身能力，这对提高武器装备的生存能力、突防能力和作战能力具有重要的意义。

### 1.隐身技术的基本概念

隐身是个通用的术语，是控制目标的可观测性或控制目标特征信号的技巧和技术的结合。

隐身技术又称隐形技术、低可探测技术或目标特征控制技术，是通过降低武器装备等目标的信号特征，使其难以被发现、识别、跟踪和攻击的综合性技术。隐身技术是传统伪装技术走向高技术化的发展和延伸。它是第二次世界大战以后军事技术的重大突破之一，被称为"王牌技术"。

### 2.隐身技术的分类

由于现代战场上的侦察探测系统主要有雷达、红外、电子、可见光及声波学等探测系统，因此隐身技术也相应地发展了反雷达探测、反红外探测、反电子探测、反可见光探测和反声波探测等隐身技术，通常可简称为雷达隐身技术、红外隐身技术、电子隐身技术、可见光隐身技术和声波隐身技术等。

### 3.隐身技术的原理

不同种类的隐身技术具有不同的隐身原理。本书主要介绍雷达隐身原理、红外隐身原理、可见光隐身原理和声波隐身原理。

（1）雷达隐身原理

"雷达"这个术语大家都很熟悉，它是由"无线电探测和测距"这一短语派生出来的。雷达波实际上是天线发射的波长在微波波段的电磁波。发动机将雷达波束朝某个方向定向发射，目标就会把雷达波反射到雷达接收器上。由于目标的性质不同，所以会产生强弱不同的反射信号，雷达就是靠接收被目标反射的电磁波信号发现目标的。波的反射定律指出，反射角等于入射角，若入射角等于零，则反射角也等于零。因此，只有当雷达电磁波的方向垂直于目标表面时，被反射的电磁波才能按原方向返回，这时雷达才能接收到较强的回波；而以其他角度射向目标表面的雷达电磁波都会被反射到别处，即发生散射效应。如果目标的表面能使雷达发射来的电磁波被散射或被吸收，就可大大减小被对方雷达发现的概率，从而达到"隐身"的目的。

（2）红外隐身原理

随着红外侦察、探测、制导和热成像处理技术的发展，反红外探测隐身技术显得越来越重要。物理学研究表明，任何温度高于绝对零度的物体都发射红外线，不同温度的物体发射的红外线波长和强度不同。军事目标的发动机排出的热气波，使用着的武器装备、运动兵器与周围介质的摩擦等，都能引起目标温度与周围环境温度的差异，从而可以被对方的红外探测系统所探测到。反红外探测隐身技术除采用红外干扰有源隐身技术措施外，抑制武器装备等目标的红外辐射也是很重要的一个方面。

（3）可见光隐身原理

根据物理学原理可知，在可见光范围内，探测系统的探测效果决定于目标与背景之间的亮度、色度、运动这三个视觉信息参数的对比特征，其中目标与背景之间的亮度比是最重要的。如果目标的结构体和表面的反射光，发动机喷口的喷焰和烟迹，灯光及照明光等与背景亮度的对比度较大，则容易被发现。因此，可见光隐身技术就是通过改变目标与背景之间的亮度、色度等的对比特征，来降低对方可见光探测系统的探测概率，从而达到隐身的目的。比如将飞机曲面外形的座舱罩改变为平板或近似平板外形的座舱罩，以减小太阳光反射的角度范围和光学探测器瞄准、跟踪的时间；在目标表面涂敷与周围色彩类同的颜色或加伪装网，以使目标与背景的亮度和色度相当。

（4）声波隐身原理

许多目标（如飞机、坦克和舰艇等）都会向周围介质（如空气、大地和水等）辐射高能级噪声声波，例如发动机等机械构件工作时的振动，目标本身及其螺旋桨等部件的运动，所排气体对周围介质的振动等，都会发出噪声声波，这些声波极易被对方噪声传感器、声呐等专用波探测系统探测到。反声波探测隐身技术，就是控制目标声波辐射特征，降低对方声波探测系统探测概率的技术。

4.隐身技术的实现途径

目前，最受重视且发展较快的隐身技术是雷达隐身技术。武器实现雷达隐身的主要途径如下。

（1）精心设计武器的外形

外形设计对隐身飞行器隐身性能的贡献占三分之二，材料占三分之一，需要对隐身性能和飞行器的气动力性能进行折中。隐身舰船、坦克、战车的外形设计基本原理和原则与飞行器一样，应尽量减少向后反射雷达波，避免影响角反射器结构。

（2）采用雷达吸波材料和造波材料

雷达吸波材料是吸收衰减入射的电磁波，并将电磁能转换成热能而耗散掉，或使电磁波因干涉而消失，或使电磁能量分散到另外方向上的材料。这种材料按工作原理可分为干涉型和转换型。干涉型是使雷达波在入射和反射时的相位相反，或材料表面的反射波与底层的反射波发生干涉、相互抵消。转换型是材料与雷达波相互作用时产生磁滞损耗或介质损耗，使电磁波能量转为热能而散发掉。

（3）等离子体隐身技术

等离子体是尺度大于德拜（电偶极矩单位）长度的宏观中性电离气体，其运动主要受电磁力的支配，并表现出显著的集体行为。它是继物质存在的固体、液体、气体三种形态之后出现的第四态物质。在军事上，核爆炸，放射性同位素的射线，高超音速飞行器的激波，燃料中掺有铯、钾、钠等易电离成分的火箭和喷气式飞机的射流，都可以形成弱电离等离子体。等离子体隐身技术是指利用等离子体回避探测系统的一种技术。目前产生隐身等离子体的方法主要有两种：一种是利用等离子体发生器产生等离子体，即在低温下，通过电源以高频和高压的形式提供的高能量产生间隙放电、沿面放电等形式，将气体介质激活、电离形成等离子体；另一种是在兵器特定部位（如强散射区）涂一层放射性同位素，它的辐射剂量应确保它的 α 射线电离空气所产生的等离子体包层具有足够的电子密度和厚度，以确保对雷达波有最强的吸收。与前者相比，后者比较昂贵且维护困难。等离子体按其热容量大小可分为能等离子体、热等离子体和低温等离子体，目前，国外主要应用低温等离子体。等离子体隐身的基本原理是利用等离子体发生器、发生片，或者放射性同位素在武器表面形成一层等离子云，通过设计等离子体的特征参数使照射到等离子云上的一部分雷达波被吸收，一部分改变传播方向，从而使返回到雷达接收机的能量很少，达到隐身的目的。等离子体隐身技术具有吸波频带宽、吸波率高、隐身效果好、使用简便、使用时间长、价格便宜、无须改变飞机的气动外形设计、不影响飞行器的飞行性能、维护费用低等优点。等离子体隐身技术发展应用前景广阔。等离子体隐身技术在俄罗斯取得了突破性进展，其研究领先于美国。据报道，俄罗斯克尔德什研究中心开发出第一代和第二代等离子体发生器，并在飞机上进行了试验，获得了成功。第一代产品是等离子体发生片，其厚度为0.5~0.7毫米，电压为几千伏，电流为零点几毫安，将该发生片贴在飞行器的强散射部位，电离空气即可产生等离子体。第二代产品是等离子体发生器，在等离子体发生器中加入易电离的气体，经过"脉冲电晕"，气体由高温转为低温，即可产生等离子体。第二代产品的质量不到100公斤，已经全面进行了地面和飞行试验，它不仅能减弱雷达反射信号，还能通过改变反射信号的频率以实现隐身。目前，克尔德什研究中心正在应用新的物理知识研制效果更好的第三代产品，据预测，第三代产品可能利用飞行器周围的静电能量来减小飞行器的雷达截面。

### 5. 隐身武器

采用了防止敌方雷达、红外、声呐、可见光等有效探测的伪装技术的兵器叫作隐身武器。隐身武器可以是对原来不具隐身能力的武器装备的改进，也可以是新设计、新研制的武器。军事专家预测，隐身武器将成为未来战场上的主角，它将使侦察与反侦察斗争更加激烈，战争突然性增加。目前，已经装备或正在研制的隐身武器主要有隐身飞机、隐身导弹、隐身坦克、隐身舰船这几种。

（1）隐身飞机

隐身技术最早应用在飞机上，隐身飞机发展最快，也最成熟。继 F-117A 等隐身飞机之后，形形色色的隐身飞机层出不穷。1981 年，美国的 B-1B 隐身轰炸机开始投产；1986 年初，美国开始研制"曙光"隐身战略侦察机。此外，还有美国的 R-4D 无人机、HU-60 直升机，加拿大的 CL-227"哨兵"侦察机等，也都成功地运用了隐身技术。超级"蝙蝠"B-2 轰炸机是当今世界上技术最先进、造价最昂贵的隐身飞机，也是美国自发展原子弹的"曼哈顿计划"以来最为保密的武器。B-2 轰炸机具有超低空飞行能力，能在 100 米的高度突防。美国的 F-22 隐身战斗机装备有一体化航空电子设备和精确制导武器，同其隐身特性、超音速巡航和超音速机动能力相结合，使其具有精确攻击空中目标及地面目标的能力。

（2）隐身导弹

隐身导弹是伴随隐身飞机发展起来的，目的是降低被拦截概率，增强突防和攻击能力。1980 年，美国着手准备"黎明的野鸭"计划，研制具有隐身性能的巡航导弹。40 年来，已先后研制出 10 余种包括 AGM-137 和 MGM-137 隐身战术导弹等世界先进的战略战术隐身导弹。俄罗斯 X-65C3 反舰导弹采用减小头部雷达截面的方法来达到隐身的目的。法国生产的巡航导弹，采用翼身融合体，使用吸波材料来减少雷达截面。日本的 ASM-1 空对舰导弹弹翼也是用吸波材料制作的。目前，隐身导弹是隐身武器装备中最有前途的武器之一，具有巨大的军事优势。

（3）隐身坦克

现代战场上，坦克在突破地势障碍后仍然面临雷达、可见光、红外和激光等多种侦察装备和智能兵器的威胁。而坦克在采用三色或四色迷彩隐身后，用微光仪器探测的概率由 75% 下降到 33%。为达到红外隐身目的，许多坦克采用隔热发动机并在燃油中加入添加剂，同时改进冷却和通风系统，在排气管附近加挡板等。如俄罗斯"黑鹰"第四代主战坦克，1997 年 6 月首次公开亮相。该型坦克是世界上第一种隐身坦克，炮塔采用隐身设计，其外部轮廓棱线非常平滑，车身涂有吸波、吸热的隐身涂料。美国研制的"未来作战系统"（FCS），具有高隐身性、高机动性、高精度和远程火力等特点。法国公布了已经开发数年之久的 AMX-30DFC 隐身坦克的隐身方案，这种隐身坦克的神奇之处是依靠减少坦克车身和炮塔产生的红外和雷达反射信号，减少隐身坦克被热成像装置、雷达和毫米波装置探测到的可能。英国陆军研制具有隐身性能的塑料坦克，该车体的表面能够根据环境不同改变颜色。

（4）隐身舰船

随着隐身技术广泛应用于各类作战舰艇，隐身舰艇必将称雄于 21 世纪海上战场。1993 年 4 月 11 日，美国海军第一艘隐身战舰"海影"号首次亮相，其独特的外形和广泛使用的吸波材料使敌方雷达和导弹难以跟踪。法国的"拉斐特"级护卫舰，因综合使用了多种隐身技术而成为法国海军最新型护卫舰。瑞典"维斯比"级隐身护卫舰，最高航速可达 35 节。该舰甲板上除设置有一座圆滑的锥形塔台和一座隐射火炮，几乎未布置任何过多的设施。此外，在相同的舰艇平台上可以根据作战需要配备不同的武器，还可以搭载一架直升机。美国的"弗吉尼亚"级隐身攻击型潜艇，将成为 21 世纪美国海军的主导潜艇。"弗吉尼亚"级潜艇采用了一种模块组装方式，潜艇分为几段，然后焊接到一起。采用模块组装使整个潜艇具有更好的冲击吸纳性能。2004 年建成的第一艘，是有史以来噪音最小的潜艇。

随着隐身技术的不断发展，隐身武器系统开始装备部队并在实战中应用，取得明显成果，进一步推动了隐身技术的发展和应用。

### 6. 隐身技术的发展趋势

隐身技术因其重要的军事价值引起了世界各国的高度重视，并将其作为优先发展的高技术加以研究，加之反隐身技术的发展提出的挑战，促使隐身技术进一步向深度和广度发展。

（1）隐身技术领域将不断扩展

隐身技术发展的目标是能在各种侦察探测面前均具有很好地隐身性能。因此，在继续发展目前的隐身武器所采用的反雷达探测和反红外探测隐身技术的基础上，积极向反电磁、反可见光、反声波探测隐身技术领域扩展。此外，不断寻求更多更新的技术途径。例如将仿生学的研究用于隐身技术。人们发现海鸥与八哥的体积相近，但海鸥的雷达散射截面积却比八哥大 200 倍；蜜蜂的体积小于麻雀，但蜜蜂的雷达散射截面积反而比麻雀大 16 倍。

（2）隐身技术材料将不断发展

随着隐身技术的发展，隐身技术所需的材料也在不断地发展，其研究已经进入了一个新的阶段，具体体现在如下两个方面。一方面是隐身材料向反雷达探测与红外探测相兼容方向发展。这要求未来的隐身材料必须具有宽频带特性，既能对付雷达系统，又能对付红外探测器。另一方面是雷达吸波材料向超细粉末、纳米材料方向发展。人们发现超细粉末、纳米材料可能是良好的雷达吸波材料，目前一些国家正在对其吸波机理进行深入研究。这类材料的优点是质量轻、透气性好，但制造技术要求高，价格昂贵。

（3）注重各种隐身技术的综合运用

现代侦查探测系统应用了多种探测技术，这就决定了隐身技术是一项多学科的综合性技术。要想使目标达到理想的隐身效果，必须综合应用各种隐身技术。实践表明，为降低飞行器的雷达散射截面，采用隐身外形设计可降低 5~8 分贝，利用吸波材料可降低 7~10

分贝，利用阻抗加载、天线隐身等其他措施可降低 4~6 分贝。综合起来，可获得降低约20 分贝的隐身效果。

（4）武器装备将广泛地采用隐身技术

根据现代战争的要求，隐身技术的发展与应用现已由隐身飞行器开始扩展到研制地面坦克、火炮、水面舰艇、水下潜艇等各种武器装备，并都取得了一定的进展。一些国家还在研究具有隐身性能的机场、机库、士兵、侦查系统、通信系统和雷达等。未来将会出现更多的隐身和具有部分隐身性能的武器装备和设施。

（5）隐身武器装备成本将不断降低

目前采用隐身技术的成本很高，导致隐身武器装备的价格很高。例如，每架 B-2 隐身轰炸机已超过 5 亿美元，每架 F-117 为 1.1 亿美元，每架隐身无人机为 1 000 万~2 000 万美元，每艘隐身潜艇为 16 亿~30 亿美元。因此，如何在技术上实现突破，降低隐身武器装备的成本，是今后发展隐身技术必须解决的问题。

（6）使用隐身武器装备的战术将不断发展

随着隐身武器数量增多，如何使它们在军事行动中发挥更大效能，已经成为有待于解决的问题。美空军设想组建一支由 12 架 B-2 轰炸机和两个中队（约 48 架）F-22 战斗机组成的、能够快速部署的全球打击特遣部队，以便在为期 1 至 3 天内执行远距离打击行动，摧毁敌方最关键的目标，还有能够在一天之内打击 40 多个目标的小型空军编队。

鉴于隐身技术对作战的重大影响，对于未来的高技术战争而言，隐身技术将得到广泛应用，因此世界上有越来越多的国家重视和发展隐身技术。各国建立快速反应部队以应付高技术局部战争的军事上的需要，必将促使隐身技术在现有基础上获得进一步发展。

## 四、电子对抗技术

随着科学技术的不断发展，电子技术几乎渗透到军事技术的各个领域。电子技术水平的高低和装备数量的多少，已成为衡量军事系统现代化水平高低的重要标志之一。包括指挥控制系统在内的一切军事电子系统的效能能否充分发挥，将直接影响现代化武器系统乃至整个军事系统的综合作战能力。敌对双方围绕电子系统使用效能的削弱与反削弱、破坏与反破坏的斗争——电子对抗，已成为现代战争的一个重要组成部分和显著特征。

### （一）电子对抗技术的基本概念

电子对抗是采用各种措施和行动，攻击、削弱、破坏对方电子设备（系统）的使用效能，以保护己方电子设备（系统）正常发挥效能的各种措施和行动的统称。

电子对抗的主要作用是使敌无线电通信指挥系统失灵、雷达迷茫、火炮和导弹系统失控，为保卫自己和大量杀伤敌方有生力量创造条件。这对于在战争中夺取制海权、制空权，甚至整个战争的主动权具有重要意义。因此，电子对抗技术在现代战争中的地位越来越重要，成为军事电子技术中发展较快的领域之一。美国及北约国家称之为"电子战"，俄罗斯称之为"电子战争"。

### （二）电子对抗技术的产生和发展

#### 1. 电子战拉开序幕——日俄海战

1904 年，日本与俄罗斯围绕争夺中国重要港口旅顺发生大规模海战。交战中双方都使用了无线电进行通信联络，由于当时无线电装置性能普遍较差，且只能用一个频率工作，所以日军的通信受到了俄军的干扰。受技术水平的限制，直到第一次世界大战，电子战还只限于通信干扰、通信欺骗等比较简单的手段，充其量只能称为"电子通信战"，所使用的电子设备仅限于电话、电报等。

#### 2. 电子战初步形成——第二次世界大战

第一次世界大战结束后，科学技术发达的国家都开始致力于雷达、导航、通信设备，以及电子干扰设备的研制和应用。到了第二次世界大战期间，各国不断开发出新的电子对抗技术，出现了对无线电的侦查、测向、干扰和对雷达的侦查、干扰技术。同时，电子对抗设备开始向功耗低、体积小、质量小的方向发展。

这一时期，电子战逐步成为战役、战斗的重要保障手段。电子战第一次大规模、多手段、全方位的应用，是在诺曼底登陆战役。诺曼底登陆战役，是电子战手段综合运用并对战争结局产生重大影响的一个典型战例，在现代战争史上留下了光辉的一页。

#### 3. 电子战全面发展——20 世纪 70 年代末

从第二次世界大战结束到 20 世纪 70 年代末，电子战得到了全面发展。这一时期随着武器制导和激光、红外等技术的发展，以及指挥自动化系统、电子侦察卫星的出现，电子战向武器控制系统、导航定位、指挥系统等新的领域和空间扩展，对抗和干扰的手段越来越多样化，进入了发展综合电子战系统的新时期。

#### 4. 电子战大放异彩——20 世纪 90 年代

20 世纪 90 年代，世界范围内爆发的几场大规模局部战争，让电子战这一全新的作战样式彻底成为战场上的主角，特别是海湾战争和科索沃战争这两场"电子大风暴"，将电子战推向了主导战争胜负的新高度。电子战全新的作战理念，激起了更多国家研究发展这门军事技术的热情，在未来战争中，谁首先掌握了战场上的制电磁权，谁就掌握了战场主动权，谁就有可能取得最后的胜利。

### （三）电子对抗技术的主要内容

电子对抗的主要内容有无线电通信对抗、雷达对抗、光电（红外激光）对抗等。

#### 1. 无线电通信对抗

无线电通信对抗简称通信对抗。通信对抗是为削弱、破坏敌方无线电通信设备的使用效能，保护己方无线电通信设备正常发挥效能而采取的各种措施和行动的统称。其基本内容包括通信对抗侦察、无线电通信干扰和无线电通信电子防御等。

（1）通信对抗侦察

通信对抗侦察是为获取通信对抗所需的情报而进行的电子对抗侦察。主要通过搜索、截获、分析和识别敌方无线电信号，查明敌方无线电通信设备的频率、频谱结构、调制方式、功率电频、工作体制、配置位置，以及通信规律、通信网络的性质和组成等。

（2）无线电通信干扰

无线电通信干扰是为削弱或破坏敌方通信效能的电子干扰。按干扰性质不同，可分为压制性通信干扰和欺骗性通信干扰。无线电通信的收、发分在两地，往往不知接收端的位置，通常只能在较大方位范围实施干扰。当通信干扰信号特征与通信信号特征接近吻合，接收机难以区分干扰信号时，干扰效果最佳。

（3）无线电通信电子防御

无线电通信电子防御是电子防御的重要组成部分，是为保护己方电子设备及其系统正常发挥效能所采取的措施与行动，主要包括反电子侦察、反电子干扰和防反辐射武器摧毁等。通常由雷达、无线电通信等专业部（分）队和使用各种电子设备的战斗部（分）队，按统一计划分别组织实施。

### 2.雷达对抗

雷达是靠发射探测脉冲和接收被照射的目标的回波来发现、测定目标的空间位置，并可对目标进行跟踪的设备。雷达对抗是与敌方雷达和雷达制导导弹系统及火控系统做斗争的各种战术和措施的总称。它是利用专门的电子设备或器材，与敌方雷达设备作斗争，以阻止敌方雷达获得电磁信息，减弱和破坏武器系统的效能和威力，同时保护己方电子设备及武器系统在敌干扰条件下仍能发挥效能和威力。其中，进攻性对抗措施主要包括雷达的侦察、干扰、伪装、欺骗和摧毁。

1942年9月，美海军首次在实战中应用了雷达对抗。雷达对抗发展最早、技术更新最快、对抗频段分布最宽，是综合技术发展最受重视的一个专业领域。半个多世纪以来，雷达对抗技术和装备发展迅速，其战术应用效果明显。由于雷达对抗装备能够及时发现雷达的照射，快速测量雷达信号参数和识别威胁，可对最具威胁的雷达进行干扰破坏，从而使对方的雷达迷茫，雷达制导的导弹系统和火控系统失效，因而成为现代防空系统以及飞机、军舰等高阶平台保卫自己消灭敌人必须具备的电子技术设备。

雷达对抗的基本内容包括雷达侦察、雷达干扰和侦察摧毁一体化的反雷达（反辐射）导弹等。雷达的电子进攻和雷达本身的电子防御，常被称为"雷达对抗"和"反雷达对抗"。

随着雷达对抗技术的不断发展，现代雷达对抗技术的特点和要求是：发展倍频程、多倍频程的天线、微波元件和功率器件；圆极化和多种极化，以适应对各种雷达的侦察、干扰；雷达干扰机应有尽可能高的功率，特别是高的连续波功率；全频段、全空域的侦察干扰能力；适时快速的信号处理能力，以适应高密度、多威胁目标的信号环境；能够准确获取雷达的多种参数，具有掌握各种雷达"指纹"的能力；综合使用多种对抗技术，对付多部雷达的能力；具有多种技术设备，对雷达技术发展具有快速反应的能力。

### 3. 光电（红外激光）对抗

光电对抗是指敌对双方利用光电设备在光频段上进行的电磁斗争。它包括光电侦察与反侦察、光电干扰与反干扰、光电制导与反制导、光电隐身与反隐身、光电摧毁与反摧毁等。

为避免雷达对抗的影响，第二次世界大战后，主要军事大国都继续研究红外线在军事上的应用。1950年，美国研制成第一个无源红外线制导系统，首先在AIM-9"响尾蛇"导弹上应用，使之具有较高的跟踪精度。红外对抗从此应运而生。

在越南战场，20枚激光炸弹摧毁了17座桥梁。马岛战争中英军用ALM-9L攻击阿根廷幻影飞机，发射27枚导弹，击落24架飞机。海湾战争中，许多重要军事目标是由光电制导武器毁伤的。目前世界上光电制导的武器已有100多种，美国在研的红外制导导弹有30多种，红外成像制导导弹和激光制导武器各20多种。

光电对抗频段包括激光、红外与可见光频段。光电制导包括红外点源制导、红外成像制导、红外—雷达复合制导、红外—紫外双色制导、激光制导及电视制导等。光电威胁是全方位、全天候的威胁。光电电子对抗的样式与雷达电子对抗类同，包括攻防两个方面，但其频段高（波长短）、技术难度大，构成独立的光电对抗领域。

### 4. 网络进攻

网络进攻技术包括对计算机系统的软攻击和对计算机系统的硬摧毁。

（1）对计算机系统的软攻击

对计算机系统的软攻击主要是指利用计算机病毒、"黑客"等手段对计算机系统进行攻击，造成系统瘫痪或获取有用信息。由于计算机病毒武器具有隐蔽性、传染性等特点，因此，计算机病毒武器将在未来战争中广泛使用。目前常见的计算机病毒有网络"蠕虫"病毒、"特洛伊"木马病毒和逻辑炸弹等。网络"蠕虫"病毒通过计算机网络的通信设备进行传播，不断自行复制，占用电脑磁盘空间，最终使系统崩溃。"特洛伊"木马程序是一种隐藏了计算机指令的病毒程序，它能盗取计算机上的个人信息。逻辑炸弹是软件程序开发者或系统研制者事先埋置在计算机系统内部的一段特定程序或程序代码，这种"炸弹"在一定条件的（如特定指令、特定日期和时间）触发下，释放病毒，修改、冲掉信息数据，造成系统混乱。

（2）对计算机系统的硬摧毁

对计算机系统的硬摧毁主要是指对计算机网络硬件电路的进攻技术。它包括使用特殊设计的芯片、研制纳米机器人和芯片细菌、定向能摧毁、电磁脉冲弹摧毁等。

网络进攻技术的发展趋势是：一是利用战术定向能武器。当电磁脉冲武器的尺寸、质量和外形因素可以在常规封装中投送使用，或高功率微波武器可以装载在战术飞机等平台中时，才能发挥定向能武器的战术技术性能。为达到这一目的，战术定向能武器正在进行小型化研究，使得存储、产生、变换电磁能量的技术部件在几百公斤的封装质量内需要产生出大概1 000千焦耳数量级的能量。二是开发纳米机器人和芯片细菌。纳米机器人和芯片细菌都可以攻击计算机的硬件系统，用纳米制造的微小机器人可以秘密部署到敌人信息系统或武器系统附近，利用携带的微型传感器获取敌方信息，或是钻入算计，破坏电子线路。三是采用半自动、自动化网络攻击和反应技术，以计算和决策支持工具建立网络攻击和效能模型，实现有组织的动态寻的和攻击启动；人员在环路中评价战斗损失和实施半主动反应，进一步发展半主动攻击与监视、模拟和直接访问方法相结合，实现自动化。四是研制微型机械有机体和数字有机体。数字控制的自主式机械有机体向具有搜索和破坏电子系统能力的显微设备提供实体感知、刺激和移动，这种机械可以像化学试剂一样扩散，也可以像智能机械、化学武器那样实施作战行动。具有人工智能的全自主式数字有机体将完成目的驱动活动，包括搜寻、自适应、自防御、进攻和复制。五是开发新的破译技术。量子计算有可能迅速地完成对大素数的高度并行分解和离散对数计算，这为密码分析方法提供了强大的工具，是对当今应用的所谓"坚固"编码方法的挑战，有可能较快地破译传输信息中的密码。

### 5. 网络防御

网络防御技术包括安全防御技术、"防火墙"技术和实施信息安全机制。

军用信息系统通常采用无病毒的计算机硬件及软件产品，选用专门的病毒检测软件，对购进的计算机硬件和软件产品进行彻底检查，并清除可能携带的病毒。对计算机硬件设备都应装有适当的安全防护装置，建立可靠的工作环境，并具有一定的抗干扰能力和抗摧毁能力。计算机和计算机网络应加入屏蔽设施，限制电磁辐射量，确保计算机和网络物理安全。

为防止外部非授权者通过外部计算机网络向用户内部网络的非法入侵，在外部网络或计算机之间设置具有封锁、过滤、检测等功能的装置，即防火墙，它可以有效地防止外部非授权用户进入内部网络，同时保证授权用户互通。

网络防御技术的发展趋势是：一是实施网络入侵综合探测。入侵探测器将综合全网络中分布式传感器的数据，在个体作战行动和多层次性能综合的基础上完成入侵探测。二是采用海量密码术。数据隐藏密码方法可以做到既有效又安全，在网络上为"公众通路"提供海量数据的坚固编码。三是进行多类型电子认证。对信息系统进行访问的电子认证控制将综合利用多种类型的有机体测定和密码设备，为人们提供电子安全认证。四是开发反定向能武器技术。对定向能武器实施定位和攻击的特殊定向能武器可以提高发射能量，从而破坏其作战对象，使其内部的高能存储设备失效或摧毁。五是采用全光纤网络。光线主导化和全光纤网络及数据库，将使用激光、光线和信息技术抗击定向能武器和实体的拦截威胁。六是研究量子密码学。在量子状态下的粒子通信，提供了一种既有通信安全特征，又有传送安全特性的潜在信息编码和传输方法，从而实现不失真的无源量子密码信息接收。

### （四）电子对抗技术的主要手段

电子对抗手段主要包括电子侦察与反侦察、电子干扰与反干扰、摧毁与反摧毁。

#### 1. 电子侦察与反侦察

（1）电子侦察

电子侦察是一种搜索、截获敌方电子设备的电磁辐射信号，从中获取其战术、技术特征参数及位置数据等情报的电子对抗技术。电子侦察是夺取电磁优势的前提条件，没有时空限制，每时每刻都要进行，是和平时期电子对抗的主要形式。电子侦察是指通过截获、探测、分析、识别威胁辐射源信号特征及有关参数，输出各类辐射源的特征报告，然后对多类报告的信息进行跟踪滤波、融合归并、识别更新、态势评价和威胁估计等数据处理，获得准确可靠和完整的电子情报，为电子对抗及作战提供情报。

电子侦察按照对象，可分为雷达侦察、通信侦察和光电侦察。雷达侦察是指侦测、记录敌方雷达及雷达干扰设备的信号特征参数，并对其定位、识别；通信侦察是指对敌方无线电通信电台和通信干扰设备进行侦察测向、定位，并根据通信电台的技术性能、通信诸元、通联规律，判别通信网的组织、级别和属性；光电侦察是指截获和识别敌方激光雷达、激光制导武器的激光辐射信号，以及飞机、坦克、导弹等本身的红外辐射信号。

（2）反电子侦察

反电子侦察是为了防止敌方截获、利用己方电子设备发射的电磁信号而采取的措施。它是反干扰和反摧毁的第一道防线，是电子防御措施的重要组成部分。

反电子侦察的主要措施有：电子设备设置隐蔽频率和战时保留方式，平时采用常用频率工作；减少发射次数，缩短发射时间，尽可能采用有线通信、摩托电信、可视信号通信等通信手段；使用定向天线，充分利用地形的屏蔽作用，减少朝敌方方向的电磁辐射强度；将发射功率降低至完成任务的最低限度；转移发射阵地，不使敌人掌握发射规律；减少发射活动，实施沉默。其具体做法还有：设置简易辐射源，实施辐射欺骗或无线电佯动；采取信号保密措施，使用不易被敌截获、识别的跳频电台等新体制电子设备。

电子侦察无论平时还是战时都在不间断地进行着，反电子侦察已成为经常性的电子防御措施。反电子侦察涉及所有作战部队，必须严密组织、统一实施，与其他反侦察手段结合使用。

#### 2. 电子干扰与反干扰

电子干扰与反干扰的斗争是电子对抗的主要形式。其目的是干扰和破坏敌方电子设备的正常工作，保障己方电子设备正常发挥效能。

（1）电子干扰

电子干扰是采用专用的发射信号干扰、破坏敌方电子系统正常工作的专用技术。其目的是削弱或破坏敌方电子系统进行战场侦察、作战指挥、通信联络和兵器控制能力；为隐蔽己方企图，达成战役、战斗的突然性和提高己方飞机、舰艇、装甲车辆等武器装备的生存能力创造有利条件。

电子干扰一般分为有源干扰和无源干扰两大类。也可按干扰专业、干扰专用平台、干扰技术、干扰方式和干扰机组成类型不同来划分，有多种分类法。专业领域不同，干扰技术特点不同，电子设备的类型不同，信号波形不同，干扰波形设计也不同，如预警、探测、目标监视雷达与跟踪、制导雷达、火控雷达的干扰技术不同；干扰平台不同，作战环境不同、干扰机的设计原则也不同，干扰方案、战术、战法都不同。此外，自卫干扰、随队干扰、远距离支援干扰的设计重点也不同，从而构成陆、海、空军的电子干扰装备系统。对指挥员而言，重要的不是深研设计技术，而是要了解电子技术干扰概貌，决策干扰手段，选用干扰装备，组织电子战斗。

（2）电子反干扰

电子反干扰是识别、阻止敌方干扰以保护己方电子系统处于正常状态的技术。其目的是削弱或消除敌方电子干扰对己方电子设备使用效能的影响。

电子反干扰随着电子系统不同而异。天线、发射、接收、显示、波形设计均可采用反干扰技术，而且从系统体制、组网运行上反干扰效果更佳。电子反干扰按作战使用可分为技术反干扰和战术反干扰两大类。技术反干扰主要是提高电子设备本身在干扰条件下的工作能力，在电子设备的发射机、天线、接收机、信号处理系统中采取反干扰措施。技术反干扰针对性强，通常一种反干扰措施只能有效对抗一种干扰。战术反干扰主要是调整电子设备的配置、组网工作和综合运用等，将不同体制、各种频段的雷达配置组网，发挥整体抗干扰能力；综合运用多种探测和通信手段，有源、无源探测相结合；红外寻的、激光制导和雷达制导相结合；有线通信、运动通信和无线电通信相结合；设置隐蔽台、站（网），适时启用；利用干扰信号对干扰源进行跟踪寻的、定位，必要和可能时实施火力摧毁。

### 3. 摧毁与反摧毁

电子干扰是阻止对方电子设备使用的基本手段，是"软杀伤"；摧毁对方的电子设备则是最彻底的对抗措施，是"硬杀伤"。对电子设备的摧毁与反摧毁的斗争是电子对抗的重要环节，是战时电子对抗的最终表现形式。

（1）摧毁

摧毁是指在查明敌方电子对抗装备及其工作情况的基础上，用直接毁伤的方法使其瘫痪并在短期内难以恢复正常工作的一种电子对抗手段，主要有火力摧毁、派遣人员摧毁和反辐射摧毁等。

电子摧毁是对敌方电子设备的实体摧毁。反辐射导弹、反辐射无人机等，就是这种"硬摧毁"的反辐射武器系统。反辐射导弹及其他对辐射源实施摧毁性攻击的方式有两种：一种是接收到目标信号后发射。由于导弹具有"记忆"（锁定）装置，发射后，即使被攻击的雷达关机，它也可凭"记住"的位置，不偏离航线击中目标。另一种是"先升空后锁定"

方式，先盲目发射，让其无定向在空中飞行、盘旋，一旦接收到目标信号，即咬紧目标，将目标摧毁。反辐射导弹的自导引系统是采用无源被动的跟踪方式，本身不辐射电磁信号，具有稳定性好，不易受干扰和突防能力强等特点，引导头很宽，具有较高的制导精度，是当今战场上威慑力较高的一种有效电子战武器。

（2）反摧毁

反摧毁是雷达利用战术或技术保护自己及友邻雷达免遭反辐射导弹攻击的技术。反摧毁技术目前常用的有以下几种：采用诱饵引偏技术，部署假雷达阵地；采用雷达发射控制、关机、间歇交替工作；采用反辐射导弹告警系统；采用新体制雷达，如低截获概率雷达、双—多基地雷达、高频雷达、毫米波雷达等；雷达与无源传感器联合组网实施综合对抗技术。

## 五、电子对抗在战争中的主要作用

### 1. 获取重要军事情报

未来战争是信息时代的战争。利用电子对抗的装备和手段，查明敌电子设备的工作性能、技术参数、类别、数量和配置位置等，判断其兵力部署和行动企图，是赢得战争胜利的关键。1943 年 4 月，日本海军大臣山本五十六到前线（中所罗门岛）视察，日本第 8 舰队司令给另一个指挥所发出了视察路线、时间的电文，这一电文被美军截获并破译，当山本五十六出发后，美军出动 18 架战斗机将山本座机击落。

海湾战争中，多国部队为了对伊拉克实施空袭，获取伊军雷达及防空系统情报，美国至少有 12 种共 18 颗侦察卫星，300 余架预警侦察飞机及地面电子情报站在监视伊拉克。伊军大多数军事行动难逃多国部队的"电子耳目"监视。海湾战争爆发前，沙特在美国授意下数次派战斗机闯入伊领空，以激起伊军的雷达反应，从而测定其雷达位置，分析其性能，美军空袭时顺利实施了电子干扰和压制。美国三方技术安全局为美军提供了伊拉克核、生、化、导弹研制和常规武器生产实施的情况及位置，为轰炸提供了目标信息。美国防测绘局提供了 1.16 亿张地图拷贝和上万张照相地图，为"战斧"巡航导弹袭击陆上目标提供了有价值的情报。

### 2. 破坏敌方作战指挥

破坏敌方作战指挥，使敌军瘫痪陷入被动挨打地位是电子对抗的重要任务。1944 年，苏军在加里宁格勒附近包围了德军一个重兵集团，德军试图用无线电与大本营联系，求得增援和突围。苏军派出无线电干扰分队压制了德军的无线电通信，使德军 250 次联络未能成功，最后全军覆没。德集团军司令被俘后供述，投降的主要原因之一是无法与大本营取得通信联络。

### 3. 掩护突防和攻击

雷达作为预警和兵器指导装备，已成为防御体系的"哨兵"和"千里眼"。它们能对空、对海实施警戒，及早发现来袭敌机、导弹、舰艇，可对火器实施射击控制和导弹的制导。进攻时对敌雷达系统实施干扰欺骗或摧毁，可使敌失去战斗能力。在海湾战争中，多国部队空袭编队得到了各种电子战飞机4 000多架次的电子支援，掌握了制电磁权，在其掩护突防下，致使伊军作战飞机和防空导弹部队未能做出有效反应。

### 4.保卫重要军事目标

在重要城镇、桥梁、机场、工厂和军事要地等目标附近，设置有力的雷达干扰设备或采用欺骗手段，能有效干扰敌轰炸机瞄准雷达和导弹的制导系统，使飞机投弹不准，导弹失控，减少被击中的概率，达到保卫重要目标的目的。如海湾战争中，伊"飞毛腿"导弹发射系统对多国部队构成了一定的威胁，成为多国部队重点轰炸目标。伊军为了欺骗多国部队，用铝板和塑料制成许多假导弹发射架，这些假导弹发射架在雷达荧光屏上显示的雷达回波与真发射架极为相似，引诱多国部队无效轰炸，有效地保存了实力。

### 5.夺取战场主动权

未来高技术战争中，电子对抗技术将越来越先进，对抗领域也将越来越广阔，围绕信息控制权的对抗显得日益重要。没有制电磁权、制信息权，兵力武器的作战效能就无法正常发挥，也就很难掌握整个战场的主动权。近几年的几场局部战争表明，电子对抗是最先发起的作战行动，它持续时间最长，直到战争结束。制电磁权、制信息权的争夺是赢得战争最终胜利的必要条件和基本保证。因此，很多军事专家把电子对抗比为高技术武器的保护神和效能倍增器，视为与精确制导武器、指挥控制系统并列的高技术战争三大支柱之一。

## （六）电子对抗发展趋势

### 1.电磁频谱的利用向全频段发展

雷达侦察技术向扩展频段、提高测向测频精度、增强信号处理能力方面发展。根据国外现役及在研的电子侦察设备预测，21世纪电子电磁斗争频谱将从射频段向全频段发展。

### 2.对抗手段向综合一体化发展

未来电子对抗中，空地、空海一体和陆、海、空、天、电一体的多维立体战要求装备多功能的电子战系统。未来电子战装备的发展趋势：一是单平台电子战手段的侦察—干扰—摧毁一体化；二是单平台上的电子战装备与雷达、导航、通信等电子战设备的综合一体化；三是多平台电子战设备的综合。法国THOMSON-CSF公司研制了EWC3I雷达对抗与通信对抗的综合电子战系统，英国MARCONI公司研制了多平台由软件驱动的EWCS综合电子战系统，其指挥控制系统在战场上可以新旧兼容，并由单平台的综合管理向多平台综合管理发展。

### 3.电子对抗的重点目标是C3I系统

电子对抗的对象是较广泛的，其中主要目标是指挥、控制和通信系统、防空（指挥）雷达系统、武器制导（指挥）系统等。这些系统中最重要的是指挥、控制、通信和情报系统即指挥控制系统。

指挥控制系统是国家和军队威慑力量的重要组成部分,是现代化军队的神经中枢。未来的五维一体战场上,没有指挥控制系统就难以实施全新的作战方式。因此,美、俄等国在大力研制和部署指挥控制系统的同时,也加紧指挥控制对抗的研究。干扰敌方指挥控制系统可使敌整体作战能力遭到削弱乃至瘫痪,它比干扰敌单个武器有更大的作战效能。

【思考题】

1. 什么是军事高技术?

2. 军事高技术如何分类?

3. 军事高技术有哪些特点?

4. 军事高技术的发展趋势是什么?

5. 什么是航天技术?

6. 军用卫星有哪些?其特点和用途有哪些?

7. 侦察卫星有哪些?其特点和用途有哪些?

8. 航天技术在军事领域有哪些方面的应用?

9. 什么是伪装?

10. 伪装的原理是什么?

11. 什么是隐身技术?

12. 隐身技术的发展趋势是什么?

13. 电子对抗技术的主要内容包括哪些?

14. 电子对抗技术的产生与发展过程是怎样的?

15. 电子对抗技术的手段有哪些?

16. 电子干扰可分为哪几类?

17. 未来电子对抗技术的发展趋势是什么?

## 知识窗

嫦娥五号，由中国空间技术研究院研制，是中国探月工程三期发射的月球探测器，也是中国首个实施无人月面取样返回的月球探测器。

2020 年 11 月 24 日，中国在中国文昌航天发射场，用长征五号遥五运载火箭成功发射探月工程嫦娥五号探测器，并将其送入预定轨道。11 月 24 日，嫦娥五号完成第一次轨道修正。11 月 25 日，嫦娥五号完成第二次轨道修正。11 月 28 日，嫦娥五号进入环月轨道飞行。11 月 29 日，嫦娥五号从椭圆环月轨道变为近圆形环月轨道。11 月 30 日，嫦娥五号合体分离。12 月 1 日，嫦娥五号在月球正面预选着陆区着陆。12 月 2 日 4 时 53 分，嫦娥五号着陆器和上升器组合体完成了月球钻取采样及封装。12 月 2 日 22 时，嫦娥五号完成月面自动采样封装。12 月 3 日，嫦娥五号上升器将携带样品的上升器送入到预定环月轨道。12 月 6 日 5 时 42 分，嫦娥五号上升器与轨道器和返回器组合体交会对接，并将样品容器转移至返回器中。12 月 6 日 12 时 35 分，嫦娥五号轨道器和返回器组合体与上升器成功分离，进入环月等待阶段，准备择机返回地球。12 月 8 日，嫦娥五号上升器受控离轨降落在预定落点。12 月 12 日，嫦娥轨道器和返回器组合体实施第一次月地转移入射。12 月 16 日，嫦娥五号探测器顺利完成第二次月地转移轨道修正。12 月 17 日凌晨，嫦娥五号返回器协同月球样品着陆地球。

嫦娥五号任务是中国探月工程的第六次任务，也是截至 2020 年 12 月，中国航天最复杂、难度最大的任务之一，实现了中国首次月球无人采样返回，助力月球成因和演化历史等科学研究。

第二节　信息化装备概述

一、信息化装备的概念及分类

　　信息化装备是采用现代信息技术，具有单一或多种信息功能的装备。如精确制导武器、综合电子信息系统及加装数据链和相关信息的飞机、舰船等。信息化装备中，信息技术在装备技术构成中占主导地位，信息要素在作战行动中支配物质、能量要素的效能发挥，具有较高的信息获取、传输、处理、存储、共享、管理、分发、对抗能力及电子化、智能化、网络化和一体化水平。目前，"无人机系统""指挥与控制系统"是当下军事科技发展研究的热点，而"舰载无人机技术"和"联合作战指挥与控制系统"是各国在信息化装备领域攻坚发展的重中之重。

　　当前，信息化装备的分类有信息战装备、信息化弹药、信息化作战平台、C⁴ISR 系统、单兵数字化装备五种。

### （一）信息战装备

　　信息战装备是最典型的信息化装备。主要包括网络攻防型信息武器和电子攻防型信息武器两大类。网络攻防型信息战武器装备有计算机病毒、预置陷阱、防火墙等。计算机病毒是一种人为编制的有害程序，它能在计算机系统运行过程中把自身精确地或经修改的命令复制到其他计算机程序体内，从而感染它们，对源程序进行置换和破坏甚至毁灭整个信息系统中的软件和数据；预置陷阱是在信息系统中人为预设一些"陷阱"，以干扰和破坏计算机系统的运行。预置陷阱一般可分为硬件陷阱和软件陷阱两种。防火墙是指一种将内部网和公众访问网分开的方法，通过有机结合各类用于安全管理与筛选的软件和硬件设备，帮助计算机网络与其内、外网之间构建一道相对隔绝的保护屏障，以保护用户资料与信息安全性的一种技术。

### （二）信息化弹药

　　信息化弹药主要指各种制导弹药，包括导弹、制导炮弹、制导炸弹等。其效费比和精度比传统弹药大为提高。

### （三）信息化作战平台

信息化作战平台是指装有大量电子信息设备的高度信息化的作战平台，是信息化弹药的依托。比如信息化的飞机、舰艇、装甲车辆等。

### （四）C⁴ISR 系统

C⁴ISR 系统是战场指挥、控制、通信、计算机、情报、监视、侦察系统的简称，是把作战指挥控制的各个要素、各个作战单元连接在一起，使军队发挥整体效能的"神经和大脑"。它是军队的神经中枢，能把众多的武器平台、军兵种部队和广大战场有机联系为一个整体，充分发挥威力，因此也是打赢信息化条件局部战争的根本保证。

### （五）单兵数字化装备

单兵数字化装备，是指士兵在数字化战场上使用的个人装备，也称信息士兵系统。通常由单兵计算机和通信分系统、综合头盔分系统、武器分系统、综合人体防护分系统和电源分系统 5 个部分组成。

## 二、信息化装备的发展演变

研究信息化装备的发展演变，可以加深对信息化装备本质的认识，增进对信息化发展规律的理解，进而指导提高信息化装备发展的科学性和有效性。信息化装备的发展与信息技术的发展密切相关，按其功能特点，可分为四个发展时期。

### （一）萌芽发展时期

这一时期大约是从电报发明开始到第一次世界大战（以下简称"一战"）结束。信息化装备萌芽于电报的产生及其战场的应用。从有线电报、电话跨越到无线通信，使人类将作战空间扩展到电磁空间，电子战成为信息化战争的早期作战样式。对敌电子干扰行动最早发生于 1904 年的日俄战争期间。根据美国老乌鸦协会 1984 年出版的《美国电子战史》记载：1904 年 4 月 14 日凌晨，日本装甲巡洋舰"春日"号和"日进"号炮击了俄国在旅顺港的海军基地，日军派出一些小型的船只观测弹着点，并用无线电报告射击校准信号。然而，在岸上的一名俄国操作员听到了日军的信号，并且立即用火花发射机对它进行干扰。最终，日本炮击只造成了很小的损耗和很少的伤亡。

电报的发明成为武器装备利用信息要素的突破，此后直至一战结束，战场通信以有线为主、无线为辅，功能简单而单一。电子战的形式主要是无线电侦察和干扰。但由于技术水平的限制，无线电侦察成为当时主要的电子战方式。如一战中的坦伦堡战役，德军截获了俄军的明码电报，获悉了俄军的战场分布，创造了以少胜多的重大胜利。

### （二）单一功能发展时期

这一时期是指从一战结束后到二战结束。许多现代意义上的信息化装备开始出现，并随着战争的发展而迅速发展。声呐、雷达、光学成像器材、无线电导航设备等信息感知、定位装备都在这一时期产生。20 世纪 30 年代，英国、法国、德国、美国开始进行雷达研究。德国在 1939 年就有了入侵飞机早期报警系统，紧接着又有了船只报警系统。20 世纪 40 年代中期，德国已经能利用 600 MHz 的雷达系统精确地指挥高射炮。英国 1937 年在东南沿海建立了 20 个对空情报雷达站，为防备德军空袭提供早期预警，这使得在飞机数量上处于劣势的英国挫败了德国空军的进攻。二战时，还出现了野战电话机、交换机、电传打字机、传真机、和调幅、调频无线电台等通信设备。虽然它们功能单一，性能落后，但是在战场上起到了不可估量的作用，展现出了巨大的应用潜力。

### （三）系统发展时期

这一时期是从二战结束到海湾战争，是各种信息化装备迅速发展的时期。

计算机的出现，使得各种信息感知装备飞速发展。第一台电子计算机的发明开辟了信息处理的新时代。自 20 世纪 50 年代起，红外照相机、红外夜视仪和激光测距仪先后装备部队；红外制导技术也应用于空空、地空导弹。声呐技术进入了现代化阶段，探测距离、多目标搜索与跟踪、侧向测距精度能力有了很大提高，逐渐发展为反潜预警系统。雷达发展成一个非常庞大的体系，种类繁多，用途各异。20 世纪 60 年代出现了预警机。

航天技术的发展，出现了天基信息平台。1957 年苏联成功发射了第一颗人造卫星后，人们开始研究天基信息平台。1961 年，美国成功发射第一代传输型照相侦察卫星"萨莫斯 –2"号；1965 年美国发射了"晨鸟"通信卫星，苏联发射了"闪电 –1"号通信卫星，标志着天基信息传输平台进入实用阶段。

信息化弹药开始大量应用于战争。信息化弹药主要是指各种导弹、制导炸弹、制导炮弹、制导鱼类等精确打击武器。信息化弹药具有高新技术含量高、结构复杂，装备数量少、单发价值高，弹药技术保障要求高，存储寿命较短，与武器系统联系更加紧密的特点。二战时期，导弹开始出现。20 世纪 50 年代以后，导弹进入大规模发展时期，各种制导方式开始应用，如洲际导弹多采用惯性制导；空空导弹多采用雷达波束制导，也有采用红外制导。1974 年，美国在政府文件中第一次使用了"精确制导武器（PGM）"的概念。海湾战争中精确制导武器得到了广泛的应用。

系统建设开始起步。20 世纪 60 年代初，美国开始建设战略级、战区级和战术级全球军事指挥控制系统。在起步时，系统建设由各部门、各军种各自负责，这使得三军系统不能互联互通；系统综合能力差，不能提供准确的情报和作战毁伤评估；预警探测、指挥控制、情报处理速度慢；综合识别能力不够；采购、使用、维护和改进费用高，经济上难以承受等缺点。

在发展时期，各系统功能逐步完善，性能不断提高，作战方式开始由单纯依靠武器装备的火力和机动力向信息化的火力和机动力转变。在一系列战争实践中，信息化装备大显神威、通过了战争的考验，信息战和网络战思想开始萌芽。

#### （四）体系发展时期

海湾战争后，信息化武器装备进入体系发展时期，由分散的武器装备系统向综合一体化武器装备体系迈进，主要体现在以下几个方面。

**1.军事信息系统一体化**

一体化的军事信息系统是实现信息化武器装备系统向综合集成的发展重要前提。1992年美参联会推出"武士"计划，经过三个阶段的发展与完善后，最终形成了——将战场信息获取与信息处理、传输和应用结为一体，并隐含有电子战、信息战的内容，形成了完整的综合电子信息系统的概念。在阿富汗战争中，美军开创了利用无人侦察机实施火力打击的先例，原有的指挥控制系统首次具备了杀伤的功能。

**2.新型国防信息基础设施网格化**

全球信息网格或称全球信息栅格（GIG）是美军研制的新型军事互联网，是美军未来的国防信息基础设施，也是实现网络中心战，夺取信息优势和决策优势，并最终实现全面军事优势的物质基础。2001年7月在美国国防部提交国会的《网络中心战》报告中，反复强调了全球信息栅格是美军获得信息优势的前提和基础。在美军的规划中，全球信息栅格的建设分为三个阶段：第一阶段截止到2003年，主要是按照已有的全球信息栅格初步设想对现有的网络和设施进行集成；第二阶段截止到2010年，在各军兵种内部实现全球信息栅格的功能；第三阶段截止到2020年，实现三军的互联、互通、互操作，完全建成全球性的信息栅格。

**3.武器装备作战平台信息化改造**

作战平台的信息化改造，不仅可以使作战平台具有强防护力、远航（射）程、高机动性和高隐身性能，更重要的是具备对战场信息的获取、传递、处理、再生和应用等一种或几种功能的信息能力，其结果是将机械化作战平台改造为信息化作战平台，使作战平台成为系统的一个作战节点。信息化改造与新研相比，效费比高、周期短、战斗力升幅大，受到各个国家的普遍重视。如伊拉克战争中，美军使用的M109A6"帕拉丁"自行榴弹炮、M270多管火箭炮等，都是在原有基础上加装了先进的火控系统和电子设备，从而使反应能力、生存能力、杀伤力和可靠性有了大幅度提高。

**4.武器装备体系构成网络化**

随着计算机网络技术的发展，信息化武器装备体系呈现出复杂的网络化结构特征，信息化网络装备体系本身是网络化结构，其不同层次的分系统也是复杂的网络化结构。网络中心战理论的提出，加速了信息化武器装备体系向网络化发展的趋势。迄今为止，网络中心战还处于不断探索、发展和完善之中，需要相当一段时间才能成熟，但武器装备体系构成网络化是信息化武器装备发展的趋势。

## 三、信息化装备对作战的影响及发展趋势

信息化装备对现代作战的影响涵盖方方面面。综合来看，主要表现在侦察三维化、打击精确化、反应快速化、防护综合化、控制指挥智能化五个方面。

### （一）侦察三维化

在传统战争中，由于技术与装备水平的限制，不能做到"眼观六路，耳听八方"，随着信息技术的飞速发展与广泛应用，情况发生了质的变化。现在，从大洋到茫茫太空，侦察监视系统如同天罗地网。水下的声呐，能够发现军舰和潜艇的蛛丝马迹；地面传感器，能够警惕地注视人员和车辆动向；空中的侦察飞机、天上的间谍卫星，更是"站得更高，看得更远"。一架 E-3A 预警机，能够同时监视高空、低空、地面、海上的各种活动目标，当飞行高度为 9 千米时，可以探测到 500 ~ 650 千米外的高空目标、300 ~ 400 千米外的低空目标、270 千米外的巡航导弹。同样一部视角为 20 度的照相机，装在位于 3 千米高空的侦察飞机上，一张照片可拍摄 1 平方千米的地面面积；如果放在位于 300 千米高空的侦察卫星上，一张照片可囊括 1 万平方千米；如果放在位于地球同步轨道的侦查卫星上，就可以同时看到太平洋两岸，监视地球 42% 的面积。侦察时打击的前提，从一定意义上讲，高水平的侦察监视技术本身就是一种威慑力。

### （二）打击精确化

信息化武器装备，强调在"精"字上做文章，就是要"攻其一点，不及其余"，尽量不引起不必要的附带损伤。根据推算，就杀伤破坏效果而论，精确制导武器精度每提高一倍相当于增加 3 颗弹，增加了 7 倍当量；精度每提高两倍，相当于增加了 8 颗弹，增加了 26 倍当量。统计显示，同样摧毁一个目标，第二次世界大战需要 9 000 枚炸弹，越南战争只需要大约 300 枚，到海湾战争时，平均只需要 2 枚精确制导导弹就可以了。射程 1 300 千米的"战斧"巡航导弹，误差（圆公算偏差）不超过 9 米。

现在，精确战作为一种全新的作战方式，已经登上战争舞台，实现了探测目标精确、攻击目标精确、摧毁目标精确和毁伤评估精确。

### （三）反应快速化

"兵贵神速"历来是兵家所追求的，但传统武器装备因受技术条件限制，常常"欲速不达"，无法实现。高技术武器装备在现代战争中的应用，使"兵贵神速"得以成真，真正做到了机动快、反应快、打击快、转移快。

1982 年的贝卡谷地之战，以色列以迅雷不及掩耳之势，通过饱和式轰炸，6 分钟就摧毁叙军 19 个"萨姆 -6"防空导弹连，打了一场 20 世纪时间最短的高技术战争。1986 年的锡德拉湾之战，美国飞机从英国基地起飞，往返 1 万多千米，空中加油 4 次，飞抵利比亚上空，同时向的黎波里市和班加西城的机场、兵营、港口、雷达阵地发射大批精确制导弹药，甚至把炸弹投进卡扎菲总统的住所，空袭时间只用了 17 分钟，开了"外

科手术式打击"的先河。美国前国防部长科恩曾宣称："以往的哲学是大吃小，今天的哲学是快吃慢。"

在部队机动速度大大加快的同时，现代武器从发现目标到攻击目标的反应时间也大为缩短。当前计算机控制的火控系统能在 1.6 分钟内操纵 4 门火炮摧毁 35 个分离的目标，而在 15 年前，摧毁这些目标需要两个小时。所以，谁的反应速度更快，谁就更易发挥火力，消灭敌人而不被敌人消灭。

### （四）防护综合化

"保存自己，消灭敌人"是一切战争的共同原则。由于现代侦察、监视和探测手段具有全方位、全频谱、全天候、全时域的特点，进攻一方如果不能有效地保护自己，就可能出现"发难者先遭难"的结局。

现在，当一架战斗机在重要地区 300 米以上高度飞行时，可能受到 800 ～ 900 部雷达的照射，其中可能有 300 ～ 400 部雷达以 600 ～ 700 个不同频率的波束进行搜索，有 30 ～ 40 部雷达跟踪飞机。如果再加上光—电探测设备的威胁，战场电磁环境必将更加复杂。在这种情况下，防护的地位显得特别重要。在海湾战争中，"F-117A"飞机大出风头，出动 1 600 多架次。虽然仅占战斗机攻击架次的 1.77%，却完成了对 40% 战略目标的攻击任务，而且无一损伤，被评为这次战争中唯一获得满分的最佳作战飞机。取得如此佳绩的最主要原因，就在于借助外形设计和表面涂料使其雷达反射面只有 0.1 平方米，同一顶钢盔差不多，有效地实现了隐身效果。除了隐身技术外，先进伪装、预警报警、致盲致眩、施放诱饵、加固装甲、防电磁脉冲等，也都成了现代武器装备的防护手段。以信息技术为基础发展起来的信息化武器装备，将使未来战争更加有声有色。

### （五）控制指挥智能化

现代军事高技术的发展和应用，使武器装备的射程、威力、精度几乎都达到了各自的极限。交战双方的差别，在很大程度上取决于其对作战力量的指挥控制水平。在战役和战术级，信息战的表现样式是以电子战为核心的指挥控制战。

在海湾战争中，美军在战区中有 3 000 多台计算机同国内的计算机联网，跟踪与分析敌军实力，制定与演练作战方案，汇集与查找各种资料。在整个 38 天空袭期间，多国部队的空域管制人员必须根据空中任务分配指令，每天管理数千架次飞机的飞行活动，涉及 122 条空中加油航线、600 个限制区、312 个导弹交战空域、78 条空中攻击走廊、92 个空中战斗巡逻点、36 个训练区和 6 个国家的民航线，总航线长达 15 万千米，要完成如此复杂艰巨的任务，没有一个智能化的指挥控制网络，简直是不可思议的事情。

未来战争，以计算机为核心的网络将把所有的通信系统、探测装置和武器系统联成一体，作战将从"以平台为中心"转向"以网络为中心"。美国海军网络中心战的网络结构由 3 个互相链接的部分组成，即探测装置网络、交战网络和信息传输网络。

【思考题】

1. 信息化装备的分类有哪些？

2. 信息化装备对现代作战的影响有哪些方面？

3. 简述信息化装备的发展过程？

4. C⁴ISR系统的概念及主要功能是什么？

## 知识窗

F-117A攻击机

F-117A攻击机（英文：F-117A Attack aircraft，代号：Nighthawk，译文：夜鹰，惯称：F-117），是美国一型单座双发飞翼亚音速喷气式多功能隐身攻击机，是世界上第一型完全以隐形技术设计的飞机。

F-117A攻击机的设计目的是凭其隐形性能突破敌火力网，压制敌防空系统，摧毁严密防守的指挥所、战略要地、工业目标，可执行侦察任务。

F-117A攻击机由美国洛克希德公司（Lockheed）于20世纪70年代中期开始研制，1981年首飞定型，1983年服役，1988年首次公布，服役后参加过入侵巴拿马、海湾战争、科索沃战争等军事行动，2008年4月全部退役。

# 第三节　信息化作战平台

在信息化战争中，信息化作战平台与各种先进的打击系统结合在一起，可以极大地提高武器系统的综合作战效能，对取得战争的胜利具有举足轻重的作用。

## 一、信息化作战平台

### （一）信息化作战平台的定义

信息化作战平台是指安装有大量电子信息设备的高度信息化的作战平台，是信息化弹药的依托，如信息化的飞机、舰艇、装甲车辆等。与传统的作战平台相比，信息化作战平台有三大优势：一是科技含量高，信息技术的含量一般要占50％以上；二是作用机理和设计观念有重大突破，有些甚至是质变性的跃升，如采用计算机技术、隐身技术，具有非常规机动能力等；三是使用观念上由以平台为中心转向以网络为中心。

### （二）信息化作战平台的功能

（1）传输功能

装备有相互之间以及与指挥系统进行通信联络的数据链，以便于相互沟通信息，反映战场态势，接受作战命令。

（2）探测功能

装备有雷达、光电等传感器，用以探测敌方目标，为及时、精确地火力打击提供目标信息。

（3）对抗功能

装备有侦察、干扰和敌我识别设备，用以增强平台的自卫能力和识别能力。

（4）定位功能

装备有导航定位设备，为平台提供位置和时间信息。

## 二、信息化陆上作战平台

信息化陆上作战平台主要是指大量采用信息技术的各类坦克、步兵战斗车、自行火炮、导弹发射装置等陆上作战平台。它是在原有机械化作战平台的基础上，嵌入了指挥控制、通信、侦察监视、敌我识别、导航定位、威胁预警与对抗等信息系统，实现了作战效能的大幅提升。

信息化陆上作战平台主要包括坦克、步兵战车、装甲输送车、自行火炮车、导弹输送和发射车及指挥控制车辆等。在陆上武器中，主战坦克是主要的战斗兵器，可完成多种作战任务。目前，陆上作战平台大都采用自行式车辆，且以履带式为主，少数采用轮式车。

## （一）坦克

坦克是具有强大直射火力、高度越野机动性和坚固装甲防护的履带式装甲车辆，是陆军地面作战的主要突击兵器，主要用于与敌方坦克和其他装甲车辆作战，也用于压制反坦克武器，摧毁野战工事，歼灭有生力量。

坦克按战斗全重，可分为轻型坦克、中型坦克和重型坦克。轻型坦克重 10 吨左右，主要用于侦察、警戒，也可用于特定条件下作战。中型坦克重 40 吨左右，用于遂行装甲兵的主要作战任务。重型坦克重 50 吨左右，主要用于支援中型坦克战斗。按用途，可分为主战坦克和特种坦克。主战坦克是现代陆军的主要战斗兵器；特种坦克有侦察坦克、空降坦克、水陆坦克和喷火坦克等，多为轻型。

现代坦克的战斗全重为 40 ~ 62 吨，乘员通常为 4 人，装有自动装弹机的坦克可减少 1 名乘员。火炮口径 105 ~ 125 毫米，炮弹基数 40 ~ 60 发，有的坦克还能发射导弹。发动机功率 550 ~ 1 100 千瓦，最大公路速度 55 ~ 72 千米/时，最大越野速度 30 ~ 55 千米/时，最大行程 300 ~ 650 千米，爬坡度 30 度左右，越壕宽 2.7 ~ 3.2 米。坦克正面装甲通常可防御穿甲能力为 350 ~ 600 毫米反坦克弹药的攻击。

## （二）火炮

火炮是以火药为能源发射弹丸，口径在 20 毫米以上的身管射击武器，是军队实施火力突击的基本装备。火炮配有多种弹药，可对地面、水上、空中目标进行射击，歼灭、压制敌有生力量，摧毁各种技术兵器、装甲目标、防御工事和其他设施，以及完成其他作战任务。

火炮按用途，分为压制火炮、高射炮、反坦克火炮、坦克炮、舰炮、海岸炮和航空机关炮。其中，压制火炮包括加农炮、榴弹炮、加农榴弹炮、迫击炮和迫击榴弹炮，有些国家将火箭炮归入压制炮。按弹道特性，分为加农炮、榴弹炮、加农榴弹炮、迫击炮和迫击榴弹炮；按运动方式，分为自行火炮、车载炮、自运炮、牵引火炮、骡马挽曳火炮、骡马驮载火炮、便携式火炮和固定炮；按装填方式，分为前装炮和后装炮；按炮膛构造，分为线膛炮和滑膛炮；按作战使用环境条件，分为铁道炮、山炮、野炮和要塞炮。此外，还可按射程、质量、口径分类。

火炮的发射是由其发射机构完成的。发射时，击发装置撞击炮弹的底火，点燃药筒里的点火药和发射药。发射药瞬间着火燃烧，在密闭的药筒里骤然生成大量高温高压气体。

在炮膛内，发射药在不到 10 毫秒时间内燃烧形成的气体压力可超过 290 兆帕。密闭在炮膛内的气体对弹丸形成巨大的推力，压迫弹丸沿膛线加速运动，将弹丸抛射出去。

## 三、信息化海上作战平台

信息化海上作战平台主要是指大量采用信息技术的各类舰艇和潜艇等海上（水下）作战平台。海上（水下）信息化作战平台嵌入的信息系统主要包括情报采集与处理系统、作战支持系统、舰载武器控制系统、舰载通信系统、舰载作战指挥控制系统和电子战系统等。

海上作战的主要平台是"军舰"。根据作战使命的不同，军舰分为战斗舰艇和勤务舰船两类。战斗舰艇分为水面战斗舰艇和潜艇。水面战斗舰艇标准排水量在 500 吨以上的，通常称为舰；500 吨以下的，通常称为艇。潜艇，则不论排水量大小，统称为艇。

### （一）航空母舰

航空母舰（Aircraft Carrier），简称航母，是一种以舰载飞机为主要作战武器的大型水面战斗舰艇（同时可供舰载机起飞和降落），通常具有巨大的甲板和舰岛（大多位于右舷），是目前世界上最庞大、最复杂、威力最强的武器之一，是一个国家的综合实力的象征），主要用于攻击敌舰船、海岸设施和陆上目标，夺取作战海区的制空权和制海权，支援登陆、抗登陆作战。其按排水量大小分为大型航空母舰、中型航空母舰和小型航空母舰（重型、中型、轻型）；按动力装置可分为核动力航空母舰和常规动力航空母舰。配备的舰载航空兵联队拥有战斗机、攻击机、顶警机、电子战飞机、反潜飞机等各种飞机。依靠航空母舰一个国家可以在远离其国土的地方不依靠机场的情况下对当地施加军事压力和作战。航空母舰是海军水面作战力量的核心，拥有航空母舰的海军通常围绕航母进行作战编成。目前世界上拥有航空母舰的国家有美国、俄罗斯、法国、英国、中国、印度、泰国等。最先进的航空母舰是美国的"福特"级超级航空母舰。我国的"辽宁"号航空母舰，经过现代化改造后，也开始具有作战能力。

**美国"福特"级超级航空母舰** "福特"级超级航空母舰全名为杰拉尔德·R. 福特级航空母舰，在其第一艘"福特"号正式定名之前，本级航空母舰原本被称为 CVN-21（Future Aircraft Carrier Program，其中"21"意指这是进入 21 世纪之后的第一个航母设计）未来航母计划。"福特"号航空母舰造价约达 130 亿美元，是美国海军有史以来造价最高的一艘舰船。该舰采用了诸多新技术，主要包括综合电力推进、电磁弹射技术，将成为 21 世纪美军海上打击力量的中坚。

CVN-21 "福特级"航空母舰起源自 1975 年"尼米兹级"航空母舰（CVN-68 ~ 70）订购首批三艘时，美国海军展开一系列关于"尼米兹级"之后未来航空母舰的概念方案，称为 CVNX，涵盖轻型、中型到重型航空母舰，总共研究 15 个舰体大小不同的方案的船模水线性能，而起降方式则涵盖传统使用弹射器/拦截索的 CTOL、使用滑跃短距起飞/拦截索降落的 STOL、使用滑跳起飞 / 垂直降落的 S/VTOL 三种，每一种方向又包含传统甲板布局与新设计之分，当时 CVNX 总共有约 50 种设计方案。依照 1970 年代中期以来的研究基础，CVN-21 最初曾有不少十分前卫、超脱现今航空母舰设计的构型，不过考虑到成本、风险与实用性，最后还是返璞归真，由"小鹰级"到"尼米兹级"一脉相传的美国航空母舰构型进行改良。原本美国海军打算将最后一艘"尼米兹级"——"布什"号航空母舰（USS George HW Bush CVN-77）作为 CVNX 的装备验证舰，不过考虑到开发时程以及经费、风险，最后 CVN-77 的装备不会与里根号航空母舰（USS Ronald Reagan CVN-76）有太大的差异。

"福特"号航空母舰使用了大量新技术新设计，包括重新设计了舰体岛式上层建筑和飞行甲板布局，强调隐身性，动力装置更加高效，具有更强的发电能力，整体电力系统采用新型电力分配结构，采用电磁弹射，新的大功率一体化核反应堆，有源相控阵雷达，F-35C 舰载机等关键性的舰用高科技装备，航母的整体作战能力得到了大幅提升。"福特"号采用更先进的 $C^4ISR$ 系统、技术和自动化设备，能更全面地支持美军的网络中心战，是未来美国海空网络战的一个中心节点。它不仅具有航母本身及编队整个系列的新技术和武器装备，而且还将与空、天、陆军的新技术、新武器装备实现有机"链接"，进而打造更强的战略预警体系和作战网络体系，广泛采用电脑显示器和掌上电脑等装备替代人工操作，从而使各种雷达设施、通信系统，指挥控制系统、武器装备之间的信息传输更快捷、作战程序更简便、打击威力更强劲。

**中国"辽宁"号航空母舰** 辽宁号航空母舰（代号：001 型航空母舰，舷号：16，简称：辽宁舰），是中国人民解放军海军隶下的一艘可以搭载固定翼飞机的航空母舰，也是中国第一艘服役的航空母舰。辽宁号航空母舰前身是苏联海军的"库兹涅佐夫元帅级"航空母舰次舰"瓦良格"号，20 世纪 80 年代中后期，"瓦良格"号于乌克兰建造时遭逢苏联解体，建造工程中断，完成度 68%。1999 年，中国购买了瓦良格号，于 2002 年 3 月 4 日抵达大连港。2005 年 4 月 26 日，开始由中国海军继续建造改进。我军的目标是对此艘未完成建造的航空母舰进行更改制造，及将其用于科研、实验及训练用途。在 2011 年制造完成。2012 年 9 月 25 日，正式更名辽宁号，交付予中国人民解放军海军。

2013 年 11 月，辽宁舰从青岛赴中国南海展开为期 47 天的海上综合演练，期间中国海军以辽宁号航空母舰为主编组了大型远洋航空母舰战斗群，战斗群编列近 20 艘各类舰艇。这是自冷战结束以来除美国海军外西太平洋地区最大的单国海上兵力集结演练，亦标志着辽宁号航空母舰开始具备海上编队战斗群能力。2018 年 4 月 12 日，辽宁舰编队亮相南海大阅兵。

2019 年 4 月 23 日，"辽宁"号航空母舰在中国人民解放军海军 70 周年阅兵式中亮相。此前辽宁舰进行了改装，改装工程包括航母甲板上的区域划分与标志线颜色更改，内部各类管路进行颜色区分有利辨认，甲板上的舰载机着舰阻拦索更换了更有韧性的新材质型号。另在着舰甲板末端加装了应急拦阻网，对于舰载机的起降安全添加了新的保险。此外，辽宁舰飞行甲板这次重新铺设甲板防护涂层，飞行甲板则增加了甲板停机区，舰载机可以在这里进行发动机试车、加油和装弹等作业，对甲板舰载机调度与出动能力有不少帮助。辽宁舰的雷达系统的探测性能、探测目标数量、抗干扰能力等都有所提高。

**中国"山东"号航空母舰**　中国人民解放军海军山东舰是中国首艘自主建造的国产航母，基于对中国"辽宁"号航空母舰的研究基础上，由中国自行改进研发而成，是中国真正意义上的第一艘国产航空母舰。

2013 年底，大连造船厂举行了航母钢板的切割仪式，这意味着中国第一艘国产航母正式开工建造。 2017 年 4 月 26 日，中国首艘国产航母在大连正式下水。2018 年 5 月 13 日清晨，中国人民解放军海军山东舰离开码头，开始海试；同月 18 日，完成首次海上试验任务，返回了大连造船厂码头；同年 12 月 27 日，中国人民解放军海军山东舰从大连造船厂出发，赴相关海域进行第四次海试。2019 年 10 月 22 日，中国人民解放军海军山东舰完成第八次海试，返回大连造船厂。 同年 12 月 17 日下午 4 时许，在海南三亚某军港交付海军，经中央军委批准，我国第一艘国产航母命名为"中国人民解放军海军山东舰"，舷号为"17"。 2020 年 5 月，根据年度试验计划安排，中国海军正在组织山东舰进行海上试验，结合开展相关科目训练。此次训练，目的是检验武器装备性能，提高航母训练水平，进一步提升部队履行使命任务能力 。2020 年 9 月 24 日下午，国防部举行例行记者会，国防部新闻局副局长、国防部新闻发言人谭克非大校称：中国海军山东舰已完成例行训练和海上试验。上述活动的目的是检验武器装备性能和部队训练水平，提升履行使命任务的能力。2020 年 10 月 27 日，海军山东舰舰长来奕军表示首艘国产航母山东舰交接入列 10 个月以来，不断加强战法训法研究，已圆满完成一系列海上试验训练项目 。

### （二）巡洋舰

巡洋舰是一种火力强、用途多，主要在远洋活动的大型水面舰艇。巡洋舰装备有较强的进攻和防御型武器，具有较高的航速和适航性，能在恶劣气候条件下长时间进行远洋作战以及提供无人舰载机的起飞和降落。它的主要任务是为航空母舰和战列舰护航，或者作为编队旗舰组成海上机动编队，攻击敌方水面舰艇、潜艇或岸上目标。

巡洋舰是海上作战的主力舰种，具有排水量大、动力多样、航速高、续航力大、航行性能好等特点，舰载武器配备完善、功能齐全、攻防兼备、综合作战能力强。现代巡洋舰排水量一般都在 1 万吨左右，有的甚至接近 3 万吨。巡洋舰主要用于为航空母舰和其他舰艇编队护航，攻击敌方水面舰艇、潜艇，担负防空和对地打击任务，保护己方海上交通线和破坏敌方海上交通线，支援登陆作战等。随着驱逐舰的大型化以及功能的扩展，巡洋舰的很多功能正在被驱逐舰替代。世界上目前仍在服役的巡洋舰比较有代表性的主要有美国"提康德罗加"级导弹巡洋舰和俄罗斯"基洛夫"级核动力巡洋舰。

### （三）驱逐舰

驱逐舰是一种具有多种作战功能的中型水面作战舰艇，是大多数国家海军的主力舰种。驱逐舰的吨位一般为 4 000 ~ 8 000 吨，也有少数排水量超过 1 万吨的驱逐舰。按照用途，驱逐舰分为多用途驱逐舰、防空型驱逐舰和反潜型驱逐舰。目前，世界上较先进的驱逐舰有美国的"朱姆沃尔特"级驱逐舰、英国 45 型驱逐舰、中国的 052D 型和 055 型驱逐舰等。

驱逐舰是一种多用途的军舰，构成海军防卫力量重要的舰种之一。从 19 世纪 90 年代诞生至今已有近 130 年的历史，发展至今已经演变成在担任进攻性的突击任务的同时，又能承担作战编队的防空、反潜护卫任务，此外还可担任巡逻、警戒、侦察、海上封锁和海上救援等任务。作为海军舰队中攻击力较强的中型军舰之一，主要职责以护航为核心，同时拥有侦察巡逻警戒，布雷，袭击岸上目标等作战任务。通常驱逐舰的排水量为 2 000 ~ 12 000 吨，并且还在逐步发展，航速一般为 28 ~ 33 节。

**美国"朱姆沃尔特"（DDG-1000）级驱逐舰**　"朱姆沃尔特"级驱逐舰是侧重于对陆攻击和对海打击能力的多用途战舰，具备一定的水下作战能力，包括反潜作战和水雷战能力。该型舰满载排水量 14 564 吨，舰长 182.8 米，宽 24.6 米，吃水 8.4 米，动力系统采用全新的综合电力系统，配备 4 部燃气轮机、2 部功率为 36 兆瓦的推进用电机，总功率 78 兆瓦，双轴推进，最大航速 30 节。舰首部有 2 座 155 毫米隐身型先进舰炮系统，配备增程对陆制导炮弹，机库上方装 2 座 57 毫米 MK-110 近防武器系统。上层建筑前后两舷有 4 座 MK-57 侧导弹垂直发射装置，共 80 个发射筒。可装载"标准"-2/3/6 舰空导弹、"战斧"巡航导弹、"阿斯洛克"反潜导弹。可搭载 2 架 MH-60R 反潜直升机，或 1 架 MH-60R 直升机和 3 架 RQ-8B "火力侦察兵"无人直升机，还搭载有 2 艘 RIB 无人艇。电子设备包括 SPY-3 多功能需达和 VSR 广域搜索雷达、拖曳阵列声呐等。

**中国 055 型导弹驱逐舰**　055 型导弹驱逐舰是中国海军第四代导弹驱逐舰，标准排水量 11 000 吨，满载排水量 12 500 吨，采用全燃动力、射频综合集成及通用垂直发射系统，由中国船舶重工集团 701 研究所设计，江南造船厂与大连造船厂共同承建。055 型首舰，舰号 101，舰名为"南昌"舰，2014 年开工，2017 年下水，2019 年建成服役。2019 年 4 月 23 日参加了纪念中国海军成立 70 周年海上大阅兵，受到世界瞩目。055 型导弹驱逐舰拥有较高的续航力、自持力及适航性，可在除极区外无限航区遂行作战任务，被认为是中国海军实现战略转型发展的标志性战舰。

055 型导弹驱逐舰的导弹垂直发射装置多达 112 单元，而且既可以冷发射，也能够热发射，能够发射包括防空导弹、反潜导弹、反舰导弹、对地巡航导弹等在内的各种导弹。防空方面，"海红旗 -9B"远程区域防空导弹、"海红旗 -16B"中程防空导弹、"海红旗 -10"点防御防空导弹，远中近三层火力兼备；反舰方面采用"鹰击 -18"反舰导弹；反潜方面，不但有反潜导弹、反潜鱼雷，还有舰载直升机。相控阵雷达系统也提升到了 S 波段 +X 波段的双波段配置，已经毫无争议地跨入了世界最先进驱逐舰的行列。

**（四）护卫舰**

护卫舰又被称作巡防舰，较小型的护卫舰也被称为巡逻舰，主要用于为大型舰艇护航、近海警戒、巡逻、护渔等。护卫舰排水量为 500 ~ 4 000 吨，其中 600 ~ 1 500 吨的被称为轻型护卫舰，1 500 ~ 3 000 吨的被称为中型护卫舰，3 000 吨以上的被称为大型护卫舰。根据装载的武器的不同，护卫舰又可分为通用型、反潜型和防空型。

### （五）潜艇

潜艇是在水下进行作战活动的舰艇，依据动力装置的不同，可分为常规动力潜艇和核动力潜艇。主要用于攻击敌大、中型水面舰船和反潜作战，攻击敌陆上重要目标，破坏敌海上运输线，并能执行侦察、布雷、救援和运送特种人员登陆等任务。配载的武器有巡航导弹、鱼雷、水雷等，有的潜艇还配有防空导弹。其中，核动力战略导弹核潜艇装备有海基战略核导弹，执行二次核打击的战略任务，是国家安全的战略基石。

## 四、信息化空中作战平台——军用飞机

### （一）军用飞机概述

军用飞机是直接参加战斗、保障战斗行动和军事训练的飞机的总称。飞机大量用于作战，使战争由平面发展到立体空间，对战略战术和军队组成等产生了重大影响。

#### 1. 军用飞机发展初期

1903 年 12 月 17 日，美国莱特兄弟在人类历史上首次驾驶自己设计、制造的动力飞机飞行成功。1909 年，美国陆军装备了第一架军用飞机，机上装有 1 台 30 马力（1 马力 ≈ 735 瓦）的发动机，最大速度 68 公里 / 小时。同年制成 1 架双座莱特 A 型飞机，用于训练飞行员。至 20 世纪 20 年代，军用飞机在法、德、英等国得到迅速发展，远远超过了美国。

飞机最初用于军事主要是遂行侦察任务，偶尔也用于轰炸地面目标和攻击空中敌机。第一次世界大战期间，出现了专门为执行某种任务而研制的军用飞机，例如主要用于空战的歼击机，专门用于突击地面目标的轰炸机和用于直接支援地面部队作战的强击机。

#### 2. 活塞式飞机的辉煌与末路

第二次世界大战前夕，单座单发动机歼击机和多座双发动机轰炸机，已经大量装备部队。20 世纪 30 年代后期，具有实用价值的直升机问世。第二次世界大战中，俯冲轰炸机和鱼雷轰炸机等得到广泛的使用，还出现了可长时间在高空飞行、有气密座舱的远程轰炸机，例如美国的 B-29。英、德、美等国把雷达装在歼击机上，专用于夜间作战。执行电子侦察或电子干扰任务的电子对抗飞机，以及装有预警雷达的预警机也开始使用。大战中、后期，有的歼击机的飞行速度已达 750 公里 / 小时左右，升限约 12 000 米，接近活塞式飞机的性能极限。

#### 3. 喷气式飞机的崛起

第二次世界大战后期，德国的 Me-262 和英国的"流星"喷气式歼击机开始用于作战。

战后的喷气式飞机发展很快，到 1949 年，有些国家已拥有相当数量的喷气式飞机。当时著名的喷气式歼击机有苏联的米格 –15、美国的 F–80；喷气式轰炸机有苏联的伊尔 –28 和英国的"坎培拉"等。50 年代中期，出现了歼击轰炸机，它逐渐取代了在第二次世界大战期间大量使用的轻型轰炸机。

20 世纪 60 年代，歼击机型号非常多，且多是超音速的；轰炸机型号也不少，多为亚音速的。运输机一般也采用了喷气式发动机，大型运输机能装载 80~120 吨物资。飞行速度达 3 倍音速（称 M3.0）的高空侦察机，有苏联的米格 –25P 和美国的 SR–71。歼击轰炸机、强击机等都有不少新型号。在这些军用飞机中，有很多直到 80 年代初仍在服役，例如美国的 F–111、F–4、B–52H，苏联的米格 –21、米格 –23、图 –95 等。70 年代以来，军用飞机发展的一个重要特点是，直接用于作战的飞机大多向多用途方向发展，歼击机、歼击轰炸机和强击机三者的差别日益缩小，以致只能按这几种飞机研制或改装的首要目的确定其类别。

### 4. 中国军用飞机发展

中国在 1911 年，辛亥革命时革命军武昌都督府从国外购进 2 架军用飞机。1914 年，北京南苑航空学校曾设计并制造过飞机。1919 年福建马尾船厂开始制造水上飞机。1930 年，广州航空修理厂制造的"羊城号"飞机，装有 1 挺机枪，可挂 4 枚 100 磅炸弹。后来，还陆续试制过歼击机、轻型轰炸机和教练机。中华人民共和国成立后，开始生产军用飞机，现已能研制和成批生产喷气式歼击机、强击机和轰炸机，还能生产不同类型的直升机、运输机、水上飞机和教练机。

## （二）军用飞机分类及用途

飞机有多种分类方法，最常见的是根据用途进行分类，分为军用飞机与民用飞机。下面为大家详细介绍军用飞机分类及用途。

### 1. 战斗机

在中国战斗机又称为"歼击机"，用于歼灭敌方飞机和飞航式空袭兵器的飞机。具有火力强、速度快、机动性好等特点，是航空兵空战的主要机种，也可用于对地攻击。早期的歼击机是在飞机上安装机枪进行空战的；现代的歼击机，多装有航空机关炮，雷达制导中距导弹、红外制导近距导弹、激光制导炸弹等。现代歼击机通常装备有先进的电子对抗设备，最大飞行时速通常超过 M2.0，最大飞行高度达 20 千米，最大航程达 5 000 千米，低空作战半径超过 800 千米。

（1）分代标准

喷气式战斗机至今已走过 60 余年的时间，随着技术的进步，战斗机也在不断地升级。对其进行分代也是必要的，美国、俄罗斯（苏联）都分别制定了各自的分代标准。

分代原则主要有三条：

第一条，各国研制的战斗机分代标准应该是统一的，应该以技术最先进的国家的典型战斗机作为"标杆"，确定分代的标准。

第二条，各代战斗机的主要技术水平和作战效能要有"台阶性"的提高。也就是说下一代战斗机比上一代战斗机要"高出一个台阶"。而不是只要技术水平有所提高、技术特点有所不同，就算"更新换代"了。

第三条，"换代飞机"必须曾是一个时期的主力机种，要有一定的装备数量，并经过实战考验，一些研究性的飞机不能看作换代飞机。

（2）机型分代

第一代飞机的最大速度 M0.9～1.3；歼击机装航炮、火箭弹和第一代空对空导弹；机上还装有光学—机电式瞄准具和第一代雷达。代表型号是美国的 F-86、F-100，苏联的米格 -15、米格 -19，中国的歼 -5、歼 -6 等。

第二代飞机的最大速度 M2～2.5，装有第二代空对空导弹和航炮；并装有第二代雷达和具有一定拦射能力的火控系统。代表型号是美国的 F-4、F-104，苏联的米格 -21、米格 -23，法国的幻影Ⅲ，中国的歼 -7、歼 -8 等。

第三代飞机的最大速度与第二代相比优势不大，但增加了中距和近距格斗导弹、速射航炮；并装有第三代雷达和全方向、全高度、全天候火控系统和航空电子系统。机动性也有大幅提高。代表型号有美国的 F-15、F-16、F-18，苏联的米格 -29、苏 -27、法国的"幻影"2000、阵风，欧洲的台风，瑞典的 JAS-39，中国的歼 -10、歼 -11 等。

第四代飞机具有"4S"标准：隐身性能（Stealth）、超音速巡航能力（Supercruise）、高机动性与敏捷性（Super-maneuverability）与超级航空电子系统（Superior Avionics for Battle Awareness and Effectiveness）。现有的型号有美国的 F-22，F-35，俄罗斯的 T-50，中国歼 20、歼 31。

还有很多对第三代战斗机改进后，称其为三代半（它具备了某些四代机的特点，如高机动性等），其实也是划分到第三代里面（欧洲的"台风"、法国的"阵风"、苏 -35、以及 F-15 的一些改进型等）。

第五代飞机则为隐身无人机。与四代机相比，五代机通过全翼身融合和大升阻比设计，使飞机在各种高度、各种姿态下的隐身性和机动性都得到了很好的兼顾。如果说四代机是基于信息系统，那么五代机就是基于物联网。实现了真正意义上的陆、海、空、天、电、网一体化，实现了基于物联网的互联互通互操作。

以上介绍的是我们熟悉的传统四代分法，虽然自 2005 年以后媒体使用俄罗斯五代机划分的描述开始出现，但至今天，世界航空业，包括中国主要使用的划分方法，仍是传统的四代分法。

苏联/俄罗斯战斗机的划分方法是把可变后掠翼的歼击机如米格 -23 和 F-111 单独划分一代称之为第三代（即把四代分法中的第二代又分成两代），而将是否可以超音速平飞作为划分一、二代战机的标准。

## 2. 轰炸机

轰炸机是用于对地面、水面目标进行轰炸的飞机。具有突击力强、航程远、载弹量大等特点，是航空兵空中突击的主要机种。有多种分类：按任务范围分为战略轰炸机和战术轰炸机；按载弹量分重型、中型和轻型轰炸机；按航程分为近程、中程和远程轰炸机。机载武器系统包括各种炸弹、航弹、导弹、鱼雷、航炮等。电子设备包括自动驾驶仪、地形跟踪雷达、领航设备、电子干扰系统和全向警戒雷达等，保障其远程飞行和低空突防。

自现代喷气式战略轰炸机问世以来，其发展已经经历了三个明显的阶段：

第一个阶段是 20 世纪 60、70 年代服役的苏联米亚 –4、英国三 V 轰炸机（"胜利""火神""勇士"）、美国 B–47、B–52 等。这一时期，主要是以喷气动力轰炸机取代螺旋桨动力轰炸机，首先解决的是发动机问题。由于苏联喷气发动机技术尚不过关，米亚 –4 轰炸机航程达不到设计要求，因此很快退役改成空中加油机，其战略轰炸任务主要还是由螺旋桨动力的图 –95 来担任。特别指出的是，图 –95 虽为螺旋桨动力，但其速度与同时代喷气轰炸机速度相差无几。图 –95 能使用到今天，跟其 NK–12 涡轮螺旋桨发动机的成功有很大关系。超音速无疑在战略战术使用上比亚音速具有更多的优点，可以使轰炸机快速抵达目标、依靠速度降低被拦截和攻击的概率，突防能力也大大增强。由于喷气式发动机发展很快，飞机设计也突破了一些技术瓶颈。在亚音速轰炸机出现不久，苏美两国就开始研制超音速战略轰炸机。但这一时期出现的超音速轰炸机都只是昙花一现，究其原因，主要是超音速设计的战略轰炸机无法解决速度和航程的矛盾：要达到超音速就无法满足航程的要求，要达到航程的要求就无法超音速。

第二阶段是 20 世纪 80 年代。超音速战略轰炸机由于采用了变后掠翼设计，解决了速度与航程的矛盾，这一阶段的代表是苏联图 –160、图 –22M 和美国 B–1B（枪骑兵）等。超音速战略轰炸机的出现使得战略轰炸机的突防能力大大增强，打击能力也相应提高。

第三阶段是 20 世纪末期隐身战略轰炸机的出现。20 世纪 80 年代，美国空军的 ATF 和海军的 ATA 项目首次将隐身概念运用到了作战飞机的设计中。隐身或称低可探测性可以使作战飞机减少被发现和被攻击的概率，可以达成战略战役上的突然性，生存能力提高。隐身技术的出现开创了一个全新的技术领域，改变了战斗机、攻击机和轰炸机的作战方式，使作战飞机进入全新时代。隐身战略轰炸机只有美国 B–2 一种，据称其雷达反射截面积（RCS）只有 0.3 平方米，而 B–52 的 RCS 值达到 100 平方米。

现代高亚音速轰炸机多采用大展弦比的后掠翼，以保证飞机有较高的巡航速度和升阻比。上单翼布局形式可使机翼仅从机身上部穿过，这样，在飞机重心附近的机身内可以用来放置炸弹。炸弹舱的底部有可在空中开启的舱门。由于炸弹布置在重心附近，空中投弹以后，重心不会有很大变化，便于保持飞机的平衡。

## 3. 其他军用飞机

### （1）强击机

强击机主要用于从低空、超低空突击敌战术和浅近战役纵深内的小型目标，直接支援地面部队或水面舰艇部队作战的飞机。又称攻击机，旧称冲击机。它用于直接支援地面部队作战，摧毁敌方战役战术纵深内的防御工事、坦克、地面雷达、炮兵阵地、前线机场和交通枢纽等重要军事目标。强击机具有良好的低空操纵性、安定性和良好的搜索地面小目标能力，可配备品种较多的对地攻击武器。为提高生存力，一般在其要害部位有装甲防护。

（2）战斗轰炸机

战斗轰炸机用于突击敌战役和战术纵深处的地面或水面目标的飞机，亦称歼击轰炸机。具有低空突防性能好、对地攻击火力强的特点，能在各种气象条件下遂行对地攻击任务。歼击轰炸机飞行速度快，具有超音速飞行能力，最大航程 3 000 千米。机载武器主要有自由落体炸弹、制导炸弹、导弹、航空机关炮、核弹等。机载设备有火控雷达、激光测距机、微光夜视仪等。

（3）舰载机

舰载机是指在航空母舰上起降的飞机，其性能决定航空母舰的战斗力，舰载机数量越多者实力也相对越强，航空母舰本身也是为了让飞机起降、维修以及使其能长期作战而存在。相较于传统最大攻击距离仅有 40 公里的战列舰舰炮武器，现代舰载机有着 1 000 公里以上的作战半径，还可以空中加油的方式延长航程，并能在攻击完后回到航母上装载弹药，再度起飞攻击，其作战持续性和多用途能力也是舰载机与巡航导弹在海战所扮演的角色最大的不同。

（4）侦察机

侦察机是专门用于从空中获取情报的军用飞机，是现代战争中主要侦察工具之一。侦察机按任务范围可分为战略和战术侦察机。战略侦察机航程远，能深入敌后对重要目标实施战略侦察。战术侦察机具有低空高速飞行性能，用以获取战役战术情报。侦察机上的侦察设备，有航空照相机、雷达、电视和红外侦察设备等。有的侦察机上还装有武器，用于自卫和进行攻击。侦察机可进行目视侦察、成像侦察和电子侦察。为提高生存能力，侦察机上还装有电子干扰系统。

（5）运输机

运输机用于运送军事人员、武器装备和其他军用物资的飞机。具有较大的载重量和续航能力，能实施空运、空降和空投，保障地面部队从空中实施快速机动。机上有完善的通信、领航设备，能在昼夜和各种复杂的气象条件下飞行。军用运输机分为战略运输机和战术运输机。战略运输机起飞质量 150 吨以上，用于在全球范围载运部队和各种重型装备；战术运输机起飞质量不到 100 吨，用于战役战术范围内执行空运、空降和空投任务。

（6）教练机

教练机是为训练飞行人员，专门研制或改装的飞机。教练机设有前后 2 个座舱或在 1 个座舱里并排设 2 个座椅，有 2 套互相联动的操纵机构和指示仪表，分别供教员和学员使用。通常分为：初级、中级和高级训练教练机三种。初级教练机构造简单，单发动机，着陆速度小，易于操纵，便于初学飞行者掌握初级驾驶技术。高级教练机用以训练飞行员掌握大型或高速飞机的驾驶技术。

（7）预警机

预警机是用于搜索、监视空中或海上目标，主要指挥引导己方飞机遂行作战飞行任务的飞机。机上装有雷达和电子侦察设备，飞机起飞后能大大增加雷达的搜索范围和探测距离，增长预警时间，发现低空、超低空和海上飞行目标的作用尤为显著。战时可迅速飞往作战地区，进行警戒和引导己方飞机作战；平时可在国界或公海上空巡逻，侦察敌方动态，防备敌方突然袭击。预警机通常由大型运输机改装而成，在现代战争中具有重要作用。

（8）电子对抗飞机

电子对抗飞机是用于对敌方雷达、电子系统和无线电设备实施电子侦察、干扰和攻击的飞机。通常包括电子侦察机、电子干扰机和反雷达机。电子侦察机装备有电子侦察系统，通过对敌方电磁信号的侦收、识别、定位分析和记录，来获取有关情报；电子干扰机装备有电子干扰设备，主要用于对敌方防空体系内的雷达和无线电通信等实施电子干扰；反雷达机装备有告警引导接受系统，主要用于袭击雷达和其他电子设备。

（9）反潜机

反潜机载有搜索和攻击潜艇用的装备和武器的军用飞机或其他航空器。反潜机一般具有低空性能好和续航时间长等特点，能在短时间内对宽阔水域进行反潜作战。反潜机有岸基反潜飞机、舰载反潜飞机和水上反潜飞机三种。反潜机一般以航空母舰为基地，飞行速度为高亚音速。反潜直升机通常载于普通舰船上。现代机载搜索潜艇的设备有声呐浮标、吊放声呐、磁控仪、反潜雷达、红外探测仪、废气探测仪、核心辐射探测仪、光电设备和侧视雷达等。

（10）空中加油机

空中加油机专门给正在飞行中的飞机和直升机补加燃料的飞机。使受油机增大航程，延长续航时间，增加有效载重，提高远程作战能力。空中加油机多由大型运输机或战略轰炸机改装而成，加油设备大多装在机身尾部或机翼下吊舱内，由飞行员或加油员操纵。空中加油技术出现于1923年。在第二次世界大战后，空中加油机大量装备部队。

【思考题】

1.什么是信息化作战平台？

2.与传统的作战平台相比，信息化作战平台具有哪些优势？

3.信息化作战平台的主要功能有哪些？

4.按照作战使命的不同，信息化海上作战平台如何分类？

5.轰炸机的种类及其特点？

6.战斗机具有哪些特点？

7. 运输机的种类?

8. 反潜机的种类及其特点?

<<< **知识窗** >>>

　　歼－31是沈阳飞机工业集团研制的最新一代双发中型隐形战斗机,代号"鹘鹰",其采用双发、单座、固定双斜垂尾、无鸭翼、蚌式进气道。目前猜测主要用途有三种:一是与中国重型隐形战斗机歼－20形成高低搭配;二是拟推出的隐形战机出口型号;三是发展为替代歼15战斗机的新一代隐形舰载战斗机。2012年10月,歼－31成功首飞。中国成为世界第二个同时试飞两种五代机原型机的国家。

## 第四节　信息化杀伤武器

### 一、精确制导武器

精确制导武器被誉为"现代兵器之星"。它的出现是第二次世界大战后军事技术发展最引人注目的进展之一。在现代战争中尤其是近期几场大型局部战争（如海湾战争、南联盟战争和伊拉克战争）中它显示出了超常的作战效能，对战争的进程和胜败起到了重要的作用。精确制导武器发展迅速，大量装备部队并广泛运用于现代战争中，对战争进程乃至结局都产生了巨大的影响。

#### （一）精确制导武器概述

##### 1. 精确制导武器的定义

军事专家们通过对精确制导武器战斗效能的综合鉴定，普遍认为它"是一种能够代替战术核武器，对战争胜负具有决定性意义的新型常规武器"。对于精确制导武器的定义，目前国内外均未有统一的认识。美国兰德公司主任研究员迪格比把采用精确制导技术、直接命中概率在50%以上的武器称为精确制导武器，这种看法具有一定的代表性和较大的影响。

精确制导技术是指在复杂的战场环境中，利用目标的特征信号，发现、识别和跟踪目标，并将武器直接引导至目标实施有效打击的技术。直接命中的含义是指制导武器的圆概率误差（也叫圆公算偏差，表示符号 CEP，即英文 Circular Error Probable 的缩写）小于该武器弹头的杀伤半径。现在常用圆公算偏差来衡量导弹或炮弹的命中精度。以目标为中心，弹着概率为50%的圆域或半径，称为圆公算偏差（CEP），单位为米。CEP 值越小，武器的命中精度越高。例如，美国在海湾战争中使用的战斧式巡航导弹的 CEP 值为9米，意指若发射100枚此类导弹，则至少将有50枚落入半径为9米的圆域以内。

除非特别指明，精确制导武器通常是指战斗部为非核装药的战役、战术制导武器，它们对射程以内的点目标，如坦克、飞机、舰艇、雷达、桥梁等可以达到很高的直接命中概率。目前，一些有代表性的精确制导武器其命中概率可达80%以上，由于精确制导武器的直接命中概率不断攀高，因此已经出现了不需要装药战斗部的精确制导武器。例如，英国宇航公司研制的高速防空导弹，不但飞行速度可达4马赫，而且脱靶率几乎为零，该导弹没有爆破战斗部，依靠极其精确的直接撞击撞毁目标。

### 2. 精确制导武器的简要发展过程

精确制导武器起源于制导武器。第二次世界大战期间，德国制造并在实战中使用了飞航式导弹（或称巡航导弹）V-1 和弹道式导弹 V-2，从此揭开了制导这门神秘技术的序幕。二战后特别是 20 世纪 70 年代，微电子和计算机技术的突破和在制导技术中的引入，使制导精度有了很大提高，精确制导武器进入全面发展阶段，并在几场局部战争中产生很大影响。精确制导武器的发展，大体经历了四个阶段：

20 世纪 50 年代末至 60 年代初出现战术导弹。50 年代中期，随着小型火箭发动机和制导技术的改进，命中精度有很大提高。1956 年阿以战争中，法制第一代反坦克导弹 SS-10 已具有了对付当时坦克的能力。50 年代末和 60 年代初，苏制防空导弹击落美高空侦察机，在世界范围引起很大反响。

20 世纪 60 年代末和 70 年代初出现制导炸弹。随着微电子和计算机技术在制导技术中广泛应用，相继出现了电视制导、红外制导、雷达波束制导和激光制导的航空炸弹。1965 年美国研制成功"宝石路"激光制导炸弹，随后用于越战中，如攻击清化大桥。美曾经动 600 架次飞机，投下近 2 000 吨普通炸弹，损失飞机 18 架，未能将清化大桥炸毁，改用激光制导炸弹后，F-4 飞机仅出动 12 架次，就炸毁了大桥，且飞机无一损伤。70 年代中期，开始出现了"精确制导武器"这一术语。

20 世纪 70 年代末 80 年代初出现了制导炮弹。第一代制导炮弹以 80 年代美军的"铜斑蛇"和苏军的"红土地"为代表。"铜斑蛇"激光制导炮弹用 155 毫米榴弹炮发射，制导精度可达 1 米以内。苏军的"红土地"制导炮弹用 152 毫米榴弹炮发射，采用半主动激光制导，命中精度可与反坦克导弹媲美。

20 世纪 90 年代，精确制导技术开始向"智能化"方向发展。例如，美国的"黄蜂"空对地导弹，由于采用了先进的信号处理和人工智能技术，已经具有了初步的智能化特征。它能够在一定程度上识别真假目标，并且与其他导弹协调工作。

### 3. 精确制导武器的特点

精确制导武器与非制导武器的不同之处，主要体现其技术特点上。这些特点，恰是精确制导武器的优势所在，大致可概括为以下六个方面。

（1）命中精度高。精确制导武器命中精度极高，加之攻击及保障手段协调配套，能按计划准确达成作战目的。迄今为止，精确制导武器一部分已达到"发射后不用管"的程度，如第三代反坦克导弹、空对空导弹、巡航导弹等。另一部分即便需要辅助设备跟踪控制，只要能顺利完成投射，基本能命中目标；为保障各发射平台能到达有效投射阵位，在攻击手段与保障手段上基本做到了打击敌侦察系统、火力系统、指挥系统的同时使用；电子干扰与火力同时使用；预警侦察与攻击密切协调。这就保证了精确制导武器的投射环境，使精确制导武器既能顺利投射，又具有很高的精度，从而保障攻击计划的准确实现。

（2）发射距离远，投送方式多。战场上拥有制导武器优势的一方，将掌握战场空间上的主动权。目前，非制导弹药投送距离通常为 30 公里左右，最远达 70 公里，而精确制导武器从 1 公里到上万公里都可以投射。这种变化，一方面可在敌方火力圈以外发射，使己方避免被攻击的威胁，另一方面可凭借较远的射程，按己方的意愿在对方整个作战空间内选择目标。此外，可以在空中、海上、陆地、水下同时发射，而且发射平台可在广大空间流动发射，这既保证了己方有较自由的空间，又控制了敌方配置空间，从而使握有精确制导武器优势的一方在空间上占据较大优势。

（3）弹药种类齐全，杀伤破坏威力大。占有精确制导武器优势的一方握有目标选择的优先权。目前精确制导弹药从类型上说，除具备非制导弹药所有的性能外，还可携带核、化、生弹头及中子弹、毫米波弹头，具有燃烧、爆炸、侵彻、迷盲等多种功能。从威力上看，不同类型、不同质量的制导弹药，基本可摧毁和破坏战场上的一切目标。海湾战争中，伊拉克用加固导弹发射井的技术筑起的飞机洞库有 300 多个被重型钻地弹摧毁。所有被发现的指挥设施，几乎无一幸免地遭到袭击。这样，精确制导武器基本具备了"全目标"打击能力，从杀伤破坏性能上保障了对目标选择的自由权，打击不同目标时，只需要更换相应弹种即可完成。

（4）反应速度快，全天候攻击能力强。握有精确制导武器优势的一方，将掌握战机选择的优先权和作战进程的控制权。具有先进制导系统的精确制导武器与具有快速机动能力的作战平台、先进的侦察预警设备和夜视、夜瞄设备的结合，极大地提高了精确制导武器的反应速度和全天候打击能力。实战中，可在对方做出反应之前或尚未对己方构成破坏性打击之前，对敌方进行有效攻击。可在昼夜周期的任何时间，按自己的计划实施连续打击。精确制导武器及作战平台这种良好的性能，必将使拥有高技术优势的一方在战机选择与作战进程的控制上更加主动。

（5）作战效能高。拥有精确制导武器优势的一方，既能实现预期毁伤目的，又可大大减少作战出动次数和物资携行量，使作战行动更加轻便灵活。虽然精确制导武器的技术复杂，单发武器成本比较高，但它的作战效益更高。例如用一枚"陶"式反坦克导弹（约 1 万美元）即可击毁一辆 M-1 坦克（250 万美元），而用普通炮弹击毁一辆 M-1 坦克则需要 250 发，共需 4.7 万美元，前者效费比大大高于后者。在马岛海战中，阿根廷用一枚价格 20 万美元的"飞鱼"导弹击沉造价为两亿美元的"谢菲尔德"号导弹驱逐舰，效费比达到 1∶1000；英国的一枚"虎鱼"鱼雷（价值 90 万美元）击沉阿根廷"贝尔格拉诺将军"号巡洋舰（价值 8 500 万美元），效费比也为 1∶95。精确制导武器这种高效能，不仅对战场目标能够实预期毁伤，还将大大减少战场的物资携行量，使各武器单元和整个作战体系更加精干，使部队的机动更加灵活。

（6）机动性能好，具有较强的生存能力。由于精确制导武器与先进的作战平台相结合，还具备进入战位快、发射过程短、转移阵位迅速的优势，这样，就不易遭受敌方火力反击，能以较快的速度赢得自身安全。

## （二）精确制导武器的制导技术

制导技术是一门按照特定基准（规律）选择飞行路线，控制和引导武器系统对目标攻击的综合性技术。任何一种精确制导武器都需要通过某种制导技术手段随时测定它与目标之间的相比位置和相对运动，根据偏差的大小和运动的状态形成控制信号，控制制导武器的运动轨道，使之最终命中目标。随着高新技术的发展，精确制导武器系统的制导技术有多种类型。按照不同控制导引方式可概括为寻的式、遥控式、自主式和复合式等四种制导方式。

### 1.寻的制导

寻的制导又称自寻的制导。其主要特点是通过弹上的导引系统（导引头或寻的器）感受目标辐射或反射的能量，自动跟踪目标导引制导武器飞向目标。

寻的制导按感受的能量（波长）可分为：（微波）雷达寻的制导、红外寻的制导、毫米波寻的制导、电视寻的制导和激光寻的制导等类型。按弹上安装的导引系统可分为主动寻的制导（弹上装有能量发射装置（照射源）和接收装置）、半主动寻的制导（弹上装有能量接收装置，照射源安装在弹外的地面、舰面、机载制导站内）和被动寻的制导（不使用照射源，弹上只安装接收目标本身辐射的能量的接收装置）等类型。以上两种分类方式互相组合，就有以下几种常用的寻的制导方式。

主动微波（雷达）寻的制导具有"发射后不用管"的优点，能从任何角度攻击目标，命中精度很高。缺点是易受干扰。

半主动微波（雷达）寻的制导减少了弹上设备，可增大飞行距离，但不能自主寻的，而且制导站易受敌方攻击，因此主要用于攻击空中目标的导弹，不用于对地攻击导弹（地面杂波干扰影响制导精度）。

红外寻的制导也具有"发射后不用管"的能力。红外热成像寻的头具有全向攻击能力（不限于攻击目标的高温部分），抗干扰能力也更强。

电视寻的制导能直接获取目标清晰的图像，本身又不发射电磁波；缺点是受气候影响较大，夜间、云雾、低能见度时都不宜使用。

毫米波对比寻的（被动寻的）制导系统，其原理是：任何高于绝对零度的物体都有微弱的毫米波辐射，利用弹载的高灵敏度毫米波辐射计测量目标与背景的毫米波辐射能量差异，再由计算机完成两者的对比识别，给出制导指令。毫米波寻的制导系统体积小、质量轻，全天候工作能力比电视寻的、红外寻的制导系统更强，精度和抗干扰能力比微波寻的系统高，但作用距离较短。

寻的制导的最大特点是精度非常高。但是它的作用距离较近，识别敌我能力差。在复合制导技术中，寻的制导常用于末（段）制导，以提高命中精度。

### 2.遥控制导

导引系统的全部或部分设备安装在弹外制导站，由制导站执行全部或部分的测量武器与目标的相对运动参量并形成制导指令之任务，再通过弹上控制系统导引制导武器飞向目标，这种制导方式称为遥控制导。按指令传输方式和手段，遥控制导可分为指令制导和波束制导（驾束制导）两类。

（1）指令制导

指令制导有下列几种方式：

一是手控指令制导。利用人眼或光学系统跟踪目标和导弹，由操作手控制制导武器飞行方向，并命中目标。这种方式常用于短程制导武器。

二是半自动指令制导。利用人眼跟踪目标，利用仪器自动跟踪导弹和发出修正导弹飞行路线的指令。另一种半自动指令制导则是对目标进行自动跟踪，而由操作手控制导弹。

三是自动指令制导。目标和导弹的跟踪和导弹的控制均自动化，无须操作手参与。

利用导线传输指令的遥控制导称为有线指令制导。早期多利用导弹尾部拖曳的金属导线（电缆）传输指令，导弹飞行速度不高，射程也不远。近年已利用光纤（光导纤维、光缆）传输指令，称为光纤制导导弹。其头部有成像式目标传感器（红外寻的器、电视寻的器等），无须瞄准目标就可发射。通常是垂直发射上升到 200 米左右的高度后转为平飞，在发射和飞行时，光纤从导弹尾部的光纤筒内拉出，其弹上传感器获得的目标图像由光纤传给制导站，制导站的指令通过同一根光纤传给导弹，导引其攻击目标。其优点有作战范围广，射程远，攻击力强；制导精度高；保密性好，抗干扰能力强；生存能力强；作战灵活，易于操作。缺点是飞行速度不能过高，不能拦截高速运动的目标。

利用无线电传输指令的遥控制导，称为无线电指令制导。制导站同时连续跟踪目标和导弹，将其运动参数输入计算机，计算机算出制导指令经过传输系统传给导弹。弹上接收机将指令变换成控制导弹的信号，导引其飞向目标。这种制导方式易受电子干扰和反辐射导弹的袭击，因此还需采用多种综合抗干扰措施。

指令制导的优点是弹上设备简单，成本低，如使用相控阵雷达，还可同时对付多个目标。

（2）波束制导（驾束制导）

利用雷达波束或激光波束导引导弹飞向目标的遥控制导技术，称为波束制导或驾束制导。其系统及工作过程是：制导站雷达（或激光器）向目标发射一束旋转波束，导弹沿波束的旋转轴飞行。弹上设备自动测出导弹偏离波束旋转的参数并形成制导指令，弹上控制系统根据指令导引导弹飞向目标。

采用波束制导时，制导武器发射前必须完成对目标的跟踪并确定瞄准线。当目标机动，瞄准线不复存在时，波束制导就失效。一个导引波束可导引若干个制导武器，对付多个目标。一般说来，指令制导的计算机在制导站，而波束制导的计算机则在弹上，这是两者的重要区别。

遥控制导的优点是弹上设备简单，在较短射程范围内可获得较高制导精度，缺点是射程受到制导站跟踪探测系统作用距离的限制，精度随射程增加而降低。

3. 自主制导

自主制导就是，导弹的控制完全自主，在飞行中不依赖于目标和制导站，由导弹的制导装置按预定程序控制其飞行轨迹，保证导弹命中目标。属于自主式制导的有惯性制导、地形匹配与景象匹配制导和全球定位系统制导，等等。

（1）惯性制导

利用惯性测量设备测量导弹运动参数的制导技术，称为惯性制导。惯性制导系统全部安装在弹上，主要有陀螺仪、加速度表、制导计算机和控制系统。采用此类制导技术的中、远程导弹，一般用于攻击固定目标，因此制导程序和初始条件是预先输入弹载计算机的。导弹飞行过程中，计算机根据惯性测量装置测得的数据和初始条件给出制导指令，弹上控制系统根据指令导引导弹飞向目标。

惯性制导是一种自主制导技术，它不需要弹外设备的配合，也不需要外界提供目标的直接信息，仅靠弹上设备独立工作，不与外界发生关系，因此抗干扰性强、隐蔽性好、不受气象条件的影响。惯性制导的主要缺点是制导精度随飞行时间（距离）的增加而降低，因此工作时间较长的惯性制导系统，常采用其他制导方式来修正其积累的误差，这样就构成复合制导。

（2）地形匹配与景象匹配制导

地形匹配制导又称地图匹配制导。其工作原理是：在导弹发射区与目标区之间选择若干特征明显的标志区，通过遥测、遥感手段按其地面坐标点标高数据绘制成数字地图（称为高程数字模型地图），预先存入弹载计算机内。导弹飞临这些地区时，弹载的雷达高度表和气压高度表测出地面相对高度和海拔高度数据，计算机将其同预存数字地图比较，算出修正弹道偏差的指令，弹上控制系统执行指令，控制导弹飞向目标。

绘制数字地图可采用不同手段，从而有雷达图像匹配制导、可见光电视图像匹配制导、激光雷达图像匹配制导和红外热成像匹配制导等方式。地图（形）匹配制导精度与射程无关，也不受气候条件影响。

景象（物）匹配制导又称数字景象匹配区域相关制导或区域相关制导。其工作原理与地形匹配制导相似，是利用弹载"景象匹配区域相关器"获取目标区域景物图像数字地图（称为灰度数字模型（地图）），将其与预存的参考图像（灰度数字地图）进行相关处理，从而确定导弹相对于目标的位置。数字式景象匹配区域相关器，一般由成像传感器、图像处理装置、数字相关器和计算机等组成。景物图像的获得可由不同工作波长的设备完成，从而有雷达区域相关、微波辐射计区域相关、光学区域相关、电视摄像区域相关、红外成像区域相关等类型的数字地图。

地形（图）匹配与景象匹配（或相关处理）的含义是将导弹飞行时测出的数字序列，同预存的数字序列进行比较：若一致，则匹配，说明导弹按预定弹道飞行；若不一致，则不匹配，弹载计算机便自动地计算出实际航迹与预定航迹的偏差，并发出指令调整导弹姿态。这样，导弹就像长了眼睛似的迂回起伏、翻山越岭，准确地飞向预定目标。数字地图

（模型）就成为导弹的"向导"。

地形匹配制导与惯性制导配合，可大大减小惯性制导的误差。景象匹配区域相关末制导与惯性制导等配合，用于提高远程导弹的末制导精度。

（3）全球定位系统（GPS）制导

美国为满足各军种导航需要，于1987年开始发展导航星全球定位系统，全称是NAVSTAR Global Positioning System，简称GPS全球定位系统。其中NAVSTAR又是Navigational System Using Time and Ranging（利用时间和测距进行导航的系统）一词的缩写，中文译为"导航星"，GPS即为上述Global Positioning System三个英文词的首母，中文译为"全球定位系统"。

GPS系统由空间设备、地面控制设备及用户设备三部分组成。空间设备由24颗导航卫星，其中21颗工作卫星，3颗备用卫星构成；地面控制设备由5个地面监控站、3个上行数据发送站和1个主控站构成。用户设备为各种GPS接收机（导航接收机）。全部系统已于1993年完成并正式使用。最初研制目的是为海上舰船、空中飞机、地面车辆等提供全天候、连续、实时、高精度的三维位置、速度和精确的时间信息，现已扩展为精确制导武器复合制导的一种手段。其工作原理是利用弹上安装的GPS接收机接收4颗以上导航卫星播发的信号来修正导弹的飞行路线，提高制导精度。出于保密考虑，美国现开通的GPS服务分为两个等级，即标准定位服务（SPS）和精密定位服务（PPS），只有后者才能实时获取精确的、GPS数据。精确制导武器利用GPS系统可以大大提高制导精度。

安装GPS接收机还可取消地形匹配制导，缩短制定攻击计划所需时间，或攻击非预定目标。

GPS作为美国研究的，具有军事用途垄断性质的卫星导航系统，很明显是不能用于其他国家的军事用途的，所以我国目前已开始研究自己的导航型全球定位系统——北斗导航卫星定位系统。

### 4. 复合制导（组合制导）

每一种制导方式都有优缺点，如能取长补短则能趋利而避害，所以精确制导武器一般都要用两种以上的制导方式构成复合制导系统，这样不仅提高了制导精度而且增强了抗干扰的能力。

复合制导的形式很多，例如法国的"飞鱼"反舰导弹，发射后先按惯性制导做超低空掠海飞行，在接近目标时才转为雷达主动寻的制导；又如苏联的"SA-4"防空导弹，发射后先用作用距离较远的自主制导，飞行末段用精度比较高的半主动雷达寻的制导；还有美国在海湾战争中使用的"战斧"巡航导弹，在整个飞行过程中都用惯性制导，中段还用地图匹配制导来修正惯性制导的误差。目前，"战斧"巡航导弹已经加装了GPS与惯性制导的复合制导，任务规划时间大大缩短。

复合制导是一种取长补短的办法。但在"一体化"、减少质量和体积、系统可靠性、大容量高速度计算机等方面有很高的要求，成本也较高。

### （三）精确制导武器的种类

精确制导武器，可分为导弹和精确制导弹药两大类。导弹与精确制导弹药的主要区别在于，前者依靠自身的动力系统和导引控制系统飞向目标，后者自身无动力装置，需借助火炮、飞机投掷，也没有全程制导装置，仅有在飞行末段起作用的寻的装置或敏感器。

#### 1. 导弹

导弹，是指依靠自身的动力装置推进，由制导系统导引、控制其飞行路线并导向目标的武器。导弹是精确制导武器中研究最早、类别最多、生产和装备量最大的一类。

（1）导弹的分类

导弹可从多种角度分类：

按导弹发射点和目标位置，可分为地地、地空、岸舰、地潜、空地、空空、空舰、空潜等。

按作战任务，可分为战略导弹和战术导弹。战略导弹，是用于完成战略任务的导弹。通常使用核战斗部，由国家最高统帅部直接掌握，用于摧毁敌方纵深内重要战略目标。战术导弹，是用于完成战术任务的导弹。主要用于打击敌方战役、战术纵深的装备、人员、设施等战役、战术目标。亦可用于直接支援地面部队作战。

按导弹射程，可分为近程导弹（射程在1 000千米以内）、中程导弹（射程在1 000千米～3 000千米）、远程导弹（射程在3 000千米～8 000千米）及洲际导弹（射程在8 000千米以上）。

按攻击的目标，如反坦克导弹、反舰导弹、反雷达（反辐射）导弹、反飞机导弹、反卫星导弹、反导弹导弹等。但精确制导武器发展趋势之一是通用化、多功能化，因此这种分类方法有很大的局限性。

按导弹的弹道特征，可分为飞航式导弹（如"战斧"巡航导弹）和弹道式导弹（如"民兵—Ⅲ"洲际战略导弹）。按制导系统（方式）也可对导弹分类，如 AIM—7E "麻雀"半主动雷达寻的导弹，AIM—9L "响尾蛇"被动红外寻的制导导弹等。

（2）导弹的结构

导弹通常由战斗部（弹头）、弹体结构系统、动力装置推进系统和制导系统等4部分组成。在导弹的发展历程中，也曾出现过不带战斗部的导弹。

导弹推进系统是为导弹飞行提供推力的整套装置，又称为导弹动力装置。它主要由发动机和推进剂供应系统两大部分组成，其核心是发动机。导弹发动机有很多种，通常分为火箭发动机和吸气喷气发动机两大类。前者自身携带氧化剂和燃烧剂，因此不仅可用于在大气层内飞行的导弹，还可用于在大气层外飞行的导弹；后者只携带燃烧剂，要依靠空气中的氧气，所以只能用于在大气层内飞行的导弹。火箭发动机按其推进剂的物理状态可分为液体火箭发动机、固体火箭发动机和固—液混合火箭发动机。吸气喷气发动机又可分为涡轮喷气发动机、涡轮风扇喷气发动机以及冲压喷气发动机。此外，还有由火箭发动机和吸气喷气发动机组合而成的组合发动机。发动机的选择要根据导弹的作战使用条件而定。

战略弹道导弹因其只在弹道主动段靠发动机推力推进，发动机工作时间短，且需在大气层外飞行，应选择固体或液体火箭发动机；战略巡航导弹因其在大气层内飞行，发动机工作时间长，应选择燃料消耗低的涡轮风扇喷气发动机（也可以使用冲压喷气发动机）。战术导弹要求机动性能好和快速反应能力强，大都选择固体火箭发动机。但在反舰导弹和中远程空空导弹里也逐步推广使用涡喷/涡扇发动机和冲压喷气发动机。

导弹制导系统是按一定导引规律将导弹导向目标，控制其质心运动和绕质心运动以及飞行时间程序、指令信号、供电、配电等的各种装置的总称。其作用是适时测量导弹相对目标的位置，确定导弹的飞行轨迹，控制导弹的飞行轨迹和飞行姿态，保证弹头（战斗部）准确命中目标。

导弹制导精度是导弹制导系统的主要性能指标之一，也是决定导弹命中精度的主要因素。打击固定目标时，导弹命中精度用圆概率偏差（CEP）描述。它是一个长度的统计量，即向一个目标发射多发导弹，要求有半数的导弹落在以平均弹着点为圆心，以圆概率偏差为半径的圆内。打击活动目标时，导弹的命中精度用脱靶距离表示，即导弹相对于目标运动轨迹至目标中心的最短距离。

导弹弹头是导弹毁伤目标的专用装置，亦称导弹战斗部。它由弹头壳体、战斗装药、引爆系统等组成。有的弹头还装有控制、突防装置。战斗装药是导弹毁伤目标的能源，可分为核装药、普通装药、化学战剂、生物战剂等。引爆系统用于适时引爆战斗部，同时还保证弹头在运输、贮存、发射和飞行时的安全。弹头按战斗装药的不同可分为导弹常规弹头、导弹特种弹头和导弹核弹头，战术导弹多用常规弹头，战略导弹多用核弹头。核弹头的威力用TNT当量表示。每枚导弹所携带的弹头可以是单弹头或多弹头，多弹头又可分为集束式、分导式和机动式。战略导弹多采用多弹头，以提高导弹的突防能力和攻击多目标的能力。

导弹弹体结构系统是用于构成导弹外形、连接和安装弹上各分系统且能承受各种载荷的整体结构。为了提高导弹的运载能力，弹体结构质量应尽量减轻。因此，应采用高比强度的材料和先进的结构形式。导弹外形是影响导弹性能的主要因素之一。具有良好的气动外形，对于巡航导弹以及在大气层内飞行速度快、机动能力强的战术导弹，要求更为突出。

### 2. 精确制导弹药

精确制导弹药也称为灵巧弹药，根据不同的作用原理可分为末制导弹药和末敏弹药两类。

（1）末制导弹药

末制导弹药有寻的器和控制系统，在其弹道末段能根据目标和弹药本身的位置自行修正或改变弹道，直至命中目标。主要有制导炮弹、制导炸弹、制导雷等。

制导炮弹是用地面火炮发射，弹丸带有制导装置的炮弹的总称。它能够在火炮的最大射程内以很高的单发命中概率攻击目标，主要有激光制导炮弹、毫米波制导炮弹和红外寻的制导炮弹等。

制导炸弹也叫灵巧炸弹，是指有制导装置和空气动力操纵面的航空炸弹。主要有激光制导炸弹和电视制导炸弹。制导炸弹是航空炸弹的新发展，通常是在制式航空炸弹上加装制导装置和气动力装置，靠飞机投弹时给予的初速滑翔飞行，其制导系统同一般空对地导弹的导引头相似，有的甚至就是直接移植而来的。精确制导技术使航空弹药"长了大脑"，一定程度上已具有"发射后不用管""同时攻击多个目标""指哪打哪"和能在数十、数百乃至上千公里之外全天候攻击任何目标的能力。精确制导的航空炸弹圆概率误差为 0 ~ 3米，命中概率是第二次世界大战时普通航弹的 25 ~ 50 倍；使用弹药的消耗量降低到原来的 1 / 10，甚至 1 / 50；效费比提高了 25 ~ 50 倍。

制导雷是一种将自毁破片技术、遥感技术和微处理机结合起来的新型雷，通常在普通地雷、水雷上加装制导系统后即可成为制导雷。制导雷有一个庞大的家族，通常可分为三大类：一类是打击坦克、装甲车和直升机的制导地雷；一类是执行反潜、反舰任务的制导水雷；一类是执行反卫星任务的太空雷。

（2）末敏弹药

末敏弹药不能自动跟踪目标，也不能改变飞行弹道，只能在被撒布的范围内利用其自身的探测器（寻的器）探测和攻击目标。

末敏弹药通常由一些子弹药组成。子弹药被抛撒后，立即用其自身携带的探测器开始在小范围内探测目标，发现目标后，即可沿探测器瞄准的方向发射弹丸，对目标进行攻击，既有较大的毁伤面积，又有较高的命中精度。它是子母弹技术、爆炸成型弹丸技术和先进的传感器技术相结合的产物。末敏弹药探测范围较窄，一般仅为末制导弹药探测范围的 1 / 10 左右。

### （四）精确制导武器在现代战争中的作用

#### 1. 已成为现代战场的主要打击兵器

1973 年 10 月第四次中东战争期间，埃及和以色列展开了一场第二次世界大战后规模最大的坦克战，交战双方使用精确制导武器约 20 多种。开战头 3 天，以军在西奈半岛损失坦克约 300 辆，其中被反坦克导弹击毁的约占 77%。1982 年英阿马岛战争中，英军用空空导弹击落阿军飞机 66 架，占阿军全部被击落飞机的 83%。在 1991 年海湾战争中，精确制导武器更是大显身手，充当了战场的主角。多国部队使用了大约 20 种精确制导武器，如"战斧"巡航导弹、"爱国者"防空导弹、"斯拉姆"空对地导弹、"哈姆"反辐射导弹、"海尔法"反坦克导弹、"响尾蛇"和"麻雀"空空导弹及激光制导炸弹等，显示出了超常的作战能力。虽然投入的精确制导武器数量仅占全部弹药消耗量的 7% ~ 8%，却摧毁了伊拉克 80% 以上的重要目标。美军在海湾战争以后的历次战争中，使用精确制导武器的数量占全部弹药总量的比例不断上升，到 2003 年伊拉克战争时，这个比例已经达到 68%。在 20 世纪末，世界上拥有精确制导技术并能自行研制生产精确制导武器的国家有 20 多个，但近 100 个国家和地区的军队装备了这种武器。目前，几乎所有国家都或多或少地拥有水平不等的精确制导武器。在电子战和 C⁴ISR 系统的密切配合下，精确制导武器已经成为现代战场的主要打击力量之一。

### 2. 使作战样式发生深刻变化

精确制导武器在现代作战中的大量使用，给现代作战带来许多新的变化，主要表现在使超视距、多模式、多目标精确打击成为可能，可以同时精确地打击整个战场纵深，减少前沿的短兵相接，使前后方界线模糊，战场呈流动状态、非线性或无战线化。海湾战争中，交战双方投入坦克 8 000 多辆、装甲车 8 300 多辆、兵力超过 120 万人。伊拉克还在科威特与沙特阿拉伯边界的科威特一侧和伊沙边界伊拉克一侧构筑了由沙堤、反坦克火壕、蛇腹形铁丝网、混合雷场、障碍地带和坦克掩体构成的纵深 7 ~ 30 千米的"萨达姆"防线。但地面战斗仅 100 小时就结束，且未发生大规模坦克战和步兵格斗。主要原因就是伊军的装甲部队被美军武装直升机、对地攻击机等发射的上万枚各类反坦克导弹所摧毁。使用精确制导武器可以实现"外科手术"式打击，使得对点目标攻击的附带杀伤和破坏降至尽可能小的程度，同时提高了全天候、全天时的作战能力。

### 3. 是改变军事力量对比的重要杠杆

现代战争表明，精确制导武器正在改变坦克、飞机、大炮、军舰等传统武器装备的军事价值，成为改变战争双方军事力量对比的重要杠杆。精确制导武器与电子战的密切配合，将是决定未来战争胜负的重要因素。拥有先进的精确制导武器和电子战实力的一方，可以战胜在传统武器方面具有数量优势，但精确制导武器陈旧落后又缺乏电子战配合的一方。事实说明，精确制导武器改变军事力量平衡的作用越来越明显和重要。精确制导武器还促进了常规威慑力量的形成。以对点目标的摧毁能力而言，部分精确制导武器的威力已经与小型核武器相当。过去只有用核武器才能摧毁的坚固军事目标，如今更受到非核弹头精确制导武器的强烈威胁。可见，精确制导武器已成为非核的威慑力量。

## （五）精确制导武器的发展趋势

随着各种高技术在精确制导武器中的应用，不同类型的精确制导武器都会向着"发现就意味着命中，命中就意味着被摧毁"的方向发展。从发展趋势看，精确制导武器的研究、开发和应用，将在以下几个方面日臻完善。

### 1. 继续提高命中精度

为达到首发命中，甚至命中目标的薄弱部位，各种精确制导武器都需要继续提高和完善制导技术。命中精度的提高很大程度取决于制导系统的目标探测器对目标的分辨率，而分辨率与探测器的工作波长、天线或光学透镜的孔径有关，波长愈短、天线或透镜孔径越大，则分辨率愈高。由于弹体直径所限，不能依赖增大天线或透镜孔径来提高分辨率，因而近年来许多制导系统已从波长较长的微波工作频率转移到毫米波、红外和可见光波段。工作于可见光波段的电视制导、光学瞄准的有线制导精度最高，成像能力最佳，红外制导、激光制导及毫米波制导也都有比微波制导高的制导精度。但是微波制导有其他制导方式所不具备突出优点，所以微波制导不会因此被淘汰。

为提高微波雷达寻的制导精度，近年来开始研制合成孔径雷达制导。这种雷达尽管只有一个不大的天线元，但是当天线元随精确制导武器飞行时，天线元在不同时间处在空间不同位置，依靠信息处理系统将天线元在空间各点所接收到的信号经过处理后合成，则可以获得相当于一个大型天线阵的分辨率。这样合成孔径雷达制导不仅有一般微波雷达所具有的全天候作战能力、作用距离远，而且有高的分辨率，甚至可以达到目标成像。只是这种制导系统技术复杂，用在一次使用的精确制导武器上成本太高，目前还不可能广泛运用。

### 2. 提高抗干扰能力

实战中精确制导武器所处的电磁环境很复杂，特别是敌方总会千方百计地破坏精确制导武器的正常工作条件，这就要求制导系统在现代电子对抗条件下有很强的抗干扰能力。首先要求制导武器攻击的隐蔽性好，难以被敌方侦察发现，被动寻的制导系统由于本身不辐射电磁波，较难被敌方发现。因此各类被动寻的制导系统如电视、红外、微波被动寻的将广泛应用。

新出现的一种被动寻的制导——毫米波辐射器，因其小巧精确也越来越多地被采用。主动式的自动寻的系统虽然也可以通过一些措施来提高攻击的隐蔽性，但它必须向目标辐射电磁波，因而比较容易被敌方侦察到并采取相应的干扰措施，所以主动式的自动寻的系统抗干扰的能力格外重要。微波波段是电子对抗最激烈的频段，这个频段的电子技术比较成熟，干扰手段最多。同时，抗干扰的技术手段也多，比较先进的抗干扰措施有扩展频谱、频率捷变、单脉冲等技术。工作于这个频段的制导系统一般都必须采用多种抗干扰措施，这就使有效的微波雷达制导系统成本越来越高，限制了微波雷达制导的应用与发展。新出现的毫米波雷达制导系统虽然元器件发展尚不成熟，成本较高，但是毫米波段难以产生大功率、宽频带的干扰信号，对毫米波制导的精确制导武器难以进行远距离干扰，所以毫米波段的主动寻的制导是各国目前重点发展的技术。

### 3. 提高全天候作战能力

在战役、战术行动中，作战双方往往都会利用夜暗、多雾等不良天候发起攻击，以达到攻击的突然性和隐蔽性。精确制导武器是否具备全天候能力就决定了在这些行动中能否使用的问题。为争取主动，各国竞相提高自己武器的全天候作战能力。

目前提高武器的全天候作战能力有两种方法：一是使武器系列化，例如美国为了使"小牛"空地导弹适应在白天、黑夜、不良气象等各种条件下作战，研究了电视、红外成像和激光三类制导装置，不同的天候条件选择相应的制导装置，从而提高了全天候作战的能力；二是继续完善具有全天候作战能力的制导技术，微波波段的制导系统受天候影响小，所以除微波雷达制导外，合成孔径雷达制导、卫星定位制导都在加紧研究。毫米波寻的制导系统受云、雾、烟尘的影响小，只在大雨时因衰减大才难以工作，因此算是一种"有限全天候能力"的制导方式。

### 4. 实现人工智能化

未来战争的战场环境越来越复杂，精确制导武器要在极短的时间内将目标摧毁，仅仅依靠人工引导已不可能。必须使制导武器具有某种人工智能，在陆上能区分出坦克、卡车、火炮等不同目标，在空中能区分不同类型的飞机，在海上能区分不同类型的舰船，并要判断和首先攻击对已方威胁最大的目标。目前有一种称为"图像理解"的人工智能技术，导弹上的计算机将探测器获得的图像与存储于数据库中已知武器系统的图像加以比较，就能知道探测到的是何种目标，不仅可以分清敌我，而且可以有选择地攻击目标，如美国已经在论证的"黄蜂"机载反坦克导弹，能在距目标很远的飞机上发射，到目标上空能自动俯视战场，搜索、发现、识别敌坦克，然后各子弹头分散攻击不同的目标，并攻击其要害部位和薄弱环节。

智能化的技术难点在成像传感器及能模拟人的分析、推理判断、决策等逻辑功能的微处理器。实现智能化必须获取丰富的信息量，传感器必须从二维、三维信息向多维信息发展，故智能制导又称多维成像制导。这不仅对传感器提出很高要求，而且由于目标像素的增多，要求微处理器的运行速度极高。

### 5. 模块化、通用化

为提高精确制导武器的精度、电子对抗能力，制导系统变得愈来愈复杂，这就使成本越来越高，而制导武器又都是一次使用的，成本过高就不能大量装备部队。为降低成本，各国在精确制导武器研制中注意了通用化和模块化，这样可以节省研制费用。

所谓模块化就是将精确制导武器分成若干个组件，每个组件都采用标准件，通过不同的组合就可成为各种不同用途的精确制导武器。例如，美国"爱国者"地空导弹制导系统采用了 24 种标准数字模件，占所需模件总数的 90%。又如美国正在发展一种模块化的 GBU—15 精确制导炸弹系列，其制导模件有激光、红外、电视、测距、信标五种，战斗部模件三种，气动力控制模件两种。根据作战任务进行组合应用，使之具有在全天候条件下对多种目标实施高、低空攻击的能力。

所谓通用化即一弹多用，这不仅可降低费用而且大大缩短了研制周期，例如 20 世纪 60 年代美国仅用两年时间和 5 000 万美元就将海军的"响尾蛇"空空导弹搬到地面装甲车上，改成陆军用的近程防空导弹"小槲树"。否则，至少得用 5 年时间和上亿美元才能重新研制出类似的系统。此外，美国还将"麻雀"空空导弹改成"海麻雀"舰空导弹，也节省了上亿美元的经费。据统计，一弹两用的导弹，如果是雷达制导的可节约研制费 45%，如果是红外制导的可节约研制费 80%。此外，还因为增加了生产批量，又可降低生产成本。美国即将交付使用的"防空反坦克导弹系统"只花 5 ~ 6 年时间和 1.5 亿 ~ 2 亿美元，就具有反飞机和打坦克的能力，比单独发展两种武器系统节省了大量费用。从精确制导武器的发展趋势看，红外成像、毫米波、合成孔径雷达制导的综合性能比较好，是今后精确制导武器的主要发展方向。但是这些新技术的发展并不会完全取代现有的制导手段。一方面，这些新技术的难度大，不成熟，研制中的技术风险大，价格也高，而对现有制导手段的改进风险小、成本低。另一方面，从电子对抗角度看，保持制导技术手段的多样性可迫使敌方的防御和电子对抗复杂化，使其防不胜防。

## 二、新概念武器

科技含量越来越高的全新武器装备的问世，很可能对未来战争产生意料不到的效果，因此，要科学地认识未来战争，正确预测未来战争的特点，就不能不对正在探索中的新概念武器预先有一个基本的了解。

### （一）新概念武器的概念

新概念武器是指与传统武器相比，在基本原理、杀伤破坏机理和作战方式上都有本质区别，尚处于研制或探索之中的一类新型武器。

### （二）新概念武器的种类及其特点

#### 1.新概念武器的主要种类

未来有可能出现的新概念武器和技术种类很多。按杀伤效果可分为新概念硬杀伤武器和新概念软杀伤武器；按作战方式可分为新概念进攻武器、新概念防御武器和新概念攻防武器；根据武器的杀伤原理、杀伤规模和杀伤手段，新概念武器主要分为四大类，即新概念能量武器、新概念信息武器、新概念生化武器和新概念环境武器。

#### 2.新概念武器的主要特点

新概念武器的发展正在引起军队武器装备的巨大变革，也为发展全新的非核武器开辟了广阔的前景。新概念武器的主要特点如下。

（1）创新性

与传统武器相比，新概念武器在设计思想、原理和杀伤机制上具有显著的突破和创新，它是创新思维和高新技术相结合的产物。

（2）奇效性

有独特的作战效能，能有效抑制、破坏、摧毁敌方传统武器装备，能别开新路，杀伤或暂时使人员失能，达到出奇制胜的效果。

（3）时代性

新概念武器是一个相对的、动态的概念。随着时代的发展和科技的进步，某一时代的新概念武器将日趋成熟并得到广泛应用，继而也就转化为下一时代的传统武器。

（4）探索性

新概念武器的高科技含量远高于传统武器，探索性强，大部分涉及前沿学科，对武器装备发展乃至国民经济的发展都具有带动作用。

（5）高风险性

新概念武器高科技含量大，技术难度高，资金投入多，研制工作有相当风险。其发展在技术、经济、需求及时间等方面具有不确定因素，因此也具有较高的风险。

（6）高效性

一旦技术上取得突破，可在未来的高技术战争中发挥巨大的作战效能，满足新的作战任务需要，并在体系攻防对抗中有效地抑制敌方传统武器作战效能的发挥。

### （三）环境武器

#### 1. 环境武器概念

环境武器是一种在特定的环境中，通过人为的方法改变自然环境，诱发巨大的自然力，创造出有利于己方而不利于敌方的作战条件，或对敌人造成严重破坏的新型武器系统。

#### 2. 环境武器的特点

（1）威力大

环境武器所引起的地震、海啸等自然灾害给人类带来的危害性可以达到甚至超过任何一次大型爆炸造成的破坏。

（2）效率高

环境武器并不直接产生杀伤力，而是通过有限的爆炸来诱发巨大的自然力。因此，它具有极高的战斗效率。

（3）隐蔽性强

环境武器的杀伤力是由其诱发或制造的自然灾害来体现的，这种诱发性爆炸大多在距离攻击点数百至数千千米之外的地下进行。因此，在一般情况下，受攻击的一方往往只会归罪于大自然，攻击者很容易逃避战争发起者的责任。

#### 3. 地震环境武器

（1）地震环境武器概念

地震环境武器就是一种在特定的环境下，采用地下核爆炸和非核爆炸等手段，人为地诱发或制造地震灾害，从而达到一定军事目的的特种武器。

（2）地震环境武器的影响

目前，人们对"地震武器"还处于研究探索阶段，它在定向性、动能传递、时间控制等诸多方面还存在着难以克服的困难。但是，在巨大军事价值的诱惑下，一些国家是不会放弃对它的研究与利用的，我们对此要保持高度警觉。

#### 4. 气象环境武器

（1）气象环境武器的概念

气象武器是第二次世界大战后发展起来的一种特殊的新概念武器。气象环境武器，是指运用人工技术改变当时气象条件，使气象发挥作战效能的武器系统。

气象武器可以用于战略和战术两方面。对战略而言，用这种方法对付敌对的国家，使它们遭受水灾、飓风、雹灾袭击，给它们造成严重的损失，引起饥荒，无法支持战争。对战术而言，利用现代科学技术，特别是现代气象学技术，人工制造和控制风、云、雷、雨、雾、寒、暑天气等，改变战场气象环境，使之有利于己而不利于敌，作为一种战争手段，削弱敌方的抵抗能力，以取得战争胜利。

（2）气象环境武器的种类

①人造洪暴。人造洪暴是用人工降水的方法增大降水量，形成大雨、暴雨或连阴天气，影响敌方的军事行动。人工降水就是在有云的情况下，用飞机在高空撒播碘化银等化学药品，促使云中的小水滴逐渐增大，形成雨滴降落下来。

②人工造雾。人工造雾，就是通过施放大量的造雾剂，人为地制造漫天大雾，用以隐蔽自己的行动，或给敌人的行动造成困难和障碍。

③人造寒冷。人造寒冷，就是在敌对国和敌控制地区上空播撒吸收太阳光的物质，使气温急剧下降，制造使人难以忍受的寒冷天气，冻伤敌方的战场人员，损坏敌人的武器装备，削弱或摧毁敌人的战斗力。

④人工引导台风。台风的破坏力极大，在战争中，若能控制、操纵台风的移动路径，将其引导到敌方，那将是一种具有极大威力的战略性武器。

⑤臭氧武器。臭氧武器就是利用人工手段破坏整个大气层中臭氧平衡状态，从而危害人类和生物，恶化气候和自然环境，打击敌方为目的的一种武器。

随着未来战争对气象的依赖性越来越大，气象武器必将成为未来战争中制"气象权"的主角。

### 5. 海洋环境武器

（1）海洋环境武器概念

海洋环境武器是一种借助于物理或化学方法，诱发海洋、岛屿、海岸以及相关环境中某些不稳定因素，如巨浪、海啸等释放巨大能量，用以攻击军舰、海岸军事设施及海空飞机等军事目标的武器系统。

（2）海洋环境武器的种类

海洋环境武器目前主要有三类：巨浪武器、海啸武器和海幕武器。

①巨浪武器就是利用风能或海洋内部的聚合能使洋面表层与深层产生海浪和潜潮，从而造成敌水面舰艇、潜艇以及其他军事设施的倾覆和人员死亡。同时巨浪武器还可以封锁海岸，达到遏制敌军舰出海进攻的目的。

②海啸是由风暴、地震、火山爆发引起的破坏力极大的自然灾害。用人工制造海啸，以达到军事目的的技术系统就是海啸武器。

③海幕武器是人工制造的一种能保护舰船和军事设施的水幕，使敌方舰船、飞机、雷达难以发现目标的技术系统。

## （四）动能武器

### 1.动能武器的概念

动能武器，就是能发射出超高速运动的弹头，利用弹头的巨大动能，通过直接碰撞方式摧毁目标的武器。它不是像常规弹头或核弹头那样，靠爆炸能量去杀伤破坏目标，而是靠自身巨大的动能，在与目标短暂而剧烈的碰撞中杀伤目标。

### 2.动能武器的特征

目前，动能武器的发展体现了以下的特点。

（1）动能武器优点

①具有非常高的速度，以便确保用巨大的动能摧毁目标。

②具有非常高的精度，实现零脱靶量，确保直接碰撞到目标。

③尺寸小、质量轻。

④毁伤能力强，毁伤目标的效果容易判定，目标难以采取加固对抗措施。

⑤能实施多次拦截。

⑥技术相对比较简单和成熟，价格低廉，并可用于某些常规武器。

（2）动能武器缺点

一是动能武器受推进能力的限制，飞行速度远低于光速，作战距离有限。

二是难以有效地对付快速和密集发射的洲际弹道导弹。

### 3.动能武器的结构与分类

动能武器由推进系统、弹头、探测器、制导与控制系统等部分组成。

动能武器可以有不同的分类方法。依据所用发射装置不同，动能武器分两类：一类是采用助推火箭发射的动能武器，另一类是用电磁炮发射的动能武器，称为电磁炮，它发射的弹头称为射弹。依据部署方式的不同，动能武器还可分为多种类型：部署在外层空间的称为天基动能武器；由飞机携带在空中发射的称为空基动能武器；部署在地面的称为地基动能武器；部署在舰艇上的称为海基动能武器。根据所采用的推进系统的不同，可将动能武器分为三种不同的结构类型：火炮系统推进动能武器、火箭系统推进动能武器、电磁系统推进动能武器。

## （五）定向能武器

### 1.定向能武器的概念

定向能武器技术是指与产生和发射一束集中的电磁能或原子、亚原子粒子有关的技术。随着激光、新材料、微电子、声光、电光等高技术的发展，衍生出一门利用各种束能产生的强大杀伤威力的"束能武器"，即人们通常所说的定向能武器。

定向能武器和装置产生以光速或接近光速传输的能量，它发出的能束，可对目标的结构或材料以及电子设备等特殊分系统或系统实施外科手术式的摧毁性打击，也可以通过调节功率的大小，使总的破坏能力变成是非致命性的。

### 2. 定向能武器的主要种类及特征

（1）定向能武器的主要种类

定向能武器，依其被发射能量的载体不同，可以分为激光武器、粒子束武器、高能微波武器。

（2）定向能武器的主要特征

定向能武器与目前使用的常规武器相比，无论能量载体性质有什么不同，作为武器系统其共同的特点：

①定向能武器以光速或接近光速去攻击目标。

②通过选择不同等级的发射功率和辐照时间，可以对目标造成从功能受损到彻底摧毁等不同程度的破坏。

③每次交战所耗的子弹是电能（或化学燃料），而不是弹药本身，这就意味着，"从弹药库"变成"燃料库"，其容量大大增加。

④能量集中而且高。如高能激光束的输出功率可达到几百至几千千瓦，击中目标后使其破坏、烧毁或熔化。

⑤由于发射的是激光束或粒子束，它们被聚集得非常细，来得又很突然，所以对方难以发现射束来自何处，对方来不及进行机动、回避或对抗。

⑥定向能武器不受重力和空气动力学的影响。对常规武器来讲，这些因素是束缚和制约着其设计和作战性能的因素。

⑦交战时的单发成本低。

定向能武器可为未来战争提供一种大量摧毁敌方武器系统的新方法，并将使未来战争的作战方式产生根本性的变化。

### 3. 激光武器

（1）激光武器的概念

激光武器是利用定向发射的激光束，以光速传输电磁能，直接毁伤目标或使之失效的光束武器。

激光和普通光不同，它具有极高的亮度，是世界上最亮的一种光，比太阳光还要亮几十乃至上百亿倍，几乎和氢弹爆炸时的瞬间闪光差不多。

目前，美国、俄罗斯、德国、法国、英国、以色列、荷兰等国都在积极发展不同用途的强激光武器，其中以美国的研究和发展工作最为先进，种类齐全，最具代表性。

（2）激光武器的组成

激光武器主要由高能激光器和光束定向器两大硬件组成，其中光束定向器又由大口径发射系统和精密跟踪瞄准系统两部分构成。

（3）低能激光武器

低能激光武器主要指激光干扰与致盲武器，是一种重要的光电对抗手段，对目标主要产生软杀伤作用。它仅需采用中、小功率器件，技术较简单，现已开始装备部队使用。

（4）高能激光武器（强激光武器）

强激光武器是一种硬杀伤性的定向能武器。其杀伤机理是：利用高能激光束直接照射目标表面，不仅能够烧穿敌方信息战系统或空袭兵器中的电子设备，而且还能毁伤其中的物理设备及人员。

高能激光武器一直是激光武器技术发展的重点，高能激光武器的分类方法主要有以下两种。

①按用途分类。高能激光武器按用途可分为战略激光武器与战术激光武器。前者主要用于摧毁外层空间的卫星和洲际弹道导弹，后者主要用于打击大气层中的飞机和战术导弹。

②按系统所在位置和作战使用方式，可分为五类：

a. 天基激光武器

天基激光武器用于空间防御和攻击。即把激光武器装在卫星、宇宙飞船、空间站等飞行器上，用来击毁敌方的各种军用卫星、导弹等目标。

b. 地基激光武器

地基激光武器用于地面防御和攻击。即把激光武器设置在地面上，截击敌方来袭的弹头、航天武器或者入侵的飞机，也可以用来攻击敌人的一些重要的地面目标。

c. 机载激光武器

机载激光武器用于空中防御和攻击。即把激光武器装在飞机上，用来击毁敌机或者从敌机上发射的导弹，也可攻击地面或者海上的目标。

d. 舰载激光武器

舰载激光武器用于海上防御和攻击。就是把激光武器装在各种军用舰船上，用来摧毁来袭的飞机和接近海面的巡航导弹、反舰导弹，也可以攻击敌人的舰只。

e. 车载激光武器

车载激光武器就是把激光武器装在坦克和各种特种车辆上，用来攻击敌人的坦克群或者火炮阵地，具有速度快、命中率高、破坏力大等优点。

### 4. 粒子束武器

（1）粒子束武器的概念

粒子束武器的定义是：用粒子加速器把粒子源产生的粒子加速到接近光速，并用磁场把粒子聚集成密集的束流，直接地或去掉电荷后射向远距离目标，短时间内把极多的能量传给目标，以此摧毁目标或软杀伤目标的定向能武器。

（2）粒子束武器的主要特点

粒子束武器对目标的破坏能力比激光武器更强。其主要优点是：穿透力强，能量集中，脉冲发射率高，能快速改变发射方向。

粒子束武器的主要缺点：一是带电粒子在大气层内传输能量损失较大；二是由于束流扩散使得在空气中使用的粒子束只能打击近距离目标；三是地磁场影响而使束流弯曲。

（3）粒子束武器的杀伤机理

粒子束与激光相比，激光只是把能量沉积在靶目标的表面一薄层中，而粒子束武器是通过高能粒子束与目标物质的强相互作用而穿入目标内部将能量沉积在目标深处而杀伤目标的。

（4）粒子束武器的类型及系统组成

①粒子束武器的类型

理论上粒子束武器有多种分类方法，如按射程可分为近程、中程、远程和超远程粒子束武器；按部署方式可分为陆基、舰基和天基粒子束武器；按作战功能可分为反卫星、反弹道导弹和防空等粒子束武器。但最基本的分类是把粒子束武器从本质上分为带电粒子束武器和中性粒子束武器。

②粒子束武器的主要组成部分

无论是带电粒子束武器还是中性粒子束武器，作为一种武器系统，它们主要由五大部分组成：预警系统、目标跟踪与瞄准系统、指挥与控制系统、粒子束生成装置和能源系统。

（5）粒子束武器在高技术战争中可能的应用

粒子束武器在高技术战争中的应用主要在于利用中性粒子束武器进行洲际弹道导弹的拦截和弹头飞行中段的识别。由于粒子束生成装置、能源系统及高能粒子束传输等问题的解决技术难度太大，在可预见的将来把中性粒子束用于洲际弹道导弹弹头中段的识别，也许是唯一可行的应用。

### 5. 高功率微波武器

（1）高功率微波武器的概念

高功率微波武器又称射频武器，是利用定向发射的高功率微波束去毁坏敌方电子设备和杀伤敌方作战人员的一种定向能武器。

（2）高功率微波武器的杀伤机理

高功率微波武器是利用高功率微波在与物体或系统的相互作用的过程中所产生的电效应、热效应和生物效应对目标造成杀伤破坏的一种武器。

高功率微波电效应是指高功率微波在射向目标时会在目标结构的金属表面或金属导线上感应出电流或电压，这种感应电压或电流会对目标上的电子元器件产生多种效应，如造成电路中器件的状态反转、器件性能下降等。

高功率微波热效应是指高功率微波对目标加热导致温度升高而引起的效应，如烧毁电路器件和半导体结构，以及使半导体结构出现热二次击穿等。

高功率微波生物效应是指高功率微波照射到人体和其他动物后所产生的效应，这可分为非热效应和热效应两类。非热效应是指当较弱的微波能量照射到人体和其他动物后会使之出现一系列反常症状。热效应是由较高的微波能量照射所引起的人和动物被烧伤甚至被烧死的现象。

（3）高功率微波武器在未来战争中可能的应用

高功率微波武器的主要破坏对象是电子系统，特别是那些没有进行有效的屏蔽的电子装置。而现代武器装备，特别是精确制导武器，都携带有电子元器件或雷达、计算机等电子装置，因此它们很可能成为高功率微波武器进行软杀伤的对象。

## （六）纳米武器

### 1. 纳米武器的概念

纳米武器是指运用纳米技术研制出来的微型军用武器。

### 2. 纳米武器的特点

（1）隐身性强

用纳米量子器件取代大规模的集成电路，可使纳米武器设备的质量和功耗缩小成千倍。由于体积小，人们很难注意到它。

（2）高度智能化

纳米量子器件的工作速度比半导体器件快1 000多倍，因此，用纳米量子器件取代半导体器件，可以大大提高现行武器系统的信息传输、存储和处理能力。纳米机器人比起过去微型机器人不仅仅是体积缩小几倍甚至几十倍，而且智能化的程度更高。

（3）便于打击"要害"

纳米武器因为小，破坏威力有限，所以纳米武器打击的对象主要是敌人的要害。

（4）可大量使用

掌握了纳米制造技术以后，微型武器制作十分便宜，因而可以大批量生产，人们在未来的作战中可同时使用成千上万个这种微型武器。

（5）难以根除

它们不仅体积小，数量多，而且能够"钻"进任何角落和缝隙中，不但极难发现，就是发现了也很难把它们根除，它们就像妖魔附身，永远也不能完全摆脱它，具有极高的杀伤力和心理威慑力。

## 三、核生化武器

核生化武器，即核武器、生物武器和化学武器。

## （一）核武器

1945年美军在日本广岛投下第一颗原子弹，导致直接死亡7万余人。第二次世界大战结束后，由于核武器杀伤力威力巨大，世界上一些国家加速研究和发展核武器。

### 1. 核武器的概念

核武器是利用原子核反应瞬间放出巨大能量，起杀伤破坏作用的武器。它包括原子弹、氢弹、中子弹等。核武器可用导弹、火箭、火炮、飞机、舰艇等运载工具发射、投掷，还可制成地雷、鱼雷使用。

核武器的爆炸方式有空中爆炸、地面爆炸、地下爆炸等。不同的爆炸方式杀伤破坏效果不同，外观景象也不同。一般是依次出现闪光、火球、尘柱、蘑菇状烟云，并在一定范围内听到巨大的响声。

### 2. 核武器的杀伤破坏因素

核武器爆炸后，能产生五种杀伤破坏因素：光辐射、冲击波、早期核辐射、核电磁脉冲、放射性沾染。前四种杀伤破坏因素一般只出现在爆炸后几十秒时间内，因此统称为瞬间杀伤破坏因素。放射性沾染持续的时间较长，可持续几天或更长时间，称为缓效杀伤破坏因素。

五种杀伤破坏因素在总能量中所占的比例分别为：冲击波50%，光辐射35%，放射性沾染10%，早期核辐射5%，核电磁脉冲所占比例很小，可忽略不计。

（1）光辐射

光辐射（又称热辐射）是爆炸后短时间内的闪光及几千万摄氏度以上的高温火球辐射出来的强光和热，其杀伤破坏因素包括"烧"和"爆"。光辐射直接照射无隐蔽人员会造成烧伤。如果用眼睛看核爆的火球，会产生闪光盲或造成眼底烧伤。在爆炸中心附近人员吸入被光辐射加热的空气，会造成呼吸道烧伤。光辐射能引起大面积火灾，引燃、引爆其他易燃易爆物，同时造成人员的间接伤害。

（2）冲击波

冲击波是核爆炸时高温高压火球猛烈膨胀压缩周围空气而形成的高压气浪。它对人员、物体能够造成挤压、抛掷作用。挤压作用造成严重内伤，如肺、胃、肝、脾等出血；抛掷作用造成外伤，如皮肉撕裂和骨折。冲击波可造成建筑物倒塌、砖瓦抛掷造成人员间接伤害及堵塞交通。

（3）早期核辐射

早期核辐射，是核武器所特有的一种杀伤破坏因素。早期核辐射是爆炸最初十几秒内放射出来的人眼看不见的射线，作用于人体时无特殊感觉，但能破坏人的组织细胞，使人得急性放射病。早期核辐射能使光学玻璃变暗，胶卷曝光、化学药品失效，并能影响电子仪器性能。

（4）核电磁脉冲

核电磁脉冲是核爆炸瞬间产生的一种强电磁波。其作用半径可达几千千米，对人员没有直接的杀伤作用，但能消除计算机上存储的信息，使自动控制系统失灵，家用电器受到干扰和破坏。

（5）放射性沾染

放射性沾染是核爆炸后，从蘑菇状烟云中散落下来的放射性物质。它像尘埃一样，随风飘移，逐渐沉降，使爆心周围和下风方向地区的物体、空气和地面等受到沾染，并形成不同程度的放射性沾染区。

放射性沾染通过射线起杀伤破坏作用，作用时间比早期核辐射要长。

放射性沾染通过落灰的沉降，会造成爆区附近空气、水、食物、武器等放射性沾染。

放射性沾染能够对人员造成三种伤害：当放射性沾染随空气、水、食物通过呼吸道、消化道和伤口进入人体时，可引起内照射损伤；人员处在被沾染的环境中，人体周围被沾染的物体向人体发出射线会造成外照射损伤；皮肤落上放射性灰尘，或接触沾染严重的物体会引起皮肤灼伤。

放射性沾染的程度和分布情况与天气、地形、爆炸方式有关。

地面爆炸时，地面沾染严重、范围大、作用时间长，对人员行动影响大。空中爆炸时，地面沾染轻、范围小、作用时间短，对人员行动影响小，甚至可能没有影响。

风速大，风向不稳定，沾染的范围就大。下雨下雪，放射性灰尘可随雨雪迅速沉降，加重地面污染。

山谷、凹地、有植物的地面易滞留放射性灰尘，可加重地面沾染。

### 3. 对核武器的防护

一旦发现爆炸闪光、烟雾骤起，遭遇核武器袭击时，室内室外人员必须在杀伤破坏因素到达之前，迅速准确地做完防护动作，以求生存机会。

（1）室外人员防护原则和方法

室外人员应以防护较严重的瞬时杀伤因素为重，防护的原则是减少暴露表面，争取重型屏障，重点保护头部，减少碎片杀伤。

正确的方法是：发现爆炸闪光，应忌看火球，迅速进入各种人防工程防护，并不要随意进出或走动，来不及进入人防工程时，要迅速利用三五步内的地形地物就地卧倒。遇到较大的地形地物时，横向卧倒；地形地物较小时，面向爆心卧倒；无地形地物可利用时，背向爆心卧倒。

核爆炸时，如果身边有江河、湖泊或池塘，应立即潜入水中防护。有条件的情况下，应尽可能利用浅色衣物遮盖身体，尤其是皮肤暴露部位。利用地形地物进行防护时应注意：必须利用地形地物背向爆心的一侧，尽量利用坚固、稳定的地形地物，避开易倒塌、易燃烧、易爆炸的物体，以免受到间接伤害。

（2）室内人员防护原则和方法

室内人员防护的原则是：利用坚固的建筑部位和家具，减少暴露，设置屏障，保护重点部位，减少碎片杀伤。

正确的方法是：发现闪光后应立即利用墙角或墙根卧倒，最好在靠近墙角的桌下或床下卧倒。应避开门窗和易燃易爆物，以免玻璃碎片击伤人员或造成其他间接伤害。冲击波过后，应立刻抖落身上的尘土，迅速进入人防工程进行防护。若没有人防工程，也可以进入冲击波袭击后未倒塌的建筑物内，关闭门窗，防止放射性灰尘进入室内。

（3）在放射性沾染区的人员防护方法

人员在沾染区行动时，应做好个人防护，戴口罩或面具，扎"三口"（领口、袖口、裤脚口），穿雨衣或斗篷，戴手套，穿雨靴，不要随便接触受沾染物品，不要坐卧或脱下防护器材，严禁在沾染区吃东西、吸烟和饮水。

行进时，应按照专业人员设置的标志，避开沾染程度较高的地域。应选择路面结实、街道较宽的背风墙侧行。人与人之间要保持适当距离，脚步要轻，尽量减少灰尘扬起。应快速行进，尽量缩短在沾染区的时间。

乘车时，除应做好个人防护外，要关闭车窗，盖严棚布，加大车距，车上人员不要随便下车，上下车要尽量不接触车轮和挡泥板。

（4）在安全区转移人员的防护方法

转移至安全区地带的人员，要有计划、有组织地采取多种措施，消除身上的沾染。例如人员应侧风站立，人与人之间保持一定的距离，将服装一件一件脱下消除。消除后，有顺序地放在上风方向。对服装消除的方法通常有拍打法、扫除法、抖拂法、洗涤法。

人员皮肤受沾染用毛巾或纱布擦拭。擦拭时应从上到下，顺着一个方向进行。擦一次，将毛巾翻叠一次，防止已消除部位重新沾染。误食了沾染食物和水时，可采取催吐、洗胃、多喝水、利尿法排出。有条件时，可按照医生要求服吸附剂、腹泻剂来加快放射性物质排出。

## （三）生物武器

生物武器是一种利用生物战剂（病毒、细菌、真菌等）使人、畜致病，植物受害的杀伤破坏性武器。其主要发展趋势有以下几个方面。

### 1. 发展生物化学战剂

生物化学战剂是各种高级生物活性的生物化学物质，如小分子量的生物毒素、细菌蛋白质素和肽类生物调节剂等。这种战剂的毒性高于现有的化学战剂 100 ~ 1000 倍，并难于检测和核查。这类生物化学战剂将成为今后研究的热点，并很可能成为未来生物战剂系列中极为重要的组成部分。

### 2. 研制基因武器

（1）基因武器的概念

基因武器是运用遗传工程技术，用类似工程设计的办法按照作战需要通过基因重组而制造出来的新型生物武器。

基因武器主要有两大类型：一种是利用基因工程制造的生物战剂，用来破坏人的免疫系统；另一种是利用人种生化特性上的差异，研制某种细菌、病毒、生化战剂等。这种细菌、病毒、生化战剂只对某一特定人种起到致病或杀伤作用，而除此以外的其他人种却丝毫不受影响。

（2）基因武器的特点

成本低，杀伤能力强。

基因武器的使用方法非常简单，施放手段多样，而且难以防治。

可以用人工、飞机、火箭、气球、水面舰艇、水下潜艇以及火炮等把基因战剂施放到目标区。

攻击敌方时，可以保存基础设施和武器装备不受损坏。

基因武器只大规模杀伤有生力量而不破坏非生命物质。

基因武器具有强大的威慑作用。

基因武器能给对方造成极大的心理压力，使对方士气大落，惊慌失措，草木皆兵。

可任意重组，达到不同的目的。例如使敌方人员暂时或永久失去战斗力等。

只伤害敌方，不伤害己方。

虽然在技术上还有许多难题，但基因武器一旦出现，其战略威力将比核武器还要大，因为拥有这种武器的人不必顾虑对自己及对地球整体环境的破坏。

### 3. 继续提高生物战剂气溶胶杀伤效应的技术

施放生物战剂气溶胶，将成为进行生物战的主要手段和途径。因此，提高气溶胶的发生率、稳定性、感染力和控制气溶胶粒度将成为今后研究的重点。

### 4. 肉毒素可成生物武器

肉毒素作为生物武器并非新鲜事。美国、苏联和伊拉克均曾研究将毒素用作生物武器，但因无法用于导弹等热兵器上而放弃。

## （四）化学武器

化学武器是以毒剂（神经、糜烂、窒息、失能、刺激、中毒剂）杀伤敌有生力量、迟滞敌军事行动的各种武器、器材的总称。

化学战剂可概分为杀伤性、纵火性和烟幕性三类，杀伤化学战剂是其中最可怕的武器，国际间闻化武色变，指的就是这种武器。这种武器是利用毒性杀害人类生理机构，由于作用时是散布在空气中呈汽化状态，因此又称为毒气，事实上它们平时多为液体或固体。

### 1. 杀伤化学战剂

这类战剂的种类繁多，根据所造成的生理反应可分为以下 7 类。

（1）窒息性化学战剂：这是最早用于战场的杀伤化学战剂，其作用是伤害人员的呼吸器官因窒息而致命。

（2）催泪性化学战剂：催泪战剂都是卤素有机物，由于刺激作用强烈，会使人大量流泪丧失作战能力，这种战剂虽不会致命，却可迫使敌人佩戴防毒面具妨碍战斗。

（3）血液性化学战剂：这种战剂又称为中毒性毒气，它的作用是限制血液吸收氧气，达到缺氧致死的效果。

（4）糜烂性化学战剂：这是一种有糜烂性或起泡性的战剂，这是第一次大战时期为抵销防毒面具的效果而发展出来的毒气，可伤害人体外部组织达到杀伤效果。

（5）呕吐性化学战剂：呕吐性化学战剂在第一次大战期间发明出来，这是用来对付活性炭防毒面具的固体微粒式战剂，其微粒能随着呼吸气流穿过活性炭的细缝，进入防毒面具后刺激人员的呼吸器官，严重时造成呕吐并丧失作战能力。呕吐性化学战剂通常与其他战剂配合使用，迫使人员取下防毒面具而被其他战剂侵入伤害。

（6）神经性化学战剂：神经性化学战剂是德国在第二次世界大战末期研发出来的武器，由于德军的情报发现英、美两国也发展出同类战剂，所以因惧怕被报复而不敢使用。这种战剂又被称为神经毒气，由于毒性极强、易于制造和传播，再加上无色、无味、无刺激性难以察觉，是威力最强的化学武器，先进国家惧怕的化学武器主要就是指神经性化学战剂。

神经毒气利用破坏人类自律神经系统的功能来达到杀伤目的，呼吸受感染者会在数分钟内死亡。

（7）瘫痪性化学战剂：这是最新研发的化学战剂，能暂时瘫痪人员的精神与生理状态而丧失战斗能力，由于不会致命，被视为较芥气更人道的化学战剂。瘫痪性化学战剂都是无色无味，被感染者很难察觉。

### 2.纵火化学战剂

纵火工具虽然在数千年前即用于战争，但有计划的使用纵火武器则始于第一次大战期间，主要的纵火武器包括个人使用和装设在车辆的喷火器以及各类型的纵火炸弹等，美国在第二次世界大战期间以大量纵火弹攻击德国和日本城市，造成极大的破坏。纵火武器是因为装有纵火战剂而发挥作用，这些化学战剂能够快速引火燃烧，并且燃烧温度高、燃烧完全、扑灭困难，根据化学特性主要的纵火战剂有下列3类。

（1）金属纵火战剂。这是极易引燃并产生上述燃烧特性的金属物质，主要有镁、钠、铝热剂和黄磷等，其中黄磷因为性质和用途与金属相似，因而列入金属纵火战剂。在上述战剂中，黄磷算是最常见的纵火剂，主要用于各类火炮的纵火弹药；镁常用于航空炸弹，第二次世界大战期间有相当部分的航空炸弹是使用镁；铝热剂则是制造纵火手榴弹的常用战剂。

（2）金属油料纵火战剂。这是在第二次世界大战期间问世的纵火战剂，鉴于当时金属纵火材料来源不足且价格高昂，而油料纵火战剂的燃烧，其持久性、附着性较差，遂促成金属油料纵火战剂的发明。

（3）油料纵火战剂。这是以添加剂增加油料浓稠度、附着性所制成的油料纵火战剂。油料纵火战剂常用于喷火器。

### 3.烟幕化学战剂

烟幕武器是一种欺敌而非杀敌的武器，烟幕是由悬浮在空气中的固体或气体微粒组成，烟幕战剂就是能形成烟幕的化学物质。

【思考题】

1.什么是精确制导武器？可分为哪两大类？

2.精确制导武器的主要特点是什么？

3. 精确制导武器的制导方式主要有哪几种？

4. 精确制导武器在现代战争中的作用主要有哪些？

5. 新概念武器的种类及其特点？

6. 动能武器具有哪些特点？

7. 环境武器的主要特点是什么？

8. 基因武器具有哪些特点？

9. 定向能武器的主要特点是什么？

10. 核生化武器主要包括哪三类？

**◀◀◀ 知识窗 ▶▶▶**

中国北斗卫星导航系统（BeiDou Navigation Satellite System，BDS）是中国自行研制的全球卫星导航系统。由空间段、地面段和用户段三部分组成。空间段由若干地球静止轨道卫星、倾斜地球同步轨道卫星和中圆地球轨道卫星组成。地面段包括主控站、时间同步／注入站和监测站等若干地面站，以及星间链路运行管理设施。用户段包括北斗及兼容其他卫星导航系统的芯片、模块、天线等基础产品，以及终端设备、应用系统与应用服务等。北斗卫星导航系统可在全球范围内全天候、全天时为各类用户提供高精度、高可靠定位、导航、授时服务，并具短报文通信能力。2020 年 7 月 31 日上午，北斗三号全球卫星导航系统正式开通，由 24 颗中圆地球轨道卫星、3 颗地球静止轨道卫星和 3 颗倾斜地球同步轨道卫星，共 30 颗卫星组成。

"北斗"卫星导航定位系统的军事功能与 GPS 类似，如运动目标的定位导航、为缩短反应时间的武器载具发射位置的快速定位、人员搜救、水上排雷的定位需求等。我军可利用"北斗"卫星导航定位系统执行部队指挥与管制及战场管理。

# 参考文献

［1］李正军，柯闻秀.新编大学军事教程 [M].北京：航空工业出版社，2019.

［2］陈波，赵汝亮.军事理论 [M].北京：人民出版社，2019.

［3］问鸿滨.军事理论 [M].西安：西安交通大学出版社，2019.

［4］王威，杨德宇，张亚利.大学军事教程：知军事观天下 [M].2 版.北京：国防大学出版社，2017.

［5］李先德.新编高等学校军事理论与技能教程 [M].北京：国防大学出版社，2014.

［6］上海市教委学生军训办公室，上海警备区学生军训办公室，上海市学校国防教育协会.高校军事理论教程 [M].上海：同济大学出版社，2014.

［7］张立双，宋晓安，李修志.普通高校军事理论教程 [M].哈尔滨：东北林业大学出版社，2012.

［8］《大学生军事理论与技能教程》编委会.大学生军事理论与技能教程 [M].北京：国防大学出版社，2012.

［9］赵克锋.大学军事理论教程 [M].北京：北京理工大学出版社，2011.

［10］杨伟才，许丽平.军事理论教程 [M].福州：福建教育出版社，2008.